Czesław Madajczyk
Das Drama von Katyn

Herausgegeben von Daniela Fuchs

Czesław Madajczyk

Das DRAMA von KATYN

Dietz Verlag Berlin

Originaltitel: Dramat katyński
© Czesław Madajczyk
© Deutsche Übersetzung: Dietz Verlag Berlin GmbH 1991
Aus dem Polnischen übersetzt von Ingrid Buhl
und Daniela Fuchs

Madajczyk, Czesław: Das Drama von Katyn / Czesław Madajczyk.
Hrsg. von Daniela Fuchs. – Berlin : Dietz Verl. GmbH, 1991. –
328 S. : 30 Abb. : 1 Karte
EST: Dramat katyński

Mit 10 Fotos von Jerzy Tomaszewski,
20 Faksimiles und 1 Karte
Reproduktionen: Dietz Verlag/Ewald

ISBN 3-320-01668-7

© Dietz Verlag GmbH 1991
LSV 0259
Typographie: Uwe Niekisch
Umschlag: Karin Darger
Printed in Germany
Satz und Druck: Interdruck Leipzig GmbH

Vorwort

Gegenstand dieser Arbeit ist das Schicksal polnischer Offiziere nach dem Septemberfeldzug, vor allem die Verbrechen von Katyn und ihre Folgen. Seit der Entdeckung der Massengräber in Katyn im Februar 1943 gab es hinreichende, unbestreitbare Beweise dafür, daß Verbrechen in diesem Ausmaß verübt wurden. Zu den Tätern führen sowohl weniger bedeutende Beweise in Form von Nebenfakten und belastenden Umständen als auch miteinander im Zusammenhang stehende Indizien. Auf dieser Grundlage hat der Historiker die Pflicht, den Versuch einer Identifizierung vorzunehmen. Im Falle der Verbrechen von Katyn führten Indizien und Beweismittel oder Beweisverfahren nicht immer zur Wahrheit. Die Tat ist unbestritten, denn es handelte sich um Tausende Opfer. In bezug auf die Täter entbrannte 1943 ein Streit, der bis in die Gegenwart andauerte und jetzt erst sein Ende fand. Bislang wurden quasi Indizienprozesse geführt, die sich auf vermeintliche Indizien, Verdächtigungen, Bewertungen von Umständen stützten, die gegen die Seite sprachen, die man für den Täter hielt.

In der Literatur, die dieser Problematik gewidmet ist, tauchen in den Titeln häufig die kurzen Formulierungen »Katyn« und »Verbrechen von Katyn« auf. Die Dominanz des Namens Katyn ist nicht zufällig. Das Schicksal der über 4 000 dort Ermordeten symbolisiert allgemein die Tragödie Tausender Offiziere und anderer polnischer Gefangener in der UdSSR in den Jahren 1939 und 1940. Um ein vollständiges Bild der Verbrechen und der Tragödie zu erhalten, fehlt noch die gesamte Wahrheit über das Schicksal der Offiziere aus Starobelsk und Ostaschkow. Man kann nur hoffen, daß sie bald gefunden werden. Es ist jedoch unterdessen anzunehmen, daß sich ihre Massengräber an den Hinrichtungsstätten des NKWD von Charkow und Kalinin befinden. Zwei riesige Massengräber, bis heute an unbekannten Orten, belasten weiterhin die stalinistische

5

Vergangenheit und werfen einen Schatten auf die polnisch-sowjetischen Beziehungen. Dieser Schatten bleibt, obwohl die stalinistische Vergangenheit entschied, daß Katyn ein Friedhof Zehntausender Menschen ist, denn neben den polnischen Offizieren liegen hier hingerichtete Bürger der UdSSR. Zwei Fakten sind zu berücksichtigen. Erstens: Rund zwei Drittel der ermordeten polnischen Offiziere waren Reserveoffiziere. Davon gehörten viele zur intellektuellen Elite Polens der Zwischenkriegszeit. Zweitens: Als indirekte Konsequenz von Katyn komplizierte sich für Polen sein weiteres Schicksal. Seine internationale Position wurde geschwächt und damit das Bild der Tragödie vervollständigt.

Entgegen meinen Prinzipien entschied ich mich bereits in der Anfangsphase der Forschungen zu dieser Problematik zur folgenden Publikation, da eine Veröffentlichung in der Zeitschrift »Miesięcznik Literacki« auf großes Interesse der Leser stieß. Sie war dem zweiten Akt des Dramas von Katyn gewidmet. Dieses Fragment wurde in der vorliegenden Arbeit erweitert. Ihn voran steht eine Beschreibung des Schicksals polnischer Offiziere nach dem verlorenen Septemberfeldzug 1939 sowie eine Abhandlung ihres weiteren Weges nach der Gefangennahme durch die Rote Armee. Im Vergleich zur polnischen Ausgabe wurde der Text verbessert und in Übereinstimmung mit dem aktuellen Wissensstand ergänzt. Am 13. April 1990, also ein halbes Jahrhundert nach dieser Tat, übernahm die sowjetische Führung dafür die Verantwortung und drückte ihr Bedauern aus. Diese Tatsache ermöglichte die Veröffentlichung erster sowjetischer Quellenpublikationen in Zeitschriften. Sie wurden hierbei berücksichtigt. Ohne sie wäre es nicht möglich gewesen, den Mechanismus für die Vorbereitung dieser Verbrechen zu erschließen.

Über welche Dokumentengrundlage zur Tragödie von Katyn verfügt der Historiker? Ich beginne mit den polnischen Archivquellen. Die Akten des Polnischen Roten Kreuzes (PRK) wurden während des Warschauer Aufstandes vernichtet. Es wird jedoch vermutet, daß ein Teil gerettet wurde. Diese Akten enthielten Materialien, die vom Stab des Polnischen Roten Kreuzes entdeckt und an das Mitglied des Hauptvorstandes des Polnischen Roten Kreuzes Dr. Władysław Gorczycki gerichtet wurden. Dazu gehörten auch Korrespondenzen und Materialien von den Familien der Offiziere. Die Namen der Offiziere, die aus Katyn stammten, wurden auf Listen veröffentlicht. In den Privatsammlungen des ehemaligen Generalsekretärs dieser Organisation, Kazimierz Szarżyński, befinden sich verschiedene Materialien zu den Verbrechen von Katyn. In London wird sein umfangreicher Bericht aufbewahrt, der sehr tiefgründig und verantwortungsbewußt seine Beobachtungen und Ermittlungen wiedergibt. Er wurde vor kurzem auch in Polen veröffentlicht. Die vom Polnischen Roten Kreuz begonnene Überprüfung der deutschen Listen der Opfer von Katyn[1] als auch die Überprüfung anderer Namensverzeichnisse ist jetzt erst möglich durch die Einbeziehung der »Todesliste«, die vom NKWD aufgestellt wurde. Im Archiwum Akt Nowych in Warschau befinden sich Materialien der polnischen Exilregierung, die die Suche der vermißten polnischen Offiziere seit Mitte 1941 betreffen. Darunter ist auch eine Namensliste mit nahezu 4000 Namen von Gesuchten. Hier wird auch der Bericht von Edmund Seyfried aufbewahrt, dem Teilnehmer der ersten »Delegation«, die im April 1943 nach Katyn geschickt wurde. Im Archiv des Ministeriums für Auswärtige Angelegenheiten wurden unerwartet Vernehmungsprotokolle der ersten Zeugen zu Katyn durch den polnischen Staatsanwalt (Juni–Juli 1945) gefunden. Zugänglich ist die polnische Untergrundpresse. Auf deren Grundlage ist es möglich, sich mit der Reaktion des polnischen Widerstandes auf die Entdeckung der Gräber polnischer Offiziere in Katyn vertraut zu machen.

Die Dokumentation der polnischen Exilregierung in London enthält sowohl Überlieferungen vom Frühjahr 1943 über ihre Reaktion auf die Ereignisse von Katyn als auch Quellen mit Hinweisen auf die Intervention der polnischen Regierung bei der sowjetischen Führung zu den vermißten polnischen Offizieren. Im dortigen General Władysław-Sikorski-Institut werden Berichte von überlebenden Offizieren aus Koselsk, Starobelsk und Ostaschkow aufbewahrt. Von den gedruckten Quellen sind die Dokumente der Landesarmee (Armia Krajowa) vom Frühjahr 1943, Veröffentlichungen aus Polen und dem Exil zu den polnisch-sowjetischen Beziehungen, Polonika in englischen Parlamentsmaterialien u. a. zugänglich.

In der erhaltenen deutschen Dokumentation fehlen hingegen die wichtigsten Materialien, und zwar persönliche Dokumente und andere Dinge, die bei den exhumierten polnischen Offizieren gefunden wurden. Diese Unterlagen wurden 1943 zu Untersuchungen in das Gerichtsmedizinische Institut nach Krakau gebracht, die hauptsächlich polnische Sachverständige[2] unter Leitung von Dr. Jan Z. Robel durchführten. Darunter befanden sich 22 handschriftlich geschriebene Tagebücher und persönliche Aufzeichnungen, die bei den ermordeten Offizieren gefunden wurden. Die in neun Holz-kisten aufbewahrte Dokumentation sollte gestohlen werden. Die Okkupationsbehörden konnten dies jedoch verhindern. Nach vor-herigem Umpacken in verschiedene andere Kisten wurden sie an-gesichts der sowjetischen Offensive nach Breslau geschickt. Von dort brachte sie die SS nach Dresden, später nach Radebeul, dann nach Meißen. Hier verbrannte sie der Bahnhofsvorsteher laut Be-fehl beim Anrücken der sowjetischen Truppen.

Die erwähnten Tagebücher und Aufzeichnungen aber wurden bereits vorher in vier Kopien abgeschrieben und an verschiedenen Orten versteckt. Der Nachrichtendienst der Landesarmee be-schaffte den Inhalt und brachte ihn nach London. 1990 wurden 15 Tagebücher und Aufzeichnungen veröffentlicht. Von den restli-chen sieben wurden erst kürzlich sechs aufgefunden.

Die gedruckte deutsche Dokumentation zu Katyn ist vor allem in der Publikation »Amtliches Material zum Massenmord von Katyn«, Berlin 1943, enthalten. Weitere Quellen befinden sich in den Ar-chivbeständen des Auswärtigen Amtes, des Reichsführers SS sowie der Wehrmachtuntersuchungsstelle. Die deutsche Presse von 1943 ist jedoch nur unter Vorbehalt verwendbar.

In den englischen Archiven werden Dokumente über die Reaktio-nen des Ministeriums für Auswärtige Angelegenheiten (Foreign Of-fice) und des Premierministers Winston Churchill zu Katyn aufbe-wahrt. Sie geben Auskunft über ihren Erkenntnisstand zur Verantwortlichkeit für die Verbrechen in Katyn. Eines der bekannte-sten Dokumente ist der Bericht des britischen Botschafters bei der polnischen Exilregierung Sir Owen O'Malley vom Mai 1943, der bis 1972 geheimgehalten wurde.

In der amerikanischen Dokumentation sind besonders solche Ma-terialien wie der Bericht von J. Szymański, amerikanischer Verbin-dungsoffizier bei der Polnischen Armee im Nahen Osten, von Ende April 1943, der Bericht der 25jährigen Tochter des amerikanischen Botschafters in Moskau, Kathleen Harriman, der Bericht von Oberst John van Vliet vom Mai 1945, der mit der höchsten Geheimhal-tungsstufe versehen wurde, zu beachten. Im September 1951 – in der Zeit des Koreakrieges – begann eine Sonderkommission des Repräsentantenhauses mit der Vernehmung von 81 Zeugen und der Erforschung der zugänglichen Dokumentation sowie der über 100 schriftlichen Aussagen[3]. Im Ergebnis entstand eine siebenbändige

Dokumentenpublikation mit dem Abschlußbericht über die erwähnten Vernehmungen und Forschungen.

Im Bundesarchiv Koblenz liegen die Materialien von Julius Epstein, dem ehemaligen Sekretär vom »American Committee for the Investegation of the Katyn Massacre«.

Aus sowjetischen Archiven ist die Dokumentation der »Sonderkommission zur Ermittlung und Erforschung der Umstände, die zur Erschießung von Kriegsgefangenen − polnischen Offizieren − durch deutsche faschistische Invasoren im Wald von Katyn führten« bekannt und zugänglich. Die polnische Expertise zu diesem Dokument wurde unter meiner Mitarbeit vorbereitet und im Frühjahr 1988 sowjetischen Historikern zur Stellungnahme übergeben. 1990 wurde sie im Sammelband »Zbrodnia katyńska« in Polen veröffentlicht. Die Archivalien des NKWD-Apparates, die außerhalb des KGB-Archivs aufbewahrt werden, sind erst neuerdings sowjetischen Wissenschaftlern zugänglich. Ein kleiner Teil davon, der erst kürzlich der polnischen Seite übergeben wurde, macht es möglich, den Mechanismus der Vorbereitung des Mordes an polnischen Offizieren in groben Zügen zu rekonstruieren. Die Historiker bekamen einen Einblick in die Akten der Begleitarmee, die sich im Armeearchiv befinden, sowie in Geheimakten, die das Schicksal polnischer Gefangener betreffen (Verwaltung des NKWD für Angelegenheiten der Kriegsgefangenen und Internierten). Diese Geheimakten sind im Hauptstaatsarchiv aufbewahrt. Es erschienen auch erste Berichte noch lebender NKWD-Funktionäre. Darunter sind jedoch keine Aussagen von Bedeutung. So fehlen z. B. die Erinnerungen von P. K. Soprunenko.

Über das Schicksal der Dokumente des Smolensker NKWD-Archivs gebe ich im Anhang dieses Bandes Auskunft.

Nach der Entdeckung der Gräber von Katyn stellten die Deutschen den dort ankommenden Delegationen und Gruppen die ortsansässigen Bauern und Arbeiter als diejenigen vor, die als Zeugen die Ankunft der Opfer im Wald von Katyn beobachtet haben. Zwei sehr wichtige Aussagen in dieser Sache machten P. Koslow und Iwan Krowosherzow, die schon lange nicht mehr leben. Von sowjetischer Seite wurden sie als Aussagen, die unter deutschem Zwang gemacht wurden, in Frage gestellt. Heute gibt es keinen Zweifel daran, daß sie der Wahrheit entsprachen.

Der Bestand des Internationalen Roten Kreuzes (IRK) zu Katyn wie auch anderes Quellenmaterial, das sich dort befindet, wurde in letzter Zeit in einem gewissen Grad zugänglich gemacht. Ausdruck dafür ist die Auswertung der Publikation von Paul Stauffer für diese Arbeit.

Trotz vieler auftretender Verluste von Dokumenten zu Katyn und des fehlenden Zugangs zu ihren wichtigsten Teilen ist die Quellengrundlage zu diesem Thema durchaus seriös. Zu berücksichtigen sind dabei eine Fülle von Berichten, Aussagen[4] sowie die Obduktionsunterlagen der exhumierten polnischen Offiziere. Diese Quellengrundlage ermöglicht es, ähnlich wie ein Indizienprozeß, die Umstände der Verbrechen von Katyn und die Verantwortlichen dafür zu bestimmen. All das ist jedoch nicht ausreichend, die Gesamtheit der Fragen, die damit in Verbindung stehen, zu beantworten, auch wenn die Massengräber darauf hinweisen.

Anmerkungen

1 Darauf stützen sich die *Lista alfabetyczna zwłok odkopanych w masowych grobach w Katyniu,* Genf 1944 und zum Teil die *Lista katyńska. Jeńcy obozów Kozielsk–Starobielsk–Ostaszków zaginieni w Rosji Sowieckiej,* erarbeitet von Adam Moszyński, London 1949. Adam Moszyński hat die Liste vervollständigt. In der dritten Ausgabe des Buches (London 1988), die ein Teil des Sammelbandes *Katyń. Wybór publicystyki 1943–1988* bildet, sind 5 309 Namen von Gefangenen aus Koselsk, 3 319 aus Starobelsk (83 Prozent) und 1 260 aus Ostaschkow (19 Prozent) angegeben. Insgesamt waren damals 9 888 Namen, das heißt zwei Drittel der Gefangenen dieser Lager, bekannt. Jędrzej Tucholski ermittelte mit ungemeiner Geduld rund 14 000 Namen. Der Präsident der UdSSR, Michail Gorbatschow, übergab am 14. April 1990 dem polnischen Präsidenten, Wojciech Jaruzelski, eine vollständige Aufstellung der Polen, die von Koselsk und Ostaschkow an die Hinrichtungsstätten abtransportiert wurden, sowie eine neu angefertigte Liste der Opfer von Starobelsk.

2 Im Gerichtsmedizinischen Institut in Krakau, das während der Okkupation Dr. Werner Beck leitete, arbeitete der Chemiker Jan Cholewiński. Er untersuchte die aus Katyn gelieferten mit Blut und Erde befleckten Dokumente (Briefe, Notizen, Schnüre, Drähte). Diese Materialien wurden an einen unbekannten Ort ausgelagert. Einige Tage nach der Befreiung Krakaus durch die Rote Armee führte der NKWD bei Cholewiński eine Durchsuchung durch. Zusammen mit anderen Personen, die an der Katyner Dokumentation arbeiteten – darunter Dr. Jan Robel – wurde er verhaftet. Einige Monate später wurden sie freigelassen, ihre Bewegungsfreiheit je-

doch eingeschränkt. Dr. Wodziński, der ebenfalls in diesem Institut arbeitete — über seine Arbeit in der Technischen Kommission des Polnischen
Roten Kreuzes wird noch die Rede sein —, hielt sich nach dem Krieg in
England auf und entging somit den Repressalien des NKWD. Vgl. den
Brief der Schwägerin Cholewińskis Aleksandra Antoszewska vom Mai
1989. Er befindet sich im Privatarchiv des Autors.
3 Die UdSSR lehnte eine Teilnahme in dieser Kommission sowie die Vor-
lage von Beweismaterial ab.
4 In den polnischen Archiven in London werden 400 Meldungen und Aussagen polnischer Offiziere aus Grjasowez aufbewahrt.

Offizierslager der polnischen Kriegsgefangenen in der UdSSR

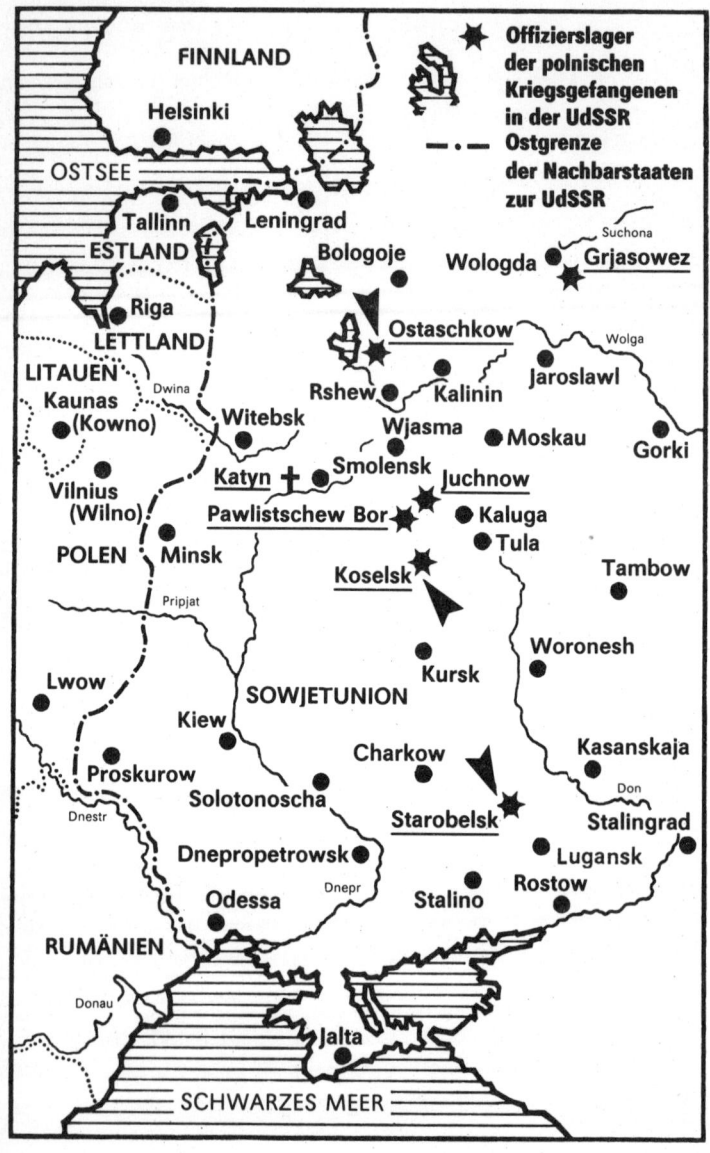

Offizierslager der polnischen Kriegsgefangenen in der UdSSR

—·— Ostgrenze der Nachbarstaaten zur UdSSR

FINNLAND

Helsinki

OSTSEE

Tallinn

Leningrad

ESTLAND

Bologoje

Wologda

Suchona

Grjasowez

Riga

LETTLAND

Ostaschkow

Wolga

LITAUEN

Dwina

Rshew

Kalinin

Jaroslawl

Kaunas (Kowno)

Witebsk

Wjasma

Moskau

Gorki

Vilnius (Wilno)

Katyn

Smolensk

Juchnow

Pawlistschew Bor

Kaluga

POLEN

Minsk

Pripjat

Koselsk

Tula

Tambow

Lwow

SOWJETUNION

Kursk

Woronesh

Kiew

Charkow

Kasanskaja

Proskurow

Solotonoscha

Starobelsk

Don

Dnestr

Dnepropetrowsk

Lugansk

Stalingrad

Odessa

Dnepr

Stalino

Rostow

RUMÄNIEN

Donau

Jalta

SCHWARZES MEER

12

I. Schicksale polnischer Offiziere
nach dem verlorenen Septemberfeldzug

Polen hatte im Mai 1939 rund 18 500 Offiziere aller Waffengattungen im aktiven Dienst. Davon gehörten 358 der Marine, 1 164[1] der Luftwaffe und 846[2] dem Grenzschutzkorps – das formal dem Innenministerium unterstellt, in der Praxis aber Teil der Streitkräfte war – an. Dem Dienstrang nach waren es 98 Generäle, 438 Oberste, 1 100 Oberstleutnants, 2 616 Majore, 7 063 Hauptleute, 4 613 Oberleutnants und 2 740 Leutnants. Neben den Offizieren im aktiven Dienst gab es außerdem rund 60 000 Reserveoffiziere im Alter bis zu fünfzig Jahren, 39 500 Offiziersanwärter der Reserve sowie 12 000 Offiziere des Landsturmes im Ruhestand im Alter bis zu sechzig Jahren. Wieviele Offiziere der letztgenannten Gruppe in den Monaten vor Kriegsausbruch und im September 1939 mobilisiert wurden, läßt sich nicht ermitteln. Die Personallisten von T. Kryska-Karski, Autor der Materialien zur Geschichte der Polnischen Armee (Materiały do historii Wojska Polskiego) enthalten für September 1939 23 000 Namen von Offizieren.[3] Bei dieser Zahl müßten mindestens 4 500 Mann der Reserve angehört haben. Diese Daten entsprechen aber nicht der Realität. In deutscher Gefangenschaft und in sowjetischer Internierung befanden sich ungefähr 28 000 Offiziere der Polnischen Armee (19 000 in Deutschland und 9 000 in der UdSSR). Rund 10 000 Offiziere sind über die Grenze geflohen. Dazu sind noch diejenigen zu zählen, mindestens ein paar Tausend, die der Gefangenschaft entgingen. Das sind zusammen etwa 40 000 Offiziere.

Der Unterschied im Zahlenstand vor und nach der Mobilisierung kann in den Offiziersgruppen der Luftwaffe und der Generäle nachgewiesen werden. Mobilisiert wurden 1579 Luftwaffenoffiziere. An den Offiziersschulen der Luftwaffe befanden sich 500 Schüler in der Ausbildung.[4] Von den 203 Generälen im Ruhestand wurden noch viele in den aktiven Dienst berufen.[5] Es sind auch diejenigen Offiziere zu berücksichtigen, die im September 1939 im Kampf gegen die Deutschen gefallen sind. Marian Porwit gibt an, daß von den Führungskadern 57 Offiziere mit höheren bzw. mittleren Dienstgraden starben und 69 verwundet wurden.[6] Bekannt ist auch, daß während des Septemberfeldzuges 1939 vier Generäle gefallen sind. (Mikołej Bołtuć, Stanisław Grzmot-Skotnicki, Józef Kustroń, Franciszek Wład).[7] Bedeutend mehr Verluste waren unter den jüngeren Führungskadern zu beklagen. Der Vorsitzende der Delegation polnischer Kriegsgefangener-Offiziere in Deutschland, der nach Katyn geschickt wurde, nannte die Zahl von 1 967 Offizieren, die während des Septemberfeldzuges gefallen sind.[8] Zu diesen Verlusten muß man noch die Offiziere hinzuzählen, die bei Zusammenstößen mit sowjetischen Armee-Einheiten, die am 17. September 1939 Ostgebiete der II. Polnischen Republik besetzten, getötet wurden.[9]

Die Liste der gefallenen und hingerichteten Offiziere der Polnischen Armee vom 1. September 1939 bis 8. Mai 1944[10], aufgestellt von T. Kryska-Karski, enthält 13 000 Namen, hauptsächlich von denjenigen Offizieren, die schon während des Septemberfeldzuges Offiziersränge besaßen. Es kann annähernd angenommen werden, daß 10 000–11 000 Berufsoffiziere der Vorkriegszeit, also rund 55 bis 60 Prozent den zweiten Weltkrieg überlebten.[11]

Nach Ende des Septemberfeldzuges 1939 kamen 19 000 polnische Offiziere in deutsche Gefangenschaft. Davon wurden 5 000, zum größten Teil Berufsoffiziere, nach der Kapitulation Warschaus am 28. September 1939 gefangengenommen. Infolge von Entlassungen, Todesfällen und Flucht verringerte sich jedoch ihre Zahl. 1941 waren es 18 757 Mann, 1942 waren es 17 732, im September 1943 17 131 und ein Jahr später 17 023. Aber bis Oktober 1944 wuchs ihre Zahl aufgrund von Deportationen internierter polnischer Offiziere aus Ungarn nach Deutschland sowie durch den Zustrom gefangener Offiziere nach der Niederlage des Warschauer Aufstandes auf über 20 000 an.[12] Darüber hinaus befanden sich 4 000 Offiziersanwärter in deutscher Gefangenschaft. Anfangs wurden die polnischen Offiziere auf zahlreiche Offizierslager verteilt. Später überwog die Tendenz, sie zu konzentrieren. 1941 waren sie noch in 12 Lagern untergebracht. 1942 waren es zehn Lager, 1943 sieben Lager und in den Jahren 1944/45 vier große Lager.[13] Hier eine kurze Charakteristik dieser vier Lager.

In Woldenberg wuchs zu Beginn des Jahres 1945 nach Ankunft von 250 Offizieren der Landesarmee, die nach der Niederschlagung des Warschauer Aufstandes in Gefangenschaft gerieten, die Zahl

KATYN ·1940·

der Offiziere. Sie betrug 5985 Mann. Dazu gehörte nahezu der gesamte Stab der Landesarmee unter der Führung von General Tadeusz Bór-Komorowski. Hier waren außerdem 692 Soldaten interniert.

In das Lager Groß-Born kamen 350 Offiziere des Warschauer Aufstands, die Gesamtzahl der polnischen gefangenen Offiziere stieg hier von 2384 (sowie 235 Ordonnanzen) im Jahre 1943 auf über 5000 in den Jahren 1944/45 an. Dieses Lager wurde irrtümlich am 19. August 1944 durch die Alliierten bombardiert. Bei diesem Luftangriff starben 13 Offiziere.

Im Lager in Dössel befanden sich bis zum 8. Februar 1941 1077 Offiziere, die in Rumänien interniert wurden. Darunter waren 11 Generäle, unter anderen Leon Berbecki und Stanisław Skwarczyński. Zum Ende des Krieges waren in Dössel 2500 Offiziere sowie rund 200 Unteroffiziere und Soldaten. Auch dieses Lager wurde durch einen Irrtum der Alliierten zweimal bombardiert. Am 27. September 1944 kamen 90 Offiziere um, 230 wurden verwundet. Im März 1945 starben zwei Offiziere. Mitte des Jahres 1943 wagten hier polnische Kriegsgefangene einen Fluchtversuch durch einen unterirdischen Gang, der jedoch scheiterte. Von den 40 Offizieren und vier Soldaten, die daran beteiligt waren, wurden 37 Offiziere gefaßt und ermordet. Als weitere Strafe für den Fluchtversuch wurde das Lager für ein halbes Jahr unter die Aufsicht der Gestapo gestellt.

In das Lager Murnau lieferten die Nazis im September 1944 38 Offiziere ein, die in Ungarn festgenommen wurden. Hinzu kamen im folgenden Monat 591 Offiziere, Teilnehmer des Warschauer Aufstandes. Die Gesamtzahl der Gefangenen setzte sich Anfang 1945 aus 5036 Offizieren sowie 398 Unteroffizieren und Soldaten zusammen.

In Dössel waren 15 Generäle interniert, in Murnau 23, darunter Tadeusz Piskor, Antoni Szylling und Juliusz Rómmel.

Unentschlossen zeigte sich die Wehrmachtsführung gegenüber 4000 Offiziersanwärtern. Anfangs wurde ein Teil von ihnen in die Offizierslager eingewiesen. Kurze Zeit später kamen sie in Stalags (Mannschaftsstammlager), die Mehrzahl nach Oberlangen und Hemer, wo sie zur Arbeit verpflichtet wurden.

Das Sonderlager in Colditz nahm polnische Offiziere auf, die bei Fluchtversuchen gefaßt wurden beziehungsweise die als besonders gefährlich galten. Ein Teil der polnischen Offiziersanwärter wurde in das Straflager nach Fallingbostel gebracht, nachdem sie die Arbeit verweigert hatten. Konteradmiral Józef Unrug und General Tadeusz Piskor mußten sich eine Zeitlang in Sonderlagern aufhalten. Bereits während der Kämpfe im September 1939 gerieten 33 Generäle und Konteradmiräle in deutsche Gefangenschaft. Ehe sie nach Murnau und Dössel eingewiesen wurden, durchliefen sie das Lager in Königstein beziehungsweise das internationale Generalslager in Johannisbrunn im Protektorat Böhmen und Mähren. Weitere 11 Generäle wurden im Februar 1941 aus Rumänien übernommen. Sechs Generäle , Gefangene des Lagers Woldenberg, waren Teilnehmer des Warschauer Aufstandes. Insgesamt befanden sich 51 polnische Generäle und Konteradmiräle, davon etliche Waffen- und Divisionsgeneräle in deutscher Gefangenschaft. In dieser Zeit starben die Generäle Franciszek Kleeberg, Juliusz S. Zulauf, Czesław Młot-Fijałkowski und Franciszek K. Alter. Als einziger General kam Brunon Olbrycht frei. Die Nazis entließen ihn als Volksdeutschen. Olbrycht übernahm später die Führung der im Untergrund wirkenden Landesarmee in der Tatra. Im Sommer 1944 geriet er erneut in Gefangenschaft und wurde getötet. Ende des Krieges befanden sich noch 46 Generäle in deutscher Hand. Davon waren 23 Generäle in Murnau interniert, 15 in Dössel (11 wurden von Rumänien übernommen, vier waren Teilnehmer des Septemberfeldzuges), sechs im Stalag in Markt-Pongau in Österreich (der Stab von Bór-Komorowski) sowie jeweils einer in den Offizierslagern von Woldenberg und Groß-Born.

Rund 2 000 Offiziere, Teilnehmer des Warschauer Aufstandes, kamen in das Durchgangslager nach Lamsdorf. Von dort aus begann die Weiterfahrt in die Offizierslager. 350 Gefangene kamen nach Groß-Born, 250 nach Woldenberg und 599 nach Murnau. In Lamsdorf blieben 787 Offiziersanwärter. Später brachte man 352 nach Sandbostel. Die anderen 435 wurden im letzten Moment evakuiert. Rund 400 kriegsgefangene Offiziere waren Frauen. Drei von ihnen – im Lager Molsdorf interniert – besaßen den Majorsrang (Wanda Gertz, Janina Karaś, Wanda Szymkiewicz-Drzymalska). 52 Frauen hielten vor den Deutschen ihren Dienstrang geheim. Sie kamen in das Frauenlager nach Oberlangen. Diese genannten Zahlen sind noch um 2 185 Unteroffiziere und Soldaten zu erweitern, die in den Offizierslagern als Ordonnanzen tätig waren.[14]

Viele polnische Offiziere wurden in Konzentrationslagern ermordet. Neben den 37 Flüchtlingen aus Dössel, die vom Lagerkomman-

Eine Gruppe polnischer Kriegsgefangener

danten an die SS ausgeliefert wurden, starb in Buchenwald Hauptmann Władysław Wasilewski. Er wurde wegen eines Vortrages im Offizierslager angeklagt, der das Deutsche Reich beleidigt haben soll. In Auschwitz gehörte Oberstleutnant Zdisław Mackowski zu den Opfern. In Sachsenhausen starben der Kommandeur der Landesarmee General Stefan Rowecki und General Bolesław Roja. In Dachau kamen Oberst Witold Dzierżykraj-Morawski — Lagerältester des Offizierslagers Groß-Rosen und illegaler Lagerkommandant[15] —, verhaftet im Sommer 1944 durch die Gestapo, sowie die Majore Wiesław Hołubski und Bronisław Wandycz, Oberleutnant Eugeniusz Kloc und Anwärter Janusz Szaybo ums Leben. Auch General Władysław Trojanowski, der 1944 nach dem Einmarsch der Wehrmacht in Ungarn festgenommen wurde fand hier den Tod. Nach Dachau wurden ebenfalls polnische Militärkaplane eingeliefert. Die meisten von ihnen wurden ermordet, darunter 28 Geistliche aus dem Offizierslager Rotenburg. In deutscher Gefangenschaft befanden sich auch polnische Offiziere aus Einheiten, die an der Seite der Verbündeten gekämpft hatten. Sie waren zusammen mit ihren alliierten Kameraden interniert. Ihre Zahl ist jedoch unbekannt.

Ende 1942 sorgte in den Offizierslagern ein Gerücht für Unruhe, daß die Deutschen den polnischen Offizieren ihren Status als Kriegsgefangene aberkennen würden. Darum hatte sich der Reichsführer SS und Chef der Deutschen Polizei Heinrich Himmler bemüht, der von Reichsmarschall Hermann Göring und Reichsminister für Bewaffnung und Munition Albert Speer unterstützt wurde. Das Oberkommando der Wehrmacht (OKW), besonders die Amtsgruppe des Kriegsgefangenenwesens trat dagegen auf. Sie befürchteten Vergeltungsmaßnahmen der Alliierten. Die nächsten Schritte waren folgende.[16] Himmler nahm das Gespräch mit dem Chef des OKW, Generalfeldmarschall Wilhelm Keitel, zum Thema polnische Offiziere auf. Am 18. Januar 1943 wandte er sich an ihn mit dem Vorschlag, den Status der polnischen Offiziere als deutsche Kriegsgefangene zu überdenken. Er suggerierte ihm, daß diese für den deutschen Staat eine Gefahr darstellte. Er berief sich dabei auf einen konkreten Fall von Feindschaft zum Deutschen Reich, der im Offizierslager Woldenberg durch Gefangene demonstriert wurde.[17] Er verwahrte sich dagegen, in einem gewissen Maße mit der Haager Konvention zu rechnen. Am selben Tag suchte Himmler auch mit Außenminister Ribbentrop das Gespräch. Er drängte darauf, die Angelegenheit der Behandlung polnischer Offiziere als Kriegsgefangene zu überdenken, auch wenn es dabei Vorbehalte gäbe.

Ribbentrop antwortete Himmler schnell. Seinen Standpunkt brachte er in einem Schreiben vom 23. Januar 1943, dem ein Vermerk angefügt war, zum Ausdruck. Dieser wurde von Mitarbeitern der ihm unterstellten Abteilung ausgearbeitet, die sich mit der Staatsangehörigkeit der Juden befaßte. Darin heißt es, daß seit dem Verschwinden des polnischen Staates von der politischen Arena nicht mehr die Notwendigkeit bestehe, polnische Offiziere, die während des Krieges mit Polen in Gefangenschaft gerieten, als Gefangene im Verständnis des Völkerrechts, besonders im Verständnis der Genfer Konvention, zu betrachten.[18] Sie sollten aber nicht freigelassen werden, denn darauf würde die Bevölkerung negativ reagieren.[19] Der Standpunkt des Berliner Außenministeriums war in gewisser Weise mit einer anderen Meinung übereinstimmend, die durch den Abwehroffizier des Lagers Murnau Gerhard Falke formuliert wurde. Dieser erläuterte den Status polnischer Offiziere in deutscher Gefangenschaft so: »Durch einen Gnadenakt des Führers wird euch gegenüber das Regime nach dem Muster der Genfer Konvention angewandt. Ihr könnt eure Dienstgrade, eure polnischen Uniformen behalten. Ihr bekommt den Sold, der für

Gefangene vorgesehen ist. Aber das sind keine Berechtigungen, die sich aus dem Völkerrecht ergeben. Das ist nur ein Gnadenakt, der im Rahmen der inneren Verwaltung des Deutschen Reiches angewandt wird. Wir wenden Vorschriften der Genfer Konvention nur an, weil wir selbst beschlossen haben, sie anzuwenden. Diejenigen, die wir nicht wollen, beachten wir nicht. Im besonderen gestehen wir euch nicht das Privileg zur Flucht zu. Sie wird mit dem Tode bestraft.«[20] Sechs Tage nach Erhalt der zaghaft einwilligenden Antwort Ribbentrops und einen Tag vor der Kapitulation der Armee des Generalfeldmarschalls Friedrich von Paulus bei Stalingrad drängte Himmler auf eine weitere Präzisierung des Standpunktes des Außenministers. Er bat um Bestätigung, ob er die Meinung Ribbentrops über die Möglichkeit, die polnischen Offiziere aus den Offizierslagern zu entlassen und sie in Konzentrationslagern unter die Aufsicht der SS zu stellen, richtig verstehe.[21] Er versprach alles zu vermeiden, was feindliche Propaganda gegen Deutschland ausnutzen könnte.

Es ist nicht bekannt, warum dieser Plan nicht verwirklicht wurde. Das zeitliche Zusammentreffen spricht für die Hypothese, daß die militärische Niederlage bei Stalingrad Einfluß darauf hatte. Im Ergebnis verhärtete sich die Haltung der deutschen Militärführung. Das OKW unterstützte die Absichten Himmlers nicht, und Ribbentrop zog sich von seinem vorherigen Standpunkt zurück. Noch einmal kam der Reichsführer SS Anfang August 1944 nach dem Attentat auf Hitler auf diese Sache zurück, als er Oberbefehlshaber des Ersatzheeres wurde und die Aufsicht über die Amtsgruppe des Kriegsgefangenenwesens übernahm. Er befahl daraufhin SS-Gruppenführer Hermann Fegelein, festzustellen, ob die polnischen Gefangenen in den Offizierslagern zur Arbeit gezwungen wurden. Gleichzeitig ordnete er an, sie in Konzentrationslager zu verlegen.[22] Auch hier ist ebenfalls nicht genau bekannt, warum daraus nichts wurde. Möglicherweise fehlte dazu die Zeit. Vielleicht hat auch die Atmosphäre der sich nähernden Niederlage die Nichtausführung des Befehls begünstigt.

Nach dem Septemberfeldzug 1939 wurden Prozesse gegen Offiziere der Garnison von Bydgoszcz und gegen diejenigen angestrebt, die internierte Deutsche aus den westlichen Wojewodschaften ins Landesinnere eskortiert haben. Ein Teil der Offiziere wurde zum Tode verurteilt und im Fort VIII der Festung Poznań oder an einem anderen Ort hingerichtet. Sie wurden verurteilt als solche, die dem Völkerrecht nach »keinem Vormundsstaat« verpflichtet waren. Unter ihnen befanden sich die Hauptleute Jan Drzewiecki und Antoni Cichoń.

In den Offizierslagern gelang es dagegen Hunderten Offizieren mosaischen Glaubens, trotz der Politik der Rassenverfolgung zu überleben. In der Geschichte der Kriegsgefangenen des zweiten Weltkrieges bleibt das ein Rätsel.

Ein Teil der polnischen Offiziere schlug sich im September 1939 oder auch später in die Nachbarländer südlich von Polen durch. Bis zu 5 400 Offiziere gelangten nach Ungarn, nicht ganz 5 000 nach Rumänien.[23] In Ungarn hielten sich im Herbst 1939 12 Generäle, 762 Stabsoffiziere sowie 4 185 Offiziere und -anwärter auf. Von Januar bis April 1940 kamen hier 412 Offiziere sowie 497 Offiziersanwärter und Unteroffiziere an. Aufgrund der tolerierten Evakuierung der Polnischen Streitkräfte durch die ungarische Führung in den Westen verringerte sich die Zahl der zurückgebliebenen Armeeangehörigen wesentlich. Im Herbst 1940 waren es sechs Generäle, 450 Stabsoffiziere sowie 2 023 Offiziere und Offiziersanwärter. Auch in den folgenden Jahren sank die Zahl der Offiziere und -anwärter: Mitte 1941 gab es 1 792, Mitte 1942 − 1 777, Mitte 1943 − 1 500 und 1944 − 1 430 bis 1 480.[24]

Rumänien verließen 2 186 Offiziere sowie ein Großteil der 1 491 Luftwaffenoffiziere und -anwärter. Im Ergebnis verblieben hier 1 427 Offiziere, darunter elf Generäle, unter anderem Leon Berbecki und Stanisław Skwarczyński. Im Februar 1941 lieferte die rumänische Führung die polnischen Offiziere an die Deutschen aus. Ehe dies geschah, verübte General Mieczysław Maciejewski Selbstmord.

Von Ungarn, Rumänien und den baltischen Ländern aus machten sich polnische Offiziere auf den weiteren Weg. Am häufigsten schlugen sie sich nach Frankreich durch. Die Route führte über Jugoslawien und Italien oder über den Seeweg. Es gab, wenn auch selten, Fälle von Rückkehr in die Heimat. So reiste z. B. Marschall Edward Rydz-Śmigły, der von 1936 bis 1939 Generalinspekteur und Oberster Befehlshaber der polnischen Streitkräfte war, illegal von Rumänien über Ungarn nach Polen ein. Die polnischen Offiziere, die in Ungarn blieben und nach dem Einmarsch der Deutschen im März 1944 gefunden wurden, kamen nach ihrer Internierung nach Deutschland. In Ungarn nehmen die Deutschen zwei polnische Generäle fest. General Dr. Jan Kołłątaj-Srzednicki, der hier das Polnische Rote Kreuz leitete, wurde erschossen. General Mieczysław Ryś-Trojanowski kam ins KZ Mauthausen, wo er später starb.

Die polnische Armee in Frankreich zählte im Juni 1940 8739 bestätigte Offiziere und Offiziersanwärter (ohne Luftwaffe und Marine[25]) sowie 530 nicht bestätigte Offiziere. Im aktiven Dienst standen 6001 Offiziere. Rund 600 hielten sich im Nahen Osten auf. In der Marine gab es 150, in der Luftwaffe 1663 polnische Offiziere. In Frankreich wurden 144 Offiziersanwärter zum Leutnant befördert, und 82 Offiziersanwärter und Soldaten wurden zu Offizieren der Kriegszeit ernannt. Während der Kriegshandlungen und auch nach dem Waffenstillstand am 22. Juni 1940 wurden auf dem Gebiet Frankreichs 6160 polnische Offiziere evakuiert[26]. Rund 2000 Offiziere kamen in Gefangenschaft oder verblieben im Land. Einige Hundert wurden in der Schweiz interniert.

Von den über 6000 polnischen Offizieren in Großbritannien überwogen die Landstreitkräfte. Anfangs waren es 4475, später bis zu 4750 Mann. In der Luftwaffe leisteten 1663 und in der Marine bis zu 138 polnische Offiziere ihren Dienst. Bei den Landstreitkräften waren 40 Prozent der Offiziere Berufsoffiziere, 53 Prozent Reserveoffiziere und 7 Prozent gehörten dem Landsturm an. Im Laufe eines Jahres bis zur Unterzeichnung des Sikorski-Maiski-Vertrages am 30. Juli 1941 schlugen sich noch rund 100 Offiziere aus Polen und den Nachbarländern nach Großbritannien und in den Nahen Osten durch.[27]

In Großbritannien wurden 4576 polnische Offiziere einer Analyse unterzogen. Man kam zu folgendem Ergebnis: Unter diesen Offizieren waren 37 Generäle, 105 Oberste, 210 Oberstleutnants, 421 Majore, 946 Hauptleute, 823 Oberleutnants, und 2034 Leutnants. Über 2000 von ihnen verfügten über Spezialkenntnisse, die für die Schaffung einer modernen Armee notwendig waren (Artillerie, Panzerwaffen, Pioniere, Nachrichtenwesen). 230 Offiziere des I. Korps in Großbritannien wurden in den Ruhestand versetzt, obwohl in der Armee des General Anders ältere Offiziere mit Dienstgrad fehlten. Einfluß auf diese Entscheidung hatten u. a. die Gegensätze zwischen Anhängern Generals Sikorski und ehemaligen Legionären sowie Offizieren, die als Piłsudski-Anhänger galten. Die in den Ruhestand versetzten Offiziere – sie kamen hauptsächlich aus der Militärverwaltung – wurden in das Offizierslager nach Rothessay gebracht. Hier hielten sich bis zu 1000 Offiziere auf. Darunter waren auch Kranke und solche, die kein Etat besaßen.

Das deutliche Übergewicht jüngerer Offiziere mit Dienstgrad in der polnischen Armee in Großbritannien erforderte 1941 eine Änderung der Situation. In dessen Ergebnis wurden 273 Offiziere auf freiwilliger Basis für einen zweijährigen Dienst in den britischen Kolonien in Westafrika angeworben.[28] Andere Pläne sahen vor, einen Teil der Offiziere in die Kriegsindustrie zu schicken. Von dieser Absicht wurde jedoch Abstand genommen.

Wie war die Situation in Polen? Verordnungen der deutschen Okkupationsbehörden vom 31. Juli 1940 und 10. März 1941 forderten die polnischen Offiziere auf, sich registrieren zu lassen. Sehr viele Offiziere entzogen sich diesem Befehl und engagierten sich in militärisch konspirativer Arbeit. Im illegal wirkenden Bewaffneten Kampfbund (Związek Walki Zbrojnej) waren rund 3 500 Offiziere[29] aktiv. Die Mehrzahl waren Reserveoffiziere. Nach der Niederlage des Warschauer Aufstandes kamen rund 1 200 Offiziere in die Offizierslager. Schätzungsweise bis zu 5 000 Offiziere, darunter über 200 Fallschirmjäger, wirkten aktiv in konspirativen Organisationen. Welche Ausmaße insgesamt die Repressalien der Hitlerokkupanten gegenüber polnischen Offizieren angenommen haben, ist nicht bekannt.[30]

Unbekannt ist auch, wieviele Offiziere sich in die deutsche Volksliste eingetragen haben oder mit ukrainischen Nationalisten zusammenarbeiteten. H. P. Kosk[31] nennt als Beispiel zwei Generäle, die ihr Polentum an die Nazis verrieten (der 70jährige General Aleksander Boruszczak und der 75jährige General Karol S. Schubert). Der 60jährige General Włodimierz Rachmistruk nahm eine proukrainische Haltung an.

Anmerkungen

1 Eugeniusz Kozłowski: Wojsko Polskie, Warschau 1974, S. 77, 322.
   In Deutschland gab es zur selben Zeit in den Landstreitkräften 89 000 Offiziere (Istbestand), in der Luftwaffe 12 000 Berufsoffiziere und 3 000 nicht im aktiven Dienst stehende Berufsoffiziere und in der Waffen-SS 1 200–1 300 Offiziere. Das deutsche Offizierskorps, Boppard a. Rhein 1980.
2 Eugeniusz Kozłowski: Wojsko Polskie, S. 218.
3 Die Liste ist unvollständig. Auf Lücken weist Z. S. Siemaszko in der Rezen-

sion *Listy oficerów Wojska Polskiego.* In: Zeszyty Historyczne, Nr. 82, 1987, hin.

4 Adam Kurowski: Lotnictwo polskie w 1939 r., Warschau 1962.

5 Juliusz Pollack: Jeńcy polscy w hitlerowskiej niewoli, Warschau 1982, S. 32.
Rund 70 Generäle nahmen direkt an Kriegshandlungen teil, darunter 55 im aktiven Dienst. Die Reaktivierten waren unmittelbar an den Kampfhandlungen beteiligt, die anderen 15 arbeiteten im Hinterland der Front.
H. P. Kosk: Wojenne losy generałów. In: Przeglad Tygodniowy, Nr. 48, 1988.

6 Marian Porwit: Komentarze do historii polskich działań obronnych 1939 r.; Bd. 3, Bitwy przebojowe i obrona bastionów, Warschau 1983, S. 467.

7 Andrzej Nierychło: Wężyk generalski. In: Przegląd Tygodniowy, Nr. 32, 1988.
Außerdem starb General Stanisław Rawicz-Dziewulski an seinen Verletzungen.

8 Nowy Kurier Warszawski, 19. April 1943.

9 Die Rote Armee war den polnischen Offizieren gegenüber ausgesprochen negativ eingestellt. Das ergab sich vor allem aus der klassenbedingten Einschätzung. In Flugblättern wurden die polnischen Soldaten zur Meuterei gegen die Vorgesetzten aufgerufen. Die vollständige Zahl der polnischen Verluste in den Kämpfen mit sowjetischen Armee-Einheiten ist nicht bekannt. Im Gebiet von Polesie fielen bei Zusammenstößen mit sowjetischen Einheiten 150 Offiziere.

10 Ohne die gefallenen Offiziere des Warschauer Aufstandes.

11 Von 18500 Offizieren sind abzuziehen: Die Verluste bei Kampfhandlungen, in der Widerstandsbewegung, in deutscher Gefangenschaft sowie 5000 in der UdSSR ermordete Internierte.

12 Die Daten bis einschließlich 1943 geben an: Witold Biegański: Polscy jeńcy wojenni w Niemczech. In: Najnowsze dzieje Polski, Bd. VII, 1963, S. 63. Die späteren Juliusz Pollack: Jeńcy polscy w hitlerowskiej niewoli, S. 20.

13 Die Lage der gefangenen polnischen Offiziere in den Offizierslagern behandele ich hauptsächlich auf der Grundlage der Arbeit von Juliusz Pollack.

14 Witold Biegański: Polscy jeńcy wojenni w Niemczech, S. 65.

15 Über seine konspirative Tätigkeit im Lager und in Westpommern schreiben Juliusz Pollack: Jeńcy polscy w hitlerowskiej niewoli, S. 80–83 und auch Szymon Datner: Zbrodnie Wehrmachtu na jeńcach wojennych armii regularnych w II wojnie światowej, Warschau 1961, S. 287.

16 Vgl. J. Litwin: Sprawa oficerów polskich w obozach niemieckich. In: Przegląd Zachodni, Nr. 5, 1957, S. 84–93.

17 Diese Feindschaft beschrieb der Warschauer Gouverneur in einem Brief an den SS- und Polizeiführer des Distrikts Warschau: »Ich glaube, es müßten sich Wege finden lassen, z. B. durch eine von der Genfer Konvention ja wohl nicht verbotene Entlassung der polnischen Offiziere, um einen derartigen Oppositionsblock, der bestimmt für Deutschland nicht mehr gewonnen werden kann, zu beseitigen.« Zit. in: Ebenda, S. 90/91. Nicht ausgeschlossen jedoch ist, daß Himmler über die Verbindungen der Hauptkommandantur der Landesarmee, ihrer Spezialorganisation »Iko« mit den Gefangenen orientiert war und von der Widerstandsbewegung in den Gefangenenlagern wußte.

18 »Nach Auffassung des Auswärtigen Amts brauchen wir die im Kriege mit Polen gefangengenommenen polnischen Offiziere und Mannschaften nicht mehr als Kriegsgefangene im völkerrechtlichen Sinne, besonders im Sinne der Genfer Konvention zu behandeln, da der frühere polnische Staat zu existieren aufgehört hat.« Zit. in: J. Litwin: Sprawa oficerów polskich w obozach niemieckich, S. 93.

19 »hinter Schloß und Riegel zu behalten...« Ebenda.

20 Zit. in: Juliusz Pollack: Jeńcy polscy w hitlerowskiej niewoli, S. 47.

21 »daß die gesamten heute noch in Kriegsgefangenenlagern durch die Wehrmacht bewachten polnischen Offiziere entlassen und in Konzentrationslagern, die von der SS bewacht werden, überführt werden können.« Zit. in: J. Litwin: Sprawa oficerów polskich w obozach niemieckich, S. 93.

22 Polish charges against German war criminals, Warschau 1978, S. 137/138.

23 Poza krajem – za ojczyznę. S. 20/21. Die Zahlen berücksichtigen nur die Offiziere, die sich registrieren ließen. Ein Teil machte sich auf den weiteren Weg, ohne sich eingetragen zu haben.

24 Die Zahlenangaben sind in der Arbeit von Istvan Lagzi: Droga zolnierza polskiego przez węgierską granicę w latach 1939–1944, Poznan 1987, S. 288–293 enthalten.

25 Wincenty Iwanowski gibt eine niedrigere Zahl von 7 887 Offizieren an. Z dziejów formacji polskich na Zachodzie 1939–1945, Warschau 1976, S. 56.

26 Bis zum 15. Juli 1940 wurden 7 311 Offiziere evakuiert. In der Selbständigen Brigade der Karpatenjäger gab es im April 1940 247 Offiziere. Zwei Monate später waren es 400 und Anfang des Jahres 1941 355 Offiziere. M. Młotek: Samodzielna Brygada Strzelców Karpackich, Teil 1. In: Zeszyty Historyczne, Nr. 11, 1967, S. 147.

27 Die Zahlenangaben zu Offizieren in der polnischen Armee in Frankreich und Großbritannien sind Ergebnisse der Forschungsarbeiten von Dr. Zbigniew Wawer.

28 E. Eckert: Eksperyment. Polscy oficerowie w Afryce Zachodniej w latach

1941–1943. In: Materiały, dokumenty, źródła, archiwa, Februar 1988, H. 4.

29 Jerzy Terej: Na rozstajach dróg. Ze studiów nad obliczem i modelem Armii Krajowej, Warschau 1980, S. 141.
Andere Angaben dazu: Eine organisatorische Meldung vom 21. Oktober 1940 weist auf 2639 Offiziere hin: Centralne Archiwum KC PZPR 203/I szyfry.
E. Duraczyński bezifferte die Stärke der Offizierskader der Landesarmee zum Ende der Okkupation auf 10000 Mann. E. Duraczyński: Generał Iwanow zaprasza, Warschau 1989, S. 32.

30 Die Information ist in der Erklärung des Ministerrates vom 27. April 1943 enthalten. Im Zusammenhang mit der Entdeckung der Gräber von Katyn wird festgestellt, daß 6000 Offiziere im Juni 1942 in Krakau gefangengenommen wurden. Die Angaben erscheinen nicht glaubwürdig. Erst in der zweiten Hälfte des Jahres 1942 befahl Himmler, polnische Reserveoffiziere im Generalgouvernement zu verhaften. National Archives T – 175, r 129, kl. 5604; Ebenda, T – 175, r. 67 und Okupacja i ruch oporu w Dzienniku Hansa Franka, Bd. 1, Warschau 1971, S. 598.

31 H. P. Kosk: Wojenne losy generałów.

II. Schicksale polnischer Offiziere nach der Gefangennahme durch die Rote Armee. Erster Akt des Dramas

Am 17. September 1939 begann während der polnisch-deutschen Kriegshandlungen die bewaffnete Intervention der Roten Armee mit der Besetzung des östlichen Territoriums Polens und seiner Annexion als Westukraine und Westbelorußland. Unter verschiedenen Umständen, am häufigsten jedoch ohne Widerstand, aber auch nach Kämpfen wurden rund 250 000 polnische Soldaten gefangengenommen. In sowjetischer Gefangenschaft befanden sich letztlich 130 000 (sowjetische Angaben) bis 180 000 (polnische Angaben) Soldaten und Offiziere. Anfangs wurden sie in eilig errichteten 138 Etappenlagern und acht Durchgangslagern, die nicht die notwendige Ausrüstung besaßen, in der Nähe der damaligen polnisch-sowjetischen Grenze untergebracht. Entsprechend einer Anweisung des Volkskommissars Berija über Maßnahmen zur Behandlung polnischer Gefangener und über die Kriterien ihrer Selektion wurden ab 3. Oktober Angehörige der polnischen Polizei nach Ostaschkow (NKWD-Gebiet Kalinin), Offiziere nach Starobelsk (NKWD-Gebiet Woroschilowgrad) und diejenigen mit niedrigeren Diensträngen, die aus den von Deutschen okkupierten Gebieten Polens stammten, nach Koselsk (NKWD-Gebiet Smolensk) gebracht. Die entsprechende Umsiedlung dauerte bis Januar 1940. Die Aufteilung der Offiziere in Lager nach ihren Diensträngen wurde jedoch nicht beibehalten. Die Direktiven über die Kriegsgefangenen wurden mit der Vollmacht Berijas von der NKWD-Verwaltung für Angelegenheiten der Kriegsgefangenen und Internierten (Uprawlenie po delam woennoplennych i internirowannych – UPWI) erteilt. UPWI wurde laut Befehl 0308 aufgebaut. Die Leitung lag in den Händen von Hauptmann der Staatssicherheit P. K. Soprunenko.

Unter den Kriegsgefangenen in Koselsk und Starobelsk waren 8 000 bis 9 000 Offiziere der Polnischen Armee.[1] Neben 5 131 Berufsoffizieren gab es 4 096 andere Offiziere, darunter viele Offiziersanwärter.[2] Die meisten Offiziere gerieten im Rayon Wladimir Wolinski (1 500) und bei Dubno (500) in Gefangenschaft.[3] Dasselbe Schicksal ereilte auch 6 000 bis 7 000 weitere Polen. Darunter waren Offiziere und Beamte des Grenzschutzkorps, deren Aufgabe darin bestand, die Ost- und Südostgrenze des polnischen Staates zu schützen, 300 Polizeioffiziere, Mitarbeiter des Geheimdienstes, der Gefängniswachen, des Gerichtswesens, aber auch Unteroffiziere und gewöhnliche Polizisten. Diese Zahl erfaßte außerdem Militärgeistliche verschiedener Konfessionen, Siedler und Grundbesitzer sowie eine Gruppe Jugendlicher (Oberschüler, Studenten, Abiturienten, 13- bis 19jährige, die die Väter bei der Evakuierung nach Osten begleiteten).

Im Oktober 1939 wurde ein sowjetisch-deutsches Abkommen — genaugenommen zwischen Wehrmacht und Roter Armee — über den Austausch von Kriegsgefangenen, die der Polnischen Armee angehörten und unter Berücksichtigung ihres Wohnortes vor dem Krieg, abgeschlossen. Die sowjetische Seite antwortete auf die deutsche Initiative mit einer entsprechenden Entscheidung vom 14. Oktober. Drei Tage später informierte der deutsche Botschafter in Moskau Friedrich von der Schulenburg seinen Minister darüber, daß das Volkskommissariat für Auswärtige Angelegenheiten die Erteilung von Richtlinien durch militärisch kompetente Kreise des Reiches verlangt, um den Austausch beginnen zu können.[4]

Der an diesem Tag erteilte Befehl des Volkskommissars für Verteidigung sah die Durchführung des Austausches bis zum 3. November vor. Er sollte 35 000 Gefangene in 26 Eisenbahntransporten, die der NKWD der Armee nach seinem Gutdünken lieferte, umfassen. Die deutsche Seite sollte 20 000 Gefangene übergeben. Bis Ende Oktober wurden von den Deutschen einige Tausend Gefangene übernommen, im Austausch jedoch weniger übergeben. Gegen das langsame Tempo dieser Aktion wurde am 14. November eine Kommission mit dem Ziel ins Leben gerufen, diesen Vorgang zu beschleunigen. Von sowjetischer Seite übernahm General Troizki den Vorsitz.[5] Trotz allem umfaßte diese Austauschaktion, die sich bis Mitte Dezember hinzog, letztlich über 42 000 Polen aus dem Osten und 14 000 aus dem Westen. Die »Warschauer Zeitung« informierte am 7. Dezember, daß der Generalgouverneur Hans Frank eine sowjetische Regierungsdelegation zu Umsiedlerfragen unter Leitung Litwinows empfangen hatte. Ihr gehörte auch der bereits erwähnte Troizki an.

Transporte mit polnischen Gefangenen aus der UdSSR fuhren über Lublin, wo sie vom Polnischen Roten Kreuz (PRK) unter Aufsicht der Wehrmacht versorgt wurden. Den Berichten von Angehörigen des PRK zufolge, kamen die Gefangenen in Uniformen ohne Rangabzeichen, vereinzelt auch in Zivilkleidung an.[6] Anschließend wurden die Rückkehrer in Radom auf die Gefangenenlager in Deutschland aufgeteilt. Während der Aufenthalte in Lublin und Radom kam es zu Fluchtversuchen. Dem PRK wurden die Adressen bzw. Nachrichten von denjenigen übergeben, die nicht zurückkehrten.

Die Gefangenen kamen aus verschiedenen sowjetischen Lagern. Wieviele Offiziere darunter waren, die nach Murnau gebracht wurden, ist nicht bekannt. Damals wurden auch die Offiziersanwärter zu den Offizieren gezählt. Es können knapp hundert oder auch mehr gewesen sein. Im Prinzip wurden Offiziere vom Austausch nicht erfaßt. Es kehrten vereinzelt diejenigen zurück, die vom sowjetischen Bewachungspersonal verwechselt wurden. In Murnau übergab im Juli 1940 der Lagerälteste Oberst Józef Korycki dem deutschen Lagerkommandanten Listen mit Namen und Adressen von rund tausend polnischen Offizieren, gegliedert nach ihrer Unterbringung in sowjetischen Lagern von Ende Oktober 1939.[7] Darin hatten sich auch Gefangene eingeschmuggelt, die aus dem von den Deutschen okkupierten Teil Polens kamen. T. Filipowski behauptet, daß während der Kontrolle, sicherlich in Radom, etliche Offiziersschüler auf Grund der deutschen Genauigkeit ausgesondert und nach Murnau gebracht wurden.[8] Es ist möglich, daß sie die erwähnten Listen geliefert haben.[9] Auch nach Łódź/Litzmannstadt gelangten Angaben über eine Gruppe Internierter in Ostaschkow in private Hande.[10]

Mitte Februar 1940 informierte das Auswärtige Amt das OKW über die Perspektive des weiteren Austausches polnischer Gefangener. Gemeldet wurden für den Austausch 60 000 Polen in deutscher Gefangenschaft, die aus den von der UdSSR besetzten Gebieten stammten. Nach Überprüfung dieser Zahl wurde sie auf 50 000 Mann reduziert. Das Ministerium drängte auf den schnellen Beginn der Gespräche mit der sowjetischen Führung, die nach Ablauf der Frist ihre Aufnahme verweigern könnte. Aus einem Schreiben des Bevollmächtigten des Auswärtigen Amtes beim Generalgouverneur Frank vom August 1940 geht hervor, daß die sowjetische Seite endgültig einen weiteren Austausch polnischer Gefangener ablehnte.

Die in sowjetische Gefangenschaft geratenen polnischen Offiziere besaßen in der entstandenen Situation – Kampfhandlungen ohne Kriegserklärung – einen Zwischenstatus. In den Kommuniques der sowjetischen Heerführung wurden sie als Kriegsgefangene bezeichnet. Die Aufsichtsführung lag bei der UPWI. Diese Unterscheidung hatte letztlich unter Berücksichtigung der Rechtslage keine wesentliche Bedeutung. Das zaristische Rußland hatte die Haager Konvention unterschrieben und ratifiziert.[11] Nach der Revolution hatte die Sowjetmacht diese Konvention nicht aufgekündigt, aber allgemein erkannte sie frühere internationale Verträge als unverbindlich an, die einer Überprüfung bedürfen. Später nahm die sowjetische Regierung zu dieser Frage keine Stellung mehr. Sie war auch nicht bereit, frühere Regelungen als Gewohnheitsrecht zu behandeln. Von den am 27. Juli 1929 geschlossenen Genfer Abkommen über die Verbesserung des Schicksals Verwundeter auf dem Schlachtfeld sowie über die Behandlung von Kriegsgefangenen unterschrieb die Sowjetunion nur das erste. Das zweite Abkommen, das die Beschlüsse der Haager Konvention erweiterte, wurde nicht ratifiziert. Erst am 1. Juli 1941 erklärte der Rat der Volkskommissare der UdSSR seine Bereitschaft, die Haager Konvention, das Genfer Protokoll über das Verbot der Anwendung von Giftgasen und die Genfer Konvention über die Behandlung von Kriegsgefangenen anzuwenden.

Jedenfalls verblieben die gefangenen polnischen Soldaten und Offiziere nicht in den Händen der Roten Armee. Die sowjetische Führung übergab sie unverzüglich dem NKWD. Sie hielt sich auch nicht an die Verpflichtung, dem Internationalen Roten Kreuz Namenslisten von Kriegsgefangenen zu übergeben. Sie wies die Forderungen der gefangenen Offiziere nach Behandlung gemäß den internationalen Konventionen ab. Im März 1940 fragte das Internationale Rote Kreuz, mit dem die UdSSR nicht zusammenarbeitete, beim OKW an, ob die polnischen Gefangenen aus Koselsk nach Deutschland gebracht wurden und ob das Lager aufgelöst sei.[12] Zwei Wochen später trafen ähnliche Fragen ein. Diesmal handelte es sich um die Lager Koselsk, Starobelsk, Ostaschkow, Schepetowka und andere. Sind die Gefangenen nach Deutschland ausgetauscht worden? Bestehen die Lager auch weiterhin? Auf die Fragen eingehend, stellte das Auswärtige Amt am 6. April fest, daß, soviel in Berlin bekannt sei, die Lager in der UdSSR immer noch bestehen.

Zu berücksichtigen ist auch der im Völkerrecht nicht eindeutig definierte Status, der durch die bewaffnete Intervention in Polen im Herbst 1939 ohne Kriegserklärung und auch ohne Erklärung des überfallenen Landes und seiner Führung hervorgerufen wurde. In dieser Situation wurde den polnischen Gefangenen der Status von Kriegsgefangenen abgesprochen. Diejenigen, die den Kampf gegen die bewaffnete sowjetische Intervention aufnahmen, wurden häufig als Gefangene bezeichnet, die sich bewaffnet bereits – so das sowjetische Verständnis – auf sowjetischem Territorium befanden. Denn Polen galt ab 17. September als völlig besiegt und nicht mehr als Staat existent.

Die gefangenen polnischen Offiziere befanden sich kurzzeitig in Durchgangslagern in der Nähe der ehemaligen polnisch-sowjetischen Grenze. Diese Lager waren dem NKWD unterstellt. Eines der größeren Lager war in Schepetowka mit 16 000 Gefangenen, darunter 3 000 Offiziere. Von diesen Durchgangslagern wurden sie schnell ins Landesinnere der UdSSR transportiert. Die polnischen Offiziere, die sich in sowjetischer Gefangenschaft befanden, wurden in drei Lager konzentriert.

In Koselsk waren 4 500 Offiziere (vier Generäle, 400 Stabsoffiziere, 3 500 Offiziere mit niedrigerem Rang, 500 Offiziersanwärter und eine Gruppe Zivilisten untergebracht. In Starobelsk befanden sich rund 3 900 Offiziere (acht Generäle, 380 Stabsoffiziere, 3 450 Offiziere mit niedrigerem Rang, 30 Offiziersanwärter) sowie 50 bis 100 Zivilisten. Koselsk und Starobelsk waren spezielle Offizierslager. In Koselsk befanden sich vier Generäle (Stanisław Bohatyrewicz, Henryk Minkiewicz-Odrowąż, Mieczysław Smorawińsłá, Jerzy Wołkowicki), Konteradmiral Ksawery Czernicki, 200 Luftwaffenoffiziere, 50 Marineoffiziere sowie einige hundert Reserveoffiziere. Die letztgenannten waren ihrem Beruf nach Lehrer, Ingenieure, aber auch Militär- und Zivilärzte (300) sowie Mitarbeiter von Hochschulen (21). Insgesamt waren zwei Drittel der Internierten Reserveoffiziere. In Koselsk befanden sich u. a. Oberst Dr. Stefanowski, der Leibarzt von Marschall Józef Piłsudski, Hauptmann Dr. med. Czesław Wroczyński, der ehemalige Vizeminister, und Rittmeister Stanisław Kuczyński. Dieser war von Beruf Architekt und Enkel eines polnischen Emigranten und Organisatoren der türkischen Armee. Schon im November 1939 wurde er an einen unbekannten Ort verschleppt und galt seitdem als verschollen. Vorher hatte er ein Gesuch an die türkische Gesandtschaft in Moskau mit der Bitte um Rückführung in die Türkei geschickt.

Gefangene des Lagers Starobelsk, welches als das bessere galt, waren außer acht Generälen[13] (Leon Billewicz, Stanisław Haller, Aleksander Kowalewski, Kazimierz Łukoski, Franciszek J. Sikorski[14], Konstanty Plisowski, Leonard Skierski, Piotr Skuratowicz) 600 Luftwaffenoffiziere, viele Militärkaplane, etliche Mitarbeiter von Hochschulen, rund 400 Ärzte, Hunderte von Ingenieuren in Zivil und viele Lehrer.[15] In Starobelsk befanden sich nahezu alle Offiziere aus dem Verteidigungsabschnitt Lwów. Der Protest von General F. Sikorski bei Marschall S. Timoschenko, dem Befehlshaber der ukrainischen Front beim Einmarsch in Polen, half nicht, daß die polnischen Soldaten und Offiziere als Kriegsgefangene bezeichnet wurden, obwohl der polnische Befehl Kampfhandlungen mit der Roten Armee untersagte.[16]

Die unmittelbare Verantwortung für die Festnahme der Verteidiger von Lwów tragen die Generäle der Staatssicherheit Merkulow und Sierow. Neben 18 Kaplanen der römisch-katholischen Kirche war in diesem Lager auch der Rabbiner der Polnischen Armee Major Baruch Steinberg interniert, der im Dezember 1939 spurlos verschwand.[17]

Die Hälfte der in den Lagern Koselsk und Starobelsk internierten Generäle war bereits im Ruhestand. Dazu gehörten drei Divisionsgeneräle: H. Minkiewicz-Odrowąż, S. Haller und L. Skierski.[18]

Das dritte Lager in Ostaschkow, genauer auf einer Insel des Sees Seliger gelegen, entstand zuletzt – Anfang des Jahres 1940. In der Literatur wird es auch manchmal Polizeilager genannt. Hier hielten sich rund 6 000 bis 6 500 Personen auf.[19]

In den drei erwähnten Lagern waren sowohl Gefangene, die den Kampf mit Beginn des Krieges aufgenommen haben, als auch solche, die erst später in die Kampfhandlungen eingetreten sind. Es gab aber auch Gefangene, über die in dem Buch »Polskie Siły Zbrojne w Drugiej Wojnie Światowej« (Die Polnischen Streitkräfte im zweiten Weltkrieg) mit deutlicher Kritik geschrieben wurde: »Die größte Empörung erweckte der Anblick der nach Osten fahrenden Offiziere, und das waren sehr viele. Dazu gehörten Offiziere des Ministeriums für Militärische Angelegenheiten und anderer zentraler Institutionen, Offiziere des Bezirkskommandos und Korps, Reservekader der Bezirke und Korps, Offiziere der Wehrbezirks-

kommandos und der Bezirksinspektorate für Pferde, Kader des Eva-
kuierungsdienstes bzw. verlassener Lager und Betriebe, Aufsichts-
personal des Verkehrswesens über Streckenabschnitte des Eisen-
bahnnetzes, das bereits auf Grund von Kriegshandlungen außer
Betrieb war usw. Ihnen schlossen sich eine sehr große Zahl von Offizieren im Ruhestand, der Reserve und des Landsturms an. Diejenigen, die keine Einberufung erhalten hatten, zogen Uniformen an
und fuhren in Richtung Osten. Sie suchten eine Befehlsgewalt, bei
der sie sich melden konnten und der sie letztes Endes zugeteilt wurden. Besonders kritisch wurde das Mitreisen der Familien mit den
evakuierten Offizieren und Beamten sowie die Anzahl und die Be-
schaffenheit des evakuierten Gepäcks betrachtet[20]«. Für diejenigen, die nach Osten flohen, stellte sich der Krieg in seinen alten
Ausmaßen, nach alten Schemata dar. Der Blitzkrieg war ihnen unbekannt, auf den sie nicht vorbereitet waren. Aber im Empfinden
der Bevölkerung, die den negativen Verlauf des Krieges erlebte,
war das eine Flucht.

Die Einweisung polnischer Offiziere in sowjetische Lager und Gefängnisse erfolgte auch noch dem September 1939. Dafür ein Beispiel: Obwohl General Władysław Langner Zusicherungen erhielt,
auf deren Grundlage er den Beschluß über die Kapitulation faßte,
wurden rund 2 000 Offiziere des aktiven Dienstes und der Reserve
nach vorangegangener Registrierung aus Lwów abtransportiert.
Solche Aktionen gab es auch in anderen Orten. Eine nicht genau zu
bestimmende Zahl von Armeeangehörigen, darunter General Władysław Anders, wurde verhaftet oder aber ins Landesinnere deportiert. Zuweilen kam es während der Stellungskämpfe oder auch später zu Erschießungen gefangener Offiziere.[21] Wegen seiner
konspirativen Tätigkeit im von der UdSSR okkupierten Teil Polens
wurde General Michał Tokarzewski-Karaszewicz vom NKWD verhaftet.

Die drei genannten Lager für polnische Offiziere und Polizeiangehörige[22] waren in ehemaligen Klöstern untergebracht. Das Lager
von Koselsk lag 20 Kilometer südöstlich von Smolensk. Dieser Ort
war wegen seiner klimatischen Bedingungen und Schwefelquellen
bekannt. Die bei den Ermordeten gefundenen Tagebücher ermöglichten, über dieses Lager die meisten Informationen zu erhalten.
Das Lager selbst umfaßte das Gelände des Münsters sowie ein zweites Lager, das Lager Skidem. Hier hatte sich in zaristischen Zeiten
ein Heim für Behinderte und Alte befunden. In diesem zweiten La-

ger waren rund 1500 Offiziere. Es wurden hier vor allem diejenigen untergebracht, die aus dem von der UdSSR besetzten Gebiet des polnischen Staates stammten. Im Dezember 1939 wurde nach Koselsk eine Gruppe von Berufsoffizieren aus Ostaschkow verlegt. Hierher kamen auch Luftwaffenoffiziere, die im Lager Bolotnja bei Tschernigow interniert waren.

Lagerleiter von Koselsk war Oberleutnant der Staatssicherheit Korolew. Eine weitere wichtige Person war der Hauptmann der Staatssicherheit Alexandrowitsch.[23] Aber bis zum Frühjahr 1940 war die Hauptperson des Lagers der General des NKWD W. Zarubin. Er leitete eine Untersuchungsgruppe zur Feststellung der Personalien, die auch die Zusammensetzung und Haltung der Internierten sowie deren Kenntnisse in militärischen Angelegenheiten in bezug auf die sich im Krieg befindenden Länder zu erkunden hatte.[24] In Erinnerungen derer, die die Internierung überlebten, verblieb er berechtigt oder unberechtigt als eine sympathische Gestalt mit außergewöhnlicher Intelligenz. Bezeichnend ist, daß er die einzige Aufsichtsperson war, gegenüber der der Lagerälteste der polnischen Gefangenen General H. Minkiewicz-Odrowąż eine Ehrenbezeugung verlangte.

Im Lager Koselsk führte der NKWD eine politische Umerziehungsarbeit mit Hilfe von Broschüren, Plakaten, Agitatoren, Presse und Lagerfunk durch. Professor Stanisław Swianiewicz schätzt auf der Grundlage seiner Lagererfahrungen die Haltung junger Offiziere, dargestellt am Beispiel eines Hauptmannes namens J. Bychowiec folgendermaßen ein: »Für Hauptmann Bychowiec kann es keinen Platz in der Sowjetunion und in der Welt geben, den russische Kommunisten aufbauen wollen. Bychowiec bildete keine besondere Ausnahme und stellte keine besonders auffällige Individualität dar. Er war der Vertreter eines hinlänglich verbreiteten Typs von jungen und tapferen Offizieren, die in den Offiziersschulen des unabhängigen Polens erzogen wurden. In jedem Regiment gab es solch einen Hauptmann Bychowiec oder mehrerer solcher Hauptleute Bychowiec. In Koselsk, aber sicher auch in Starobelsk und Ostaschkow gab es viele Vertreter dieses Typs. Ihre moralische Haltung war für die NKWD-Angehörigen, die sie verhörten, fremd und unverständlich.«[25]

Sowohl in diesem Lager als auch in den anderen war das religiöse Leben lebendig. Aber nach einer gewissen Zeit konnte die gemeinsame Religionsausübung nur noch heimlich praktiziert werden. Nationale Traditionen wurden kultiviert. Der Nationalfeiertag am 11. November wurde feierlich begangen. Demonstrativ wurde an seinem Namenstag, am 19. März, Marschall Józef Piłsudski geehrt, den die Russen als ihren Todfeind ansahen.[26] Diese Haltung galt als Manifestation des Hasses gegenüber der UdSSR. Sicher behandelte man deshalb die Militärkaplane, von denen es in Koselsk etliche (in Starobelsk anfangs 25, in Grjasowez 1) gab, mit grausamer Brutalität. In Katyn wurden später die Leichen von 32 Militärkaplanen gefunden. Am Vortag des Heiligen Abends 1939 wurden über 20 Gefangene, vor allem Geistliche verschiedener Konfessionen, von Koselsk aus verschleppt und seither fehlt von ihnen jede Spur. Anfang Januar 1940 wurden rund 100 Staatsanwälte und Richter, Mitte Februar 84 Unteroffiziere und Soldaten sowie einige Soldaten, die sich für Deutsche ausgaben, nach Ostaschkow oder nach Solowka gebracht.

Das Leben in allen drei Lagern verlief auf ähnliche Weise. Am schwersten war es in Ostaschkow. Die Lebensbedingungen waren primitiv, die Räume eng und verlaust. Die schlechte Ernährung reichte zum Vegetieren. Für Offiziere mit höherem Dienstrang war die Lage besser. Sie schliefen in normalen Betten in Zwei- bis Drei-Mann-Zimmern. Sie wurden auch nicht zur Arbeit gezwungen. Offiziere mit niedrigeren Diensträngen wurden mitunter zu Hilfsarbeiten in den Lagern herangezogen. Den Generälen standen Ordonnanzen zur Verfügung. Das Verwaltungspersonal, besonders Ärzte und Pfleger, besaßen im Gegensatz zum NKWD zu den Gefangenen ein menschliches Verhältnis. Ein Vertreter des staatlichen Juwelierbetriebes, der die Lager aufsuchte, kaufte von den Gefangenen Schmuck und Füllfederhalter. Für das erhaltene Geld konnten sie zusätzliche Lebensmittel und einige Kleinigkeiten in den Lagergeschäften erwerben.

Als Typhus auftrat, wurden Ende November 1939, aber auch später Impfungen durchgeführt. Bescheinigungen darüber wurden bei ermordeten Offizieren in Katyn aufgefunden. Mitunter konnten sich kranke Offiziere in Smolensker Kliniken behandeln lassen. Wenn man dem Bericht einer Krankenschwester von der dortigen Hals-Nasen-Ohren-Klinik glauben darf, so hielten sich zu Beginn der Auflösung des Lagers drei Offiziere in der Klinik auf.[27]

Nach Koselsk kam Ende Januar 1940 eine Gruppe von rund 20 polnischen Offizieren, die bis dahin in Litauen interniert war. Sie wurden mit Versprechungen gelockt, um nach Hause in das bereits von der UdSSR einverleibte Gebiet zurückzukehren. Von Litauen aus traten auch elf Offiziere eine Reise in das von Deutschen annektierte Gebiet Polens an. In Koselsk wurde ihnen ihre »Fahnenflucht«, ihr Wille, nach Hause zurückzukehren, von den Mitgefangenen nicht verziehen. Ihrem Verständnis nach wäre es ihre Pflicht gewesen, von der Ostsee nach Westen zu den Alliierten zu fliehen. Sie wurden so lange boykottiert, bis sich General Minkiewicz-Odrowąż für sie einsetzte. Sie kamen zusammen mit den anderen um.

Von Zeit zu Zeit herrschte im Lager Unruhe. S. Swianiewicz erinnert sich an ein für ihn unvergeßliches Treffen in der letzten Märzdekade 1940: »Es war einer dieser sonnigen und freundlichen Tage bei Sonnenuntergang. Ich war auf dem Lagerhof. Einige Schritte vor mir lief ein großer und kräftiger NKWD-Mann. Sein Mantel, seine Schuhe und seine Mütze wiesen darauf hin, daß er einen Offiziersrang besitzen mußte. Seine Gestalt und sein Schritt konnten jedoch keinem uns bekannten höheren Vertreter der Lagerverwaltung gehören. Ich beschleunigte meinen Schritt und drehte mich unmerklich um. Am Mantelaufschlag trug der Ankömmling drei »Balken«, also die Rangabzeichen eines Obersten. Es war ein sehr hoher Rang, wenn man berücksichtigt, daß die Dienstgrade des NKWD eine höhere hierarchische Bedeutung als die der Roten Armee besitzen ... Aber die Sache, die mir am meisten auffiel, war sein Gesicht. Es war das typische rot-blaue Gesicht eines Schlächters. Der Eindruck war so stark, daß er alles andere an seiner Person in den Schatten stellte ... Es erfaßte mich ein Gefühl, daß ich von einem Geheimnis umgeben war, das unser Schicksal bestimmte. Was das für ein Schicksal war, konnte ich aus dem Gesicht nicht herauslesen.«[28] Einiges weist darauf hin, daß Swianiewicz das richtige Gefühl hatte. Er war Oberst der Staatssicherheit Stepanow, stellvertretender Leiter des Stabes der Begleitarmee, begegnet. Dieser hatte den Befehl erhalten, mit der Vorbereitung der Liquidierung des Lagers[29] an Ort und Stelle zu beginnen. Dieser Befehl lief unter der Bezeichnung »Löschen«. Noch einmal erinnert Swianiewicz sich an ein Zusammentreffen mit Stepanow auf der Bahnstation Gnesdowo, wo er, nachdem er aus dem Transport herausgenommen wurde, auf seine Weiterfahrt nach Moskau wartete.

Im März und Anfang April 1940 entstand eine Atmosphäre der Hoffnung auf Rückkehr nach Hause, genährt durch Andeutungen, Bemerkungen, Anspielungen im scheinbaren Verhalten der NKWD-

Leute. Entspannung herrschte in Koselsk, als im März 1940 Fragebögen unter den Offizieren mit der Frage, wo sie nach ihrer Freilassung hinwollen, in Umlauf gebracht wurden.[30] Die Ergebnisse der Beantwortung dieser Fragebögen sind unbekannt. Bekannt ist nur, daß General Minkiewicz-Odrowąż als Lagerältester empfahl, keine Vorschläge anzunehmen, die eine Rückkehr in von Deutschen besetzte Gebiete bedeuten würde. S. Lubodziecki, einer der geretteten Offiziere aus Koselsk, schreibt über die Aufbruchstimmung: »Der Haß gegen die Sowjets, gegen die Bolschewisten – sagen wir ehrlich – der allgemeine Haß gegen die Russen war so groß, daß emotional der Wunsch entstand, sich irgendwohin zu begeben, selbst vom Regen in die Traufe – unter deutsche Okkupation. Es gab keine Illusionen darüber, daß die Deutschen mit den polnischen Offizieren wohlwollend umgehen würden. Man mußte zumindest annehmen, daß sie in Gefangenenlager kommen würden. Geglaubt wurde jedoch, daß die Behandlung der Gefangenen durch die Deutschen den allgemeingültigen internationalen Gepflogenheiten entsprechen würde … Einzelne Offiziere nahmen die Tatsache, sich unter deutsche Okkupation zu begeben, ruhig und sachlich auf. Sie wiesen nach, daß eine Übergabe der polnischen Gefangenen durch die Bolschewisten zur Disposition der Deutschen ihre weitere Teilnahme am Krieg unmöglich machen würde … Daraufhin wurde ihnen geantwortet, daß es unter der deutschen Okkupation besser möglich wäre, zu fliehen, z. B. durch Ungarn, um zur polnischen Armee zu gelangen.«[31]

Die verschiedenen Maßnahmen zeigten ihre Wirkung. Allgemein wurde die Rückkehr zu den Familien oder die Ausreise in den Westen erwartet. Ein Beispiel dafür sind die Briefe aus Koselsk (Listy z Kozielska) – herausgegeben 1989 in London – von Stanisław Żurakowski, der bis September 1939 Bürgermeister der Stadt Ostrog war. Am 17. September wurde er verhaftet und kam später nach Koselsk. Von dort aus schickte er am 22. November und 30. Dezember 1939, am 7. Februar und 2. März 1940 und am 7. März 1940 ein Telegramm ab. Im letzten Brief beruhigte er seine Frau (»Mach Dir um mich keine Sorgen.«). Begründete Sorgen machte er sich darüber, daß seine Familie ins Innere Rußlands abtransportiert werden könnte. In dem Telegramm kündigte er einen weiteren Brief an, der entweder nicht geschrieben oder vernichtet wurde. Im Gegensatz zu den Weihnachtsfeiertagen verlief Ostern nahezu unbemerkt in einer Atmosphäre allgemeiner Erwartung auf eine schnelle Abfahrt aus dem Lager. Diejenigen Offiziere hingegen, die Familien in dem vom Deutschen Reich okkupierten Westpolen hatten, waren in Sorge über die Nachrichten, die sie aus den Briefen entnahmen. Darin war von bereits laufenden Aussiedlungen polnischer Bürger die Rede.

Die Abtransporte der internierten Offiziere aus Koselsk begann im April. Die Offiziere wurden anfangs nicht wie später an Ort und Stelle verladen, sondern an einer anderen nahegelegenen Station, da die örtliche Eisenbahnstation durch Überschwemmung abgeschnitten war. Die Reise dauerte ein bis drei Tage. Der erste Transport ging am Dritten des Monats ab. Nach Dokumenten des NKWD waren es 78 Personen. Hoffnung auf Freilassung erweckte bei den Abfahrenden die feierliche Verabschiedung durch die Lagerleitung. Nur die Begleitung − strenge Bewachung durch NKWD-Leute mit Hunden, die brutal vorgingen − erregte Besorgnis.

Am 13. April begann die zweite Deportationswelle aus den okkupierten Gebieten Ostpolens in den asiatischen Teil Rußlands nach Kasachstan. Erstmals wurden im Februar 1940 170 000 Menschen deportiert, vor allem Frauen und Kinder, Familien der gefangenen Offiziere. Die Verschleppung im April aus dem damaligen Westbelorußland führten andere Einheiten jedoch desselben Begleitregiments durch, das auch den Plan »Löschen« des Koselsker Lagers realisierte. Sowohl der NKWD in Minsk als auch in Kiew und Moskau erhielt Mitte März im Ergebnis von Vernehmungen in den Lagern Adressen von den Familien der Gefangenen. Das erleichterte ihre Erfassung für die Vorbereitung der zweiten Deportation der polnischen Bevölkerung.

In dem Transport, der am 8. April abging, befand sich Oberleutnant Wacław Kruk, der bis zur Ankunft in Gnesdowo ein Tagebuch führte. Daraus geht hervor, daß auf dem Weg Schnee fiel. Es herrschte ein richtiges Winterwetter. Die Bekleidung scheint jedoch darauf hinzuweisen, daß nur die Transporte im Mai bei Frühlingswetter stattfanden. Diejenigen, die nicht abtransportiert wurden, fühlten sich benachteiligt. Sie konnten nicht verstehen, daß einige NKWD-Leute ihnen sagten, daß sie Glück gehabt hätten. Sie fühlten sich auch dann noch zurückgesetzt, als sie in andere Lager gebracht wurden.

Starobelsk liegt im östlichen Teil der Ukraine, am Fluß Ajdar. Die Hälfte der Internierten waren Offiziere, die nach der Kapitulation von Lwów in Gefangenschaft gerieten und entgegen den Kapitula-

tionsbedingungen abtransportiert wurden. Zur anderen Gruppe gehörten Offiziere, die nach der angeordneten Registrierung durch
sowjetische Organe verhaftet wurden. Das Lager bestand als Offizierslager von 1939 bis April—Mai 1940 unter der Leitung von
Hauptmann Bereshkow und Kommissar Kirschyn. Die Untersuchungsgruppe führte im Auftrag der 2. Sonderabteilung Oberst der
Staatssicherheit Belolipezki. Die Vernehmungen leiteten die Mitarbeiter der Staatssicherheit Major Jurkow und Oberstleutnant Jefimow. Der letztgenannte versuchte, die Gefangenen zu überreden,
eine Bereitschaftserklärung über den zukünftigen Verbleib in der
UdSSR abzugeben.

Von polnischer Seite übernahmen die Majore Sobiesław Zalewski — verhaftet Ende 1939 —, Kazimierz Niewiarowski und Lucjan
Chrystowski die Funktion der Offiziersältesten. Offiziere im Range
eines Oberstleutnants aufwärts wurden getrennt untergebracht.
Diejenigen, die einen niedrigeren Dienstgrad besaßen, wurden verpflichtet, soweit sie gesund waren, zur Arbeit zu gehen. Sie mußten
Holzbohlen zur Eisenbahnstation schleppen und dort verladen. Besonders schwer war das im Winter, als zum Jahreswechsel
1939/1940 die Temperaturen minus 35 Grad Celsius erreichten. Die
Kranken wurden von polnischen und sowjetischen Ärzten betreut.
Die Offiziere in Starobelsk, die durch das Schicksal des Krieges,
durch Verzweiflung und Demütigung das menschliche Antlitz verloren, die ihre Würde nicht bewahrten, sondern ihre ganze Energie
auf bessere Existenzbedingungen im Lager richteten, stellten nach
Auffassung des Mitgefangenen J. Czapski eine laute und kleine
Gruppe dar, die schnell durch Leute mit hartem Charakter beherrscht und »unterdrückt« wurden.[32]

Besänftigend wirkten die Briefe aus der Heimat. Die ersten trafen
im Dezember 1939 ein. Die Korrespondenz dauerte einige Monate.
In bestimmten Fällen beschränkte sie sich auf die Weihnachtsfeier-
tage und Ostern. Ein anderes Mittel des Zuspruchs waren die Ge-
bete, überhaupt das religiöse Leben.

Wie aus den Erinnerungen General Zygmunt Berlings hervorgeht, herrschte unter den Internierten ein Gefühl des Hasses gegenüber dem Kommunismus und das Streben nach der Schaffung
einer Einheitsfront gegen die Lagerleitung vor.[33] Deshalb wurde
Moskau Mitte November 1939 über die Tätigkeit eines polnischen
Untergrunds informiert. Im Namen der gefangenen Offiziere von
Starobelsk wandte sich Oberst Edward J. Saski, Richter am Obersten

Militärgericht, am 13. Januar 1940 an die Lagerleitung. Er verlangte Aufschluß darüber, auf welcher Grundlage sie hier festgehalten werden. Sie betrachteten sich nicht als Internierte, nachdem sie auf ihrem Staatsgebiet vor dem Anschluß an die UdSSR festgenommen worden waren. Er bat gleichzeitig darum, ihnen eine Anklageschrift vorzulegen und die Möglichkeit zur Verteidigung zu geben, falls sie als Verbrecher gefangengenommen wurden.[34] Eine Antwort erhielt er nicht.

Im Januar 1940 plante die polnische Kommunistin Wanda Wasilewska, die die Gunst Stalins besaß, einen Besuch des Lagers. Die ablehnende Haltung der Offiziere auf die Ankündigung ihres möglichen Besuchs ließ sie davon Abstand nehmen.

Mitte März flohen zwei Gefangene aus dem Lager. Von ihnen wurde weder damals noch später nach dem Krieg wieder etwas gehört.

Ähnlich wie in den beiden anderen Lagern endeten die Vernehmungen, als der Winter zu Ende ging. Auch hier wurden die Gefangenen nach ihrer Meinung zur gegenwärtigen militärischen Lage befragt. Es wurde jedoch keinerlei Zwang ausgeübt. Kleine Gruppen von Offizieren oder Einzelpersonen, darunter Militärkaplane, wurden ebenfalls aus diesem Lager weggebracht. Von Februar 1940 an herrschte im Lager das Gefühl der Hoffnung. Es mehrten sich die Gerüchte um die schnelle Freilassung. Die Gefangenen waren optimistisch. Das ergab sich auch aus der Überzeugung heraus, daß sie das Objekt der ständigen Sorge der polnischen Exilregierung und des Drucks der westlichen Alliierten auf die UdSSR seien. Unterdessen wurden jedoch keinerlei Anstrengungen für ihre Freilassung unternommen.[35] Das Gefühl des Optimismus und der Hoffnung wurde noch durch auszufüllende Fragebogen genährt. Sie enthielten u. a. die Frage, wohin sich die Internierten nach Auflösung des Lagers begeben wollen. Zur Auswahl standen neutrale Staaten, das von den Deutschen besetzte polnische Gebiet oder der Verbleib in der UdSSR. Die Ergebnisse der Umfrage gab Jefimow dem Oberstleutnant Bukojemski. Wie es heißt, wurde ein zweites Mal angeordnet, die Fragebogen auszufüllen. Das Ergebnis wiederholte sich. Von 4 968 Gefangenen wollten nur 64 in der UdSSR bleiben. Oberstleutnant Zygmunt Berling verschaffte sich damals den Überblick, daß rund die Hälfte der Gefangenen in neutrale Staaten ausreisen wollten. Fast ebenso viele wünschten eine Rückkehr zu ihren Familien in das vom Deutschen Reich okkupierte Gebiet.[36]

Vom 5. April[37] an gingen von Starobelsk Transporte mit 200 bis 300 Gefangenen ab. Sie dauerten bis zum 12. Mai. Vom 16. bis 26. April verließen täglich Transporte das Lager, später mit Unterbrechungen. Die letzten Transporte erfolgten am 8., 11. und 12. Mai und von Koselsk aus am 10., 11. und 12. Mai. Die 64 Offiziere, die, wie Zygmunt Berling schreibt, den Willen bekundeten, in der UdSSR zu bleiben, wurden in das Lager nach Pawlistschew Bor gebracht.[38] Auf dem Wege dorthin entzifferten sie in einem Waggon, mit dem schon früher Gefangene transportiert wurden, die schon teilweise verwischte Inschrift: »14. IV. 40. Wir fahren aus dem Offiziersgefangenenlager Starobelsk ab. Wir sind auf einer Station in der Nähe von Charkow. Wir steigen aus.«

Einer der Überlebenden, Leutnant Seweryn Ehrlich, schreibt über die Gefangenen, die mit dem Leben davonkamen: »Unsere Gruppe unterschied sich in keiner Weise von den anderen, einige Oberste, viele Offiziersanwärter, etliche Ärzte, grauhaarige Veteranen und rotwangige Halbwüchsige, entschiedene Kommunisten und untadlige Soldaten.«[39] Hauptmann J. Czapski charakterisiert sie andererseits so: »Vertreten war dort die gesamte Skala von Dienstgraden und Überzeugungen, von General Wołkowicki bis zum Soldaten, von Menschen, die aus der »roten Ecke« (»krasny ugolok«) kamen, bis hin zu extremen Anhängern des Nationalradikalen Lagers (ONR)«[40]. Beide Charakteristika bezogen sich auf ausgewählte Gefangene von Starobelsk.

Ostaschkow liegt nordöstlich von Kalinin am Seliger See. Während des Krieges wurde dieser Ort von den Deutschen nicht besetzt, obwohl er heftig umkämpft wurde. Das Lager befand sich auf der Insel des Sees, 300 bis 400 Meter von dem von den Deutschen eingenommenen Festland entfernt. Hier herrschten fatale hygienische und sanitäre Bedingungen.[41] Zu einer Epidemie kam es jedoch nicht. Lagerleiter war Oberst der Staatssicherheit Jurasow, sein Stellvertreter Kommissar und Major der Staatssicherheit Borysowiec. Der Politleiter hieß J. Goldmann.

Der NKWD konzentrierte hier nach und nach Angehörige der Grenzwache, des Grenzschutzkorps und der Polizei (darunter über 360 Offiziere), Gerichtsbeamte und andere. Den überwiegenden Teil bildete die Polizei. Davon kam die größte Gruppe aus der Wojewodschaft Katowice und aus Ostpolen. Im Februar 1940 traf hier die letzte Gruppe von Mitarbeitern des Gerichtswesens und Angehörigen der Polizei ein. Sie kamen aus Starobelsk und Koselsk.

Diese Gruppe wurde intensiven Verhören unterzogen. Die Offiziere gaben ihre geheimgehaltenen Dienstränge erst preis, als sie in ein renoviertes Gebäude einziehen konnten, das ausschließlich Offizierskadern vorbehalten war. Hier war das Leben erträglicher. Wenn auch nicht für jeden einzelnen, so standen ihnen jedoch Ordonnanzen zur Verfügung. Mitte November wurden diese Gefangenen vom Rest des Lagers abgetrennt.[42]

Anfangs befand sich General Smorawiński mit einer Gruppe von Offizieren im Lager. Er bekam den Auftrag, während einer Inspektion des Lagers Beschwerde über die hier vorherrschenden harten Bedingungen zu führen. Seine Intervention bewirkte im Endergebnis eine Verbesserung. Am 18. Dezember brachte man ihn zusammen mit anderen Berufsoffizieren nach Koselsk. Hier sah er auch die Tochter von General Dowbór-Muśnicki, Janina Lewandowska, die eine Pilotin war.

Etwa 250 Gefangene wurden zum Bau von Dämmen herangezogen, oft unter Schlägen und während des Frostes. Die Bauarbeiten an den Dämmen, die die Insel mit dem Festland verbinden sollte, wurden von Oberst der Staatssicherheit Sokolow beaufsichtigt. Dieser reagierte eines Tages auf Arbeitsverweigerung mit der Warnung: »Vergeßt nicht, daß es bei uns die GPU gibt und daß auch wir euch erschießen können.«[43] Nur vom Lager Ostaschkow ist bekannt, daß hier der Leiter der UPWI Soprunenko einmal zur Inspektion kam.[44]

Aus den Forschungsergebnissen von Natalja Lebedewa geht hervor, daß er Ende Dezember 1939 von Berija den Befehl erhielt, die Arbeit des Untersuchungsstabes von Leutnant der Staatssicherheit Belolipezki zu kontrollieren und ihm zu helfen, die Aktenvorgänge gegen die Gefangenen vorzubereiten. Dieser Schritt stand im Zusammenhang mit dem Beschluß der NKWD-Zentrale, das gesamte Untersuchungsverfahren in allen drei Lagern im Januar 1940 zu beenden. Im Februar kehrten Zarubin und die übrigen Mitarbeiter der Untersuchungsstäbe nach Moskau zurück. Sie fertigten nun die endgültigen Listen der Gefangenen an (Dienstrang, aktiver Dienst oder Reserve, Wohnort usw.). Es zeigte sich, daß in den Lagern Koselsk und Starobelsk 1 775 Gefangene waren, die aus dem Gebiet Polens stammten, das in die UdSSR einverleibt worden war. 6 180 Gefangene kamen aus Gebieten, die von Deutschen okkupiert wurden und 428 aus der Gegend von Wilno/Vilnius. Dieses Gebiet wurde im Oktober 1939 an Litauen angeschlossen. Außerdem hatten sie weiterhin – ob glaubwürdig oder nicht – ermittelt, daß 2 336 Gefangene Berufsoffiziere waren, 650 befanden sich bereits im Ruhestand, und 5 456 gaben sich als Reservisten aus.[45] Der sowjetisch-finnische Winterkrieg erweckte bei den Insassen des Lagers Ostaschkow Hoffnung. Das Lager war unweit von der Landesgrenze entfernt. Die hier startenden Flugzeuge erfüllten die Kampfaufträge an dieser Front des Krieges. Auch in Ostaschkow erhielten die Internierten Personenfragebogen.

Die Auflösung des Lagers begann am 4. April 1940. Aus den Erinnerungen – enthalten im Band »Zbrodnia katyńska w dokumentach« (Die Verbrechen von Katyn in Dokumenten) – geht hervor, daß einige Transporte nach Kalinin (ehemals Twer) über die Eisenbahnstation Bologoje gelenkt wurden.[46] Dort wurden ausgewählte Gefangene herausgenommen. Natalja Lebedewa beweist auf der Grundlage von NKWD-Dokumenten, daß die Gefangenen von Ostaschkow auf dem Wasserwege nach Kalinin gebracht wurden. Ob sie von dort aus mit der Eisenbahn oder Lastwagen an die Hinrichtungsstätten kamen, ist nicht bekannt. Vor der Abfahrt wurden Massenimpfungen bei den Gefangenen gegen Typhus und Cholera durchgeführt. Das konnte sowohl Ausdruck des Durcheinanders als auch der Versuch sein, die polnischen Offiziere zu verwirren. Die deutsche Botschaft in Moskau richtete an das Volkskommissariat für Auswärtige Angelegenheiten von Februar 1940 bis Juni 1941 Hunderte Anfragen (Verbalnoten, Suchlisten) nach dem Schicksal polnischer Gefangener in der UdSSR und der Möglichkeit ihrer Freilassung.[47] Die Anfragen betrafen Personen deutscher Herkunft, schwer zu ersetzende Fachleute sowie Gruppen von Polen aus polnischen Gebieten, die ins Deutsche Reich eingegliedert wurden. Nur in wenigen Fällen waren die Gesuchten gefunden und den Deutschen übergeben worden. Die Antwort lautete zumeist, daß die Gefangenen nicht auffindbar seien. In der Regel lehnte man die Suche nach Personen, die keine Deutschen waren, ab.[48] Mitunter wurde überhaupt keine Antwort erteilt. Die Botschaft schickte u. a. an das Volkskommissariat für Auswärtige Angelegenheiten einige Listen von Mitarbeitern der ehemaligen oberschlesischen Staatspolizei, die auf Befehl der Führung evakuiert und später nach Ostaschkow gebracht worden waren. Sie bat um Freilassung der genannten Bürger des Deutschen Reiches.[49]

Im März 1941 wandte sich die deutsche Botschaft an die gleiche Stelle mit der Bitte um Aufklärung der Ursachen des Abbruchs der

General Władysław Sikorski überreichte Josef Stalin
während seines Besuches
im Dezember 1941 in der UdSSR
eine Liste der gesuchten polnischen Offiziere

Korrespondenz zwischen den polnischen Offizieren der genannten
Lager und ihren Familien, die sich auf polnischem Territorium unter
deutscher Kontrolle befinden. Gefragt wurde auch nach dem gegenwärtigen Aufenthalt der Gefangenen von Koselsk und Starobelsk. Die sowjetische Seite reagierte mit dem Ausdruck von Bereitschaft, die Angelegenheiten von deutschen Kriegsgefangenen zu
prüfen, wenn die konkreten Adressen angegeben werden. Nach
Ansicht der deutschen Botschaft wäre das jedoch überflüssig, denn
die genauen Adressen sind im Besitz der Zentrale für Angelegenheiten von Kriegsgefangenen-GPU, das heißt UPWI, die ihren Sitz in
Moskau am Dżierzyński-Platz hat. Auch die Reichskanzlei interve-
nierte seinerzeit durch Ribbentrop und verlangte Aufschluß über
das Schicksal von G. Krentz, der in der Nähe von Sochaczew
wohnte und Gefangener in Koselsk war.[50] Ende April stellte der
deutsche Oberbefehlshaber Ost fest, daß eine Freilassung von Polen aus russischer Gefangenschaft wenig wahrscheinlich sei, da
selbst diplomatische Verhandlungen zu keinem Resultat geführt hatten.[51]

Erhalten blieben zahlreiche, wenn auch kurze Antworten des

Volkskommissariats für Auswärtige Angelegenheiten von November 1940 bis Februar 1941 (in deutscher Übersetzung), das im Falle der Kriegsgefangenen aus Polen die Rolle eines Bindegliedes übernommen hatte. Von denjenigen, deren Aufenthaltsort angeblich nicht mehr festzustellen sei, waren schon etliche ermordet beziehungsweise »selektiert«. Einige lebten jedoch und befanden sich im Lager Grjasowez (B. Szarecki, W. Sosna).

In der letzten Februardekade 1940 wurde in Erwägung gezogen, einen Teil der polnischen Militärs freizulassen (rund 300 Alte und Kranke, rund 400 Reserveoffiziere aus Kreisen der »arbeitenden Intelligenz«, sofern sie nach den Vernehmungen nicht als politisch belastet galten). Die 400 politischen Gefangenen dagegen (Grenzschutzkorps, Richter, Staatsanwälte, Aktivisten der Polnischen Militärorganisation [POW], Angehörige der Organisation »Strzelec«, Mitarbeiter des Nachrichtendienstes) sollten der »Sonderberatung« (»Osoboe Soweschtschanie«) beim NKWD zur Aburteilung übergeben werden. Entweder hatte Soprunenko diese Idee, oder er erhielt diesen Auftrag von oben. Es ist nicht ausgeschlossen, daß damit die Überstellung von 202 Gefangenen aus Koselsk am 3. März in das Gefängnis von Smolensk im Zusammenhang stand. Aber der Vorschlag, einen Teil der Gefangenen freizulassen, wurde nicht angenommen. Die Vereinbarung in dieser Frage zwischen Berija und Merkulow war schonungslos und unerbittlich. Dafür mußte es einen Grund gegeben haben. Vielleicht stand diese Entscheidung mit dem sowjetisch-finnischen Krieg in irgendeiner Verbindung (das Angebot zur Teilnahme einer polnischen Brigade, der Erfolg der Februaroffensive der Roten Armee)? Auszuschließen ist es nicht, aber es spricht auch vieles dafür, das seinerzeit andere Gründe ausschlaggebend waren.

Natalja Lebedewa ist der Auffassung, auch wenn schwer zu bestimmen ist, wann die letzte Entscheidung über das tragische Schicksal der polnischen Offiziere fiel, daß erste Schritte in diese Richtung bereits zu Beginn ihrer Gefangenschaft eingeleitet wurden. Zur Jahreswende 1939/1940 gab es erste Untersuchungsergebnisse, die im Auftrag der 2. Sonderabteilung des NKWD in den Lagern durchgeführt wurden. Die Verhöre und Ermittlungen endeten planmäßig Mitte Februar. Am 15. April forderte jedoch die UPWI dringend durch einen Sonderbeauftragten die Lieferung der restlichen Untersuchungsakten. Im März jedenfalls lagen bis auf wenige Ausnahmen die Dossiers der Untersuchungen der gefangenen Polen von Koselsk, Starobelsk und Ostaschkow für den »Bericht« der »Sonderberatung« – »Obsoboe Soweschtschanie« (OSO), das heißt quasi dem Gericht des NKWD vor, das in Abwesenheit und ohne Gerichtsverfahren ausschließlich Höchststrafen verhängte. Die Tribunale, die nach dem Verwaltungsprinzip arbeiteten, wurden aufgrund ihrer dreiköpfigen Zusammensetzung auch »Troika« genannt. Im uns interessierenden Falle gehörten der »Troika« Ulrich[52], der damals die Funktion eines Militärstaatsanwaltes ausübte, und Merkulow im Auftrag des NKWD an. Der Dritte, ein Vertreter der Parteileitung, ist nicht bekannt. Die Urteile wurden gewöhnlich innerhalb weniger Minuten gefällt.

Die Dossiers wurden in der 1. Sonderabteilung, eine der am meisten geheimgehaltenen Einheiten des NKWD vorbereitet. Sie spielte die wichtigste Rolle bei der ganzen Operation. Chef der Abteilung war Major der Staatssicherheit Baschtakow. Aber die unmittelbare Aktion zur Liquidierung der Gefangenenlager leitete sein Stellvertreter, Hauptmann der Staatssicherheit Gierzowski. Entschieden wurde auf der Grundlage der Untersuchungsakten, die sie durch Vermittlung der UPWI erhielten. In der 1. Sonderabteilung wurde auch der Urteilsspruch abgefaßt. Die »Verurteilten« wurden auf Listen gesetzt (März bis April) und an das UPWI geschickt. Hier wurden auch die Listen mit Namen derjenigen angefertigt, die später in das Lager nach Pawlistschew Bor (Juchnow) abtransportiert wurden, das heißt die unversehrt bleiben und überleben sollten.

Vom 1. April an wurden streng geheime Namenslisten von bereits verurteilten Polen mit dem Befehl verschickt (»Todeslisten«, Verzeichnisse mit den Namen der Begnadigten), die betreffenden Gefangenen aus Koselsk dem Leiter des NKWD-Gebiets Smolensk, diejenigen aus Starobelsk dem Leiter des NKWD-Gebiets Charkow und diejenigen aus Ostaschkow dem Leiter des NKWD-Gebiets Kalinin zur Verfügung zu stellen. Im Falle von Koselsk und Ostaschkow handelte es sich um die gleichen Gebietsverwaltungen des NKWD, auf dessen Territorium sich die Lager befanden. Die Gefangenen aus Starobelsk hingegen wurden einer anderen Gebietsverwaltung zugeteilt.

Jede Liste war mit dem Tagesdatum und der laufenden Nummer des betreffenden Tages – wenn es mehrere waren – versehen. Im Vergleich mit polnischen Quellen läßt sich dadurch mit großer Genauigkeit das Todesdatum der Gefangenen aus den genannten Lagern bestimmen. Diese Listen trugen die Unterschrift Soprunenkos oder seines Stellvertreters, des Oberleutnants der Staatssicherheit Cholochow.[53] Nach Koselsk wurden 55 Listen (aber nur 45 Transporte), davon zwei im Mai geschickt. Sie enthielten in der Regel rund 100 Namen. Sie wurden vom UPWI an die Lagerleiter verschickt. Die 1. Sonderabteilung des NKWD hatte sie vorbereitet, der ein ganzes Agentennetz unterstand. Die allgemeine Verantwortung für die verbrecherische Mordaktion an polnischen Offizieren trägt W. N. Merkulow als Stellvertreter des Volkskommissars für Staatssicherheit (NKWD). Von ihm stammt auch die Weisung, wie diejenigen, die am Leben bleiben sollten, weiter »zu bearbeiten« seien. Das waren rund $\frac{1}{30}$ der Gefangenen. Diese Menschentypen wie Merkulow und seine Helfer aus der 1. und 2. Sonderabteilung sowie des UPWI sind den Historikern und Juristen als »Schreibtischtäter« bekannt. Aber sie waren auch Ausführende.[54]

Natalja Lebedewa ermittelte, daß die Vorbereitung zur Operation »Löschen« der genannten Lager in den ersten Märztagen begann.[55] Das war die Aufgabe der Begleitarmee des NKWD, die Oberst der Staatssicherheit Milstejn leitete. Der Befehl mit der Operation »Löschen« der Lager zu beginnen, erging in den letzten Märztagen. In den Tagebüchern der ermordeten Offiziere finden sich Vermerke über die Anordnung, die Sachen zusammenzupacken beziehungsweise sich auf das Verlassen des Lagers einzustellen. Oftmals wurden im Laufe eines Tages Transporte mit Gefangenen auf der Grundlage von zwei bis drei Namensverzeichnissen, die aus Moskau kamen, abgefertigt. Am kompliziertesten war der Abtransport der Gefangenen aus Starobelsk an die Hinrichtungsstätte. Zuerst fuhren sie mit Autos nach Woroschilowgrad (Lugansk), von dort aus ging die Fahrt weiter in Eisenbahnwaggons nach Charkow. Zum Schluß wurden sie sicherlich mit Autos an ihren Todesort gebracht. Die Ausführung des Mordes lag in den Händen der Gebietsverwaltung des NKWD, ihrer entsprechenden Einheiten.[56]

Dieser mörderischen Operation ging eine Exekution voraus, die wahrscheinlich das Ziel hatte, eventuelle Reaktionen der polnischen Armeeangehörigen zu testen. Es handelte sich dabei um eine Gruppe von Offizieren aus Koselsk, die am 8. März abtransportiert wurde. Diese 11 bis 15 Offiziere wurden nach einer Liste aufgerufen und zusammen mit ihrem Gepäck auf dem Bahnhof abgesetzt.[57] Sie wurden dorthin von zwei bis drei Mann begleitet. Anschließend fuhren sie in Sonderwagen einige Tage bis Smolensk. Von dort aus brachte sie ein Polizeiauto (»tscherny woron«) in ein Gefängnis, das dem Smolensker NKWD unterstand. Zu dieser Gruppe gehörte Oberst Lubodziecki. Er überlebte, denn am 13. März wurde er dem Kiewer NKWD zu einem weiteren Untersuchungsverfahren überstellt. Er kam später in ein Arbeitslager. Fünf dieser Offiziere wurden in unbekannte Richtung weggebracht. Einer der zurückgebliebenen war Oberleutnant Jan Bartys, dessen Tagebuchaufzeichnungen am 15. März abreißen. Der letzte Satz lautete: »Wir kommen gerade auf der Bahnstation Gnesdowo an. Ich sehe NKWD-Leute, die sich vom Bahnhof bis zum Waldrand aufgestellt haben.«[58] Bartys starb sicherlich zusammen mit seinen nach Katyn gebrachten Kameraden.

Die Leiter der drei genannten Lager informierten täglich ihre übergeordnete Instanz über die Zahl der »Abtransportierten« und über Diskrepanzen, die im Vergleich mit den übergebenen Listen auftauchten. Am Ende faßten sie die Ergebnisse der Auflösung der Lager zusammen. Zu den Aufgaben der NKWD-Kommissare in den Lagern gehörte auch von Anfang an, über die Stimmung zu berichten. Im Befehl des stellvertretenden Leiters der Sonderabteilung im Stab der Begleitarmee Oberst Stepanow vom 21. Mai 1940 wird die straffe Durchführung der Auflösung des Lagers Koselsk vom 23. März bis 13. Mai und die Tatsache, daß kein Fluchtversuch unternommen wurde, hoch gewürdigt.[59] Bilanz der gesamten Operation zog P. K. Soprunenko als Leiter der UPWI. Daraus ergab sich, daß aus Ostaschkow 6 287 Mann dem NKWD in Kalinin, aus Koselsk 4 404 dem NKWD in Smolensk, aus Starobelsk 3 896 dem NKWD in Charkow, also insgesamt 14 587 polnische Offiziere übergeben wurden. Außerdem wurden nach Pawlistschew Bor (Juchnow) 395 Gefangene (in der Reihenfolge je 112, 205, 78 Mann) gebracht. Die summarischen Angaben von Ende 1941 über die Übergabe der Gefangenen in die Hände der Gebietsverwaltungen des NKWD im April – Mai 1940 waren höher. Sie betrugen 15 131 Mann.[60] Möglicherweise sind darin auch die Gefangenen des Lagers Putiwl mitgerechnet.

Es gibt jedoch keinerlei Informationen über die Polen aus Koselsk, Starobelsk und Ostaschkow, die nicht abtransportiert wurden, sondern zurückblieben. Sie werden in keinem Dokument, das von der UPWI für die NKWD-Führung in den Jahren 1940 bis 1941 angefertigt wurde, erwähnt. Ihre Namen tauchen in keinem Verzeichnis auf. Aus Ostaschkow meldete die Lagerleitung, daß Polnisch-Dolmetscher überflüssig seien. Auch in den Berichten über die Evakuierung der Lager nach dem deutschen Überfall auf die UdSSR finden sich keine Informationen, ob möglicherweise Polen aus den Lagern in die Hände der Nazis fielen. Eine Gruppe polnischer Armeeangehöriger aus Koselsk (Koselsk II) und Pawlistschew Bor jedoch wurde vor dem Einmarsch der Wehrmacht 1941 evakuiert.

Natalja Lebedewa ermittelte aus erhaltengebliebener NKWD-Korrespondenz, daß die Lagerakten aus Starobelsk in Anwesenheit eines UPWI-Vertreters auf Befehl verbrannt wurden. Diese Vollzugsmeldung hatte Bereshkow am 3. September erstattet. Auf der Grundlage dieses Befehls wurde auch die Korrespondenz verbrannt, die für die »Abwesenden« bestimmt war. Sie kam sowohl aus den von Deutschen okkupierten Gebieten als auch aus Litauen. Die nach Grjasowez übergeführten Gefangenen hingegen erhielten ab Oktober 1940 Post. Die Spur der polnischen Offiziere, die dem NKWD in Smolensk, Charkow und Kalinin übergeben wurden, verlor sich bis zur Entdeckung der Massengräber 1943. Es handelte sich dabei jedoch nur um die Insassen des Lagers Koselsk. Wahrscheinlich wurden die Gefangenen von den Eisenbahnstationen – in der Nähe der Hinrichtungsstätten der genannten Gebietsverwaltungen des NKWD – durch Wachposten in Empfang genommen. Von dort aus wurden sie mit LKWs an die Orte des Verbrechens gebracht. Konkret ist bekannt, daß die Gefangenen mit der Eisenbahn bis zur Station Gnesdowo[61], 25 Kilometer von Smolensk und drei bis vier Kilometer vom Wäldchen in Katyn entfernt, fuhren. Wie es auf der Station Gnesdowo aussah, beschreibt der Augenzeuge Swianiewicz: »Der Zug hielt auf der Station. Ich sah vor mir einen kleinen Platz, der mit Gras durchwachsen war. Von der linken Seite umgab ihn im Halbkreis ein Weg, der vom Gleis im rechten Winkel abging. In der Ferne war ein Wald sichtbar. Der Platz war von NKWD-Soldaten mit Bajonetten auf den Karabinern umstellt. Die Entfernung zwischen ihnen betrug weniger als einen halben Meter. Auf dem Platz stand ein Autobus, dessen Fenster mit Zement zugeschmiert waren. Der hintere Eingang des Autobusses befand sich auf der Höhe der Eisenbahnwaggons, so daß die Gefangenen sofort einsteigen konnten. Das Einsteigen in den Bus beaufsichtigten NKWD-Leute. Zwei von ihnen hatten auf ihren Karabinern Bajonette aufgepflanzt. Der Autobus faßte rund 30 Personen. Er fuhr in Richtung Wald, und nach ungefähr einer halben Stunde kehrte er zum nächsten Transport zurück. Die ganze Operation überwachte ein

NKWD-Oberst. Es war derselbe, der mich aus dem Transport herausgenommen hatte.«[62]

Die Leichen der Gefangenen wurden in Massengräbern in Katyn gefunden. Sie lagen in den meisten Fällen in der gleichen Ordnung, in den gleichen Gruppen, so wie sie von Koselsk im Frühjahr 1940 abtransportiert wurden. Es ist bekannt, daß die Gefangenen im Wald von Katyn an Schuppen herangefahren wurden, neben denen sich die ausgehobenen Gruben befanden, und daß man sie oberflächlich durchsuchte. Aber von diesem Moment an bis zum Tode, der wahrscheinlich 10 bis 20 Minuten dauerte, fehlt jede Quelle.

Eine eindringliche Beschreibung des Todesortes der Offiziere des Lagers Koselsk, das heißt des Wäldchens von Katyn, gab Dr. Marian Wodziński. Er hatte 1943 im Auftrag des Polnischen Roten Kreuzes die Exhumierung der Toten vorgenommen. »Der Wald von Katyn – so schrieb er – gliedert sich in Hügelketten, dazwischen Sumpf, bewachsen mit Sumpfgras. Auf den Hügelkämmen verlaufen Waldwege, die seitlich vom Hauptweg abgehen. Dieser führt zum Dnepr, zur sogenannten NKWD-Villa. Der Wald besteht aus Laub- und Nadelbäumen ... An der erwähnten Stelle mit der größten Erhebung, rund 300 Meter von der Chaussee entfernt, liegen die Massengräber der polnischen Offiziere.[63] Ein Teil des Katyner Waldes, dort, wo die Hinrichtungsstätte war und sich der Offiziersfriedhof befindet, wird Ziegenberge (Kosji Gory) genannt.

Die Hinrichtungsstätten der Polen aus Starobelsk und Ostaschkow sind noch immer unbekannt. Ein Verbrechen liegt auch hier zweifellos vor.[64] Im Falle von Starobelsk ist weiterhin anzunehmen, daß der NKWD von Charkow[65] sie in der Nähe der Stadt (Dergatschi, Besljudowka) ermordet hat. Auch eine topographische Analyse könnte Hinweise geben.[66]

Die unmittelbare Verantwortung für die Ermordung der polnischen Offiziere in Katyn trägt der Leiter der NKWD-Verwaltung Smolensk, Hauptmann der Staatssicherheit Kuprianow. Für den Mord an den Polen in Ostaschkow ist der Leiter des NKWD in Kalinin, Toporew, und für den Mord in Starobelsk der Leiter des NKWD in Charkow haftbar.[67]

Wo aber liegen die Motive für diesen Massenmord? Die Verbrechen an den Polen aus den Lagern Koselsk, Starobelsk und Ostaschkow – vom NKWD begangen –, waren Verbrechen am angeblichen Klassenfeind[68], den man nicht umerziehen kann und dem gegenüber besonders seit dem Krieg von 1920 fortwährende Abneigung

Ausheben des Massengrabs bei Katyn

herrschte. Es kann ein Zufall sein, daß die Verbrechen nahezu 20 Jahre nach dem Einmarsch Józef Piłsudskis in Kiew verübt wurden. Außerdem – ich erwähnte es bereits – könnte Einfluß auf die Entscheidung Stalins auch die Absicht der polnischen Exilregierung in London gehabt haben, eine polnische Brigade in das kämpfende Finnland zu schicken. Dieser polnische Plan wurde von der Presse Westeuropas aufgedeckt. Die polnische Regierung hatte am 29. Januar 1940 ihr Einverständnis dafür gegeben. Am 9. Februar wurde mit der Formierung der Selbständigen Brigade polnischer Gebirgsjäger (»Podhale-Jäger«) begonnen. Zum Einsatz gegen die Rote Armee in Finnland kam es jedoch nicht, da am 13. März ein Waffenstillstand erfolgte. Aber das Aufsehen, das diese Angelegenheit mit Billigung von Feldmarschall Carl G. Mannerheim erregte, vertiefte sicherlich die feindliche Einstellung Stalins und des NKWD zum polnischen Offizierskorps.

Zygmunt Berling notierte in seinen »Erinnerungen«, daß die »hoffnungslose stumpfsinnige Abneigung und die unversöhnliche Einstellung zur UdSSR, die ihre Ursache in der Geschichte, in der Vergangenheit und in den von uns erlebten Fällen hatte, sollte später der unmittelbare Anlaß für die Entscheidung der sowjetischen Führung sein, die in der folgenschweren schrecklichen Tragödie endete.« (Tragödie von Katyn – C. M.)

Natalja Lebedewa behauptet dagegen, daß die Auflösung der drei genannten Lager im Frühjahr 1940 deshalb erfolgte, weil Stalin schon damals erwog, darin Deportierte aus den baltischen Staaten unterzubringen, die er zu besetzen beabsichtigte.

Sicherlich war der Mord an polnischen Offizieren auch oder vor allem ein Bestandteil des Vernichtungsprogramms der Grundlagen des polnischen Staates. Es spricht vieles dafür, auch der Nachweis N. Lebedewas, daß Berija schon Ende 1939 plante, die Liquidierung der polnischen Offiziere im Januar 1940 durchzuführen.[69] Bei diesen kurzen Überlegungen zu den Motiven dieses stalinistischen Verbrechens sind die möglichen Zusammenhänge und Einzelerscheinungen sowie ihre Wirkungen zu berücksichtigen.

Es ist nicht bekannt, wann über die Art und Weise des Todes (einzeln oder zusammen, Erschießen oder Versenken usw.), über die Anwendung einer Routinemethode, das heißt Genickschuß, entschieden wurde. Das bedeutete für die polnischen Offiziere die Aberkennung des Rechtes auf den Tod durch ein Exekutionskommando mit dem Gesicht zum Feind, das heißt einen Ehrentod im militärischen Verständnis.

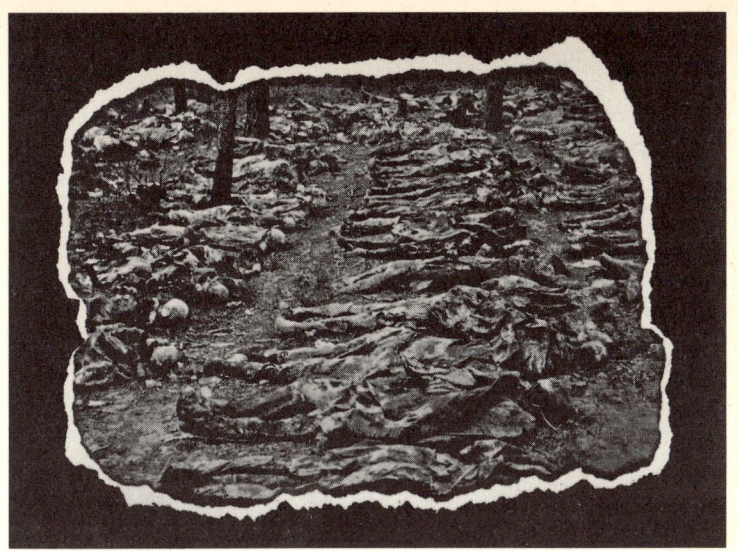

Opfer der Verbrechen bei Katyn

Insgesamt starben 12 Generäle, 300 Oberste und Oberstleutnants, 500 Majore, 2 500 Hauptleute sowie 5 000 Oberleutnants und Leutnants. Das persönliche Handgepäck der Offiziere von Koselsk, das aus Aktentaschen, Bündeln und Beuteln bestand, wurde nicht gefunden. Nach Aussagen soll es von Katyn aus mit einem Lastwagen in unbekannte Richtung weggebracht worden sein.

Nachzudenken wäre über die Höhe der Verluste an Ärzten, von denen es in den drei Lagern ungefähr 700 bis 800 gab. Davon wurden 146 in Katyn identifiziert. In Lwów befand sich das Zentrum für Militärmedizin. Viele der gefangengenommenen Ärzte waren dort angestellt beziehungsweise wurden nach der Mobilmachung dorthin berufen. Als in Koselsk das Ärztepersonal zur physischen Arbeit gezwungen wurde – einige Ärzte mußten die Latrinen säubern –, unterschrieben über 300 Ärzte eine Petition, die der Lagerleitung übergeben wurde. Darin forderten sie eine Behandlung entsprechend den internationalen Konventionen über medizinisches Personal. Der NKWD reagierte darauf mit der Feststellung, daß »bürgerliche Prinzipien« vom sowjetischen Staat nicht berücksichtigt werden.

In den drei genannten Lagern waren auch polnische Gefangene

mosaischen Glaubens und Personen deutscher Herkunft. S. Schochet gelang es, bei 262 Offizieren (Opfer von Katyn), das heißt rund 5 Prozent Ermordeten, die jüdische Herkunft festzustellen. Bekannt ist, daß davon in Koselsk 86 Ärzte, sieben Apotheker und zwei Zahnärzte waren. Die berufliche Tätigkeit der restlichen 150 ist nicht bekannt. Ein Prozent der Gefangenen jüdischer Herkunft starb wahrscheinlich in Starobelsk. In Ostaschkow hingegen waren Juden eine Seltenheit. Sie dienten vor dem Krieg nicht in den Truppenteilen, die hier konzentriert wurden. Vereinzelt könnten sie nur unter den Juristen vertreten gewesen sein.

Weniger zahlreich war die Offiziersgruppe mit deutscher Herkunft. Ähnlich wie die Polen mosaischen Glaubens waren sie in der Regel Reserveoffiziere. In Koselsk fand ihre erste offizielle Registrierung am 21. November 1939 statt. Daraufhin meldeten sich drei Personen. Ihre Anträge auf Anerkennung als Deutsche verblieben jedoch im Lager. Die zweite Registrierung erfolgte am 9. Februar 1940. Es meldeten sich dort 20 Offiziere, außerdem drei in Starobelsk und 11 in Ostaschkow. Seit dieser Option wurden diese Gefangenen von den anderen im großen und ganzen geschnitten. Viele hielten sie für Verräter. Es kam zu verschiedenen Zusammenstößen. Ein Teil dieser Koselsker Gefangenen stammte aus Łódź. Um der Mobilmachung zu entgehen, flüchteten sie nach Ostpolen. Nach dem Einmarsch der Russen kamen sie in Gefangenschaft. Ihre Namen stehen zum größten Teil auf der Liste der Opfer von Katyn.[70]

Rund 30 Offiziere deutscher Herkunft überlebten die Aktion »Löschen« der Lager. Sie wurden mit dem letzten Transport nach Pawlistschew Bor gebracht, später in Grjasowez gehörten sie zu den weniger als 10 Prozent Geretteten. Im August 1940 wurden zehn von ihnen zu Verhören nach Moskau gebracht (Lubjanka, Butyrka). Zur Jahreswende 1940/1941 wurden sie der deutschen Seite übergeben. Erste Erlebnisberichte schrieben Oberleutnant Dr. Karl Böhmer und Leutnant Richard Stiller.[71] Daraus geht hervor, daß sie keinerlei Vermutungen hatten, wohin die polnischen Offiziere zwischen dem 3. April und Mitte Mai 1940 abtransportiert wurden.

Vereinzelt gab es im Offizierskorps Ukrainer, denen aus politischen Gründen in der Polnischen Armee mißtraut wurde. Ähnlich selten waren Grusinier.

Eine weniger bedeutende Rolle spielte das inmitten schöner Wälder gelegene Lager in Pawlistschew Bor bei Juchnow. Hierher kamen nach dem September 1939 einige tausend Offiziere, Polizisten, Geistliche, Ärzte, Ingenieure, die im östlichen Teil des sogenannten Kleinpolen, in die UdSSR als Westukraine eingegliedert − festgenommen wurden.

Im November 1939 war es ein Durchgangslager. Von hier aus wurden die polnischen Offiziere in die drei anderen Lager weitergeleitet. Als ein halbes Jahr später die Polen − die vom NKWD ausgesucht wurden − aus den geräumten Lagern Koselsk, Starobelsk und Ostaschkow in Pawlistschew Bor eintrafen, leitete Major der Staatssicherheit Radischtschew (oder Kadischtschew) das Lager. Anfang Juni 1940 erhielt er von W. Merkulow den Befehl, im Laufe eines Monats festzustellen, ob sich unter den Neuankömmlingen »konterrevolutionäre Elemente« befinden. Diese sollten sofort ins Gefängnis überstellt werden. In Pawlistschew Bor und später in Grjasowez waren einem Sammelbericht Soprunenkos zufolge 395 Polen. Diese Zahl wiederholt sich auch in der TASS-Erklärung vom 13. April 1990. Aber das ist jedoch nicht die Gesamtzahl. Polnische Berichte nennen 448 Gerettete. Dazu gehörten 245 Gefangene aus Koselsk − darunter der spätere Justizminister der Regierung Generals Sikorski, Wacław Komarnicki − 79 aus Starobelsk − darunter Oberstleutnant Zygmunt Berling, der spätere Organisator der polnischen Armee in der UdSSR − sowie 124 Gefangene aus Ostaschkow. Janusz K. Zawodny gibt an, daß jeweils zwei Transporte aus Starobelsk (1. Mai − 63, 17. Mai − 16)[72] und Koselsk (26. April − 150, 14. April − 95)[73] und drei aus Ostaschkow (4. Mai − 60, 18. Mai − 45, 20. Mai − 19) in Pawlistschew Bor ankamen. Die Namen von 342 Überlebenden aus Koselsk, Starobelsk und Ostaschkow sind in einer »Liste der Gefangenen des Lagers Grjasowez« aufgeführt, die in den Erinnerungen des Paters Z. Pieszkowski veröffentlich wurden.[74] Aber die Liste der Geretteten muß noch um weitere Namen ergänzt werden. Es handelt sich dabei um acht Gefangene, die schon früher aus den Lagern in Gefängnisse gebracht bzw. aus Transporten herausgenommen wurden und bis auf ungefähr zehn bisher außer acht gelassene Offiziere, von denen sich einige um ihre Anerkennung als Deutsche bemühten. Es überlebten über 189 Offiziere (rund 42 %), 86 Offiziersanwärter und Fähnriche (rund 20 %), 25 Unteroffiziere, 16 Soldaten, 62 Beamte der Polizei und des Grenzschutzes, 45 Zivilisten und 27 Personen, deren Status oder Dienstrang nicht festgestellt werden konnte. Von den Begnadigten gehörten später 280 der Armee des General Władysław Anders an, die in der UdSSR aufgestellt wurde. Von Pawlistschew Bor wurden die begnadigten Gefangenen nach Grjasowez gebracht. Eine Gruppe Offiziere, die sich schon früher bei der sowjetischen Seite um die Anerkennung ihrer deutschen Herkunft bemühte, zählte rund 30 Personen. Nur zwölf von ihnen wurden ins Deutsche Reich überstellt. Der Rest verblieb bis zum Ausbruch des deutsch-sowjetischen Krieges im Lager Grjasowez. Später wurden sie der Armee des General Anders übergeben. Nachkriegsberichten zufolge, wurden viele wegen Vaterlandsverrat zum Tode verurteilt und erschossen.

Von welchen Kriterien ließ sich der NKWD bei der Auswahl der Gefangenen leiten, die überleben sollten? Diejenigen, die es betraf, hatten Berichten nach ihrer Freilassung zufolge dafür keine Erklärung. Für den Forscher war es schwer, ohne Einsicht in sowjetische Archive eine Antwort zu finden. Auf der Grundlage des Abschlußberichtes Soprunenkos[75] in bezug auf 395 begnadigte Polen ist es jetzt möglich geworden, Aussagen zu treffen. Nach Ermittlungen des NKWD erklärten sich 24 der überlebenden Gefangenen für Deutsche. Auf Intervention der deutschen Botschaft hin wurden 47 Personen begnadigt. Durch die Bemühungen der litauischen Vertretung wurden 19 Personen, die sicherlich aus der Gegend von Wilno (Vilnius) stammten, gerettet.[76] Merkulow entschied über das Schicksal zugunsten von 91 Gefangenen. Durch den Einspruch der 5. Abteilung des NKWD, das heißt der Spionageabwehr, überlebten 47 Personen. Mit 91 Gefangenen sollten weitere Untersuchungen durchgeführt bzw. mit Hilfe von Agenten Informationen über sie beschafft werden. Welche Absichten die Abwehr dabei hatte, ist schwer zu sagen. Weitere 167 Offiziere überlebten aus anderen Gründen. Natalja Lebedewas zufolge hielten davon ungefähr 90 Mann den auf sie ausgeübten Druck nicht aus und erklärten sich zur Zusammenarbeit mit der Lagerleitung bereit.

Einen gewissen Einfluß auf die Begnadigung hatte zweifellos die Unterzeichnung einer Willenserklärung, nach der Freilassung aus der Gefangenschaft in der Sowjetunion zu bleiben. Polnische Offiziere hatten über ihren zukünftigen Aufenthaltsort in Fragebogen Auskunft geben müssen. In einigen Berichten aus Starobelsk wird festgestellt, daß Offiziere — die sich in diesem Sinne entschieden hatten — nach Grjasowez kamen und überlebten. Bei einigen deckte sich die Willenserklärung, in der Sowjetunion zu bleiben, mit linken politischen Anschauungen oder Sympathien.[77] Dieses Kriterium könnte Einfluß auf die Entscheidung Merkulows gehabt haben, bestimmte Offiziere möglicherweise für ideologische Beeinflussung geeignet zu halten. Einige Reserveoffiziere aus Koselsk und Starobelsk, die bereits vor dem Krieg wegen ihrer linken Anschauungen bekannt waren, befanden sich dennoch unter den Ermordeten.

Isoliert wurden in den drei genannten Lagern sowie später in Pawlistschew Bor und Grjasowez diejenigen Offiziere, die sich als Deutsche ausgegeben hatten und deswegen diskriminiert wurden. Über ihre Erlebnisse und ihr Auftreten geben Dokumente im Anhang Auskunft. Als Bürger der ehemals Freien Stadt Danzig überlebte Pater Dr. Kamil Kantak, Lehrer am theologischen geistlichen Seminar in Pinsk.

Doppelt so groß wie die vorherige Gruppe war die Anzahl der Gefangenen, um deren Freilassung sich Familienangehörige beziehungsweise Institutionen unter Vermittlung der deutschen Botschaft in Moskau bemühten. Diese Bemühungen waren wenig erfolgreich.[78]

Die Intervention einflußreicher ausländischer Kreise rettete unter anderem das Leben von drei Fürsten. Es handelte sich dabei um Fürst Lubomirski (Intervention aus London), Fürst Mirski (Intervention aus Bukarest) und um Fürst Radziwiłł (Intervention aus Rom).[79] Es ist nicht bekannt, was über die Rettung des Rittmeisters Józef Czapski entschied. Entweder waren es Bemühungen von Familienangehörigen aus dem von Deutschland okkupierten Gebieten Polens oder die Rücksicht auf seinen künstlerischen Beruf oder aber nur kalte Berechnung. Er hatte seine Jugend in Petersburg verbracht und war in Starobelsk Adjutant des Lagerältesten. Später leitete er in der Anders-Armee die Suchaktion nach den in der UdSSR vermißten Offizieren. General Jerzy Wołkowicki, Held des russisch-japanischen Krieges, war während der Seeschlacht von Tsuschima 1904 derjenige Offizier, der eine Kapitulation abgelehnt hatte. Er überlebte wahrscheinlich auf Grund eines Antrages von Zarubin. Weniger deutlich sind die Kriterien für die Begnadigung der Oberste Dr. Bolesław Szarecki, der sich als Arzt einen Namen machte, und Jerzy Grobicki, ein verdienter Kavallerist in der zaristischen Armee. Dasselbe trifft auch auf Oberleutnant Bronisław Młynarski, Sohn eines im zaristischen Rußland bekannten Dirigenten, zu. Rätselhaft erscheint auch die Rettung des jüdischen Arztes Oberstleutnant T. Felsztyn. Über ihn schreibt Janusz K. Zawodny, daß er im Lager seine während des polnisch-sowjetischen Krieges

1919 bis 1920 erworbenen Orden »Für den Kampf gegen die Bolschewisten bei Lwow« demonstrativ trug. Dafür wurde er von einem NKWD-Mann geohrfeigt.[80]

Unter den Zivilisten überlebten einige Jugendliche aus den Arbeitslagern sowie eine größere Schülergruppe. Möglicherweise wurden sie bei der Zusammenzählung durch Soprunenko nicht berücksichtigt. In der Gruppe der Überlebenden aus Ostaschkow, so schreibt Janusz K. Zawodny, gab es einen jüdischen Holzhändler, der als »Mörder 1939 aus einem polnischen Gefängnis freikam«. Zu den Überlebenden gehörten auch Gefangene, die auf diese oder andere Weise von der Lagerleitung zur Zusammenarbeit angeworben wurden. Diese äußerte sich vor allem in der Weitergabe von Informationen über die Kameraden. Wenn auf 15 000 Gefangene rund 100 Spitzel kamen, so ist das jedoch nicht viel. Von ihnen sind jedoch nur die Decknamen bekannt.

Einige polnische Offiziere kamen mit dem Leben davon, weil gegen sie Ermittlungen außerhalb der Lager liefen. Das betraf unter anderem Oberleutnant Stanisław Swianiewicz, Professor für Ökonomie an der Universität in Wilno. Auf Befehl Berijas wurde er auf der Bahnstation Gnesdowo aus dem Transport, der aus Koselsk kam, herausgenommen und nach Moskau gebracht. Oberst Stanisław Lubodziecki kam am 8. März vom Lager Koselsk in das Gefängnis von Smolensk. General Czesław Jarnuszkiewicz wurde aus dem Lager Starobelsk in die Lubjanka überstellt. Ähnlich erging es Oberst Leon Koc, Oberstleutnant Jan Giełgud-Aksentowicz, Hauptmann Tadeusz Dadej und Oberleutnant Ewert.

Ein besonderer Fall war jedoch Stanisław Swianiewicz.[81] Erst auf der kleinen Eisenbahnstation in Gnesdowo erhielt der Kommandeur der Begleitmannschaft des Transports den Befehl, Swianiewicz herauszugeben. Am 28. April hatte sich Gierzowski an Soprunenko gewandt, Swianiewicz nach Moskau in das interne Gefängnis des NKWD zu bringen, um der 2. Sonderabteilung zur Verfügung zu stehen. Aber Swianiewicz wurde bereits am Tag darauf aus Koselsk abtransportiert. Deshalb konnte der erwähnte Befehl erst unmittelbar vor dem Entladen des Transports, mit dem er in Gnesdowo ankam, ausgeführt werden. Aus den Erinnerungen Swianiewicz' geht hervor, daß die NKWD-Zentrale in Moskau gegen ihn eine Untersuchung wegen Spionage gegen die UdSSR weiterführen wollte. In einen anderen Waggon verlegt, konnte er das Aussteigen seiner Kameraden aus dem Transport, mit dem er hier ankam, beobachten. Er sah auch, wie sie mit einem Spezialfahrzeug in Richtung Wald abfuhren. Er war sich damals nicht bewußt, für welchen tragischen Moment er Zeuge wurde. Er selbst glaubte sich bereits auf verlorenem Posten. Von der Lubjanka aus, wo er der Hauptverwaltung für Staatssicherheit zur Verfügung stand, wanderte er ins Gefängnis. Erst im April 1942 wurde er freigelassen. Nach der Entdeckung der Massengräber von Katyn wurde er ein Zeuge, der am meisten zu dieser Sache aussagen konnte.[82]

Sein Weg von Koselsk über Gnesdowo wurde zusätzlich durch den Ort des Verbrechens in Katyn bestätigt. Swianiewicz gehörte zu den wenigen, deren vorausbestimmtes Schicksal durch eine Eintragung in eine Liste verändert wurde. Das nannte sich dann aus der »Etappe« zurückholen. Dasselbe widerfuhr auch dem Arzt Leutnant Michał A. Romm, der sich im Transport nach Kalinin befand und später in das Lager Grjasowez kam, sowie dem Leutnant der Kavallerie Stanisław Oskierko und dem Arzt Oberleutnant Mieczysław Sokrowski. Entgegen der Auffassung N. Lebedewas betraf es ebenfalls Ingenieur Hauptmann Stefan Siennicki und Kazimierz Kazimierczak, Ingenieur und Direktor der Firma Polskie Zakłady Lotnicze in Warschau. Mitunter kamen die Befehle zu spät. Die Antwort lautete dann: »Diese Nummer ist schon weg.« (»Eti nomera ushe proschli.«) Vom 13. bis 15. Juni 1940 wurden polnische Offiziere aus Pawlistschew Bor nach Grjasowez bei Wologda gebracht. Der Winter dauerte hier acht Monate. Lagerleiter war Wasilew, sein Nachfolger Major Chores (oder Chonas), den J. Czapski in keiner schlechten Erinnerung behielt. Der Kommissar hieß Sasonow. Der polnische Lagerkommandant war Hauptmann T. Czerny, später der linksorientierte Leutnant S. Szczypiórski. Das Ambulatorium leitete Oberst Szarecki, ein geschätzter Arzt, der auch zu Operationen außerhalb des Lagers herangezogen wurde. Unter den Zivilisten in Grjasowez gab es eine vierköpfige Gruppe von Litauern, die vor dem Krieg in Polen wegen Spionage für Litauen im Gefängnis saßen, sowie zwei andere politische Gefangene, ein Belorusse und ein polnischer Kommunist.

Hier in Grjasowez änderte sich der Status der Offiziere auf spektakuläre Weise. Pater Z. Pieszkowski nahm das folgendermaßen wahr: »Nach einer gewissen Zeit und auf verschiedene Weise fanden Gespräche unserer inneren Lagerleitung mit der Lagerführung zum Thema Genfer Konvention, Gefangene und ihr Status statt … Wir wurden als Kriegsgefangene betrachtet. Nach einer bestimmten Zeit wurde uns sogar Geld ausgezahlt.« Er vervollständigte seine Beobachtungen: »Wir wurden in dem Lager unter Berücksichtigung der Bestimmungen der Genfer Konvention behandelt. Natürlich geschah das nach sowjetischer Lesart. Ich bin sicher, daß es für den äußeren Gebrauch geschah. Man wollte der Welt zeigen, daß polnische Gefangene in Rußland entsprechend dem Völkerrecht behandelt werden und daß sie unter normalen Bedingungen leben. Zur gleichen Zeit lebten Zehntausende Polen unter menschenunwürdigen Bedingungen in Sibirien, in Kasachstan und Usbekistan und vielen anderen Gegenden dieses gewaltigen roten Kontinents.«[83]

Janusz K. Zawodny bezeichnet das Verhältnis der Lagerleitung in Grjasowez zu den Gefangenen als nahezu väterlich. Die Lebensbedingungen gestalteten sich hier erträglich. Verhöre dauerten an. Aber sie fanden in einer anderen Atmosphäre statt. Einige Offiziere wurden zu Ermittlungen nach Moskau gebracht. Von Oktober an konnten die polnischen Gefangenen ungehindert korrespondieren.[84] Toleriert wurde die Aufstellung von Namenslisten von Kameraden, mit denen sie in Koselsk, Starobelsk und Ostaschkow zusammen waren. Dies geschah unter dem Einfluß von Briefen, die sie von Familienangehörigen erhielten. Darin wurde oft nach dem Verbleib von Mitgefangenen aus Koselsk, Starobelsk und Ostaschkow gefragt. Diese Anfragen wurden nicht recht verstanden. Man war allgemein der Auffassung, daß die hier festgehaltenen Gefangenen die letzten noch in der UdSSR verbliebenen seien. Um Schwierigkeiten zu vermeiden, verbot die Lagerleitung die Beantwortung von Fragen nach vermißten Kameraden. Sie versprach, es selbst zu tun, was jedoch nicht geschah.

Unter den Geretteten beziehungsweise Begnadigten kam es zur Polarisierung der politischen Ansichten. Ein Teil der Gefangenen begann, sich für Dinge zu interessieren, die in der UdSSR geschahen. Andere verfielen in Apathie. Es bildete sich eine linke Gruppe heraus, die sich »Rote Ecke« (krasny ugolok) nannte. Sie zählte über 50 Personen.[85] Einige Gefangene knüpften zu dieser linken Gruppe Verbindung an, da sie hofften, auf diese Weise schneller freizukommen. Diese Gruppe verkleinerte sich, als Familienmitglieder in Briefen mitteilten, daß sie oder nächste Angehörige ins Innere der Sowjetunion deportiert wurden. Auch hier versuchte man weiterhin, die Gefangenen zur Zusammenarbeit mit dem NKWD zu gewinnen.[86]

Was geschah mit dem im Frühjahr 1940 geräumten Lager in Koselsk? Im Juli/August des Jahres, bereits nach dem Anschluß Litauens und Lettlands an die UdSSR, wurden die hier internierten Armee- und Polizeiangehörigen in die NKWD-Lager nach Koselsk (Koselsk II) und nach Pawlistschew Bor (Juchnow) gebracht.

Nach dem Septemberfeldzug 1939 wurde auch in Litauen ein Teil der polnischen Offizierskader — 1 500 Offiziere sowie 300 Offiziersanwärter — festgehalten. Durch Entlassungen und Flucht verringerte sich ihre Zahl — den offiziellen litauischen Angabem vom 1. Dezember 1939 zufolge — auf 1 160 Offiziere der Polnischen Armee und 534 Polizeioffiziere. In den Westen konnten sich insgesamt 490 Offiziere und Soldaten durchschlagen. Die in Litauen internierten Offiziere kamen in das Lager Kalwaria Suwalska. Der litauische Lagerkommandant Major Jakšas erwies sich — dem damaligen polnischen Empfinden nach — als rücksichtsloser und brutaler Mensch. Der Lagerälteste General Przeździecki und sein Stellvertreter wurden auf seine Anweisung in das Sonderlager im Fort VI der Festung von Kowno (Kaunas) eingewiesen.[87] Dort saßen bereits Oberstleutnant Jerzy Dąbrowski und Oberst Janusz Gaładyk.

Nach Lettland kamen im Ergebnis des Septemberfeldzuges rund 176 Offiziere. Bis Mitte 1940 stieg die Zahl der Armee- und Polizeiangehörigen jedoch wesentlich an.

Nach dem Anschluß Litauens und Lettlands an die UdSSR im Sommer 1940 brachte der NKWD die polnischen Internierten in seine eigenen Lager. Die Offiziere aus Litauen wurden zwischen dem 13. und 15. Juli[88] abtransportiert, diejenigen aus Lettland zwischen dem 23. August und 2. September. Von Litauen aus wurden 4 376 Internierte deportiert, davon 2 353 nach Koselsk und 2 026 nach Pawlistschew Bor. Aus Lettland wurden mindestens 811 Polen abtransportiert, davon 474 nach Pawlistschew Bor und 374 nach Koselsk II.[89] Im letztgenannten Lager wuchs die Zahl der Internierten auf über 4 000 an. Hier waren 1 107 Offiziere (ein General, fünf Oberste, 17 Oberstleutnants, 43 Majore, 150 Hauptleute, 618 Oberleutnants, 266 Offiziersanwärter, sieben Priester) sowie 1 228 Angehörige der Polizei, der Gendarmerie und des Grenzschutzkorps.[90] In Koselsk, von Historikern auch Koselsk II genannt, befanden sich General W. Przeździecki, Kommandeur der Brigade »Wołkowysk«, sowie eine Gruppe Offiziere und Polizisten unter den Gefangenen. In Pawlistschew Bor verblieben rund 150 Offiziersanwärter und eine Reihe Soldaten. Auch hier waren die Existenzbedingungen erträglich. Hoffnung auf baldige Freilassung erweckte die Registrierung der Internierten, die in den östlichen Gebieten Polens wohnten, die von der UdSSR einverleibt wurden.

Von den Internierten starben in Koselsk II nach ihrer Gefangennahme Oberst Jerzy Dąbrowski und Major Stanisław Bobiatyński. Oberst Dąbrowski war zur Jahreswende 1939/1940 Partisan im ehemaligen litauisch-deutsch-sowjetischen Grenzgebiet. Er wurde später vor ein Gericht gestellt und zum Tode verurteilt.

Im August 1940 begannen NKWD-Funktionäre unter den verbliebenen Offizieren, besonders im Lager Grjazowez, allmählich die Ansicht zu verbreiten, daß Polen und die Sowjetunion gemeinsame Interessen hätten und die Organisation einer polnischen Armee in der Sowjetunion in Erwägung zu ziehen wäre.[91] Der damalige Oberstleutnant Zygmunt Berling, der gegenüber Großbritannien Mißtrauen hegte, erinnert sich, daß die Berufsoffiziere aus dem Lager Grjasowez sich nicht für den Frontdienst eigneten. Seiner Meinung nach waren aber auch die Reservisten für den möglichen Aufbau einer polnischen Armee in der UdSSR ungeeignet, da sie bereits vor geraumer Zeit ihre militärische Ausbildung absolviert hatten.[92] Hoffnung auf Schaffung einer polnischen Armee verband er mit jungen Offizieren und Offiziersanwärtern aus Starobelsk und Koselsk, deren Schicksal er nicht kannte.

Am 10. und 11. Oktober wurden 28 Offiziere nach Moskau gebracht. Das waren sieben aus dem Lager Grjazowez (zwei Oberstleutnants, ein Major, zwei Oberleutnants, ein Leutnant und ein Offiziersanwärter) und 21 aus Koselsk II mit General Przeździecki an der Spitze.[93] Von diesen 28 Offizieren wurden elf für weitere Gespräche ausgesucht. Hier in Moskau fanden in den Gefängnissen (Lubjanka, Butyrka) Gespräche mit den Generälen der Staatssicherheit Merkulow und Reichman sowie dem Oberst der Staatssicherheit Jegorow statt. Es wurden 500 Offiziere zur Schaffung einer polnischen Division gesucht, die bereit waren, gegen die Deutschen zu kämpfen, die der UdSSR gegenüber freundschaftlich eingestellt waren und die die Exilregierung in London als Fiktion betrachteten.

Ein Teil der in Moskau eingetroffenen Offiziere erhielt ab November das Recht, unter nahezu luxuriösen Bedingungen in Privatwohnungen zu wohnen. Sie verblieben in Malachowka, unweit von Moskau, in einer sogenannten Prachtvilla. Die Gruppe, mit der diese Gespräche geführt wurden, bestand nicht aus einem festen Teilnehmerkreis. Sie vergrößerte sich aufgrund von Neuankömmlingen. Zusammen waren es wahrscheinlich 74 Offiziere. Aber sie verringerte sich auch durch Abgänge. Einige der verhörten Offiziere lehnten die vorgeschlagenen Bedingungen zur Teilnahme an der Bildung einer polnischen Division ab, oder aber sie wurden von den NKWD-Leuten ausgeschlossen. Der Fakt eines deutsch-sowjetischen Bündnisses hatte eine schwer zu überwindende Barriere geschaffen. Am Ende entsprachen nur 13 polnische Offiziere völlig den vom NKWD aufgestellten Erwartungen. Einige erhielten sowjetische Personalausweise. Unter den Gesprächsteilnehmern wurde das größte Interesse dem diplomierten Oberstleutnant Zygmunt Berling entgegengebracht. Über das weitere Schicksal der in Koselsk II verbliebenen Gefangenen war noch nicht entschieden worden. Am 4. März 1941 berichtete der Leiter der UPWI Soprunenko, daß die in dem Lager internierten Polen in der absoluten Mehrheit aktive Konterrevolutionäre, ehemalige Teilnehmer einer Befriedungsaktion gegen die Ukrainer und Anhänger einer Wiedergeburt des polnischen Staates seien. Auch unter den Reserveoffizieren sei eine deutliche antisowjetische Einstellung zu verzeichnen. Am Ende des Monats, am 27. März, wandte sich derselbe Soprunenko an Berija. Er forderte die Liquidierung von 1527 Personen durch den »Vernichtungsapparat«. Gegenüber den Polen, die man für aktive und unverbesserliche Feinde der Sowjetregierung hielt, sollte auf der Grundlage von NKWD-Materialien und Agenturberichten ein Antrag auf Überprüfung ihrer Angelegenheiten durch die »Sonderberatung« formuliert werden. Das Schreiben endete mit der Bitte um Entscheidung.[94]

Diesmal kam es zu keinem weiteren Mord an den Internierten. Statt dessen wurde auf Befehl des Volkskommissars für Innere Angelegenheiten vom 8. April (Nr. 00358) eine unter Anklage stehende Gruppe Internierter – hauptsächlich Polizeiangehörige – in die Gegend von Murmansk zum Bau eines Flughafens geschickt.[95] Später wurden sie zu anderen Arbeiten am Polarkreis herangezogen. Ein Teil von ihnen überlebte unter diesen extremen Bedingungen nicht. Nahezu 800 Armee- und Polizeiangehörige verblieben in Koselsk und wurden im Sommer 1941 vor dem Einmarsch der Wehrmacht nach Grjasowez evakuiert. Die Wehrmacht nahm am 8. Oktober 1941 diesen Ort ein und okkupierte ihn bis zum 28. Dezember des Jahres.

Unterdessen schlossen am 31. Juli 1941 die polnische Exilregierung und die UdSSR ein Abkommen über gegenseitige Hilfe und über die Aufnahme diplomatischer Beziehungen. Am 14. August wurde ein Militärabkommen unterzeichnet, das die Aufstellung einer Polnischen Armee unter Führung General Władysław Anders — der erst kurz zuvor aus einem sowjetischen Gefängnis entlassen wurde — ermöglichte. Eine Woche später wurde ein Dekret des Rates der Volkskommissare zur Amnestie der polnischen Gefangenen veröffentlicht.

Aufgrund dieser Abkommen zog sich der NKWD aus dem Lager Grjasowez zurück. Es wurde für kurze Zeit ein polnisches Militärlager. Am 25. August besuchte General Władysław Anders das Lager. Er eröffnete den bisherigen Kriegsgefangenen, daß sie in die Reihen der sich formierenden polnischen Armee aufgenommen wurden. Am 20. August verließen die Generäle Przeździecki und Wołkowicki das Lager, und am 2. September 1941 wurde es geräumt. Die Offiziere kamen nach Tozkoe.

Während des deutschen Überfalls auf die UdSSR richteten die polnischen Offiziere, mit denen in Moskau Gespräche geführt wurden, eine Denkschrift an Stalin.[96] Darin baten sie um Aufnahme als Freiwillige im Range eines Soldaten in die Rote Armee. Es kam jedoch anders. Sie wurden am 25. Juli 1941 unter verstärkter Aufsicht aus dem Vorort in die Hauptstadt gebracht. Einen Monat später wurden sie freigelassen, um sich der formierenden polnischen Armee anzuschließen. Auf sie wurde jedoch mit Fingern gezeigt. Als »diejenigen, die uns Moskau verkaufen wollten«, waren sie verschiedenen Diskriminierungen und Repressalien ausgesetzt. Deshalb blieben einige, darunter Zygmunt Berling, in der UdSSR und ließen sich nicht mit der Anders-Armee in den Mittleren Osten evakuieren. Kurz danach griffen sie die sowjetische Initiative zur Schaffung einer Polnischen Volksarmee auf dem Gebiet der UdSSR auf.

Während seiner ersten Gespräche als Kommandeur der Polnischen Streitkräfte in der UdSSR erfuhr General Anders vom General der Staatssicherheit Alexej Panfilow am 6. August 1941, daß sich auf sowjetischem Territorium noch 20 000 polnische Gefangene, darunter 1 000 Offiziere, befinden.[97] Mitte Oktober 1941 gab es in der Armee von General Anders 1965 Offiziere. Davon waren 250 aus Gefängnissen und Lagern freigelassen beziehungsweise kehrten aus der Verbannung zurück.

Die Liste, die General Władysław Sikorski während seines Besuches in Moskau im Dezember 1941 Stalin persönlich übergab, enthielt 3 845 Namen von vermißten Offizieren.[98] Diese Liste entstand auf der Grundlage von Aussagen überlebender Offiziere, die sie vor einer Sonderkommission gemacht hatten. Die Sonderkommission hatte ihre Arbeit auf Befehl von General Anders aufgenommen. Die polnische Militärführung in der UdSSR hatte im März 1942 dieser Liste einen Anhang mit weiteren 800 Namen hinzugefügt. Die sowjetische Antwort vom 10. Juli lautete kategorisch: »Das Volkskommissariat weist die völlig haltlose Erklärung der Botschaft zurück, daß angeblich einige tausend polnische Offiziere sich entgegen der Anordnung zur Amnestie weiterhin in Gewahrsam befinden.«

Von August 1941 bis April 1943 erklärte die sowjetische Regierung mehrmals auf polnische Anfragen, daß die im Jahre 1939 festgenommenen polnischen Offiziere bereits freigelassen wurden. Diese Antwort erhielt Premierminister Władysław Sikorski von Stalin während seines Moskauer Besuches am 3. Dezember 1941. Stalin fügte damals hinzu, daß sie möglicherweise in die Mandschurei geflohen seien, und befahl den Exekutivorganen, die Suche einzuleiten. Im Gespräch mit General Władysław Anders am 18. März 1942 hingegen stellte er in Abrede, daß der sowjetischen Führung das Schicksal der Gefangenen angeblich bekannt sei. Ohne weitere Erklärung äußerte er die Vermutung, daß die Gefangenen aus den Lagern entflohen seien und von den Deutschen verschleppt wurden.[99]

Die polnische Armee in der UdSSR, die in den Mittleren Osten evakuiert wurde, besaß in den Jahren 1942/1943 2430 Offiziere.[100] Davon kamen 280 aus Grjasowez. Einige hundert wurden nach ihrer Eingliederung in die Abteilungen befördert. Eine zahlenmäßig nicht näher zu bestimmende Gruppe hatte vor den sowjetischen Behörden ihren militärischen Dienstrang geheimgehalten.[101]

Anmerkungen

1 Die am Jahrestag der Septemberereignisse veröffentlichten sowjetischen Quellen geben Zahlen von 8000 Offizieren und 12 Generälen an. Auch: Zbrodnia katyńska w świetle dokumentów, London 1962, S. 13.
Owen O'Malley, britischer Botschafter bei der polnischen Regierung in London, bezifferte am 24. Mai 1943 in einem Bericht an Minister Anthony Eden die Gesamtzahl polnischer Offiziere in sowjetischer Gefangenschaft auf 5000 bis 10000 Mann. Davon bezeichnete er 3000 bis

4000 als Berufsoffiziere, die restlichen als Reserveoffiziere. Weitere 6000 Internierte faßte er unter dem Namen »andere Dienstgrade« zusammen. Die in letzter Zeit an Polen übergebenen sowjetischen Quellen weisen für Anfang Dezember 1939 8348 Offiziere und für Anfang März 1940 8424 Offiziere aus.

2 Henryk Gorzechowski erinnert sich, daß er im Lager Koselsk als »ehemaliger Offiziersanwärter der ehemaligen Polnischen Armee, der sich in der Lage eines Kriegsgefangenen befindet«, bezeichnet wurde (»bywschi podchorunshi bywschej polskoj armii na poloshenii woennoplennogo«). Er behauptet auch, daß während des Verhörs einer der Offiziere, Vorsitzender des Bundes der Reserveoffiziere in Katowice, mit Informationen des Polizeipräsidiums Kattowitz aufwartete. In: Ład, Nr. 24, 1989.

3 J. Siedlecki: Losy Polaków w ZSRR w latach 1939–1986, London 1987, S. 34.

4 Politisches Archiv Bonn (Pol. Arch.), Signatur 12/91 Rußland Band 1–2. Ende April 1943 wurde Dr. Albrecht im Auswärtigen Amt nach dem Inhalt des Abkommens über den Austausch polnischer Kriegsgefangener, die sich nach dem Septemberfeldzug in anderen Interessengebieten als ihr früherer Wohnort befanden, gefragt. Das Abkommen wurde jedoch bisher nicht gefunden. Pol. Arch. Rechtsabteilung Völkerrecht, Kriegsrecht (Rechtsabt. Rußland 1943).

5 Die Sowjetdelegation bei Dr. Frank. In: Warschauer Zeitung, 7. Dezember 1939. Der Delegation gehörte neben General Troizki auch General Maslennikow an.

6 Brief von H. Szydłowska an den Autor vom 24. Mai 1989 sowie ein späteres Gespräch.

7 Die Listen wurden in der polnischen Ausgabe des Buches veröffentlicht.

8 Siehe: Odrodzenie, Nr. 24, 1989. Casus ogniomistrz.

9 Ingenieur Witalis Wojciechowski gelang es durch ein Täuschungsmanöver, aus dem Lager Starobelsk herauszukommen. Er hatte in diesem Lager in der letzten Oktoberdekade 1939 einige Tage zugebracht. Die Deutschen behandelten ihn als Soldaten und brachten ihn ins Stalag. Brief an den Autor vom 20. Juli 1989.

10 Die Liste mit 91 Adressen von internierten Polizisten aus Łódź beschaffte Stefan Nastarowicz. Der 15jährige wurde zusammen mit seinem Vater, einem Polizeibeamten aus Łódź, nach Ostaschkow deportiert. Der Vater wurde hier festgehalten. Der Sohn war für den Austausch mit Deutschen vorgesehen. Vgl. Polityka, Nr. 11, 1989.

11 Griechenland hatte sie unterzeichnet, aber nicht ratifiziert. Italien war ihr nicht beigetreten.

12 Akten zur deutschen auswärtigen Politik, Bd. VIII, Dokument 676, Baden-Baden 1961, S. 724.

13 Hier hielt sich auch kurzzeitig General Czesław Jarnuszkiewicz auf, der im Winter 1939/1940 in das Gefängnis Lubjanka nach Moskau gebracht wurde.

14 General F. Sikorski nahm 1939 an der Verteidigung von Lwów teil. In Briefen an die Familie schrieb er am Ende des Jahres: »Unsere Verteidigungsgruppe von Lwów ist nahezu privilegiert, denn im Kapitulationsvertrag wird uns das Recht auf Freizügigkeit gewährt, als ob man in der Luft hängt.« »Möglicherweise behandeln uns die Sowjets wie Kriegsgefangene.« »Die Entlassung ist nahe. Einen Termin gibt es jedoch noch nicht.« »Vor kurzem erhielten wir die Nachricht, daß wir abfahren. Wohin ist nicht bekannt ... Wir fahren nach Petropawlowsk.« (Von dort aus nach Koselsk – C. M.). Die Ehefrau Sikorskis erhielt auf ihren Brief, den sie an die Kanzlei Stalins gerichtet hatte, folgende Antwort: »Die Adresse des Generals ist zur Zeit unbekannt. Wir benachrichtigen Sie.« Das war der letzte Brief. Vgl. A. Niedźwiecka. Słowo generała. In: Polityka, Nr. 44, 1989.

15 Zbrodnia katyńska, S. 15 ff.

16 Katynskaja tragedija. In: Moskowskije Nowosti, Nr. 12, 1990.

17 Kaplan Aleksandrowicz, Bischof der evangelischen Kirche Jan Potocki sowie Rabbiner Baruch Steinberg waren einige Wochen in Moskau im Gefängnis. Später kamen sie in Koselsk in Isolierhaft. Letztendlich wurden sie an einen unbekannten Ort gebracht. Über Steinberg siehe: S. Schochet: Polscy oficerowie pochodzenia żydowskiego – jeńcy Katynia na tle walk o niepodległość. Próba identyfikacji. In: Niepodległość, Bd. XXI 1988, S. 153, 160. Das Haupt der orthodoxen Kirche in der Polnischen Armee war Oberstleutnant Szymon Fedorenko, ein polonisierter Ukrainer. Sein Name steht auf der Liste der Opfer von Katyn. Wahrscheinlich liegt auch Major Romanienko-Romanowski, Kaplan der orthodoxen Kirche, in Katyn begraben.

18 Letzte Zählungen haben ergeben, daß 62 polnische Generäle Lager, Gefängnisse und Verbannung in der UdSSR durchmachen mußten. Unter den 51 in der UdSSR Vermißten waren nur vier im aktiven Dienst. Von den übrigen älteren Jahrgängen nahmen vier freiwillig am Kampf gegen die Deutschen teil. Von 11 Überlebenden waren sieben Teilnehmer des Septemberfeldzugs. Nach der Unterzeichnung des Sikorski-Maiski-Vertrages kehrten sie in den aktiven Dienst zurück. H. P. Kosk: Wojenne losy generałów.

19 Z. S. Siemaszko: Jeńcy wojenni ZSRR 1941. In: Zeszyty Historyczne, Nr. 82, 1987, S. 91. Aber auch: Katynskaja tragedija.

20 Polskie Siły Zbrojne w Drugiej Wojnie Światowej, Bd. I, Teil 2, London o. J., S. 738.

21 U. a. die Generäle: K. Dzierżanowski, J. Malczewski-Tarnawa, W. Jędrzejewski, der im September 1939 Organisator des Bürgerkomitees in Lwów war, H. K. Horoszkiewicz, K. B. Olszewski. Unmenschlich wurde

auch General Józef Olszyna-Wilczyński behandelt, der nach längerem Widerstand in Grodno kapitulierte. Nach Beendigung der Kämpfe wurde er als Klassenfeind und Feind der UdSSR in Soposkin erschossen.

22 Stanisław Mikołajczyk erinnert (le viol de la Pologne, Paris 1949, S. 43), daß Anfang 1940 in der UdSSR ein Austausch polnischer Offiziere mit Ukrainern geplant war, die in deutschen Lagern in der Gegend von Krosno und Zakopane militärische Übungen absolvierten. Nach einiger Zeit deuteten die Deutschen ihre Bereitschaft an, diese Ukrainer zurückzuführen. Sie lehnten aber die Aufnahme der in der UdSSR internierten polnischen Offiziere ab. Es fehlt jedoch die Bestätigung dieser Information durch andere Quellen.

23 Eine gewisse Zeit über war der Kommandant des Lagers Major W. Wetoschnikow. Witold Ogniewiecz gibt in seinem Bericht, der schon am 20. Juni 1943 in den »Wiadomości Polskie« in London publiziert wurde, die Zusammensetzung der Lagermannschaft — außer Zarubin — mit folgenden Funktionären des NKWD an: Oberst Chodas, Hauptmann Alexandrowitsch und Hauptmann Urbanowitsch (Wirtschaftsleiter des Lagers), Major Elman (Post und Zensur), Kommissar Sasonow, Demidowitsch (Politleiter) und Selodkin (Organisator der Transporte). W. Gorzechowski nennt den letztgenannten irrtümlicherweise Sirotkin. Er behauptet, daß dieser ein Untersuchungsoffizier jüdischer Herkunft war. Außerdem nennt er noch Brigadekommandeur Bogomolow.

24 Die Rolle Zarubins in Koselsk wird unterschiedlich bewertet. Die einen sehen in seinem Vorgehen den Versuch, polnische Offiziere umzuerziehen. Andere meinen, daß er sich bemühte, ihnen militär-politische Geheimnisse über die mit Polen verbündeten Staaten zu entlocken.

25 Zbrodnia katyńska, S. 23.

26 Ebenda, S. 20.

27 Bericht von M. I. Brokowa. In: Nowy Kurier Warszawski, Nr. 137, 10. Juni 1943.

28 Stanisław Swianiewicz: W cieniu Katynia, Warschau 1990.

29 Katynskaja tragedija.

30 Im Kommuniqué des polnischen Ministers für Nationale Verteidigung vom 17. April 1943 heißt es: »Anfang 1940 teilten die sowjetischen Machthaber den Gefangenen mit, daß die Lager aufgelöst werden und die Gefangenen die Erlaubnis erhalten, nach Hause und zu ihren Familien zurückzukehren. Es wurden spezielle Listen angefertigt, die genau erfaßten, wohin die einzelnen Gefangenen nach ihrer Freilassung gehen wollten.« Aus dem Bericht überlebender Offiziere geht hervor, daß aus Koselsk auch Listen mit Visaanträgen verschickt wurden. Diese wurden jedoch von der Zensur eingezogen.

31 S. Lubodziecki: W Kozielsku. In: Katyń. Wybór publicystyki 1943—1988, London 1988, S. 84.

32 Józef Czapski: Wspomnienia starobelskie, o. O. 1944, S. 12.

33 Zygmunt Berling wurde im Oktober 1939 von Wilno nach Starobelsk gebracht, einen Tag vor der Übergabe der Stadt Wilno an Litauen. Der Weg führte über Molodetschno, Raduszkowice, Minsk. Siehe: Pamiętnik. Seine Erinnerungen befinden sich im Armeearchiv.

34 Jerzy Łojek erhob den Vorwurf, daß die polnische Regierung in Angers in Frankreich von einer Anti-Sanacja Phobie erfaßt wurde. Möglicherweise befürchtete sie, daß die Bemühungen in der UdSSR um die Freilassung polnischer gefangener Offiziere Erfolg haben könnten. Es würde dann eine Welle von Militärs, die mit dem alten Sanacja-Regime verbunden waren, über die neutralen Staaten in den Westen hereinbrechen. Jerzy Łojek: Dzieje sprawy Katynia, Warschau 1987, S. 13. Mit Łojek polemisiert H. Batowski. Seiner Meinung nach hatten die polnische Regierung in Frankreich und General Władysław Sikorski keinerlei Möglichkeiten, auf irgendeine Weise Kontakt mit Moskau anzuknüpfen. England und Frankreich wollten sich nicht in der polnischen Angelegenheit engagieren, um nicht eine weitere Annäherung der UdSSR an Deutschland hervorzurufen.

35 Nach Auffassung Batowskis war General Sikorski ratlos. H. Batowski: Bronię Generała Sikorskiego. In: Polityka, Nr. 21, 1990.

36 Zygmunt Berling: Pamiętnik.

37 Einige meinen, daß vom 3. April an Gefangenentransporte aus Starobelsk abgingen.

38 Zygmunt Berling: Pamiętnik.

39 Katyń. Wybór publicystiki, S. 77.

40 Ebenda.

41 Nowy Kurier Warszawski, Nr. 94, 20. Mai 1943. Bis zum 28. April 1940 starben im Lager an verschiedenen Krankheiten 92 Gefangene.

42 Donat Czerewacz: Byłem jeńcem Ostaszkowa. In: Trybuna Ludu, 20./21. November 1989.

43 J. Lipski berichtete, daß er während seines Aufenthaltes in Ostaschkow zweimal mit Soprunenko gesprochen hat. Dieser hatte ihn dahingehend beeinflußt, sich um die Anerkennung der sowjetischen Staatsbürgerschaft zu bemühen. Die Folge wäre die Freilassung aus dem Lager gewesen. Aber weder das eine noch das andere traf ein. Lipski beklagte sich, daß die Lagerleitung keinerlei Interesse für die Gefangenen mit linken politischen Anschauungen hatte. Centralne Archiwum KC PZPR-CA KC PZPR, R/156 Pos. 1–6, Bericht von J. Lipski.

44 Ebenda.

45 Natalja Lebedewa: O tragedii w Katyni. In: Meshdunarodnaja shisn, Nr. 5, 1990, S. 123.

46 J. Lipski gab an, daß Gruppen von 200 bis 250 Personen in unterschiedliche Richtungen abtransportiert wurden. Er selbst verließ Mitte April das Lager. Er gehörte zu den Überlebenden.

47 Diese Anfragen gelangten in die Hände des Leiters der Abteilung Mitteleuropa Alexandrow.

48 Anfang 1941 lehnten die sowjetischen Behörden die Suche nach Personen, die nicht die deutsche Staatsangehörigkeit besaßen, ab. Pol. Arch. Rechtsabtl., Bd. 20.

49 Pol. Arch., Pol. Abt. Rußland – Pol. V 503, Bd. 3, IV-V 1940. Sammellisten, ebenda Rechtsabt., Bd. 26.

50 Pol. Arch., Rechtsabt., Bd. 21.

51 Bundesarchiv Koblenz – Militärarchiv, RW 19/2093. Inspektionsbefehl Nr. 13.

52 Am 28. Januar 1940 informierten der Vorsitzende des Kollegiums des Obersten Militärgerichts Ulrich und der geschäftsführende Oberste Militärstaatsanwalt Afanasjew die Staatsanwaltschaften und die Gerichtstribunale des NKWD über die Übernahme der Verfahren von Kriegsgefangenen. Natalja Lebedewa: O tragedii w Katyni, S. 122.

53 Jarema Maciszewski: Katyń. Nieznane dokumenty. In: Polityka, Nr. 17, 1990.

54 Ein ehemaliger Offizier des NKWD, der sich hinter dem Pseudonym A. I. Romanow verbarg, erklärte, daß Operationseinheiten dieser Organisation die Morde an polnischen Offizieren begangen haben. A. I. Romanov: Nights are longest there, Smersh from the Inside, Hutchinson of London 1972, S. 138.

55 Katynskaja tragedija.

56 Der sowjetische Historiker S. Charlamow gibt an, daß er in Akten der Militärabteilung des Obersten Gerichts der UdSSR auf Informationen über die Teilnahme sowie die Belohnung von NKWD-Mitarbeitern »an der Liquidierung polnischer Nationalisten im April 1940 im Bezirk Smolensk« gestoßen sei. Zbrodnie w Katyniu popełnił NKWD. In: Trybuna, 23. März 1990.

57 S. Lubodziecki: W Kozielsku, S. 85. In diesem Bericht wird die Zahl von 15 Offizieren genannt, die nach Smolensk abtransportiert wurden. Natalja Lebedewa spricht hingegen von elf Offizieren. Natalja Lebedewa: O tragedii w Katyni.

58 Vgl. R. Wołągiewicz: Między Kozielskiem a Katyniem. In: Wojskowy Przegląd Historyczny, Nr. 1–2, 1990, Anhang 2. Das Tagebuch von Oberleutnant Jan Bartys wurde von Leutnant Zbigniew Rowiński gefunden. Er gehörte der Katyner Delegation an, die sich aus polnischen Gefangenen des Offizierslagers Woldenberg zusammensetzte. Zit. nach: Janusz K. Zawodny: Death in the Forest. The Story of the Katyn Forest Massacre, Notre Dame, Indiana 1962, S. 92.

59 Katynskaja tragedija.

60 Ebenda.

61 Gnesdowo war bis zur Revolution Teil des Gutes Niewiszcze, das

Koźliński gehörte. Der Wald von Katyn aber gehörte zum Gut Borek, das Eigentum von Lednicki war.

62 Janusz K. Zawodny: Ostatni brzeg. In: Przegląd Tygodniowy, Nr. 37, 1989.

63 Zbrodnia katyńska, S. 159.

64 Janusz K. Zawodny formuliert das so: »Sie wurden ermordet, weil sie nach den damaligen Wertvorstellungen der Kommunisten Feinde der Sowjetunion waren.« Zit. nach: Janusz K. Zawodny. In: Przegląd Katolicki, Nr. 31, 1989.

65 Die TASS-Erklärung vom 13. April 1990 macht den NKWD in Woroschilowgrad für das Schicksal der Gefangenen von Starobelsk verantwortlich. Natalja Lebedewa hingegen verweist überzeugend auf den NKWD von Charkow.

66 Vgl. A. Niewiadomski: Kolejny etap. Bezludowka. In: Życie Warszawy, Nr. 291, 1989.

67 So erscheint es dem Historiker. Aber die Sache ist nicht eindeutig. Seweryn Ehrlich schreibt über Starobelsk: »Das Lager wurde ohne System, ohne erkennbare Methode liquidiert. Eines wurde jedoch sichtbar, deutlich sichtbar. Es wurden alle wahrnehmbaren Bindungen zerschlagen.« Zit. in: Wiadomości, Nr. 33, London, 17. November 1946. Aber auch das, so meine ich, kann als System angesehen werden.

68 Janusz K. Zawodny: Ostatni brzeg.

69 Co mówi Lebiediewa. In: Trybuna, Nr. 65, 1990.

70 Pol. Arch. Rechtsabt., Bd. 15 (X—XI 1940). Auf die Intervention des deutschen Botschafters in Moskau hin wurden 12 Internierte, die sich als Deutsche betrachteten, freigelassen. Weitere Personen wurden nicht berücksichtigt.

71 Pol. Arch. Pol. V 611/1—8. Bericht des Rußland-Rückkehrers Richard Stiller über seine Erlebnisse in der russischen Gefangenschaft. Siehe auch Rechtsabteilung Bd. 19 mit Informationen über die Rückkehr.

72 Am 25. April sollten 65 ausgesuchte Gefangene abfahren. Aber einer wurde schwer krank. Ein anderer wurde schon früher weggebracht. Es verblieben dennoch 63. Mit dem Transport am 12. Mai fuhren 19 ab. Drei wurden auf dem Wege verhaftet. Siehe: Zbrodnia katyńska, S. 57.

73 Oberst Jerzy Grobicki schreibt irreführend in der am 9. November 1947 in London herausgegebenen Zeitschrift »Lwów i Wilno«: »Ich bin einer von 92 Koselskern, die dem Tod im Wald von Katyn entgingen.« Zit. in: Janusz K. Zawodny: Death in the Forest, S. 117.

74 Z. Pieszkowski: Wspomnienia jeńca z Kozielska, Warschau 1889, S. 66—78.

75 Archiwa przemówiły. Rozmowa z N. Lebiediewą. In: Przegląd Tygodniowy, Nr. 19, 1990.

76 Das Gebiet von Wilno wurde im September 1939 von der Roten Armee besetzt und kurze Zeit später Litauen übergeben.

77 Vgl. Bericht über die Tätigkeit linker politischer Gruppen in den Gefangenenlagern in der UdSSR und in der Anders-Armee. CA KC PZRP, R/
156 Pos. 1–12. Ein Mitglied dieser Gruppen war Leutnant Józef Czok,
Gefangener im Lager Grjasowez. Anfang November 1940 informierte
das Volkskommissariat für Auswärtige Angelegenheiten die deutsche
Botschaft in Moskau, daß der Aufenthaltsort Czoks unbekannt sei.
Bekannt ist der Fall eines gefangenen Offiziers von Starobelsk, der sich
freiwillig für die Teilnahme am Krieg mit Finnland meldete.

78 Die Beschwerden hatten keine große Bedeutung, da sie zu spät, erst ab
Februar 1940, erfolgten. Informationen über die Bemühungen zur Freilassung von Personen, die sich für Deutsche ausgaben sowie einiger
Polen sind in den Akten des Auswärtigen Amtes, Rechtsabteilung, Völ-
kerrecht-Kriegsrecht enthalten. Im März 1940 wurden im okkupierten
sog. Großpolen (Wielkopolska) Namen und Adressen von polnischen
Kriegsgefangenen deutscher Herkunft und von zivilen Flüchtlingen gesammelt. Die Behörden des Regierungsbezirks Posen schickten die Listen mit dem Hinweis an das Auswärtige Amt, daß die Rückkehr von
Personen polnischer Nationalität »von hier aus nicht beantragt [wird]«.
Pol. Arch. Pol. V 502 Bd. 2,3.

79 Nach der Auffassung von Janusz K. Zawodny erfolgte die italienische In-
tervention zugunsten von Radziwiłł und Lubomirski erst während ihres
Aufenthaltes in Grjasowez. Janusz K. Zawodny: Death in the Forest,
S. 119.

80 Ebenda, S. 114.

81 Stanisław Swianiewicz: W cieniu Katynia, S. 68.

82 Natalja Lebedewa schreibt, daß die in sowjetischen Archiven gefundenen Dokumente seine veröffentlichten Erinnerungen voll und ganz bestätigen. Vgl. Katynskaja tragedija.

83 Z. Pieszkowski: Wspomnienia jeńca z Kozielska, S. 39 und 52. Monatlich
erhielten die Offiziere 20 Rubel, die Offiziersanwärter 10 Rubel.

84 Die Post kam unregelmäßig in das Lager Koselsk. Es gab aber auch
Tage, an denen 1 000 bis 1 500 Briefe eintrafen.

85 Z. Pieszkowski behauptet, daß in dieser Gruppe vor allem Juden, Ukrainer und Polizeibeamte waren. Diese Meinung ist nicht glaubwürdig,
denn Ukrainer waren selten unter Offizieren und Polizeibeamten zu finden. Z. Pieszkowski: Wspomnienia jeńca z Kozielska, S. 33.

86 Der »Völkische Beobachter« schrieb am 10. Juni 1943, daß einem Bericht des Hauptmanns der Staatssicherheit in der GPU Smolensk und
Leiters der 3. Abteilung der dortigen Hauptverwaltung für Staatssicherheit beim Volkskommissariat für Innere Angelegenheiten zufolge, in Koselsk 32 Gefangene als Agenten angeworben wurden, darunter zwei
Unterinspektoren und drei Kommissare der polnischen Polizei und ein
Priester. Der Bericht war für Merkulow bestimmt und trägt das Datum

20. Juli 1940. Kann man diesem Bericht glauben schenken, wenn die Transporte aus Litauen zwischen dem 13. und 15. Juli stattfanden?

87 Piotr Łossowski: Litwa a sprawy polskie 1939–1940, Warschau 1982, besonders Kapitel II und VIII. Nach Lettland kamen nach dem Septemberfeldzug nur 176 Offiziere.

88 Katynskaja tragedija.

89 Wie Prof. Boris Basilewski während des Nürnberger Prozesses aussagte, hatte er diese höchstwahrscheinlich in Koselsk gesehen.

90 Starykowitsch teilte dem Leiter des NKWD von Smolensk Oberst Kuprianow mit, daß nach dem Abtransport der Offiziere zahlreiche Spuren zurückblieben: Besonders im Lagerarrest (Baracke 15) gab es Inschriften und Vermerke, aber auch Spuren von Revolverschüssen. In: Nowy Kurier Warszawski, Nr. 153, 30. Juni 1943.

91 Janusz K. Zawodny: Death in the Forest, S. 119.

92 Es fehlten auch Offiziere einiger Spezialrichtungen, z. B. Artilleristen.

93 Darunter waren General Wacław Przeździecki, die Oberste E. Gorczyński, S. Künstler, die Oberstleutnants W. Morawski, Z. Berling, L. Bukojemski, Kończyc, L. Tyszyński, die Rittmeister N. Łopianowski und A. Pruszyński u. a.

94 Katynskaja tragedija.

95 Berichte von Offizieren, die linke politische Anschauungen vertraten. Bericht von E. Minikiel. CA KC PZPR R 156/7-12, Bericht vom November 1965.

96 Es wurden zwei Fassungen der Denkschrift vorbereitet. Die erste Fassung, in gottesfürchtigen Worten abgefaßt, ging kurz vor der Weitergabe verloren. Möglicherweise hat sie der polnische militärische Abschirmdienst abgefangen. Die zweite Fassung wurde der sowjetischen Führung übermittelt. CA KC PZPR, R/156, Pos. 1–6, Bericht von R. L. Imach.

97 Władysław Anders: Bez ostatniego rozdziału. Wspomnienia z lat 1939–1946, Newton 1950, S. 76.

98 Die Liste wird im Archiwum Akt Nowych in Warschau aufbewahrt. Sie befindet sich in den Akten des Ministeriums für Arbeit und Sozialfürsorge der Polnischen Regierung in London. Signatur 28.

99 Ebenda. Die Signaturen 22 und 24 enthalten Informationen über den Verlauf der Intervention des Botschafters S. Kot und des stellvertretenden Volkskommissars für Auswärtige Angelegenheiten A. Wyschinski im Falle der vermißten Offiziere, ein Memorandum in dieser Sache und die sowjetischen Antworten, Interventionen in bezug auf Einzelpersonen (u. a. Stanisław Swianiewicz, der zu acht Jahren Arbeitslager verurteilt wurde und im April 1942 freikam) bzw. auf ganze Gruppen (z. B. Militärkaplane).

100 Poza krajem – za ojczynę. Żołnierz polski na frontach zachodnich II wojny światowej 1939–1945, London 1975, S. 86.

101 CA KC PZPR 202/I-9 K. 13. Telegramm der Zentrale »Centrala« vom 30. November 1942, unterschrieben von General Władysław Sikorski unter dem Pseudonym »Strażnica«. J. Zalewski erinnert an die Entdekkung von 12 Offizieren im Lager von Teliza im Juli 1941. Zit. nach Siemaszko.

III. Das Drama von Katyn.
Zweiter Akt

Der erste Akt des Dramas von Katyn war die Ermordung Tausender polnischer Offiziere, die Ende September 1939 festgenommen und in den Lagern Koselsk, Starobelsk und Ostaschkow interniert wurden. Selbst in den blutigsten Kriegen ist es sehr selten vorgekommen, daß die besiegte Seite und ihre Armee Verluste dieser Art und dieses Ausmaßes tragen mußte.

Das Drama hatte indessen einen zweiten Akt. Als die Leichen ausgegraben wurden, waren nicht humanitäre, sondern propagandistische Gründe der Anlaß. Das Dritte Reich versetzte damit dem Zusammenhalt der antifaschistischen Allianz einen Schlag und fügte diesen Ländern, vor allem Polen, Schaden zu.

Der erste Akt des Dramas von Katyn ging im Wald vor sich, dessen Stille nur von Schüssen unterbrochen wurde. Der zweite Akt fand mit viel Geschrei in Berlin statt und verursachte Verwirrung unter den Alliierten. Als die Angehörigen der Opfer von Katyn in der hitzigen internationalen Polemik und bei dem Durcheinander in Polen von den ihnen zugefügten Verlusten erfuhren, wurde ihr Schmerz in den Hintergrund gedrängt.

Kurz nach Ausbruch des deutsch-sowjetischen Krieges wurde der polnisch-sowjetische Vertrag abgeschlossen. General Anders stellte eine polnische Armee in der UdSSR auf und richtete eine Sonderabteilung ein, die die Umstände untersuchen sollte, unter denen die Gefangenen aus Koselsk, Starobelsk und Ostaschkow verschollen waren. Die Seele der Suchaktion war Józef Czapski. Im April 1942 übergab er die Ergebnisse einer Umfrage über die Geschicke der Vermißten dem polnischen Botschafter in der UdSSR.

Smolensk und seine Umgebung mit dem Katyner Wald war von den Truppen des Generalfeldmarschalls Fedor von Bock im September 1941 eingenommen worden. Doch bereits am 2. August hatte einer der verhörten sowjetischen Gefangenen namens Merkulow gestanden, daß er mit unbedingter Sicherheit wisse, daß alle 1939 gefangenen polnischen Offiziere hingerichtet wurden. Anfänglich war diese Meldung schwer zu überprüfen, da man keine Gräber fand. Auch als die Wehrmacht den Raum Smolensk eingenommen hatte, wurden keine Versuche unternommen[1]. Drei Monate lang hielt sich ab 6. Januar 1942 in der Nähe der Ziegenberge (Kosji Gory) der Bauzug 2005 der Organisation Todt auf, dem die technische Versorgung der Wehrmacht oblag. Geleitet wurde er von Deutschen, doch die Arbeiter waren Polen aus Poznań. Als der Bauzug in Gnesdowo war, erhielten die Polen zum Schluß von der einheimischen Bevölkerung ziemlich genaue Hinweise über den Ort, an dem die polnischen Offiziere erschossen worden waren. Im Katyner Wald gruben sie Fetzen polnischer Soldatenmäntel aus. Wo sie die Spuren von Verbrechen gefunden hatten, stellten sie Birkenkreuze auf. Die deutsche Aufsicht wurde von dieser Spur in Kenntnis gesetzt, zeigte jedoch nicht das mindeste Interesse an dieser Angelegenheit[2].

Im Februar 1943 holte die deutsche Geheime Feldpolizei Erkundigungen über diese Gräber ein. Am 27. Februar verhörte sie unter den Einheimischen Zeugen dieser Ereignisse, unter anderem Iwan Andrejew und Fjodor Kuftikow. Nachdem man einen Teil des Geländes trotz Frostwetters umgegraben hatte, gelang es bei Erkundungen am 18. Februar, Massengräber polnischer Offiziere zu finden. Den am 28. Februar von der örtlichen Leitung der Geheimen Feldpolizei[3] angefertigten Bericht darüber sandte die Führung der Heeresgruppe »Mitte« an das Oberkommando des Heeres (OKH). Von der Propagandaabteilung des OKH gelangte er zu General Alfred Jodl im Oberkommando der Wehrmacht. An Ort und Stelle erhielt den Bericht Prof. Gerhard Buhtz von der Universität Breslau[4], Spezialist auf dem Gebiet der Gerichtsmedizin, der beim Oberquartiermeister der Heeresgruppe des Generalfeldmarschalls Hans Günther von Kluge diente und später die Exhumierung und Obduktion der gefundenen Leichen leitete.

Erst einen Monat später, am 29. März, wies ein Befehl des OKH an, die Gräber zu öffnen, die Zahl der Opfer zu ermitteln sowie die Todesursache festzustellen. Warum die Antwort erst nach einem Monat gegeben wurde, ist schwer zu sagen. Vielleicht hätte starker Frost die Bergung der Leichen unmöglich machen können. Allerdings war der Winter in diesem Jahr gar nicht so streng.

Viele der Leichen hatten hinten
mit Strick oder Draht gefesselte Hände
(symbolische Aufnahme)

Wann erhielt die polnische Bevölkerung die ersten Meldungen über die Entdeckung der Gräber von Katyn? Der Delegatur der Regierung der Republik Polen für das Inland zufolge empfing der Gouverneur des Distrikts Warschau, Ludwig Fischer, am 6. April Bischof Antoni Szlagowski, zwei orthodoxe Bischöfe sowie evangelisch-lutherische Pastoren. Er forderte ihre Kirchen auf, den Kampf gegen den Kommunismus aufzunehmen und in diesem Sinn Hirtenbriefe und Aufrufe zu veröffentlichen[5]. Ob hier ein unmittelbarer Zusammenhang mit dem Fall Katyn besteht, wie Zenon Fijałkowski[6] annimmt, läßt sich nicht eindeutig feststellen, wahrscheinlich nicht. Am folgenden Tag, so erinnert sich der Schriftsteller Ferdynand Goetel[7], wurde er ins Propagandaamt in Warschau zu Dr. Karl Grundmann, dem Leiter dieser Dienststelle, gerufen. Im Gespräch erklärte ihm Grundmann, daß man in den Wäldern unweit von Smolensk in Massengräbern mehrere tausend polnische Offiziere gefunden hatte, die durch Schuß in den Hinterkopf ermordet worden waren. Um diese Meldung zu prüfen, wollten die Besatzungsbehörden eine Delegation schicken, die den Sachverhalt an Ort und Stelle untersuchen sollte. Ferdynand Goetel werde der Delegation angehören.

Am Tag darauf fand eine Konferenz statt, auf der die Einrichtungen informiert wurden, deren Vertreter mit nach Katyn fahren sollten (Klerus, Haupthilfsrat, Magistrat, Künstler). Auch nahm Monzes als Vertreter des Propagandaministeriums Berlin daran teil, der einen eventuellen Sieg der Sowjetunion als besondere Gefahr für Polen hinstellte[8].

Nach Katyn abgeflogen wurde am 10. April. Der Delegation gehörten weit über zehn Personen an, allerdings waren von den Einrichtungen nur wenig Leute dabei. So vertrat Dr. med. Konrad Orzechowski die städtischen Behörden, er war der Leiter eines städtischen Krankenhauses. Dr. med. Edward Grodzki wurde vom Warschauer Hilfskomitee delegiert, in dem er die Hygieneabteilung leitete. Emil Skiwski[9] und Ferdynand Goetel[10] galten als Vertreter der Schriftstellerkreise. Der Teilnahme entzogen sich Prälat Kozubski, die Mitglieder der Organe des Warschauer Hilfskomitees Janusz Machnicki und Stanisław Wachowiak sowie der Delegierte des Gerichtswesens. Im letzten Augenblick kamen die Delegierten aus Krakau in diese Gruppe, wo zur Information eine ähnliche Konferenz stattgefunden hatte. Es handelte sich um Dr. Edmund Seyfried, Direktor des Hauptvorstands des Haupthilfsrats[11] und Franciszek

Prochowiak, Meister in der Zieleniewski-Fabrik. Hinzu kamen noch einige Arbeiter, wohl um sagen zu können, daß auch die Warschauer Betriebe vertreten sind. Laut Goetel gehörten zu diesem Kreis auch der Redakteur einer in Lublin herausgegebenen Zeitschrift[12], Irena Didur, eine Fotoreporterin aus Krakau und Władysław Wąsowicz (eigentlich Kawecki) vom Krakauer Rundfunk und Leiter der Agentur »Polpress«[13].

Von deutscher Seite begleiteten die Delegation Wilhelm Ohlenbusch, Leiter der Hauptabteilung Propaganda in der Regierung des Generalgouvernements sowie einige Fachleute vom Funk, einer davon in SS-Uniform. In Smolensk traf die Delegation mit einer abreisenden Gruppe Journalisten zusammen, von denen drei aus den neutralen Ländern Schweden, Schweiz und Spanien und mehrere andere aus den unter der Kontrolle des Reichs stehenden Ländern stammten. Begleitet wurden sie von Ministerialrat Schippert vom Reichspropagandaministerium. Diese Journalistengruppe hatte sich vorrangig mit den bei den ermordeten Offizieren gefundenen Dokumenten beschäftigt[14]. Bei Vorführung der exhumierten Leichen konnten die Deutschen nicht erklären, warum ein Frauenkörper darunter war. Erst später stellte sich heraus, daß sich unter den Ermordeten Janina Lewandowska, eine Pilotin, befand. Ihren Leichnam hatte man nicht identifizieren können[15]. Die späteren »Delegationen« fanden in Katyn keine Frauenkörper mehr vor. Wahrscheinlich hatten sie die Deutschen weggebracht, um die Geschehnisse dort nicht noch schwerer klären zu können.

Die erste polnische Delegation traf am 11. April in Katyn ein. Nachdem sie von einer Gruppe deutscher Offiziere mit Oberst von Gersdorff an der Spitze begrüßt worden war, stellte man ihren Mitgliedern die Ergebnisse der unter der Leitung von Prof. Buhtz durchgeführten Exhumierungs- und Identifizierungsarbeiten vor. Sie sahen sich 25 Leichen an, darunter die der beiden Generäle Mieczysław Smorawiński und Stanisław Bohatyrewicz, sowie die bei 47 Ermordeten gefundenen Beweisstücke. Auf die Frage eines Delegationsmitgliedes, warum man erst jetzt über eine Tatsache informiert werde, die der deutschen Seite schon seit Monaten bekannt war, erklärte man, die Militärs seien von den militärischen Operationen in Anspruch genommen worden und hätten dieser Sache nicht genügend Bedeutung beigemessen. Einige Delegationsmitglieder sprachen mit Einheimischen, unter anderem mit P. Koslow und I. Krowosherzow[16]. Diese Gespräche

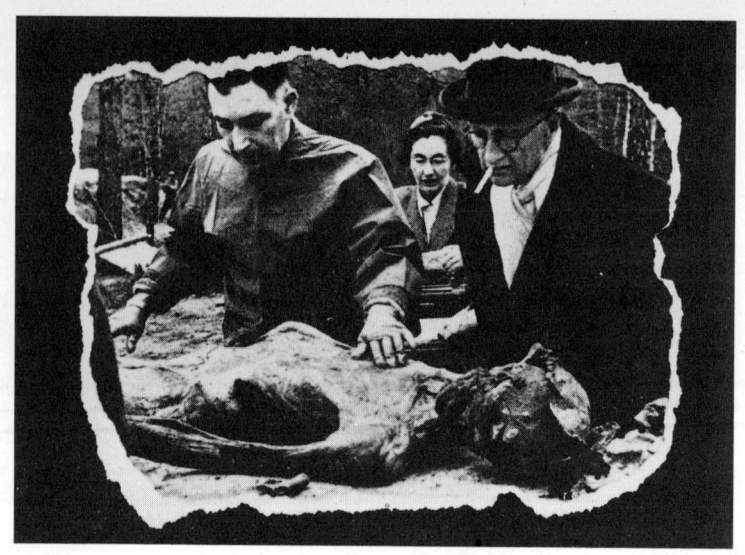

Mitglieder der internationalen Gruppe
von Gerichtsmedizinern
bei der Obduktion der Leichen

wurden vom deutschen Rundfunk übertragen[17]. In einem Satz gab Ferdynand Goetel eine kurze Erklärung ab und bezeichnete die Ermordeten als die Offiziere aus den Lagern Koselsk und Starobelsk.[18] Das von den Deutschen ermittelte Sterbedatum der Exhumierten brachte er in Zusammenhang damit, daß der Briefwechsel mit ihnen im Frühjahr 1940 abgebrochen war. »Eine pathetische Ansprache, sicherlich vorher ausgearbeitet, hielt Wąsowicz (Kawecki) am Mikrofon«, äußerte sich Goetel. Bald riefen diese Reden im Rundfunk scharfe Reaktionen beim Moskauer Rundfunk hervor.

Schriftliche Berichte über ihren Aufenthalt in Katyn erstatteten Edmund Seyfried beim Haupthilfsrat und Ferdynand Goetel beim Polnischen Roten Kreuz, der erreichen wollte, daß sich diese Organisation mit der Sache befaßt[19]. Goetel nahm außerdem eine Einladung Józef Prus-Wiśniowskis, Offizier des Oberbefehlshabers der Landesarmee für Sonderaufgaben, in seine Wohnung an, um einigen Gästen seine Eindrücke von Katyn zu vermitteln. Unter den Anwesenden waren die beiden Professoren Józef Rafacz und Ludwik Jaxa-Bykowski, außerdem Maria Rodziewiczówna sowie ein ihm

Achselklappen der Uniformen und Banknoten,
die bei den Leichen gefunden wurden

unbekannter Mann, der sich als General Stefan Grot-Rowecki erweisen sollte[20].

Im »Nowy Kurier Warszawski«, einer deutschen Zeitung in polnischer Sprache, veröffentlichte man die mit Wąsowicz (Kawecki)
und Prochowiak nach der Rückkehr aus Katyn geführten Gespräche
sowie Informationen darüber, was Emil Skiwski »einem kleinen Be-
kanntenkreis« über dieses Massaker gesagt hatte.

Wilhelm Ohlenbusch, der diese »Exkursion« geleitet hatte, erstattet am 13. April dem Generalgouverneur Hans Frank Bericht. Ab-
schließend forderte er, den Fall Katyn so breit wie möglich für Pro-
pagandazwecke zu nutzen und fand dafür Zustimmung bei seinem
Gesprächspartner. Der Leiter der Propaganda im Generalgouvernement hielt es für unumgänglich, in den Kreis der Katyn besuchenden Personen auch Vertreter der katholischen Kirche mit einzubeziehen[21]. Zwei Tage danach sprach er auf einer Arbeitssitzung der
Regierung des Generalgouvernements, wo man sich mit Sicher-
heitsfragen in diesem Gebiet befaßte. Eindeutig erklärte er, daß
sich auf Befehl des Führers vom 10. bis 11. April eine polnische Delegation in Smolensk und Katyn aufgehalten habe, und hob die Be-

teiligung des Vertreters des Haupthilfsrats und des »ehemaligen Präsidenten der Polnischen Akademie für Literatur« hervor. Der Klerus sei nicht vertreten gewesen, erklärte er, weil Erzbischof Adam S. Sapieha nicht in Krakau weilte und man dessen Zustimmung unbedingt brauchte. In Katyn wurde den Delegationsmitgliedern der Ablauf der Exhumierungsaktion vorgeführt. Auch waren sie bei der Identifizierung von zwei Leichen ermordeter Offiziere zugegen.

Nach Ansicht Ohlenbuschs war es für die Deutschen besonders wichtig, daß Goetel ihre Ermittlungen über das Sterbedatum der Opfer von Katyn bestätigte[22]. Die Entdeckung der Gräber polnischer Offiziere hielt er für ein Ereignis von weltweiter Bedeutung. Die offensiven Propagandaziele ergänzte er mit defensiven, um der sicher zu erwartenden sowjetischen Propaganda entgegenzuwirken, für die als Mörder bestimmt die Deutschen gelten würden. Die propagandistische Auswertung dieses Ereignisses sollte in enger Zusammenarbeit mit dem Reichspropagandaministerium erfolgen. Ohlenbusch kündigte einen Trauertag im Generalgouvernement an sowie die Errichtung von Gedenkstätten für die Opfer von Katyn in Lublin, Warschau und Krakau. Doch die deutsche Propaganda stieße bei den Polen auf Schwierigkeiten, da seiner Meinung die Politik des Dritten Reiches auf diesen Gebieten keine positiven Ziele verfolgte. Man versuche, die »chauvinistischen« und die »bolschewistischen« Kräfte gegeneinander auszuspielen, um das polnische Volk zu spalten. In dieser Situation müsse man jedoch auf »nationale« Kräfte setzen. In seiner Antwort an den Propagandachef äußerte Hans Frank Zweifel, irgend etwas an der deutschen Politik auf dem von ihm verwalteten Gebiet ändern zu können.[23]

Die Führung des Dritten Reiches teilte offiziell am 13. April mit, daß die Gräber von 10 000 polnischen Offizieren in Katyn entdeckt worden sind. Von diesem Zeitpunkt an bemühte sich die Goebbelssche Propaganda nach Kräften, mit diesem Ereignis Zwietracht unter den Alliierten zu säen.[24] Am Abend desselben Tages informierte Franz Alfred Six, Leiter der kulturpolitischen Abteilung des Reichsaußenministeriums, im Auftrag von Minister Joseph Goebbels seinen Vorgesetzten Joachim von Ribbentrop über die Angelegenheit Katyn. Man plante, eine aus den verschiedensten Kreisen der polnischen Bevölkerung gebildete Delegation nach Katyn zur Besichtigung zu schicken. Der Propagandaminister sollte am nächsten Tag Presse und Film über die Einzelheiten in Kenntnis setzen.

Von besonderer Bedeutung war die Information, daß Hitler persönlich angewiesen hatte, die Gelegenheit weltweit mit allen verfügbaren Propagandamitteln zu nutzen. Vom Ministerium für Auswärtige Angelegenheiten erwartete Goebbels, daß es die Einbeziehung des Internationalen Roten Kreuzes (IRK) an der Exhumierungsaktion erwirkt und es veranlaßt, eine entsprechende Kommission zu schicken. Er drängte darauf, diese internationale Organisation möglichst schnell einzuladen.[25]

Im Generalgouvernement brachte der »Nowy Kurier Warszawski« die Meldung von Katyn am 14. April. Später veröffentlichte man nach und nach die Liste der identifizierten Opfer. Ebenfalls am 14. April wandte sich Ernst Wilhelm Bohle, Staatssekretär und Leiter der Auslandsorganisation der NSDAP, mit dem Vorschlag an Himmler, man sollte Władysław Sikorski als Privatperson einladen, den Ort des Massakers an polnischen Offizieren zu besichtigen und an der Identifizierung der Leichen teilzunehmen. Er meinte, daß dies für das Reich auch dann von Vorteil sei, wenn Sikorski die Einladung absagte oder ihm die Briten nicht erlaubten, davon Gebrauch zu machen. Man könne dann die Sache propagandistisch verwerten. Mit einer weiteren Initiative wartete am 16. April die deutsche Seite auf. Berlin wandte sich telegraphisch an das Internationale Rote Kreuz, seinen Befugnissen entsprechend die Leichen des Massakers von Katyn zu identifizieren.

Eine weitere polnische Gruppe weilte am 14. April in Katyn. Sie wurde als technische Gruppe bezeichnet, was nicht ganz exakt war. Ihr gehörte an der Priester Stanisław Jasiński, ein Vertrauter des Erzbischofs Sapieha, der Leiter der »Caritas«, der die letzten geistlichen Dienste erweisen sollte, der Redakteur Marian Martens, ein Vertreter des Polnischen Roten Kreuzes (PRK) sowie Ärzte aus Warschau und Krakau. Das PRK war durch den Generalsekretär Kazimierz Skarżyński und einige Mitarbeiter vertreten[26]. Aus Krakau nahmen teil Dr. T. Susz-Pragłowski, der unter den Exhumierten die Leiche seines Universitätskollegen Dr. Adam Szebesta fand, der Präsident des PRK in Krakau, ehemals Oberst der polnischen Armee, der Leiter des Gesundheitsdienstes des Wehrkreiskommandos Krakau und Dr. S. Klapert. Ein Teil der Mannschaft des PRK blieb nach der Besichtigung des Massakerorts in Katyn und wurde erst von Ludwik Rojkiewicz und danach von Hugon Kassur geleitet. Am 29. April wurde die Mannschaft durch eine mit Dr. Marian Wodziński kommende Gruppe auf 12 Personen erweitert. Die Leitung übernahm Jerzy Wodzinowski. In einer dieser Gruppen befand sich auch kurzzeitig der Bruder von General Mieczysław Smorawiński. Seine Anwesenheit wurde zum Anlaß genommen, den General in einem Einzelgrab zu beerdigen.

Kazimierz Skarżyński erstattete den Organen des PRK Bericht über seinen Aufenthalt in Katyn.[27] Er bezeichnete darin das Verfahren, mit dem die polnischen Offiziere getötet wurden, als »fachmännische Henkersarbeit«. Als Sterbedatum gab er das Frühjahr 1940 an. Über den langsamen Verlauf der Identifizierung der Opfer (rund 150 Körper) äußerte er seine Besorgnis und schlug vor, die PRK-Mannschaft um 5 bis 6 Personen zu erweitern. Die Kommission nahm an einer Totenmesse für die Seelen der Offiziere in Smolensk teil. Trotz des Drucks der Besatzungsbehörden weigerte sich das PRK nach den ersten Erkundungsarbeiten an Ort und Stelle, eine Aufklärungsaktion für die in den Offizierslagern weilenden polnischen Offiziere durchzuführen.

Sicher war die Absage der Grund, schnell die nächste Gruppe nach Katyn zu entsenden. Sie bestand aus acht Personen, diesmal Gefangene der Offizierslager des Wehrkreises II, darunter des Offizierslagers in Woldenberg.[28] Auch Oberstleutnant Stefan Mossor, ein bedeutender polnischer Militärtheoretiker war dabei.[29] Die Mitglieder dieser Gruppe fanden recht schnell heraus, daß sich die sowjetische von der deutschen Auffassung prinzipiell durch die Zeit unterschied, die seit der Bestattung der Ermordeten im gemeinsamen Grab vergangen war. Während diese Gruppe in Katyn weilte, wurden 300 Leichen aus den Gräbern geborgen und 160 davon identifiziert. Nach Ansicht dieser Gruppe waren die Uniformen nicht durchgesehen und die Leichen unberührt. Sie setzten eine kurze Meldung für die polnischen Gefangenen in Deutschland auf. Stefan Mossor schrieb den Bericht für die polnische Führung erst am 23. August 1943.[30] Der zur Gruppe gehörende Staatsanwalt verfaßte im November 1945 einen ausführlichen Bericht in Rom.

Stalins Sohn Jakub Dshugaschwili, der in einem Gefangenenlager in Lübeck mit polnischen Offizieren zusammen war, wurde von ihnen gefragt, was er über Katyn denke. Er soll gesagt haben, daß er das Ausmerzen polnischer Offiziere für eine normale Sache halte, da diese ein gefährliches Element darstellten.[31]

Im Auftrag des Gauleiters Arthur Greiser wurden auch vier Delegationen mit Polen aus dem damaligen Wartheland nach Katyn entsandt.[32] In der ersten, die am 18. April ankam, waren vier Einwohner von Poznań (W. Herz, Sejmabgeordneter bis 1939, Z. Giżycki, Arzt und in der Landesarmee im Untergrund tätig, B. Smektała, vor dem Krieg Kaufmann und T. Bartkowiak) sowie drei Einwohner aus Łódź (Ing. W. Grabowski und die beiden Arbeiter L. Nowicki und F. Bykowski). Nur die beiden Arbeiter erklärten öffentlich, daß die Täter des Massakers in Katyn die Bolschewisten waren. Die anderen vermieden es geschickt, Stellung zu nehmen. Smektała war anfangs von der deutschen Verantwortung überzeugt. Herz wurde bald inhaftiert. Er starb, weil er nicht sagen wollte, wen er für die Täter des Verbrechens in Katyn hielt. Den Repressalien des NKWD war auch B. Smektała ausgesetzt. Giżycki, der vom NKWD gesucht wurde, entkam, verließ Poznań und ging nach Österreich.

Bald nach dieser Besichtigung des Verbrechensorts sandte Berlin eine Delegation europäischer Schriftsteller nach Katyn, ohne in der Presse die Personen namentlich anzugeben. Es hieß nur, zwei Finnen, ein Tscheche, ein Flame und ein Spanier waren dabei, sicher weil keine bedeutenden Namen darunter waren.

Wie reagierten die polnischen Exilorgane auf die nun eingetretene Situation?

Am 15. April war Premier General Władysław Sikorski zum Frühstück in der Residenz Churchills, folglich zwei Tage nach der Veröffentlichung der deutschen Nachricht über die Gräber von Katyn und am selben Tag, an dem am frühen Morgen das Kommuniqué der sowjetischen Führung veröffentlicht wurde, in dem man die deutschen Meldungen dementierte. Sarah M. Terry vertrat die Ansicht, daß die Ostpolitik des polnischen Premiers ein Fiasko war, bevor die Sache von Katyn ans Tageslicht kam und daß viele Polen schon früher einen Abbruch der Beziehungen zur Sowjetunion erwartet hatten.[33]

Während des Essens, an dem auch der Außenminister Edward Raczyński und der Unterstaatssekretär im Foreign Office, Sir Alexander Cadogan, teilnahmen, setzte Sikorski den britischen Premier umfassend über die polnisch-sowjetischen Beziehungen und die Geschicke der Polen in der UdSSR in Kenntnis. Im Zusammenhang mit der deutschen Nachricht über die Entdeckung von Massengräbern in Katyn legte Raczyński eine Denkschrift über das Verschwinden der in der UdSSR internierten polnischen Offiziere vor. E. Barker zufolge reagierte der britische Premier auf den Fall Katyn mit der Feststellung, die deutsche Propaganda wolle Zwietracht unter die Alliierten säen.[34] Er brachte seine Sympathie für die Polen zum

Ausdruck, zugleich warnte er aber vor unnötigen Provokationen. Im polnischen Protokoll von diesem Gespräch hieß es, Churchill habe Vorsicht angemahnt und festgestellt, daß die deutschen Berichte vielleicht wahr sind, jedoch vor allem die Endziele der Alliierten verwirklicht werden müssen. Er habe erklärt, daß eine andere Politik unmöglich sei. Die polnischen Bemühungen, für das Leben der Polen in der UdSSR günstige Lösungen zu erreichen, wollte er unterstützen. Sicher erwähnte er, daß die Ostgrenze Polens korrigiert werden und im Westen ein Ausgleich geschaffen werden müsse, denn das polnische Protokoll vermerkt, daß General Sikorski jegliche Diskussion darüber abgelehnt hat.[35] Churchill wies nachdrücklich darauf hin, was man nun tun müsse, um in der schweren, komplizierten und gefährlichen Verhandlung, »von der alles abhängt«, Erfolg zu haben. Noch mehrmals warnte er davor, den Fall Katyn öffentlich zu erörtern, »ohne den derzeitigen Moment zu bedenken«. Der polnische Premier aber war entschlossen, auch in der polnischen Presse einen festen Standpunkt einzunehmen und sprach die Hoffnung aus, daß ihn die britische Zensur nicht daran hindern werde. Ob er wollte oder nicht, mußte Churchill dies zur Kenntnis nehmen. In der Aktennotiz über dieses Gespräch bemerkte er nach einem Hinweis auf die deutsche Propaganda: »Ich muß feststellen, daß die Tatsachen recht verdrießlich sind.«[36] Indes kannte er die Depesche seines Botschafters in Moskau, Clark-Kerr, vom 20. April noch nicht, aus der hervorging, daß das sowjetische Dementi vom 15. April nicht überzeugend sei.[37] Wie Janusz K. Zawodny bestätigte, entschied sich die polnische Regierung in einer geschlossenen Sitzung noch am 15. April, das IRK in Genf um eine unparteiische Ermittlung zu ersuchen.[38]

Bereits zwei Tage nach Veröffentlichung der deutschen Meldung über die Entdeckung von Gräbern polnischer Offiziere verbreiteten die »Prawda« und der Moskauer Rundfunk die sowjetische Darstellung der Ereignisse in Katyn und in der Gegend von Smolensk. Sie bezeichneten Gnesdowo als archäologische Grabungsstätte und beschuldigten die deutschen Organe, die polnischen Offiziere ermordet zu haben.[39] Geschehen sei dies angeblich, als die Wehrmacht in den Raum Smolensk eindrang. Diese Version wurde wahrscheinlich von General Shukow verfaßt. Ebenfalls am 15. April reagierte ein Kreis von Offizieren der polnischen Armee im Mittleren Osten darauf. Nachdem man die polnische Armee in der UdSSR aufgestellt hatte, bis hin zu ihrer Evakuierung, suchten sie vergeblich nach

Tausenden vermißten Kameraden. Zum Ausdruck kam diese Reaktion durch die telegraphisch von General Władysław Anders gestellte Forderung, die polnische Regierung in London müsse eine offizielle sowjetische Erklärung zum Fall Katyn bekommen.

Am 17. April mittags wurde im britischen Rundfunk BBC eine Erklärung vom Vortag gesendet, die der polnische Verteidigungsminister im Einvernehmen mit dem Vorsitzenden des Ministerrats der Republik Polen und dem Minister für Information und Dokumentation abgegeben hatte. Nachdem das Problem der in Rußland vermißten polnischen Kriegsgefangenen ausführlich dargelegt worden war, heißt es darin weiter: »(...) müssen die entdeckten Massengräber untersucht und die Tatsachen von geeigneten internationalen Organen wie beispielsweise dem IRK erfaßt werden. Die polnische Regierung bittet die vorstehend genannte Institution, eine Delegation zu dem Ort zu entsenden, wo man die polnischen Gefangenen ermordet haben soll.«[40]

In den Inhalt dieser Erklärung war am 16. April der diplomatische Korrespondent des »Daily Telegraph« eingeweiht worden. Abends veröffentlichte sie Globe-Reuter. Über die bis heute noch nicht geklärten Umstände beim Ausarbeiten dieser Erklärung hat Edward Raczyński etwas in seinem Tagebuch geschrieben, wenngleich recht unklar und ohne sich um Genauigkeit im zeitlichen Ablauf der beschriebenen Ereignisse zu bemühen. Die Mitautoren der Erklärung waren General Marian Kukiel und der Propagandaminister Stanisław Kot. Den fertigen Text hatte General Sikorski am 16. April Raczyński vorgelegt. »Sicher habe ich die Erklärung damals gelesen. Ob ich dann Änderungen verlangt habe, weiß ich nicht mehr. Dieser Text ging weit und wich von der Linie ab, auf die wir uns im Außenministerium für unser Vorgehen geeinigt hatten. Unter anderem sollte dem Roten Kreuz in Genf vorgeschlagen werden, daß es spontan sein Interesse am Verbrechen von Katyn bekundet. In der Erklärung General Kukiels, die auch unserer Verantwortung gegenüber unmißverständlich war, wurde verlangt, an Ort und Stelle eine Untersuchung durchzuführen. Meine Lage im Kabinett war kompliziert. Ich wurde vor eine Tatsache gestellt, die zwar noch nicht vollendet, doch auf dem Weg zur Vollendung schon recht weit fortgeschritten war. Der Text war fertig und grundsätzlich vom Premier angenommen (...) Jedenfalls hinterließ die Erklärung von Minister Kukiel beim Leser den Eindruck, daß wir an eine sowjetische Schuld glaubten.« Raczyński gelang es, Kot und Kukiel zu veranlassen, der fertigen Erklärung folgenden Satz hinzuzufügen: »Wir sind an die Lügen der deutschen Propaganda gewöhnt und uns über den Zweck ihrer letzten Enthüllungen im klaren.«

Als der Ministerrat am 17. April um 16.00 Uhr zu einer außerordentlichen Sitzung über die in Katyn entdeckten Gräber zusammentrat, war ihm diese Erklärung bereits bekannt. General Sikorski erstattete Bericht über die letzten polnisch-britischen Kontakte, somit auch über das Gespräch mit Churchill. In diesem Zusammenhang empfahl der polnische Premierminister, eine grundsätzliche Verlautbarung zu beschließen und einer Note an die sowjetischen Organe zuzustimmen, deren Inhalt allen verbündeten Regierungen mitgeteilt werden sollte. Außerdem wollte man den Papst bitten, durch einen Sonderbeauftragten den Fall Katyn untersuchen zu lassen. Der Innenminister wiederum sollte Schlußfolgerungen aus der eingetretenen Situation erarbeiten. Auf deren Grundlage sei eine Richtlinie für den Delegierten der Regierung der Republik Polen für das Inland zu entwickeln, die ein einheitliches Vorgehen gewährleistet.

Während der Sitzung berichtete Minister Raczyński über ein Gespräch mit dem Außenminister Großbritanniens, Anthony Eden, der von Churchill im Zusammenhang mit der seit Anfang 1943 dauernden polnisch-sowjetischen Kontroverse Anweisungen und auch das Versprechen erhalten hatte, Großbritannien werde die polnische Bevölkerung in der UdSSR, insbesondere die Forderungen nach einer weiteren Evakuierung in den Mittleren Osten, unterstützen. Der Innenminister Stanisław Mikołajczyk gab dann den Inhalt der Depesche an das Büro für Information und Propaganda der Landesarmee weiter. Darin wurde hervorgehoben, man müsse der deutschen Propaganda durch Offenlegen der hitlerfaschistischen Verbrechen entgegenwirken. Emotional von Belang war der Bericht des Justizministers Wacław Komarnicki, ehemals Gefangener im Offizierslager Koselsk. Man hatte sie damals unter dem Vorwand abtransportiert, sie würden gegen Deutsche ausgetauscht. Minister Kukiel schlug vor, der Delegation des IRK einen Waffensachverständigen beizugeben sowie einen Trauergottesdienst zum Gedenken an die ermordeten Offiziere abzuhalten.

Als der Ministerrat zusammentrat, um die grundlegenden Entscheidungen über Katyn zu treffen und dabei die offiziell erschienenen Meldungen (die deutsche vom 13.4., die sowjetische vom 15.4. und die polnische vom 16. 4.) zu berücksichtigen, beschloß man nach kurzer Diskussion, ein von den Ministern Mikołajczyk, Raczyński, Kot und Kukiel vorbereitetes Kommuniqué zu veröffentlichen.[41] Außerdem sollte Raczyński eine entsprechende Note an die sowjetische Regierung und an den Vatikan richten, während Mikołajczyk eine Anweisung für das Inland entwerfen sollte. Darüber hinaus beschloß der Ministerrat, die Polen aufzurufen, am 3. Mai mit Gebeten das Andenken an die Ermordeten zu ehren. Minister Kot aber sollte die Erinnerungen Wacław Komarnickis verbreiten, da sie ein Licht auf die Hintergründe und die Zeit des Verbrechens warfen.

Die daraufhin veröffentlichte Verlautbarung der polnischen Regierung über die bei Smolensk entdeckten Gräber polnischer Offiziere, mit dem 17. April datiert, verdeutlicht den Schock, den die Nachricht vom Massaker ausgelöst hat, und enthält die Mitteilung, daß man dem IRK am 15. April[42] die Bitte vorgetragen hatte, unverzüglich eine Delegation zur Untersuchung der Sache an Ort und Stelle nach Katyn zu entsenden. In dieser Verlautbarung heißt es an die Deutschen gewandt: »Zugleich spricht jedoch die polnische Regierung im Namen des polnischen Volkes Deutschland das Recht ab, aus den Greueltaten, die man anderen vorwirft, Beweise für die eigene Verteidigung zu schöpfen. Die von der deutschen Propaganda geheuchelte Empörung kann die grausamen, wiederholten und noch immer andauernden Verbrechen am polnischen Volk nicht vor der Welt verbergen.« Danach werden in Fakten von Deutschen begangene Grausamkeiten aufgezählt, um zum Schluß zusammenfassend einzuschätzen: »Das Blut polnischer Soldaten und Bürger, wo immer es vergossen wurde, ruft das Gewissen aller freien Völker der Welt zur Sühne auf. Die polnische Regierung verdammt alle an polnischen Bürgern verübten Greueltaten und spricht jedem, der Schuld trägt an Verbrechen gegen das polnische Volk und den polnischen Staat, das Recht ab, die Opfer im politischen Spiel auszunutzen.«[43]

Die Verlautbarung der polnischen Regierung wurde auf Anregung von Raczyński ausgearbeitet. Dazu schreibt er folgendes in seinem Tagebuch: »Als ich am Abend desselben Tages die herbeigeführte Situation überdachte, kam ich zu dem Schluß, daß man der deutschen Propaganda den Trumpf nehmen müsse, sich auf unsere, für sie so gelegene Erklärung zu berufen. Daher entwarf ich noch eine Verlautbarung, die auf die deutschen Verbrechen in Polen hinwies.« Diesen Text nahm der Ministerrat an.

Vertreter des Polnischen Roten Kreuzes
betrachten die bei den Leichen der ermordeten polnischen Offiziere
gefundenen Dokumente

Diese Verlautbarung stützte sich auf die über Katyn zugänglichen Informationen und auf den Bericht aus Polen selbst. Allerdings weist vieles darauf hin, daß man in Polen aktiv wurde, bevor man über den Rundfunk erfuhr, was die delegierten Gruppen in Katyn gesehen hatten.[44]

Am 17. April nahmen in Genf die für die polnische Regierung ungünstigen Ereignisse ihren Lauf. Stanisław Radziwiłł, stellvertretender Beauftragter des Polnischen Roten Kreuzes in der Schweiz, übergab am Nachmittag im Internationalen Roten Kreuz Paul J. A. Ruegger, Diplomat und vorübergehend in der Funktion eines persönlichen Beraters des Präsidenten des Internationalen Roten Kreuzes, eine Note über die vom Polnischen Roten Kreuz an Ort und Stelle durchgeführte Untersuchung des Falls Katyn. Im Verlauf des Gesprächs erhielt er eine sehr zuvorkommende, halb zustimmende Antwort. Er betrachtete sie als positive Reaktion und informierte die polnischen Behörden in London. Unglücklicherweise sollte sich herausstellen, daß eine halbe oder eine Stunde zuvor der Delegierte des Deutschen Roten Kreuzes ebenfalls einen Besuch abgestattet hatte. Von Berlin bevollmächtigt, gab er eine Note mit gleichem Inhalt ab. Äußerlich schien eine polnisch-deutsche Übereinstimmung in dieser Sache vorzuliegen. Der Vorsprung des deutschen Vertreters war um so wichtiger, bedenkt man den zuvor telegraphisch unterbreiteten Vorschlag von Dr. Ernst Robert Grawitz, damals Vorsitzender des Deutschen Roten Kreuzes[45], in dem auch die Bereitschaft Berlins erklärt wurde, die Untersuchungskommission des Internationalen Roten Kreuzes in Katyn in jeder Weise zu unterstützen. Ruegger versprach, diese von ihm als bilateral bezeichnete Forderung zu erfüllen und die Delegation am Tag darauf zusammenzustellen.

Der Besuch des deutschen Delegierten beim Internationalen Roten Kreuz war das Ergebnis einer Beratung von Goebbels mit Hitler. Der Delegierte des Deutschen Roten Kreuzes in Genf bekräftigte seine frühere Bitte, die jetzt vom Präsidenten selbst, dem Herzog von Sachsen–Coburg und Gotha[46] vorgetragen wurde. Er fragte an, welche Unterstützung das Internationale Rote Kreuz von den deutschen Behörden bei der Realisierung erwarte. Der Präsident des Internationalen Roten Kreuzes, Max Huber, übermittelte Berlin noch am selben Tag die Antwort, daß er bereit sei, die entsprechenden Arbeiten zu übernehmen.[47] Jedoch, so fügte er hinzu, könnten die Experten mit der Identifizierung der Opfer nur beginnen, wenn alle zuständigen Seiten einverstanden sind. Drei Tage später setzte das Internationale Rote Kreuz das Deutsche Rote Kreuz davon in Kenntnis, daß sein Ersuchen geprüft werde. Nach weiteren zwei Tagen, am 22. April, teilte Huber Berlin mit, daß er in dieser Zeit ein entsprechendes Gesuch an die polnische Regierung in London gerichtet habe. Noch einmal bekräftigte er, daß das Internationale Rote Kreuz für seine Arbeit die Zustimmung aller zuständigen Seiten brauche, und wollte wissen, auf welchem Weg man die Zustimmung der UdSSR für die Einreise der Kommission einholen könne.[48]

Das Internationale Rote Kreuz blieb vorsichtig, da in dieser Zeit Gespräche mit den sowjetischen Behörden über die Behandlung der Gefangenen in Gang zu kommen schienen. Die Leitung des Internationalen Roten Kreuzes befürchtete, daß der Fall Katyn die Aussichten auf offizielle Beziehungen zunichte machen könnte.[49] Inzwischen übte die deutsche Seite über verschiedene Kanäle und Verfahren Druck auf das Internationale Rote Kreuz aus. Unter anderem forderte am 19. April Dr. Heinrich, Delegierter der Besatzungsbehörden beim Polnischen Roten Kreuz, daß die Hauptverwaltung eine Depesche an das Internationale Rote Kreuz sende mit dem Ersuchen, eine Untersuchungskommission nach Katyn zu schicken. Dieser Antrag wurde abgelehnt, da es in den Zuständigkeitsbereich der Regierungen gehörte. Eine Kompromißlösung war, daß der damalige Präsident des Polnischen Roten Kreuzes im Generalgouvernement, Wacław Lachert und der Direktor Władysław Gorczycki am 21. April dem Internationalen Roten Kreuz eine Depesche schickten. Sie faßte den Bericht des Generalsekretärs Skarżyński zusammen, in dem unter anderem festgestellt wurde, daß aus den gefundenen persönlichen Papieren der Opfer als Sterbedatum März—April 1940 hervorging. Er bat das Internationale Rote Kreuz, seine Tätigkeit statutgemäß aufzunehmen. Der polnischen Regierung in London wie auch dem Deutschen Roten Kreuz erteilte Huber eine gleichlautende Antwort.[50]

Die nächste Sitzung des Ministerrats der Republik Polen fand am 21. April statt und dauerte zwei Stunden. Es war eine normale Sitzung mit verschiedenen Punkten auf der Tagesordnung. Katyn gehörte ebenso dazu wie das Kaufen von Pferden für militärische Zwecke.[51] Zu dieser Zeit kannte man wahrscheinlich schon den Inhalt der Depesche von Botschafter Tadeusz Romer aus Moskau vom 19. April. Darin teilte er mit, daß es nicht in Betracht komme, sich brieflich an den sowjetischen Außenminister Wjatscheslaw Molotow zu wenden, da TASS zum Fall Katyn eine ausweichende und nicht überzeugende Erklärung abgegeben hatte. Er schlug vor, den bei den Exilregierungen in London akkreditierten Botschafter Alexander Bogomolow anzusprechen und durch seine Vermittlung von der sowjetischen Regierung eine Aufklärung über die in sowjetischen Lagern gefangenen polnischen Offiziere zu verlangen. Auf dieser Depesche vermerkte Raczyński, daß die Entsendung von Noten aus vielen Gründen bequemer sei.[52]

Auf dieser Sitzung unterrichtete Stanisław Mikołajczyk über zwei Depeschen aus Polen. In der ersten wurde über die blutige Vernichtung des Warschauer Ghettos berichtet. Die zweite bestätigte die deutschen Enthüllungen über Katyn und setzte die Anzahl der Opfer mit 2 000 bis 3 000 an. Raczyński teilte mit, daß man Bogomolow die Note schon ausgehändigt habe, das Internationale Rote Kreuz auf das polnische und deutsche Gesuch eingegangen sei[53] und die Sache an Ort und Stelle untersuchen wolle. Diese Information muß korrigiert werden. Aus sowjetischen Berichten folgert, daß die Note an die UdSSR vom 20. April Bogomolow am 22. April erreichte.[54] Das Internationale Rote Kreuz aber hat, wie andere Informationen bestätigen, nicht offiziell der Entsendung seiner Delegation zugestimmt. Die Pressemeldung des Internationalen Roten Kreuzes vom 23. April wies einerseits darauf hin, wer die Untersuchung der Angelegenheit unmöglich machte, brachte aber andererseits ihren Respekt gegenüber dem Standpunkt der Regierung der UdSSR zum Ausdruck und lehnte es ab, sich in die Aktion Berlins einzuschalten. Diese Vorsicht brachte dem Internationalen Roten Kreuz nicht den erwarteten Nutzen, sondern Kritik ein und schadete den Beziehungen zur UdSSR.

Auf dieser Sitzung empfahl Premier Sikorski, die Öffentlichkeit über konkrete Tatsachen von Katyn zu unterrichten, »jedoch jegliche Äußerungen zu vermeiden, die unter den jetzigen Bedingungen zu unserer außenpolitischen Linie im Widerspruch stehen«. Bischof Józef Gawlina wurde von der Regierung wegen »unverantwortlicher Äußerungen« zurechtgewiesen[55], und der Zeitung »Dziennik Polski« empfahl man, den aggressiven Ton zu lassen.

Da das Interesse am Fall Katyn groß war, veröffentlichte das Internationale Rote Kreuz am 23. April eine Erklärung, in der man die Antwort dem Sinn nach wiederholte, die es den zuständigen Seiten hinsichtlich der Bedingungen für die Teilnahme an der Untersuchung der Gräber polnischer Offiziere gegeben hatte.

Zuvor hatte am 19. April Dr. Karl Megerle, Mitarbeiter im Sekretariat von Ribbentrop, in einem vertraulichen Telegramm darum ersucht, daß die deutschen Gesandtschaften in Genf und Bukarest jeweils vier polnische Emigranten suchen sollten, die in der nach Katyn zu entsendenden Delegation mitarbeiten wollten. Man ließ durchblicken, daß diese Leute antibolschewistisch oder antisemitisch eingestellt sein sollten. Die Suche verlief jedoch ergebnislos An dieser Veranstaltung wollte sich niemand beteiligen.[56]

Die Goebbelssche Propaganda nutzte das Verbrechen von Katyn kräftig als Ramme für den Schlag auf Moskau und als moralischen Beweis dafür, Verfechter und Beschützer der geistigen Werte und Zivilisation Europas zu sein. Außerdem stellte die deutsche Propaganda das Massaker von Katyn den Polen als Werk der Juden dar. Als man die Entdeckung der Gräber von Katyn bekanntgab und die Bolschewisten anklagte, den Mord an den polnischen Offizieren begangen zu haben, beschuldigte man zugleich die im NKWD tätigen und mit ihm zusammenarbeitenden Juden. Bereits in den ersten deutschen Pressemeldungen im Generalgouvernement zu diesem

Thema wird dieser Akzent deutlich. Die Propaganda verfolgte diese Richtung schon, bevor ab 19. April den SS-Einheiten im Warschauer Ghetto Widerstand geleistet wurde. Gewiß zog der Fall Katyn im April–Mai die Aufmerksamkeit der Polen auf sich. Allerdings kann man beim gegenwärtigen Stand der Forschung nicht sagen, ob und wenn ja, in welchem Grad sie auf die Hilfsaktion für die im Ghetto kämpfenden Juden Einfluß nahm oder die Anteilnahme an ihrem Schicksal dämpfte.

Bis in den Zeitungen die Bilder und Namen der ermordeten Polen veröffentlicht wurden, glaubte man, die Nachrichten über die entdeckten Massengräber der polnischen Offiziere in Katyn sei eine Irreführung und ein Werk Goebbelsscher Propaganda.

Nach Ansicht von Kajetan Dzierżykraj-Morawski, Generalsekretär des Ministeriums für Auswärtige Angelegenheiten in London und später des polnischen Botschafters beim französischen Komitee für nationale Befreiung, entschloß sich die polnische Regierung, gleichzeitig an die sowjetische Regierung und das Internationale Rote Kreuz ein Gesuch zu richten, in dem um Aufklärung über die Gräber polnischer Offiziere in Katyn gebeten wurde. Tatsächlich übergab man die Note für das Internationale Rote Kreuz am 17. April. Die andere, für Alexander Bogomolow, dem sowjetischen Botschafter bei den Exilregierungen in London bestimmte Note, unterzeichnete Graf Edward Raczyński, seinerzeit Außenminister, erst am 20. April. In Moskau traf sie am nächsten Tag oder später ein. In einem Gespräch mit dem diplomatischen Vertreter des »Freien Frankreichs« in der UdSSR stellte Morawski fest: »Daher ist die Verbitterung der sowjetischen Seite, daß das Internationale Rote Kreuz ohne vorherige Warnung Moskaus in Kenntnis gesetzt wurde, völlig begründet.«[57] Sein Gesprächspartner notierte sich die Ansicht, daß »aus verschiedenen Gründen die Sache recht geheimnisvoll ist. Besondere Zweifel erweckte ein seltsamer Widerspruch. Einerseits hatten die Russen sorglos die Leichen zusammengetragen und die ihre Identifizierung ermöglichenden Papiere (offizielle Dokumente, Privatbriefe usw.) in den Uniformtaschen gelassen. Andererseits wurden die Massengräber sorgsam getarnt und Bäume darauf gepflanzt, die sie völlig verdeckten.«

Die sowjetischen Organe reagierten auf folgende Weise. Eine internationale Sensation war am 19. April die in der »Prawda« veröffentlichte Antwort auf die Erklärung von General Marian Kukiel, in der man die »polnischen Gehilfen Hitlers« angriff, die »die faschistischen Provokateure« unterstützten. In Moskau galt als Kronbeweis für die Zusammenarbeit mit dem Kriegsgegner in der internationalen Polemik die zeitgleiche Intervention beim Internationalen Roten Kreuz und zwar die polnische über den politischen Kanal und die deutsche über den Kanal der internationalen Organisationen. Bewußt waren die Schritte des Dritten Reiches darauf gerichtet, dem guten Ruf der Polen einen schweren Schlag beizubringen. Von Kriegsbeginn an hatten die Polen an der Seite der antifaschistischen Koalition gekämpft und litten nun schwer unter dem tragischen Geschick der Offizierskader, zu denen auch Reserveoffiziere aus der geistigen Elite des Landes gehörten. Außerdem war es sogar gelungen, einen Schatten oder Verdacht auf die Rolle der Polen im Verband der Bündnisstaaten zu werfen.

Als am 20. April dem Vertreter der sowjetischen Regierung ein Schreiben der polnischen Regierung in London übergeben wurde, in dem es um einen Standpunkt zum Fall Katyn und um das Erteilen aller möglichen Erklärungen ging, war man im Generalgouvernement bemüht, ihm weitreichendes Echo zu verschaffen. An diesem Tag unterrichteten Dr. Ludwig Losacker, Leiter der Hauptabteilung Innere Verwaltung der Regierung des Generalgouvernements und kommissarischer Gouverneur des Distrikts Krakau, und Wilhelm Ohlenbusch auf einer Sitzung die Führung dieses Distrikts über die deutschen Maßnahmen. Mit Befriedigung wurde die Ankunft der vorstehend beschriebenen zweiten polnischen Delegation in Katyn aufgenommen, die diesmal aus Leuten vom Polnischen Roten Kreuz und Vertretern des Klerus bestand.[58] Doch sichtlich unzufrieden bemerkte Ohlenbusch bei den Mitgliedern dieser Gruppe eine Zurückhaltung gegenüber den Deutschen, die bei der Rückkehr wie auch durch die Ablehnung öffentlicher Ausführungen über Katyn zum Ausdruck gekommen war. Seiner Meinung nach sollte man eine Kommission bilden, die laufend über die Angelegenheit sachlich unterrichtete. Im Laufe des Jahres, so hoffte er, würden die Polen in der Kommission aufgehen. Zugleich beunruhigte ihn, daß die Polen die Schwierigkeiten des Dritten Reiches und die deutschen Absichten erahnten und Berlin gegenüber Forderungen stellen könnten. Losacker sprach nur kurz und teilte mit, daß die polnische Kommission – er meinte sicher die Leute vom Polnischen Roten Kreuz – die Exhumierung der Leichen in Katyn fortsetzen werde.

Ebenfalls über Katyn sprach am 20. April der Generalgouverneur Hans Frank anläßlich des Geburtstages von Hitler. Er versuchte die

Polen zu überzeugen, der Führer habe sich große Verdienste erworben, als er sich dem Bolschewismus entgegenstellte und sie vor ihm schützte. Dafür hätten Tausende Deutsche ihr Leben gelassen. Er rief auf, sich intensiver an der Arbeit »für die gemeinsame europäische Sache im Kriegsdienst« zu beteiligen, und ließ durchblikken, daß sich die Beziehungen der deutschen Organe zu Polen verbessern würden.[59]

In die deutschen Maßnahmen schaltete sich auch Himmler als Reichsführer der SS ein. Am 22. April wandte er sich an den Reichsaußenminister Joachim von Ribbentrop und schlug vor, die Polen »in eine scheußliche Lage« zu bringen. Man wollte Sikorski mit seiner Begleitung nach Katyn einladen und ihm auf dem Weg durch Spanien Begleitschutz geben. Himmler bestätigte zwei Tage danach Ernst Wilhelm Bohle den Eingang seines Briefes und die Übermittlung des darin enthaltenen, auch von ihm unterstützten Vorschlags an die zuständige Abteilung.

Katyn nahm in gewissem Maß auch die Aufmerksamkeit der verbündeten Länder in Anspruch und stiftete unter ihnen eine nicht geringe Verwirrung. Stalin sandte am 21. April eine persönliche Botschaft an Winston Churchill[60], in der er sich beklagte, daß die Regierung Sikorski es nicht für ratsam gehalten habe, die sowjetische Regierung zu fragen oder um Erklärungen zu dieser Angelegenheit zu bitten. Seiner Ansicht »wurde zur Untersuchung sowohl von der Regierung Herrn Sikorskis als auch von der Hitlerregierung das Internationale Rote Kreuz hinzugezogen, das von dem Terrorregime mit seinen Galgen und Massakern unter der Zivilbevölkerung gezwungen wird, sich an der von Hitler inszenierten Untersuchungskomödie zu beteiligen«. Das Verhalten der polnischen Regierungsorgane gegenüber der UdSSR hielt die sowjetische Regierung »für völlig unnormal, es verletzt alle in den Beziehungen zwischen zwei verbündeten Staaten geltenden Grundsätze und Normen«. In der Botschaft stünde einer der schwersten Vorwürfe, die man einem Verbündeten machen kann. »Der Umstand, daß die feindselige Aktion gegen die Sowjetunion in der deutschen und polnischen Presse zugleich begann und in demselben Geist geführt wurde, läßt keinen Zweifel aufkommen, daß zwischen Hitler als Feind der Alliierten und der Regierung Sikorski eine Verbindung und Übereinkunft in der Durchführung dieser feindseligen Aktion besteht.«[61] Diese angebliche Übereinkunft mit der Hitlerregierung betrachtete Stalin als einen Bruch der Bündnisbeziehungen zur

UdSSR und als eine feindliche Haltung. Dadurch begründete er »die Notwendigkeit, die Beziehungen zu dieser Regierung abzubrechen«, falls General Sikorski nicht den Appell der polnischen Regierung an das IRK zurückziehe und nicht öffentlich erkläre, daß Katyn ein Hirngespinst der deutschen Propaganda sei. Stalin erwartete Verständnis für diesen eventuellen, »für die UdSSR erzwungenen« Schritt.

Die britischen Regierungsorgane reagierten auf die entstandene Situation damit, die antisowjetischen Stellungnahmen in der in Großbritannien erscheinenden polnischen Presse zu verbieten und weitere Schritte zur Klärung der Ursachen am Tod polnischer Offiziere zu untersagen. Mit Befriedigung und schon im Hinblick auf die positive Entwicklung notierte Goebbels in seinem Tagebuch, daß die polnische Regierung in London von den Angelsachsen als feindlich behandelt wird.

Am 19. April unterrichtete Anthony Eden das Kriegskabinett von der großen Unruhe unter den Polen. Er hob hervor, man wolle sie überzeugen, daß Großbritannien Katyn als ein Werk der deutschen Propaganda betrachte, was jedoch nicht bedeute, daß dies unwahr sei. Wie das Kabinett zum Ausdruck brachte, dürfte die Entdeckung von Katyn die Polen nicht davon abhalten, es als notwendig zu erachten, daß die Russen den in der UdSSR verbliebenen polnischen Militärs und ihren Familien gestatten, in den Mittleren Osten zu gehen.

Churchill antwortete Stalin im Schreiben vom 24. April[62]. Darin wies er die Beschuldigung zurück, daß die Polen mit Hitler gemeinsame Sache machten. Er versicherte ihm, daß Großbritannien sich allen Untersuchungen seitens des Internationalen Roten Kreuzes oder einer anderen Einrichtung auf jeglichem sich außerhalb der Macht Deutschlands befindenden Territorium widersetzen werde. »Wir hätten auch niemals Gesprächen mit den Deutschen oder irgendwelchen Kontakten mit ihnen zugestimmt und werden auch weiterhin bei unserem polnischen Verbündeten fest darauf bestehen.« Churchill erklärte Stalin die schwierige Lage General Sikorskis. Er sei weit von deutschfreundlichen Stimmungen oder Übereinkünften mit Deutschland entfernt und laufe Gefahr, von den Polen gestürzt zu werden, die meinen, daß er sein Volk schlecht gegen die Sowjetunion verteidigt. Unzufrieden mit der einseitigen Aufkündigung der diplomatischen Beziehungen zur polnischen Regierung, versuchte er die Situation mit dem Vorschlag zu retten, man solle die sowjetische Ankündigung des Abbruchs der Beziehungen als letzte Warnung auffassen, nicht aber als vollzogen betrachten. Er brachte die Hoffnung zum Ausdruck, daß es nicht zum letzten Schritt komme, bevor alle Möglichkeiten ausgeschöpft seien. Seinerseits legte er fest, daß die polnische Presse auf dem Territorium von Großbritannien einer Zensur unterzogen wird. Außerdem mahnte er die Zustimmung zur weiteren Evakuierung polnischer Familien nach Iran an.

Am selben Tag fand auch die dramatische Begegnung Anthony Edens, der den nicht in London weilenden Churchill vertrat, mit General Sikorski als Premier statt.[63] Dazu kam es, als bereits die sowjetische Note von Botschafter Iwan Maiski übergeben war, über deren Inhalt man die polnische Seite unterrichtet hatte. Eden bat im Namen der guten gemeinsamen Sache und für das Wohl der sich weiterhin in der UdSSR aufhaltenden polnischen Staatsbürger, den Forderungen Stalins nachzukommen. Er war darauf eingestellt, seinem Gesprächspartner die Leviten zu lesen. General Sikorski unterbrach ihn jedoch mit der Feststellung, daß er sich auf Ungenauigkeiten stütze. Die polnische Regierung war es gewesen, die sich zuerst an das Internationale Rote Kreuz gewandt hatte. Dies ging aus der Erklärung des Ministers für Nationale Verteidigung vom 16. April hervor, die am Tag darauf mittags (12.15 Uhr) von der BBC gesendet wurde. Erst 50 Minuten später hatten die Deutschen diese Forderung aufgegriffen und angenommen. Anschließend nahm der Ministerrat den Beschluß, sich an das Internationale Rote Kreuz zu wenden, zur Kenntnis. General Sikorski wies den Vorwurf zurück, »daß wir in dieser Angelegenheit dem Rat Goebbels' gefolgt sind. In Wirklichkeit war es umgekehrt.« Die Übermittlung der Note an die Sowjetunion, in der man klare, bisher aber abgelehnte Erklärungen verlangte, hatte sich jedoch verzögert, weil sie ausgearbeitet und ins Russische übersetzt werden mußte. Er versicherte, daß sie »seit einer bestimmten Zeit« in Bogomolows Hand war und Raczyński sie gestern Cadogan zustellen sollte.

Hatten sich die polnischen Regierungsorgane nun in ihre eigenen diplomatischen Unternehmungen verstrickt? Ohne voreilig darüber urteilen zu wollen, kann man jedoch feststellen, daß die polnische Seite trotz moralischer Gründe politisch dieses diplomatische Spiel klar verloren hatte und von vielen Seiten Angriffen ausgesetzt war. Mit der Zeit empfand man immer deutlicher, daß der Fall Katyn unabhängig von moralischen Gründen die allgemeinen Propagandaziele der Alliierten beeinträchtigte. Daher die angelsächsischen Tricks.

Eden blieb bei seinen Vorbehalten und war überzeugt, daß die polnische Regierung mit ihrer Anfrage beim Internationalen Roten Kreuz eine Sache in Gang gebracht habe, »aus der als Sieger entweder Deutschland oder Rußland, niemals aber Polen hervorgehen kann.« Er hielt es für das beste, den diplomatischen Schritt beim Internationalen Roten Kreuz rückgängig zu machen, denn »euch mit den Deutschen zu verbinden, ist … für Polen gefährlich«. Von der Wahrheit der deutschen Meldung über Katyn ausgehend, setzte Sikorski moralische Argumente dagegen und war überzeugt, daß seine Regierung im Namen der Gerechtigkeit wider die Gewalt handle und seine Politik den Alliierten gegenüber ehrlich sei. Zum Schluß lehnte er es entschieden ab, öffentlich das polnische Gesuch an das Internationale Rote Kreuz zurückzunehmen. Das einzige positive Ergebnis dieses Gesprächs war der klare Standpunkt Winston Churchills, zu dem er durch ein Telefongespräch mit Eden gelangt war. In dieser Angelegenheit behielt er sich freie Meinungsäußerung vor und legte zwei Bedingungen fest, von denen er eine Intervention in Moskau abhängig machte, um Stalin zu beruhigen und zu verlangen, daß noch mehr Polen die UdSSR verlassen dürfen. Erstens sollte die polnische Presse einen gemäßigteren Ton gegenüber der UdSSR anschlagen und zweitens sollte die Regierung unter General Sikorski die Gesandtschaft in Bern in bezug auf das Internationale Rote Kreuz anweisen und das Gesuch nach einer Inspektion am Ort des Verbrechens zurücknehmen. Allerdings glaubte Churchill nicht so recht an die Wirksamkeit seines Eingreifens.

Am 25. April sandte Churchill nach dem Gespräch mit General Sikorski das nächste Schreiben an Stalin[64]. Der britische Premier legte darin die Begleitumstände dar, die die polnische Regierung veranlaßt hatten, sich an das Internationale Rote Kreuz zu wenden. Um das sowjetische Staatsoberhaupt zu besänftigen, unterrichtete er ihn, daß der polnische Informationsminister im Auftrag General Sikorskis ans Mikrofon des britischen Senders BBC getreten sei.[65] Sein Auftreten sollte wütende Reaktionen bei den Deutschen auslösen. Außerdem fügte Churchill hinzu, daß er beim polnischen Premier durchgesetzt habe, nicht auf dem Antrag zu bestehen, vom Internationalen Roten Kreuz eine Untersuchung vornehmen zu lassen. Diesen Antrag nannte er einen Fehler, er sei aber ohne Absprache mit den Deutschen gestellt worden. Überzeugt sei er, daß es in der polnischen Presse keine Polemiken gegen die sowjetische Seite mehr geben wird. Nach diesen beruhigenden Erklärungen hoffe er, daß die sowjetische Regierung ihre Zusammenarbeit mit der polnischen Regierung fortsetzt. Sie abzubrechen, wäre nach seiner Überzeugung nur für den Feind von Nutzen.

»Die deutsche Propaganda«, so schrieb er, »hat diese Geschichte nur erfunden, um die Alliierten zu spalten. Einen gewissen Anschein von Realität sollen die Versuche bekommen, die Welt zu überzeugen, daß Deutschland die Interessen Europas und der kleinen Völker vor den außereuropäischen Großmächten, nämlich vor der Union der Sozialistischen Sowjetrepubliken, den Vereinigten Staaten und dem Britischen Imperium, schützt.«[66]

In seiner sicher noch am selben Tag oder am 25. April abgesendeten Antwort erklärte Stalin, daß der Abbruch der Beziehungen zur polnischen Regierung bereits beschlossen sei. »Heute sollte Molotow die Note über den Abbruch der Beziehungen zur polnischen Regierung überreichen.« Das sowjetische Staatsoberhaupt begründete diese Entscheidung mit dem ständig feindseligen Verhalten der in Großbritannien erscheinenden polnischen Presse und der fortgesetzten oder sogar noch verstärkten sowjetfeindlichen Kampagne.

Ein Briefwechsel gleichen Inhalts fand zwischen Stalin und Roosevelt, dem Präsidenten der Vereinigten Staaten, statt. Auch das amerikanische Staatsoberhaupt betrachtete es als einen Fehler, eine internationale Institution um die Untersuchung des Falls Katyn zu ersuchen, doch schien er der Anschuldigung, Sikorski arbeite in gewisser Weise mit Hitler zusammen, keinen Glauben zu schenken. Er verlangte, nicht die Beziehungen abzubrechen, sondern sich lediglich darauf zu beschränken, »vorübergehend die Gespräche mit der polnischen Regierung in London einzustellen«[67].

Nicht ausgeschlossen ist, daß unter dem Einfluß von Churchills Brief die sowjetische Note über den Abbruch der Beziehungen verspätet überreicht wurde und zwar nicht am 25. April, wie Stalin Churchill mitgeteilt hatte, sondern 0.15 Uhr am nächsten Tag. Der Botschafter Tadeusz Romer wurde in Kuibyschew zu Molotow gerufen, der die Note verlas, sich auf die Briefe Churchills und Roosevelts berief und sie Romer übergeben wollte.[68] Romer verweigerte die Annahme. Ein zweites Mal nahm er die Note nicht an, als sie ihm an seine Hoteladresse geschickt wurde. Am nächsten Tag erhielt Molotow eine an ihn gerichtete Note, in der Romer seine Ablehnung begründete und dagegen protestierte, daß Polen in unzulässiger Form Verhaltensweisen und Absichten unterstellt würden, die mit den Tatsachen überhaupt nicht übereinstimmten.

Dieser Situation zufolge zeigten die verbündeten Länder keine besondere Eile, sich zur Vertretung polnischer Interessen in der UdSSR zu verpflichten. Schließlich stimmte Australien zu, mußte aber erst eine eigene Auslandsvertretung einrichten.

Am 26. April wandte sich das britische Kriegskabinett wieder dem Fall Katyn zu. Churchill, der sich am Vortag mit dem sowjetischen Botschafter Iwan Maiski[69] getroffen hatte, informierte die Anwesenden, daß die UdSSR beschlossen habe, die Verbindungen mit der polnischen Regierung in London abzubrechen. Auch fügte er hinzu, daß Eden und er erst mit Sikorski gesprochen und ihn überredet hätten, die Ereignisse zu ignorieren und sich auf die Verbesserung (improving) der künftigen Beziehungen mit der UdSSR und die weitere Evakuierung der Polen aus der UdSSR zu konzentrieren. Vorausschauend äußerte Eden seine Befürchtung, daß Stalin, wenn die von ihm vorgeschlagene Grenze nicht anerkannt wird, die Wiederaufnahme der Beziehungen ablehnen könne und eine eigene Regierung bilden werde.

Unabhängig davon, was sie von der Tragödie Katyn[70] hielten, wollten Churchill und Eden eine weitere Verschlechterung der Beziehungen mit der UdSSR nicht zulassen. Anfang Mai bemühte sich der britische Premier, den britisch-sowjetischen Kontakten ein herzliches Gepräge zu geben und empfahl sogar dem Botschafter Archibald Clark-Kerr, einen scherzhaften Ton anzuschlagen. Meiner Ansicht ist die Erklärung für Churchills Standpunkt zu Katyn in seinem Brief an Sir Alexander Cadogan vom 3. April enthalten, in dem er die schwache britische Position folgendermaßen umriß: »Gegenwärtig wird mein Einfluß nicht genügend vom militärischen Einsatz für die gemeinsame Sache unterstützt, um meine Vorschläge praktisch wirksam zu machen.«[71] Der große Triumph der britisch-amerikanischen Truppen in Tunis besserte die Lage.

Man muß sich natürlich fragen, ob die britischen Staatsorgane davon wußten, daß sich die polnische Regierung mit der Absicht trug, das Internationale Rote Kreuz einzuschalten. Diese Sache ist ungeklärt und muß noch untersucht werden, obgleich verschiedene Gründe vorliegen, um behaupten zu können, sie hätten etwas gewußt. Man hatte sich nicht mit ihnen beraten, sie wurden nicht offiziell vom Botschafter in Kenntnis gesetzt, aber bekannt ist, daß von polnischer Seite über diese Absicht gesprochen wurde, als Eden am 16. April in London eine Konferenz mit den Außenministern der Exilregierungen in London abhielt.[72] Raczyński erwähnt dies folgendermaßen in seinem Tagebuch:

»An jenem 16. April sagte ich Eden und dem jetzigen Unterstaatssekretär Cadogan, daß unsere Regierung ein Kommuniqué veröffentlichen will, und gab genau den Inhalt wieder, wenn auch aus dem Gedächtnis. Meine Gesprächspartner waren von dieser Nachricht nicht begeistert, sondern verhielten sich resignierend. Sie baten nur, in unsere Erklärung einen gegen die deutschen Propagandamethoden gerichteten Satz aufzunehmen, der den Sowjets eine entlastende Interpretation ermöglichte. Ich versprach, dies in den Grenzen unserer Möglichkeiten zu berücksichtigen.« Als Ergebnis dieses Gesprächs stand in der Erklärung General Kukiels ein entsprechender Passus über die deutschen Propagandamethoden.

Am Tag, an dem die UdSSR die Beziehungen zur polnischen Regierung abbrach, traf sich Alexander Losowski mit Roger Garreau und erklärte ihm den Grund für diese Entscheidung folgendermaßen:

»Als die polnische Regierung das Internationale Rote Kreuz ersuchte, den Behauptungen der deutschen Propaganda über das angeblich von sowjetischen Organen an polnischen Offizieren angerichtete Massaker nachzugehen, anstatt in dieser Angelegenheit mit der Moskauer Regierung Verbindung aufzunehmen, hat sie sich faktisch wie ein Verbündeter des Dritten Reiches verhalten und unvermeidlich einen Abbruch der Beziehungen zu Moskau herbeigeführt.«[73]

Was hielten die Besatzungsorgane im Generalgouvernement zu diesem Zeitpunkt von den Ergebnissen der Katynaktion? Auf der Arbeitsberatung der Regierung für diesen Raum am 26. April in Radom kritisierte der Gouverneur des Distrikts Radom, Ernst Kundt, scharf die wirkungslose Propaganda des Apparats von Ohlenbusch[74]. Als man später die Sicherheitslage im Distrikt Lublin besprach, wurde auch heftig Kritik geübt.[75]

Ebenfalls am 26. April antwortete Ribbentrop Himmler auf seinen brieflichen Vorschlag, Sikorski nach Katyn einzuladen. Er schien ihm verführerisch, doch überwogen die Vorbehalte. Der Historiker vermag einen anderen Grund dafür zu sehen, warum er eine Einladung Sikorskis ablehnte. Ribbentrop wußte bereits, daß die UdSSR ihre Beziehungen zur polnischen Regierung abgebrochen hatte und im Lager der Alliierten ein Riß entstanden war. Auch konnte er Meldungen über die Reaktion der polnischen Bevölkerung auf den Fall Katyn bekommen haben, die ganz und gar nicht den Erwartungen der deutschen Organe entsprach. In der sich derart entwickelnden Lage beschränkte er sich darauf, wie bereits erwähnt, in Bukarest und Genf Polen zu suchen, die freiwillig mit der Delegation nach Katyn reisen wollten. Doch fand man niemanden.

Auf die sowjetische Note über den Abbruch der Beziehungen antwortete die polnische Regierung drei Tage danach mit einer Erklärung, die den guten Willen zu einer weiteren Regelung der Beziehungen zum Ausdruck brachte. Energisch wies sie den Vorwurf zurück, mit Hitler Kontakt oder eine Übereinkunft zu haben. »Die polnische Regierung«, so wurde festgestellt, »hat in der öffentlichen Erklärung vom 17. April den Deutschen kategorisch das Recht abgesprochen, die Tragödie der polnischen Offiziere für ihre verräterischen Ziele zu mißbrauchen. Sie brandmarkte entschieden die Bemühungen der Hitlerpropaganda, Mißtrauen unter den Verbündeten zu schüren. Etwa in derselben Zeit wurde dem sowjetischen Botschafter bei der polnischen Regierung eine Note übergeben, in der die polnische Regierung noch einmal um Informationen ersuchte, die bei der Klärung des Schicksals der vermißten Offiziere helfen könnten.«[76] Man verlegte den Schwerpunkt in dieser Erklärung auf die weitere Evakuierung der Polen aus der UdSSR, um die polnische Armee in Großbritannien und im Mittleren Osten auffüllen zu können.[77]

Katyn und das Austragen dieses Falls auf internationalem Podium belastete alle späteren Versuche, die Beziehungen zur UdSSR wieder aufzunehmen. Auf Katyn bezogen sich die folgenden beiden sowjetischen Bedingungen: 1) Das polnische Gesuch an das Internationale Rote Kreuz soll als Fehler eingestanden werden. 2) Die Verantwortlichen für diesen Schritt und für die sowjetfeindliche Propagandaaktion sollen aus der Regierung entfernt werden.

In London begann am Tag nach dem Abbruch der Beziehungen eine Reihe von Konferenzen General Sikorskis mit Churchill, Eden und John G. Winant, dem amerikanischen Botschafter in Großbritannien. Ihre Analyse ist eine Forschungsaufgabe für sich.

In der UdSSR hielt am 28. April Wanda Wasilewska in Moskau eine Ansprache an die Polen. Sie kommentierte den Abbruch der Beziehungen zur polnischen Regierung, »die sich letztlich kompro-

mittiert hat, als sie sich an der von den Nazis organisierten antisowjetischen Propagandahetze über den Wald von Katyn beteiligte.
Dort haben angeblich sowjetische Organe polnische Offiziere erschossen, die tatsächlich aber von den Deutschen selbst ermordet
wurden«[78].

Am Nachmittag des 28. April waren Sikorski und Raczyński bei
Churchill. »Anfangs eine stumme Szene«, so erinnert sich Raczyński in seinem Tagebuch. »Unsere Seite schwieg und Churchill
seinerseits wartete ... Nach ein paar Worten Sikorskis ließ sich
dann das Gespräch an. Einleitend trug Churchill eine Gegenanklage
vor. Wenn die britische Regierung auf unserer Seite stehe und er,
Churchill, persönlich bei den Sowjets vorstellig geworden sei, hätte
er wohl das Recht, zuvor von unseren Schritten den Sowjets gegenüber Kenntnis zu erhalten. Dies etwa sagte er. Churchill bat dringend, zu den laufenden Dingen überzugehen und auf die Lösung zu
warten.«

Tags darauf äußerte der Unterstaatssekretär Sumner Wells gegenüber dem polnischen Botschafter in den Vereinigten Staaten,
Jan Ciechanowski, den er geladen hatte, er könne nicht verstehen,
daß die polnische Regierung das Internationale Rote Kreuz um Untersuchung des von der deutschen Propagandamaschinerie hoch-
gespielten Falls Katyn gebeten hat.[79]

Gleichfalls am 29. April antwortete Stalin auf einen Brief Roosevelts, den er zwei Tage zuvor, demnach schon nach Abbruch der
Beziehungen zur polnischen Regierung, bekommen hatte.[80] In seiner Antwort begründete er Roosevelt seine Entscheidung genauso
wie Churchill. In erster Linie erhob er den Vorwurf, die sowjetfeindliche Hetze der polnischen Presse in Großbritannien nehme an
Stärke zu. Stalin wollte den amerikanischen Präsidenten glauben
machen, daß die Regierung Sikorski und seine Begleitung »pronazistische Elemente« sind. Mit herablassendem Verständnis bemerkte
er, daß die polnische Regierung »vielleicht wider Willen ein Instrument Hitlers in der Ihnen bekannten antisowjetischen Aktion geworden ist.«

Die Polnische Telegrafenagentur berichtete am 30. April, gleich-
sam als Abschluß der die Untersuchung von Katyn durch das Internationale Rote Kreuz betreffenden Angelegenheit, daß die Organe
des Internationalen Roten Kreuzes der polnischen Regierung mitgeteilt haben, es gäbe Schwierigkeiten, dem Gesuch stattzugeben.
Unter diesen Bedingungen sah die polnische Regierung ihr Gesuch

an das Internationale Rote Kreuz als erledigt an und zog am 4. Mai den Antrag auf Untersuchung des Verbrechens von Katyn an Ort und Stelle zurück.[81] Damit wurde die Lage beruhigt.

Am selben Tag erhielt das sowjetische Staatsoberhaupt einen weiteren Brief von Churchill, in dem dieser seine Enttäuschung über den Abbruch der Beziehungen aussprach. »Leider war bis jetzt«, so schrieb Churchill, »diese Angelegenheit (von Katyn, Anmerkung des Autors) ein Triumpf für Goebbels.«[82] Einerseits kündigte der britische Premier an, er werde die polnische Presse zur Disziplin zwingen, ließ andererseits aber diskret durchblicken, daß er keine andere Regierung als die von General Sikorski geleitete anerkenne.[83] Der pragmatisch-opportunistische Anthony Eden hingegen hielt es für ratsam, am 4. Mai im Unterhaus eine kurze Erklärung zum Abbruch der Beziehungen zwischen der UdSSR und der polnischen Regierung abzugeben. Bedauernd sagte er: »Ich möchte nur auf die Schamlosigkeit hinweisen, wie dies übrigens die Regierungen der Sowjets und Polens in ihren öffentlichen Erklärungen schon getan haben, mit der es die Hitlerfaschisten, die Hunderttausende unschuldige Polen und Russen ermordet haben, wagen, den Massenmord für sich zu nutzen und zu versuchen, einen Keil zwischen die Verbündeten zu treiben.«[84]

Am 30. April schrieb Stalin an Churchill, daß er ihm für die Absicht, die polnische Presse zur Disziplin anzuhalten, verpflichtet sei, er aber nicht an die Wirksamkeit dieses Vorhabens glaube. Denn in der Umgebung Sikorskis befänden sich viele »pronazistische Schreihälse«, »eine Menge pronazistischer Elemente«, denen gegenüber der polnische Premier kraftlos und eingeschüchtert wirke.[85] Nach Ansicht des britischen Historikers S. Lowery »(...) hatten die britische und amerikanische Regierung die Wahl und stellten sich zusammen mit der sowjetischen Regierung gegen die polnische Exilregierung«[86].

Später hat die Frage, wer die internierten polnischen Offiziere tötete und was mit ihnen geschah, die britischen Politiker nicht mehr interessiert. Immer mehr beschäftigte sie die Invasion auf dem Kontinent, und vor allem war ihnen wieder an einer besseren Position der polnischen Regierung unter den Alliierten gelegen. Sie verstanden, welches Ziel die deutsche Propaganda hatte, fürchteten Zwist und Schwierigkeiten im Lager der Verbündeten und sahen beunruhigt voraus, daß es eventuell einen deutsch-sowjetischen Sonderfrieden geben könnte. Nach Ansicht von Józef Garliński glaubte in dieser Kriegsphase kaum jemand der deutschen Propaganda, doch die sensationslüsterne amerikanische Presse verglich schon bald Stalin mit Hitler.[87]

Im Aufruf zum 1. Mai, den das Zentralkomitee der Polnischen Arbeiterpartei in Polen veröffentlichte, wurde die von der Regierung Sikorski betriebene Politik angeprangert. Diese Regierung bediene sich in ihrer sowjetfeindlichen Aktion der hitlerfaschistischen Provokation von Katyn und andererseits unterstütze die Katyn-Aktion des »Sikorskikreises« Hitler in seinen Absichten, die Einheit im Lager der Verbündeten zu zerschlagen.[88] Daher wäre es aussichtslos, die Gespräche zwischen der Delegatur der Republik Polen für das Inland und den Führern der revolutionären Linken über die Bildung einer gemeinsamen Front gegen die Okkupanten wieder aufzunehmen. Der polnische Botschafter verließ am 5. Mai das Territorium der UdSSR. Drei Tage später erschien die Meldung, daß die sowjetischen Behörden zugestimmt haben, in der UdSSR eine polnische Infanteriedivision aufzustellen.

Richard C. Lukas hat in seiner kürzlich erschienenen Arbeit »The Forgotten Holocaust« (Kentucky 1986), dem Buch von David Irving »Accident: The Death of General Sikorski« (London 1967) folgend, die verworrene Information aufgegriffen, daß die beiden im besetzten Frankreich weilenden Polen Prof. Tarło-Mażyński und Ing. Wincenty Jastrzębski nach den Meldungen über die Entdeckung der Massengräber in Katyn und dem Abbruch der sowjetischen Beziehungen zur polnischen Regierung in London der deutschen Botschaft in Paris vorschlagen sollten, ein polnisches Nationalkomitee zu bilden, damit eine deutschfreundliche polnische Regierung gegründet und die Bereitschaft zu einer Fahrt nach Katyn erklärt werden kann.[89] Diese Mitteilung wurde am 1. Mai vom Gesandten Rudolf Schleier, der den Botschafter vertrat, dem Auswärtigen Amt in Berlin übergeben. Die Informationsquelle für diese Bereitschaft zur Zusammenarbeit war die Marquise de Bonnieres, ihrer Abstammung nach Polin und Frau eines Polizeioffiziers in der Pariser Präfektur. Sie arbeitete im Hauptvorstand des Polnischen Roten Kreuzes in Frankreich, wurde jedoch von ihren Landsleuten mit Mißtrauen behandelt. In dem erwähnten Schreiben Schleiers wird sie als Mitarbeiterin des Sicherheitsdienstes in Paris bezeichnet. Ihre Informationen über die Haltung Mażyńskis und Jastrzębskis werden weder von den damals in Frankreich weilenden und mit ihr in Kontakt stehenden Polen noch von den weiteren Ereignissen be-

106

stätigt. Die Genannten gehörten nicht zu den Katyn besuchenden Delegationen.

Ende April nahmen die Gerichtsmediziner ihre Exhumierungs- und Identifizierungsarbeiten in Katyn verstärkt auf. Die früher begonnenen führte Prof. Gerhard Buhtz im Auftrag der Armeeführung fort. Jetzt arbeitete auch die von Dr. Marian Wodziński geleitete Gruppe des Polnischen Roten Kreuzes umfangreicher, sie hatte 160 sowjetische Kriegsgefangene und einheimische Arbeiter zur Hilfe.[90] Am 28. April kam eine Gruppe von Fachleuten der Gerichtsmedizin und Kriminologie aus 12 Ländern, die auf Drängen des Leiters des Hauptamtes für Volksgesundheit im Dritten Reich, Dr. Leonardo Conti, gebildet worden war. Mit Ausnahme von Professor François Naville von der Universität Genf, der seine Mitarbeit in der Kommission des Internationalen Roten Kreuzes mit Schweizer politischen Organen abstimmte[91], kamen alle aus den unter der Kontrolle des Dritten Reiches stehenden Ländern, das heißt aus besetzten oder Satellitenländern. Später war diese Tatsache ein Grund für die sowjetische Seite, die Glaubwürdigkeit der Ermittlungen dieser Gruppe in Frage zu stellen. Begleitet wurde sie von Direktor Dietz vom Gesundheitsministerium, zwei Vertretern der Presse und zwei Vertretern des Außenministeriums. Sie nahm am 29. und 30. April im Wald von Katyn einige Stunden (9.00 bis 13.00 Uhr) Untersuchungen vor. Die Mitglieder dieser Gruppe wählten beliebig Leichen aus den einzelnen Gräbern aus und nahmen die Obduktion vor. Bis Ende April wurden etwa tausend Leichen exhumiert, weitere neun wurden während des Aufenthalts dieser Kommission aus der Erde geholt. Abgeschlossen wurde diese Arbeit mit der Unterzeichnung eines Protokolls.[92] Darin war die Todesart und die Mordzeit (Frühjahr 1940) angegeben, doch wurde nicht direkt auf die Täter hingewiesen. Der italienische Experte Vincenzo Palmieri stellte im Juli 1943 in der italienischen Presse nur fest, daß die Hinrichtung von sehr geübten Personen ausgeführt worden sei und daß man sie kniend im Graben vollstreckt habe.[93] Außer Prof. Buhtz begleitete diese Gruppe Dr. Costedrat, der im Auftrag des Chefs der französischen Regierung in Vichy, Henri-Philippe Pétain, gekommen war. Das von Dr. Conti in Berlin abgegebene Protokoll der Kommission wurde am 4. Mai im »Völkischen Beobachter« veröffentlicht, hinterließ aber keinen größeren Eindruck. Die Kommission wurde aufgelöst.

Die Untersuchungen dieser internationalen Gruppe beobachtete

Dr. Marian Wodziński, Assistent im Institut für Gerichtsmedizin der Universität Krakau.[94] Am nächsten Tag begann er, die Leichen aus den ursprünglichen Gräbern herauszuholen, zu untersuchen und die Todesursache festzustellen. Er prüfte und numerierte sie der Reihe nach, dann identifizierte er die Leichen nach den bei ihnen gefundenen Gegenständen und bestattete sie zum Schluß in neuen Gräbern. Die Mitglieder der Technischen Kommission waren Adam Godzik, Franciszek Król und Stefan Cupryjak. Sie übte die Funktion einer Exhumierungskommission aus. Daneben arbeitete eine Kommission, die die Identifizierungsliste der Leichen anfertigte. Die Mannschaft des Polnischen Roten Kreuzes arbeitete 5 Wochen, bis zum 3. Juni.[95] Sie stand unter deutscher Observation, konnte jedoch unbehindert arbeiten, wie Wodziński bestätigte. Er selbst fand dort die Leichen von zwei Universitätskollegen und zwar von Major Dr. Stefan Pieńkowski, Professor der Jagiellonenuniversität, und Major Dr. Wiktor Kaliciński. Ein anderes Mitglied der Polnischen Rotkreuzkommission, Hugon Kassur, identifizierte den Leichnam von Oberst Dr. Antoni Stefanowski.[96]

Der Bericht Dr. Wodzińskis über seinen Aufenthalt in Katyn, den er im September 1947 in London schrieb, umfaßt gedruckt 27 Seiten und das Gutachten 3 Seiten. Das Gutachten stützt sich auf die Untersuchungsergebnisse bei 4 143 (wahrscheinlich lt. Buhtz, denn lt. Skarżyński waren es 4 243)[97] exhumierten Leichen aus 8 Massengräbern, deren größtes 2 500[98] und kleinstes 50 Leichname barg. In der letzten Grube mit etwa 150–200 Leichen wurde die Exhumierung nur zum Teil (110 Körper) vorgenommen. Man konnte 2 730 Leichen identifizieren. 22 exhumierte Körper wurden als Zivilpersonen identifiziert. Alle in den Gräbern von Katyn gefundenen Menschen wurden mit einem oder mehreren Schüssen in den Hinterkopf ermordet. Wodziński brachte 3 194 Dokumente verschiedener Art, die bei den Erschossenen gefunden worden waren, mit nach Polen.[99] In Punkt 9 des Gutachtens stellte er fest, daß es nicht möglich war, nur nach dem Grad der Fäulniszersetzung genau zu bestimmen, wie lange die Leichen in der Erde gelegen haben. In Punkt 13 schrieb er: »Die erwähnten Sachbeweise wie vor allem die Tagebücher und Notizbücher ermöglichen es, die Zeit des Verbrechens genauer zu bestimmen. Alle brachen in der zweiten Märzhälfte und im April 1940 ab.«[100] Die Mannschaft des Polnischen Roten Kreuzes hat ihre Arbeit bei der letzten, am 1. Juni entdeckten Grube mit etwa 150–200 Leichen nicht zu Ende geführt. Nur 10 wurden herausgeholt. Verschiedene Gründe gab es dafür, beispielsweise Hitze, Wasser im Graben, Seuchengefahr, Furcht vor Beginn des sowjetischen Angriffs in Nähe der Front und die Unzufriedenheit der Deutschen darüber, daß sich die im offiziellen deutschen Bericht angegebene Zahl von 12 000 Opfern nicht bestätigt hatte.[101]

Zwei weitere in Wodziński Bericht erwähnte Beobachtungen sind ebenfalls bemerkenswert. Die Zeugen unter der ansässigen Bevölkerung seien bestochen, schreibt er, wenngleich man nicht habe feststellen können, in welcher Form und Höhe.[102] Für den schwächsten Punkt der deutschen Propaganda hielt er die in den Gräbern gefundenen Patronenhülsen Kaliber 7,65 und 6,35 aus deutscher Produktion (Gustav Genschow, Durlach).[103] Wodziński Bericht ist damit zu ergänzen, daß 80 Prozent der identifizierten Leichen ermordeter polnischer Offiziere auf den Listen der von den polnischen Behörden gesuchten Militärangehörigen standen.[104]

Zu Wodziński Arbeitsgruppe gehörte ab 7. Mai Gracjan Jaworowski[105]. Während des zweiten Weltkrieges war er im Hauptvorstand des Polnischen Roten Kreuzes beschäftigt. Sein inoffizieller Bericht ergänzt Wodziński Angaben mit einigen neuen Einzelheiten. Jaworowski vermerkt, daß die Exhumierungsarbeiten unter der Aufsicht deutscher Gendarmerie und auch einer Einheit aus Lwów stammender polnischer Gendarmerie in deutscher Uniform vorgenommen wurden. Über Wodziński und seine Helfer äußerten sich er wie auch Kazimierz Skarżyński kritisch. Den Leiter der Arbeitsgruppe hält er für rauschgiftsüchtig, und den Prosektoren wirft er Leichenfledderei vor. Gelegenheit hat es gegeben. Bei den Opfern war das Zahngold unangetastet geblieben, in den Taschen befanden sich Wertgegenstände, und General Smorawiński trug noch seinen Brillantring am Finger.

Jaworowski schreibt, daß in den Gräbern 12 Lagen Leichen aufgeschichtet waren. In den nahe am Dnepr gelegenen Schichten (Mikroboden) waren die Leichen schon stark zersetzt. Manchmal waren sie nur noch eine stinkende Flüssigkeit. Holte man die Leichen aus den Gruben heraus, rissen oft Hände und Köpfe der Opfer ab. Jaworowski fand die sterblichen Überreste seines Kollegen Stanisław Wykpisz sowie die Leichname Bekannter, so von Zygmunt Bugajski, Leiter der Abteilung Gefangenenwesen im Justizministerium, und von Borowicz.

Bei den Leichen gefundene Dokumente wiesen mitunter darauf hin, daß ein Teil der Gefangenen, gewiß nur ein kleiner, von Familienangehörigen besucht worden war. Das Verbrechen mußte im Frühjahr verübt worden sein, wie die einst frischen Birkenblätter in der Erde um die Gräber zeigten. Jaworowski fand in den Gräbern außer deutschen Patronenhülsen auch Hülsen sowjetischer Herkunft. Vom Ort des Verbrechens nahm er Andenken und Kleinigkeiten mit, die er nach 1948 vernichtete.

Einen weiteren Bericht über die Arbeiten des Polnischen Roten Kreuzes in Katyn fertigte der Generalsekretär dieser Organisation an. Aus diesen polnischen Berichten wie auch aus dem von Prof. Buhtz folgert, daß die Gräber 1,85 m bis 3 m tief waren. Aber auch noch tiefere werden erwähnt. Die ermordeten Offiziere waren winterlich gekleidet. Nur die in Grab Nr. 8 trugen keine Mäntel, Pullover und warme Unterwäsche, wie dies bei den anderen der Fall war. Man fand sie in Sommeruniformen gekleidet. Hier lag kein Zufall vor. Einer der letzten Transporte verließ Koselsk Anfang Mai, als das Wetter plötzlich sehr warm wurde. Auch vertrat man die Ansicht, daß ein großer Teil der ermordeten Offiziere die Hände auf dem Rücken gebunden hatten. In der Todesgrube Nr. 5, die ganz unten am Rande eines Sumpfgeländes lag und aus der 50 Leichen herausgeholt wurden, hatten die Opfer nicht nur die Hände gefesselt. Die Köpfe steckten außerdem unter Uniformmänteln oder -jakken, um den Hals waren sie mit Schnur zugebunden.[106] Man kann daraus schließen, daß in dieser Gruppe versucht wurde, körperlich Widerstand zu leisten.

Die Exhumierungsarbeiten wurden Anfang Juni beendet. Zur gleichen Zeit wurde der erste Friedhof in Katyn angelegt. In sechs neuen Gemeinschaftsgräbern wurden 4 241 Leichen bestattet. Einzelgräber erhielten nur zwei Generäle.

Auch eine von britischen und amerikanischen Kriegsgefangenen gebildete Delegation kam in den Wald von Katyn. Sie traf Mitte Mai ein. Mit ihnen reiste der Redakteur Władysław Kawecki von der Zeitung »Goniec Krakowski« (Krakauer Bote), der schon mit der ersten delegierten Gruppe dagewesen war.[107] Nun überprüfte er zwei Wochen die Liste der Opfer.[108] Zu dieser Gruppe gehörte auch der amerikanische Oberst John H. van Vliet, der über seine Beobachtungen im Mai 1945 berichtete, als er aus der Gefangenschaft entlassen wurde. Wodziński traf sich mit diesen Männern und hatte sogar Gelegenheit, sich ohne Beisein von Deutschen mit einem britischen Hauptmann zu unterhalten, der ihn um seine Ansicht über Katyn gebeten hatte.[109] »Ich antwortete ihm, bisher keinerlei

die Deutschen belastenden Beweise gefunden zu haben. Alle aufge-
deckten Umstände und gefundenen Beweise sprächen dafür, daß
die Verbrechen von den Sowjets verübt wurden. Auf die Frage, wie
die polnische Öffentlichkeit auf die Entdeckung der Verbrechen
von Katyn reagiert, erklärte ich, ich sei überzeugt, daß angesichts
der deutschen Konzentrationslager in Auschwitz und anderer ähnlicher Schandtaten bei der polnischen Bevölkerung Katyn keine aktiven Reaktionen hervorruft und keinesfalls dazu führt, den deutschen Wünschen Folge zu leisten, das heißt einer militärischen
Zusammenarbeit Polens mit Deutschland zuzustimmen.«[110]

Nach Katyn wurde auch Arthur Gläser aus Sosnowiec geschickt,
der ehemals Gefangener in Koselsk gewesen war. Als Deutschen
entließ man ihn und schickte ihn ins Reich. Auf den polnischen Listen der Geretteten steht er als Oberleutnant, vor dem Krieg wohn-
haft in Poznań. Die deutsche Propaganda gab seinen Bericht als den
eines Arztes im Majorsrang aus, der Inspektor eines Schulungszen-
trums für Hygiene gewesen war. Nach Katyn kam er erst am 9. Mai
und war bei der Identifizierung der Leichen zugegen.[111]

Schwer zu sagen ist, was die Deutschen erwarteten, als sie etwa
am 20. Mai polnische Arbeiter aus dem Generalgouvernement
einen »Ausflug« machen ließen. Vielleicht wollten sie dem zunehmenden Einfluß der Linken in der Arbeiterklasse vorbeugen. In dieser Gruppe waren Włodzimierz Ambroż aus dem Werk für Präzi-
sionsoptik Warschau, Edmund Killer aus den Steyer-Daimler-Puch-
Werken Warschau, Leon Kowalewicz aus dem Mechanikwerk
»Avia« Warschau, Stanisław Kłosiewicz aus den Steyer-Daimler-
Puch-Werken Radom, Mikołaj Marczyk aus dem Stahlwerk Stalowa
Wola und Jan Szymon aus den F.S.W.-Werken Warschau. Ihnen
schlossen sich drei Journalisten aus neutralen und besetzten Ländern an. Zusammen mit dieser Arbeitsgruppe legten Władysław Kawecki und Józef Mackiewicz Kränze nieder. Letztgenannter war
Journalist in Wilno/Vilnius und deutschfreundlich eingestellt. Wahr-
scheinlich war er mit Wissen und Genehmigung der Führung der
Landesarmee nach Katyn gekommen, um seines Kollegen Oberleutnant Tadeusz Ciszewski zu gedenken, der Redakteur in der Zeitung
»Słowo« gewesen war.[112]

Eine kurze Ansprache hielt Marczyk. Nach seiner Rückkehr er-
schien in der Zeitung »Nowy Kurier Warszawski« ein Gespräch mit
Włodzmierz Ambroż. In einer anderen Gruppe, die ebenfalls eine
Art »Ausflug« unternahm, waren Leute aus Smolensk und Umge-

bung. Sie kamen Mitte Mai nach Katyn. Für die in Smolensk lebenden Polen fand eine Trauerpilgerfahrt statt.[113] Eine weitere Gruppe
war aus Offizieren der Satellitenländer des Dritten Reichs zusammengestellt.

Mittelpunkt der Aufklärungsaktion über die Offiziere von Katyn
war der Hauptvorstand des Polnischen Roten Kreuzes. Hier wurden
ausführliche Erklärungen erteilt, die Identifizierungsarbeiten überprüft, und in den unterstellten Einrichtungen holte man auf besonderen Formularen Auskünfte von Verwandten und Bekannten über
die Opfer ein (Personalien, äußerliche Beschreibung, Aussehen, Daten des Briefwechsels, Beschreibung von Gegenständen und Dokumenten, die die gesuchten Personen bei sich haben konnten). Die
wenigen übergebenen Andenken an die Ermordeten bewahrte die
Kommission des Polnischen Roten Kreuzes sorgfältig auf. Mitte
Mai 1943 wurden die Verwandten der Opfer von Katyn von der
Kommission aufgefordert, entsprechende Angaben zu schicken.
Die Verzeichnisse der Opfer veröffentlichten die Deutschen in der
»Hetzpresse« und gaben sie eine gewisse Zeit durch Lautsprecher
bekannt. Später wurden sie in *Amtliches Material zum Massenmord
von Katyn* gedruckt. Sie enthielten die beglaubigte Liste der Gesuchten, waren aber nicht endgültig. Eine offizielle ergänzte Liste
sollte die Kommission des Polnischen Roten Kreuzes aufstellen. Sie
wurde jedoch bis Kriegsende nicht der Öffentlichkeit vorgelegt.[114]

Einzelheiten ihrer Gespräche mit Vertretern der sowjetischen
Seite enthüllten später die polnischen Offiziere, die 1941 der in der
UdSSR gebildeten polnischen Armee angehörten. Am 6. Mai 1943
erstattete Oberst Eustachy Gorczyński Bericht über ein Gespräch,
das er im Oktober 1940 zusammen mit drei im Gefängnis Lubjanka
gefangenen höheren polnischen Offizieren mit dem sowjetischen
Volkskommissar für Innere Angelegenheiten Lawrenti Berija und
seinem Stellvertreter, dem Kommissar für Staatssicherheit, General
Wassili Merkulow, hatte.[115] Zum Teil sollte es dabei um das Schicksal der polnischen Offiziere gegangen sein.

»Als wir Kommissar Berija«, so schreibt er, »von der großen Zahl
unserer hochrangigen Linienoffiziere in den Lagern Starobelsk und
Koselsk berichteten, antwortete er, wir sollten sie in Listen erfassen,
aber viel seien nicht mehr da, denn ›wir haben einen großen Fehler
gemacht, als wir die meisten den Deutschen überließen‹ … Mit
dem Namensverzeichnis der Offiziere von Koselsk und Starobelsk
schickte er uns zu einem Kommissar im Rang eines Generals (wahr-

scheinlich Shukow)[116]. Dieser sah sich das Verzeichnis an und sagte, man würde später darauf zurückkommen. Berling sollte ihm dann namentlich ein paar Offiziere aus Grjasowez nennen, die man früher zusammenziehen könnte.[117]« Die Version dieses Gesprächs ist im Bericht Oberstleutnant Leon Tyszyńskis, der ebenfalls daran teilgenommen hatte, der vorhergehenden ähnlich. Berija soll auf die Frage nach den Offizieren von Koselsk und Starobelsk geantwortet haben: »... my sdelali krupnuju oschibku ... (... wir haben einen gewaltigen Fehler gemacht ...), als wir sie den Deutschen übergaben.« Józef Czapski hingegen, der mit den Teilnehmern des Treffens mit Berija sprach, hat einen Ausschnitt dieses Gesprächs in *Wspomnienia starobielskie* (Erinnerungen an Starobelsk), 1944 von der Abteilung Kultur und Presse des 2. Korps herausgegeben, folgendermaßen dargestellt:

»Als Oberstleutnant Zygmunt Berling forderte, daß der künftigen polnischen Armee alle Soldaten und Offiziere ungeachtet ihrer politischen Anschauungen angehören können, antwortete ihm Berija: ›Aber selbstverständlich, Polen aller Weltanschauungen werden das Recht haben, dieser Armee beizutreten.‹ Darauf Berling: ›Ausgezeichnet, wir haben in den Lagern Starobelsk und Koselsk hervorragende Armeekader.‹ Dagegen wandte General Merkulow ein: ›Nein, die nicht. Mit ihnen ist uns ein großer Irrtum unterlaufen.‹«[118]

In seinen unveröffentlichten Erinnerungen beschreibt General Berling dieses Gespräch folgendermaßen:

»Kurz nach Neujahr wollte Merkulow zwei von uns wegen der Divisionskader empfangen. Gorczyński und ich fuhren und nahmen ein von uns zusammengestelltes Verzeichnis mit den Namen von fünfhundert Offizieren aus Starobelsk und Koselsk mit. Nachdem wir eine halbe Stunde im Adjudantenzimmer von Lubjanka gewartet hatten, wurden wir in das uns schon bekannte Arbeitszimmer geführt. Berija und Merkulow empfingen uns .... Gorczyński trug die Angelegenheit vor, worauf Berija fragte, ob die von uns vorgelegte Liste nur die Namen von Offizieren aus Koselsk und Starobelsk enthielt. Auf unsere bejahende Antwort erklärte er: ›Daraus wird nichts. Diese Männer sind nicht mehr in der Sowjetunion.‹ Merkulow fügte hinzu: ›Mit ihnen haben wir ein großes Versehen begangen.‹«[119]

Aus der Sicht der gegenwärtigen Untersuchungen weist nichts darauf hin, daß der Mord an den polnischen Offizieren ein Irrtum war, weil Berija den Befehl Stalins falsch verstanden hatte. Vielmehr lag hier eine abscheuliche, doch falsche Berechnung vor. Man wollte dem Fundament des polnischen Staatswesens einen Schlag versetzen und rechnete damit, daß die Deutschen einen langen und beide Seiten erschöpfenden Krieg gegen die Alliierten führen würden. Indessen verlief der Krieg anders. Die Niederlage Frankreichs machte eine Absicherung Deutschland gegenüber erforderlich. Wahrscheinlich überlegte man nun, die Hilfe der Polnischen Armee in Anspruch zu nehmen und deren Einheiten an der Seite der sowjetischen Armee einzusetzen.

Wie aus der Quellenedition *Armia Krajowa w dokumentach* (tom III) (Die Landesarmee in Dokumenten) (Bd. III) folgert, hat General Rowecki im Mai zweimal die polnische Regierung über die deutsche Propaganda in der Angelegenheit Katyn und über die kommunistische Propaganda unterrichtet.[120] Die deutsche Propaganda sei vom Geist des Antibolschewismus und Antisemitismus geprägt (sicher im Hinblick auf den Aufstand im Warschauer Ghetto, der ein paar Tage nach der Entdeckung der Gräber von Katyn ausbrach und Anfang Mai niedergeschlagen wurde) und richte sich auch gegen die Exilregierung. Diese Propaganda ruft zur Rache mit gezückter Waffe auf, will bei den Massen Zustimmung gewinnen und für die Hilfswilligen-Abteilungen in der Wehrmacht werben. Über die kommunistische Propaganda teilte er mit, daß sie nach kurzer Verwirrung den Fall Katyn für »die größte Provokation in der Geschichte der Menschheit«, dem Reichstagsbrand gleichzusetzen, halte und für sie die Urheber des Verbrechens die Deutschen seien.

Der Bevollmächtigte für das Inland der Republik Polen gab am 30. April eine Erklärung ab, die am 6. Mai in der Zeitung »Rzeczpospolita Polska« (Polnische Republik) veröffentlicht wurde. Das Ziel der deutschen Propagandaaktion sehe er darin, die Polen in den Kreuzzug gegen den Bolschewismus einzubeziehen. Den Deutschen, die vor allem gegenüber den Juden ein Beispiel für Barbarei und Grausamkeit geben[121], sprach er das Recht ab, die sowjetische Unmenschlichkeit anzuprangern. »Verdammen muß man die Heuchelei der Deutschen, die selber unablässig die scheußlichsten Verbrechen verüben. Mit ihrer hinterlistigen Propaganda versuchen sie, sich selbst als die Beschützer der Zivilisation und des Christentums darzustellen und das polnische Volk für ihre Ziele zu gewinnen. Daher rufe ich alle auf, die das Wesen und die Ziele der deutschen Machenschaften durchschaut haben, sie zu entlarven und rücksichtslos zu bekämpfen.« In Anbetracht der Tatsache, daß die polnisch-sowjetischen Beziehungen abgebrochen waren, enthielt die Erklärung des Politischen Landesrats vom 9. Mai bereits andere Akzente. Am 25. Mai in der »Rzeczpospolita Polska« veröffentlicht, wurde darin die UdSSR kritisiert und ihr vorgeworfen, sie habe den Fall Katyn als Vorwand für diesen Schritt genutzt. Die Erklärung wies die »unsinnige Beschuldigung« zurück, die Polen würden mit den Hitlerfaschisten zusammenarbeiten. Dieser Vorwurf wurde aber gegen die UdSSR erhoben mit Hinweis auf die sowjetische Politik 1939. Man erinnerte daran, daß sich das polnische Volk als erstes dem bewaffneten Kampf gegen den Überfall der Hitlerfaschisten gestellt hatte und aus ihren Reihen kein Quisling stammte. Zum Schluß wurde die Hoffnung zum Ausdruck gebracht, daß das Lager der Verbündeten Verständnis aufbringt und die polnische Exilregierung in London unterstützt.

General Sikorski übermittelte am 1. Juni den Standpunkt seiner Regierung zu Katyn in Form von Direktiven. Unter anderem stellte er fest: »Uns liegt an einer Verständigung mit Rußland, um stets Handlungsfreiheit gegenüber Deutschland zu haben. Niemals werden wir jedoch gestatten, daß sich dieser Staat in unsere inneren Verhältnisse einmischt oder Polen teilt, etwa gar eine Sowjetrepublik daraus bildet. Ich denke, daß die Lage an der europäischen Front, die bisher fast nur für Rußland vorteilhaft war, sich in einigen Wochen für uns günstiger entwickeln wird. Dann können die Voraussetzungen für eine weit kühnere alliierte Politik gegenüber Polen und Rußland gegeben sein.« Er wies an, weiterhin die Deutschen als Feind Nr. 1 zu betrachten und die Diversionsaktionen gegen sie fortzusetzen. Zum Schluß legte Sikorski seinen eigenen Standpunkt dar: »Die polnische Regierung ihrerseits ergreift weder Initiativen, um erneut die Beziehungen zu Rußland aufzunehmen, noch zieht sie die sogenannten Bedingungen in Betracht, von denen die Sowjets gewissermaßen die Beziehungen zwischen Polen und den Sowjets abhängig machen.«

Im besetzten Polen reagierte man unterschiedlich. General Grot-Rowecki teilte am 5. Mai dem Oberbefehlshaber mit, daß die Meldung über die Rücknahme des Ersuchens der polnischen Regierung an das Internationale Rote Kreuz, in Katyn eine Besichtigung vorzunehmen, in Polen einen sehr negativen Eindruck ausgelöst habe. Fünf Tage später antwortete ihm General Sikorski, die Regierung ziehe die Beschuldigung nicht zurück, aber erkenne, daß das Internationale Rote Kreuz nicht die Möglichkeiten habe, auf die polnische Anfrage einzugehen. Eine Erklärung dieses Inhalts, von den sowjetischen Organen kritisch aufgenommen, sei »auf inständiges Drängen der Briten und Amerikaner abgegeben worden. Sie hatten davon ihr Eingreifen für die Polen in Rußland abhängig gemacht«.

Der Fall Katyn war der erste offene Streit zwischen den Alliierten. Auf der amerikanischen Seite war Anthony J. D. Biddle über die Regierung Sikorski verärgert. Angeblich hatte sie sich nicht mit den angelsächsischen Verbündeten konsultiert, bevor das Kommuniqué General Kukiels über die Übergabe der Angelegenheit an das Internationale Rote Kreuz veröffentlicht wurde, ohne sich zu beraten, hatte sie Verwirrung gestiftet und suchte Rat und Hilfe erst dann, als es zu Mißverständnissen gekommen war.

Ab 6. Juni 1943 wurden in der »Hetzpresse« des Generalgouvernements Meldungen veröffentlicht, die aus dem GPU-Archiv in Smolensk stammen sollten.[122] Ein Teil dieser Nachrichten war tendenziös oder gefälscht. Besonders die sich auf organisatorische Dinge beziehenden verdienen Aufmerksamkeit, wenngleich sie weiter überprüft werden müssen. Aus diesen Meldungen folgert, daß die Kontrolle über das Schicksal der internierten polnischen Offiziere im Spätherbst 1939 die Hauptverwaltung für Staatssicherheit und mit dessen Vollmacht das Volkskommissariat für Innere Angelegenheiten des Gebiets Smolensk von der Armee übernommen hatte. Im Volkskommissariat sollte es eine Verwaltungsabteilung für Kriegsgefangenenlager geben. Eine wichtigere Rolle aber schien die 3. Abteilung oder Zweigstelle der Hauptverwaltung der Staatssicherheit beim Volkskommissariat für Innere Angelegenheiten des Gebiets Smolensk zu spielen.[12] Diese Dienststellen wurden vom Leiter der Begleitabteilungen des Volkskommissariats für Innere Angelegenheiten in Anspruch genommen. Nach Aussagen von Funktionären des Smolensker NKWD, die während der Kampfhandlungen gefaßt worden waren, sollte es nach Berichten der deutschen Presse im Generalgouvernement außerdem das Sonderkommando Ziegenberg geben.[124]

In den angeblich vorhandenen Akten des Smolensker NKWD sollten sich Listen der internierten polnischen Offiziere, Ärzte und Militärgeistlichen befinden. Bei den Sicherheitsorganen gingen in dieser Angelegenheit Briefe ein. Aleksandra Urbańska, die man nach Kasachstan deportiert hatte, erkundigte sich brieflich beim NKWD nach dem Aufenthaltsort ihres Mannes Ryszard, der zuvor als Leutnant in Koselsk war und von dort bis 1940 geschrieben hatte. Auf diesem Brief notierte Filipowitsch, Funktionär im Smolensker NKWD, folgendes: »Benachrichtigen, daß er am 6. V. 40 in ein unbekanntes Lager überführt wurde.«[125] Urbański ist unter den Opfern von Katyn. Im deutschen Verzeichnis kommt er als Nummer 3220 vor. Aus den Vereinigten Staaten schrieb ein Verwandter von Leutnant Włodzimierz Kabarowski und fragte nach dessen Verbleib. Der Brief wurde von der amerikanischen Botschaft in Moskau den sowjetischen Staatsorganen zugestellt, die ihn an die 3. Abteilung der Hauptverwaltung der Staatssicherheit in Smolensk weiterleiteten. Darauf war mit dem 4. Juni 1941 datiert folgendes notiert: »Am 5. 4. 40 wurde Kabarowski dem Sonderkommando K. G. übergeben.«[126] Er steht auf der deutschen Liste der Opfer von Katyn mit der Nummer 3179. Auf einem an Leutnant Stefan Józefowicz adressierten Brief war vermerkt: »Konnte nicht mehr gefunden werden.« Der Militärangehörige steht nicht auf der deutschen Liste der in Katyn identifizierten Opfer, sondern im Verzeichnis der in Gefangenschaft in der UdSSR vermißten Soldaten.[127]

Die deutsche Popaganda stolperte über den Fall Fryderyk Politur, Offizier in der Polnischen Armee und jüdischer Nationalität. Wie die Zeitung »Nowy Kurier Warszawski«[128] meldete, sollte ein Brief von Verwandten aus den Vereinigten Staaten vom 12. Dezember 1940, in dem sie sich beunruhigt darüber äußerten, daß sie seit einem Jahr keine Nachricht mehr aus Koselsk bekommen hatten, den Vermerk tragen: »Benachrichtigung an das Volkskommissariat für Auswärtige Angelegenheiten. Überführen in ein Lager 1. Klasse.« Doch auf der deutschen Opferliste, die später als diese Meldung veröffentlicht wurde, stand Fryderyk Politur mit der Nummer 3925.

In Krakau wurde die Liste der Opfer von Katyn in der Zeitung »Goniec Krakowski« veröffentlicht. Die Resonanz war stark, vielleicht stärker als in Warschau. Die polnische Widerstandsbewegung reagierte am 4. Juli. Sie imitierte diese Zeitung und gab eine Nummer heraus, die in der Rubrik »Die nächste Katynliste« auf zwei Seiten die Namen bekannter Wissenschaftler und Kulturschaffender enthielt, die von den faschistischen Okkupanten ermordet wurden. Erzbischof Sapieha ging nicht auf die deutschen Vorschläge ein und verfaßte kein Schreiben, das zum Kampf gegen den Bolschewismus und zur gemeinsamen Untersuchung der Umstände des Gemetzels von Katyn aufrief.

Zurück nun zu den Anführern des Dritten Reiches. Als Himmler am 19. Juni Hitler über den Partisanenkampf und die Sicherheitslage Bericht erstattete, schlug er ihm, auf die Propaganda im Fall Katyn hinweisend, vor, eventuell polnische Formationen für den Einsatz an der Ostfront zu bilden. Wenn man bedenkt, wie fanatisch der Reichsführer der SS die slawische Rasse, vor allem die Polen, haßte, war dies ein äußerst seltsamer und absolut unverständlicher Vorschlag. Bei Hitler stieß er jedoch auf kategorischen Widerstand.[129] Zur selben Zeit versuchte Hinrich Lohse, Reichskommissar für das sogenannte Ostlandgebiet (Weißrußland und die baltischen Länder), das Ausmaß des Falls Katyn zu umreißen. In einem Schreiben an Alfred Rosenberg, Reichsminister für die besetzten Ostgebiete, das heißt der sowjetischen Gebiete, beschreibt er die Befriedungsaktionen in seinem Bezirk (von SS-Einheiten durchgeführt), die kaum zu glauben, weil so schrecklich sind, und stellt fest: »Was ist Katyn im Vergleich dazu?.«[130]

Als Hans Frank am 19. Juni Hitler ein ausführliches Schreiben sendet, in dem er seinen Standpunkt darlegt zum Vorschlag der Organisation »Miecz i Pług« (Schwert und Pflug), sich dem Kampf gegen die Sowjetunion anzuschließen, bringt er auch die Hoffnung zum Ausdruck, daß nach den lautstarken Berichten der Goebbelspropaganda über Katyn die Atmosphäre günstig sei und man die Polen nun anders behandeln könne, ohne befürchten zu müssen, dies würde als Schwäche ausgelegt. Doch sollte man, so fügte der Generalgouverneur hinzu, die Abschlachtungen einstellen, da sie der feindlichen Propaganda Argumente lieferten und den deutschen Einfluß lahmlegten. Im Dezember nahm er noch einmal zur Propagandaaktion über Katyn Stellung. Er bezeichnete sie als wenig wirksam[131] und gab Zeichen, die weitere Veröffentlichung von Material zu diesem Fall einzuschränken.[132]

Jetzt stellt sich die Frage, ob sich in London die Dinge nach dem Willen General Sikorskis entwickelten. Man kann dies bezweifeln. Im März 1943 hatte er doch auf die Forderung General Anders, die Haltung gegenüber der UdSSR zu verschärfen, geantwortet, jede polnische Aktion, die auf den Abbruch der Beziehungen zu diesem Verbündeten abziele, »sei politischer Selbstmord« und führe zur völligen Isolierung im Lager der Verbündeten.[133] Diese Einschätzung scheint auch Sarah M. Terry abzulehnen. Nach ihrer Ansicht hat General Sikorski sowohl während der Angelegenheit Katyn als auch in den Wochen davor eine relativ passive Haltung in der Führung der polnischen Politik eingenommen. Sie schreibt, daß er wohl in einer depressiven Phase war und keinen Kampfgeist hatte.[134] Noch weiter geht Minister Raczyński in seiner Ablehnung. Seiner Meinung hat Sikorski im Februar-März 1943, als man sein Vorgehen kritisierte und ihm vorwarf, er verheimliche die Wahrheit über die Lage der polnisch-sowjetischen Beziehungen und den Streit mit der Regierung, sich einfach ins Bett gelegt und nicht an den Regierungsberatungen teilgenommen, wenn über die Antwort debattiert wurde, die man Moskau auf die Note vom 25. Februar geben wollte.[135]

Sarah M. Terry interpretiert das Verhalten Sikorskis während der Enthüllungen zum Fall Katyn ähnlich. Sie stellt fest, daß er nicht imstande war, länger die sowjetfeindlichen Stimmungen bei den im Ausland lebenden Polen zu unterdrücken oder auch nicht wollte sowie auch die Last des drängenden polnisch-sowjetischen Dialogs nicht mehr ertragen konnte oder dies vielleicht auch nicht wollte. Nach jahrelangen Mühen und Enttäuschungen oder, wie William Strang schrieb, bedrückt durch die Neigung der Polen zu wahnwitzigen Handlungen, hatte sich der Gesundheitszustand des Premiers verschlechtert. Er litt an nervösen Erschöpfungszuständen, und das Herz machte ihm zu schaffen.

General Berling kommt in seinen Erinnerungen zu dem Schluß, daß der Fall Katyn nur zufällig der direkte Anlaß für den Abbruch der polnisch-sowjetischen Beziehungen war. Hätte es diesen Fall nicht gegeben, wären viele andere Vorwände zur Hand gewesen. Man brauchte nur noch den letzten Tropfen. Der war dann auch der Sturm der Entrüstung über Katyn. Der Ansicht Berlings kann ich mich jedoch nicht anschließen.

Nach Ansicht von Sarah M. Terry war General Sikorski trotz der Folgen des Falls Katyn entschlossen, mit der UdSSR eine Übereinkunft zu finden (an accomodation with Moscow). Am 1. Mai soll er William A. Harriman gesagt haben, nun verstehe er, daß die Erklärung zum Fall Katyn ein großer Fehler war, seine persönlichen Gefühle will er vergessen und so weit wie möglich gehen, um die abgebrochenen Beziehungen wieder aufzunehmen und damit übereinstimmend mit der Ehre und den Ansichten seiner Kollegen in der Regierung und seines Volkes zu handeln.[136] In seiner bereits erwähnten Rundfunkansprache am 4. Mai sah er die Gewähr für freundschaftliche Beziehungen zur UdSSR nach wie vor als einen Hauptgrundsatz des polnischen Volkes und der Politik der Regierung. In dieser Rede fiel erstmalig das Wort »Konzessionen«. Davon unannehmbar sei »die Bildung einer polnischen Marionettenregierung«[137]. Auf der Pressekonferenz am 2. Juli 1943 in Kairo schienen seine Äußerungen, wie Sarah M. Terry berichtete, darauf hinzuweisen, daß er die Politik des Präsidenten Edvard Beneš einzuschlagen beabsichtige.[138] Oberst Leon Mitkiewicz behauptet, Sikorski habe sich mit Stalin treffen wollen, um direkt mit ihm über die ganze Angelegenheit zu sprechen. Wenn dies wahr gewesen sein sollte, ist schwer zu erraten, wofür er sich entschlossen hatte. Vieles weist darauf hin, daß die wichtigste Frage für ihn war, die mögliche Bildung von zwei polnischen Regierungen zu verhindern. Bestand aber nicht die Gefahr, wie einige Wissenschaftler darlegen, durch die offene Diskussion über die polnisch-sowjetischen Beziehungen jetzt eine Revolte im Exil und auch in der polnischen Untergrundbewegung auszulösen? Andererseits hatte der Fall Katyn die Prioritäten in der Politik der Alliierten und die mangelhafte Durchsetzungskraft der polnischen Regierungsorgane[139] deutlich werden lassen und die sehr negativen britischen und amerikanischen Reaktionen auf den Standpunkt der polnischen Regierung in London gezeigt.

Strittig bleibt die Frage, wie man im Vatikan aufnahm, daß Moskau die diplomatischen Beziehungen zu Polen abgebrochen hatte. Nach Meinung von Eduard Winter war man befriedigt und brachte dies zum Ausdruck, indem der Erzbischof W. Godfrey zum Vertreter des Heiligen Stuhls ernannt wurde, dessen Stelle seit längerem unbesetzt war.[140] Andere aber, beispielsweise Zofia Waszkiewicz, sehen zwischen diesen Tatsachen keinen Zusammenhang. Ihrer Ansicht gab es im Vatikan Zweifel an einem Verbrechen so fürchterlichen Ausmaßes. Um die Umstände zu klären, beauftragte Kardinal Maglione den Nuntius in Berlin, Orseni, im Auswärtigen Amt die erforderlichen Informationen einzuholen. Ohne Eile erteilte man ihm eine Antwort am 15. Juni. »Am wichtigsten war die Feststellung«, schreibt Zofia Waszkiewicz, »die Deutschen würden den Eindruck machen, sie wollten die ganze Sache beruhigen. Der Vatikan legte keinen Protest gegen das Verbrechen von Katyn ein.«[141] Konnte der Vatikan denn auf diesen Fall reagieren, wenn er sich nicht gegen die Ausrottung der Juden gewandt hatte? Eine weitere Frage, die von den Historikern noch beantwortet werden muß.

Wie aus diesen Ausführungen folgert, werden im zweiten Akt des Dramas die Massengräber der polnischen Offiziere gefunden und die Einflüsse der daraufhin international gezogenen Konsequenzen auf die Schwächung der Position Polens unter den Verbündeten untersucht. Die Leichen der im Frühjahr 1940 aus dem Lager Koselsk nach Gnesdowo abtransportierten Offiziere hat man in Katyn gefunden. Die Todesursache war ein Kopfschuß, der lebenswichtige Hirnzentren beschädigte und sofort den Tod herbeiführte. Der Schuß drang stets von hinten ein, etwas unterhalb des Höckers, nach vorn oben verlaufend und endete meist mit einer Austrittswunde in der oberen Stirnhälfte. Im Frühjahr 1943 wurden 4 143 Opfer in den Gräbern von Katyn nachgewiesen. In ihrer Kleidung fand man persönliche Dokumente, anhand deren 2 730 Leichen identifiziert werden konnten.

Vom zweiten Akt des Dramas Katyn wurden politische Ereignisse in Gang gebracht, die völlig unerwartet für die Polen ihre Stellung unter den Alliierten stark schwächten und in der Folge schwer die Geschicke ihres Landes belasteten.

Anmerkungen

1 A. M. de Zayas: The Wehrmacht war crimes Bureau 1939–1945, Nebrasca 1989, S. 228.

2 Bericht des Journalisten Teofil R. Na trasie pociągu 2005. Las katyński w roku 1942. In: Głos Wielkopolski, 23. März 1989.

3 Sie unterstand der Abteilung Ic/AO, die von dem Abwehroffizier Oberst Rudolf – Christoph Freiherr von Gersdorff geleitet wurde. Er erinnert in seinem Buch Soldat im Untergang (Frankfurt a. M. 1977, S. 139–142.) an Katyn. Er wiederholt darin die von den Deutschen falsch geschätzte Zahl von 12 000 Ermordeten. Er beruft sich dabei auf ein Gespräch mit Prof. Markow von der Internationalen Ärztekommission.

4 Gerhard Buhtz war Mitglied der NSDAP. Unter seinen Fachkollegen erfreute er sich auf dem Gebiet der Gerichtsmedizin eines guten Rufes. Als Stabsarzt leitete er das »Sonderkommando des OKW zur Aufdeckung bolschewistischer Greueltaten und völkerrechtswidriger Handlungen«. Mitte 1944 kam er während eines Luftangriffs ums Leben.

5 CA KC PZPR, 202 (I) 7, S. 17.
Im Dokument 419 werden als weitere Gesprächspartner erwähnt: Der Vizepräsident der Stadt Warschau Julian Kulski, der stellvertretende

Vorsitzende des Polnischen Hilfskomitees für Warschau S. Wachowiak und der Direktor der Brauerei Haberbusch und Schiele K. Patzer sowie ein Vertreter des Handwerks. Armia Krajowa w dokumentach 1939–1945, Bd. II Juni 1941 bis April 1943, London 1973.

6 Zenon Fijałkowski: Kościół katolicki na ziemiach polskich w latach okupacji hitlerowskiej, Warschau 1983, S. 124.

7 Ferdynand Goetel: Czasy wojny, London 1955, S. 122–139, 260–273.

8 Zenon Fijałkowski: Kościół katolicki, S. 124/125.

9 Emil Skiwski wurde wegen seiner Haltung gegenüber den Okkupationsbehörden kritisiert.

10 Ferdynand Goetel war ein bekannter Schriftsteller und seit 1935 Mitglied der Polnischen Akademie für Literatur. Vor dem Krieg wurde er als faschistischer Sympathisant angeklagt. Während des Krieges stand er dem Lager Kämpfendes Polen (Obóz Polski Walczącej) nahe, das mit der Sanacja verbunden war. Von der Führung der Landesarmee erhielt er unter der Maßgabe, »sich nicht hineinlegen zu lassen«, die Genehmigung, der Delegation nach Katyn anzugehören.

11 Bogdan Kroll schreibt über die Teilnahme des Haupthilfsrates an der Delegation: »Türk übermittelte am 9. April Seyfried die Forderung der Okkupationsbehörden, eine Sonderdelegation des Haupthilfsrates nach Katyn zu entsenden. Der durch Graf Adam Ronikier sofort einberufene Rat lehnte diese Forderung kategorisch ab. Der von Ohlenbusch zusammengestellten Delegation gehörte Edmund Seyfried an, der von ihm als einziger privat eingeladen wurde. Die Einladung erfolgte unter der Bedingung, daß er nicht als Vertreter des Haupthilfsrates in Erscheinung trete. Aus Warschau kam dennoch der Leiter der Gesundheitsabteilung Dr. Edward Grodzki.« Zit. in: Bogdan Kroll: Rada Główna Opiekuńcza, Warschau 1985, S. 292.
Türk war stellvertretender Abteilungsleiter für Bevölkerungsangelegenheiten und Sozialfürsorge in der sog. Regierung des Generalgouvernements.

12 In Lublin erschien die Zeitung »Nowy Głos Lubelski«. Der Redakteur hieß Widera. Vgl. L. Dobroszycki: Die legale Presse im Generalgouvernement 1939–1945, München 1977. S. 177.

13 Armia Krajowa w dokumentach, Bd. II, Dok. 425.
In den Dokumenten der Landesarmee wird angegeben, daß dieser Delegation ein Journalist der »Hetzpresse«, Władysław Kawecki angehörte, der, wie ich glaube, unter dem Namen Wąsowicz auftrat. Er war auch Hauptmann der Reserve (wahrscheinlich der Gendarmerie). In den zwanziger Jahren schrieb er für die nationaldemokratische Presse in Polen. Er war Mitglied des Vorstandes und Sekretär des Klubs der Parlamentarischen Berichterstatter im Śląsker Sejm. Während der Okkupation arbeitete er als Journalist. Die Gestapo verhaftete ihn in Krakau. Es folgte eine siebenmonatige Gefängnisstrafe. Seine Freilassung

erfolgte unter der Bedingung einer loyalen Arbeit für die deutsche Agentur Telepress. Im November 1943 erhielt er zusammen mit dem Priester Alfons Krawczyk aus Katowice den Auftrag, in Borysow Gespräche mit polnischen Gefangenen, ehemaligen Soldaten der Kościuszko-Division, zu führen. Ein auf ihn Ende November geplantes Attentat mißlang. Der Grund dafür, so mutmaßte er, lag in seiner Reise nach Katyn. Im Zusammenhang damit sollte er nach Kattowitz/Katowice übersiedeln und dort die Redaktion der Zeitung »Gazeta Ogłoszeń« übernehmen, die für die Bewohner des Gebietes von Żywiec und des Kohlebeckens von Dąbrowa bestimmt war. Ehe das geschehen konnte, wurde er nach Italien geschickt und arbeitete im Divisionssender »Wanda«. Im Oktober 1944 wurde er von den Deutschen in das Lager nach Gries gebracht. Hier blieb er bis zur Ankunft der Alliierten. Im August 1945 stellte er sich dem Stab des Oberkommandierenden zur Verfügung und wurde verhaftet. Im Jahre 1952 machte er eine Aussage zu den Hintergründen seines Aufenthaltes in Katyn. Louis FitzGibbon: Unpitied and Unknown, London 1975, S. 309–314.

14 Vgl. die Aufzeichnungen von Legationsrat Baßler, Vertreter der Presseabteilung des Auswärtigen Amtes vom 15. April 1943.

15 Das war die Leiche der Pilotin Leutnant Janina Lewandowska, Tochter des Generals Dowbór-Muśnicki.

16 Der Kolchosbauer P. Koslow wurde nach dem Rückzug der Deutschen aus dem Gebiet von Smolensk vom NKWD verhaftet. Obwohl er seine vor den Deutschen gemachten Aussagen widerrief, wurde er ermordet. Der Schmied Iwan Krowoscherzow hingegen fuhr nach Italien und wiederholte dort seine Aussagen. Er wurde später erhängt aufgefunden.

17 Im Schreiben J. W. Stalins an Winston Churchill vom 21. April 1943, von dem noch die Rede sein wird, bezeichnete er die Mitglieder dieser Delegation als »vermutlich profaschistisch«, »Elemente aus dem okkupierten Polen«. Die Schilderung über den Aufenthalt der Delegation in Katyn enthält der Band: Amtliches Material zum Massenmord von Katyn, Berlin 1943, S. 36/37. Als Aufenthaltsdatum wird hier der 13. April 1943 angegeben, das Datum der offiziellen Bekanntmachung des deutschen Kommuniques über die Entdeckung der Gräber.

18 Bis auf die Ausnahme eines Offiziers aus Starobelsk, waren alle früher oder später Exhumierten aus Koselsk.

19 Bogdan Kroll charakterisiert den Bericht folgendermaßen: »... der dem Rat vorgelegte Bericht über den Aufenthalt in Katyn war ausgewogen und zurückhaltend. Er bewies unter den damaligen Bedingungen die große und mutige Distanz des Autors zu deutschen Einschätzungen und Behauptungen. Trotz starken Drucks und überzeugender Argumente entzog sich der Haupthilfsrat jeder Einmischung in deutsche politische und propagandistische Vorhaben, die mit dieser Sache

zusammenhingen.« Zit. in: Rada Główna Opiekuńcza, S. 292/293. Życie Warszawy, 24. Februar 1989.

20 Die polnische Führung in London wurde am 14. April 1943 über die Abfahrt der Delegation nach Katyn informiert. Aber erst drei Tage später verlas die Abteilung VI des Stabs des Oberbefehlshabers einen Funkspruch von General Grot-Rowecki. Er bestätigte das am 13. April veröffentlichte deutsche Kommuniqué auf der Grundlage des Berichts der Delegationsmitglieder, den sie nach ihrer Rückkehr aus Katyn am 12. April vorgelegt hatten. Vgl. Zbrodnia katyńska, S. 86/87. Auch: Armia Krajowa w dokumentach, Bd. II, S. 491/492.

21 »Wenn auch der polnische Erzbischof in Warschau unter Hinweis auf die politische Seite dieses Ereignisses bisher eine Beteiligung polnischer Geistlicher an der Besichtigung der Stätte ablehnen zu müssen geglaubt habe, werde sich doch eine Beteiligung polnischer Geistlicher an der Umbettung und Einsenkung der Leichen der Ermordeten nicht umgehen lassen.« Zit. in: Das Diensttagebuch des deutschen Generalgouverneurs in Polen 1939–1945, Stuttgart 1975, S. 637.

22 Ebenda, S. 644/645.

23 »Bekanntlich bestehe bei ganz bestimmten prominenten Kreisen des Reiches nicht die Neigung, an der bisherigen Polenpolitik irgend etwas zu ändern.« Zit. in: Ebenda, S. 646.

24 Ferdynand Goetel schreibt über sein Gespräch mit Grundmann, das am zweiten Tag seiner Rückkehr aus Katyn stattfand, daß die Deutschen »mit einer spontanen Reaktion der polnischen Bevölkerung gegen Rußland rechnen. Das würde sie in der kritischen Phase des Krieges mit Rußland entlasten, ohne dabei Konzessionen an die polnische Seite machen zu müssen.« Zit. in: Ferdynand Goetel: Czasy wojny, S. 135.

25 Akten zur deutschen auswärtigen Politik, Serie E, Bd. V, Göttingen, S. 579/580. Siehe Dokumente.

26 Das waren: Ludwik Rojkiewicz, Jerzy Wodzinowski, Hugon Bartoszewski, Stefan Kołodziejski, Z. Pohowski, R. Banach und der Redakteur Marian Maak aus Krakau. Dem »Nowy Kurier Warszawski« zufolge, bestand die technische Kommission aus Vertretern des Polnischen Roten Kreuzes und des Haupthilfsrates. Die Teilnahme des Haupthilfsrates in der Kommission wird durch andere Quellen nicht bestätigt.

27 Seinen Aufenthalt in Katyn schildert Kazimierz Skarżyński: Katyń i Polski Czerwony Krzyż. In: Kultura, Paris, Nr. 9, 1955. »Nowy Kurier Warszawski« vom 19. April 1943 veröffentlichte ein Interview mit einem Teilnehmer einer Delegation nach Katyn.

28 Am 27. Mai 1945 erstattete ein unbekannter polnischer Offizier, der im Zivilberuf Staatsanwalt war, in Rom Bericht. Siehe: Zbrodnia katyńska, S. 192–200. Entsprechend. den internationalen Regeln wurden die Namen der Gruppenmitglieder nicht genannt. Diese sollten einem enge-

ren Kreis ihrer Kameraden Auskunft erteilen. Heute ist bekannt, daß zur Delegation der Offiziere, die aus deutschen Gefangenenlagern kamen, Oberstleutnant Stefan Mossor, Hauptmann Stanisław Cylkowski, Leutnant Gostkowski, Hauptmann Eugeniusz Kleban, Leutnant Zbigniew Rowiński und Hauptmann Konstanty Adamski gehörten. Der erwähnte Staatsanwalt war Rowiński.

29 Im Bericht an den Oberbefehlshaber stellt Oberstleutnant Stefan Mossor fest, daß keinem Zweifel unterliegt, daß die Erschießung Tausender polnischer Offiziere im Wald von Katyn schon im Frühjahr 1940 stattfand. »Sie versuchten uns für Rundfunk-, Presse- und Filmpropaganda zu mißbrauchen, dem ich mich jedoch entschieden widersetzte.« Zit. in: Zbrodnia katyńska, S. 199.

30 Für die deutsche Version sprachen die Dokumente, die bei den Ermordeten gefunden wurden, besonders die Tagebuchaufzeichnungen von Major Adam Solski.

31 Janusz K. Zawodny: Death in the Forest, S. 129.

32 Vgl. Ostdeutscher Beobachter, April 1943.

33 Sarah M. Terry: Poland's Place in Europe, Princetown 1983, S. 334. Die Autorin interessiert sich besonders für die Frage, ob Stalin Katyn zum Vorwand nahm, um die Beziehungen mit der polnischen Exilregierung abzubrechen.

34 E. Barker: Churchill and Eden at War, London 1978, S. 248/249.

35 Frank K. Roberts bestätigt in einer Notiz vom 18. Mai 1943 die gemäßigte Haltung Sikorskis in dieser Frage. Er wollte damit die Schwierigkeit dieser Angelegenheit unterstreichen. Public Record Office, London, FO 371/34568, C. 4133/258/55.

36 »I may observe that the facts are pretty grim.« PREM (Archiv des britischen Premierministers) 3/345/8, Gesprächsnotiz C4230/910. Zit. nach: E. Barker: Churchill and Eden at War sowie einem Gesprächsbericht. Instytut Polski i Muzeum im. gen. Sikorskiego w Londynie: Amtstagebuch des Oberbefehlshabers, Kol. 1, 15. IV. 1943, Anlage 1. J. Siedlecki und Marian Kukıel stellen fest, »daß Winston Churchill nicht an der Schuld des NKWD zweifelte. Er machte jedoch darauf aufmerksam, daß in der Skrupellosigkeit der Bolschewisten ihre Stärke liege und dies im Grunde den Alliierten dient, die deutsche Macht zu vernichten.« Zit. in: J. Siedlecki: Losy Polaków w ZSRR w latach 1939–1986, London 1987, S. 155.

37 PREM 3/354/8, Moscow 292. Zit. nach E. Barker.

38 Janusz K. Zawodny: Katyn, Lublin – Paris 1989, S. 37

39 Zbrodnia katyńska, S. 88. »Kommuniqué des sowjetischen Informationsbüros zu den von der Führung des Dritten Reiches verbreiteten Nachrichten über die angebliche Erschießung polnischer Offiziere durch sowjetische Organe im Rayon Smolensk.« Sprawa polska w czasie drugiej wojny światowej na arenie międzynarodowej. Zbiór doku-

mentów, Warschau 1965, S. 341/42. Auch: Dokumenty i materiały do historii stosunków polsko − radzieckich, Bd. VII, Warschau 1973, S. 397, russ.

40 Zit. in: Zbrodnia katyńska, S. 88.

41 Instytut Polski i Muzeum im. gen. Sikorskiego w Londynie. PRM-K, 102/57b.

42 Wie aus anderen Dokumenten hervorgeht, ist dieses Datum falsch.

43 Zit. in: Sprawa polska w czasie drugiej wojny światowej na arenie międzynarodowej, S. 342.

44 Janusz K. Zawodny schreibt: »Meanwhile, the Poles in London acted, even before the first radiograms sent by the underground members in »The Polish Red Cross Commission reached them«. Zit. in: Janusz K. Zawodny: Death in the Forest, S. 31/32.

45 Zbrodnia katyńska, S. 89. Die Angabe des Datums der deutschen Depesche ist widersprüchlich. Es wird sowohl der 15. April als auch der 16. April genannt.
SS-Brigadeführer Dr. Ernst Grawitz war in ärztlichen Kreisen des Dritten Reiches eine wichtige Persönlichkeit.

46 Herzog von Sachsen-Coburg und Gotha war früher im Stahlhelm tätig, später SA-Gruppenführer. Von 1933 an war er Präsident des Deutschen Roten Kreuzes.

47 Zbrodnia katyńska, S. 90.

48 »Wir stellen es dem Deutschen Roten Kreuz und der polnischen Regierung in London anheim, ob sie das Einverständnis der Sowjetregierung zur Untersuchung durch von uns bezeichnete neutrale Sachverständige auf dem Wege über die Schutzmacht bzw. durch direkte Verhandlungen oder durch unsere Vermittlung einzuholen wünschen.«
Zit. in: Amtliches Material zum Massenmord von Katyn, S. 141. In einer streng geheimen Information des Foreign Office vom 18. April wird festgestellt, daß das Internationale Rote Kreuz der polnischen Bitte auf Grund der einseitigen Ablehnung, einem Ersuchen dieser Art nicht nachgeben kann. Es wird jedoch die Ansicht geäußert, daß sich die Situation im Falle eines offiziellen Ersuchens der polnischen Regierung ändern kann.

49 Vgl. Paul Stauffer: Die Schweiz und die Tragödie von Katyn. In: Schweizer Monatshefte, Nr. 11, 1989, S. 902.

50 Amtliches Material zum Massenmord von Katyn. S. 138/139.

51 Instytut Polski i Muzeum im gen. Sikorskiego w Londynie. PRM-K 102/57c.

52 Ebenda, Amtstagebuch des Oberbefehlshabers, Kol. 1, 19. April 1943. Siehe Dokumente.

53 »... aber nur darum, weil sowohl die polnische als auch die deutsche

Regierung durch Vermittlung ihrer Vertreter im Internationalen Roten Kreuz deshalb vorstellig geworden sind.« (Protokollaufzeichnung)

54 Public Record Office, London, FO 371/34572-c, 4867/258/55.

55 Er hatte öffentlich erklärt, daß in der UdSSR rund 400 000 polnische Kinder durch Hunger und Elend umgekommen sind.

56 Janusz K. Zawodny: Death in the Forest, S. 31.

57 Gespräch des diplomatischen Vertreters »Freies Frankreich« in der UdSSR Roger Garreau mit Kajetan Dzierżykraj-Morawski am 29. April 1943.
Siehe: Stosunki polsko – francuskie w 1943 r. w świetle francuskich dokumentów dyplomatycznych, hrsg. von Z. Zaks. Dokument Nr. 6, In: Dzieje Najnowsze, Nr. 2, 1978, S. 129/130.

58 Der Priester Stanisław Jasiński zelebrierte an den Gräbern eine Messe und betete für die Ermordeten.

59 Nowy Kurier Warszawski, 23. April 1943.

60 Es gibt Hinweise darauf, daß die Note der polnischen Regierung, die an Bogomolow gerichtet war, und das Schreiben Stalins an Churchill sich verfehlten.

61 Zit. in: Sprawa polska w czasie drugiej wojny światowej na arenie międzynarodowej, S. 344.

62 Die Daten der Schreiben können falsch sein. Winston Churchill hatte unverzüglich reagiert als ihm der Brief des sowjetischen Führers am 23. April von Iwan Maiski übergeben wurde.
Vgl. ebenda, S. 344/345. Die englische Fassung in: Dokumenty i materiały do historii stosunków polsko-radzieckich, S. 399/400.

63 Instytut Polski i Muzeum im. gen. Sikorskiego w Londynie. Amtstagebuch des Oberbefehlshabers, Kol. 1, 24. IV. 1943. Siehe Dokumente, Gesprächsbericht.

64 Sprawa polska w czasie drugiej wojny światowej na arenie międzynarodowej, S. 347 sowie Dokumenty i materiały do historii stosunków polsko-radzieckich, S. 402/403.

65 Es handelt sich hierbei um Stanisław Kot.

66 Zit. in: Sprawa polska w czasie drugiej wojny światowej na arenie międzynarodowej, S. 348.

67 Ebenda, S. 348/349. Dokumenty i materiały do historii stosunków polsko-radzieckich, S. 403/404 engl. Richard C. Lukas: The Strange Allies. The United States and Poland 1941–1945, Knoxville 1978, S. 38. Lukas behauptet, daß in der ersten Version des Briefes Roosevelts an Stalin das polnische Vorgehen in bezug auf Katyn als »stupid«, also als dumm, einfältig bezeichnet wurde. Diese Textstelle wurde von Staatssekretär Cordell Hull entfernt.

68 Dokumenty i materiały do historii stosunków polsko – radzieckich, S. 400. Sprawa polska w czasie drugiej wojny światowej na arenie międzynarodowej, S. 345. Im erstgenannten Band wird die sowjetische

Entscheidung als Abbruch der diplomatischen Beziehungen bezeichnet. Im zweiten hingegen ist von Unterbrechung der Beziehungen zur polnischen Regierung die Rede.

69 Churchill sagte zu Maiski, daß im Krieg solch schreckliche Dinge wie der Verlust der polnischen Offiziere geschehen. Wenn sie umgekommen sind, werden sie nicht wieder auferstehen. Maiski bezeichnete das Vorgehen der polnischen Regierung als ungeschickt, die nicht versteht, daß der Wahnsinn eines 20 Millionen Volkes den Wahnsinn von 200 Millionen nach sich zieht. Die Geduld Rußlands kann sich erschöpfen. E. Barker: Churchill and Eden at War, S. 250.

70 Vgl. den ausführlichen Bericht des britischen Botschafters bei der polnischen Regierung in London, Sir Owen O'Malley, vom 24. Mai 1943 »Über die Suche der vermißten polnischen Offiziere und die für ihren Tod verantwortliche sowjetische Führung«, der für Anthony Eden vorbereitet wurde.
Er wurde vor dem Parlament und dem gesamten Kabinett der britischen Regierung geheimgehalten. Bis 1972 war er den Forschern nicht zugänglich und unbekannt. Veröffentlicht in: Louis FitzGibbon: Unpitied and Unknown, S. 37–53.

71 »At the present time my influence is not supported by a sufficient military contribution to the common cause to make my representations effective.«

72 Public Record Office, FO 371/34577, C. 5947/258/55. Parliamentary Questions.

73 Zit. in: Stosunki polsko – radzieckie w 1943 r. w świetle francuskich dokumentów dyplomatycznych, S. 129.

74 »Die Agitation sei so betrieben worden, daß es dem primitivsten Polen klar sein mußte, daß es nicht um Humanitätsgefühle gehe. Die Polen hätten nach seiner Kenntnis der Dinge wenig darauf reagiert.« Zit. in: Das Diensttagebuch des deutschen Generalgouverneurs in Polen 1939–1945, S. 665.

75 Ebenda, S. 669.

76 Zit. in: Dziennik Polski, London, 29. April 1943. Die vorbereitete Erklärung wurde von Churchill kontrolliert.

77 Den deutschen Kommentar zur Erklärung der polnischen Regierung in London bereitete der Gesandte Kurt von Tippelskirch am 29. April vor. Er machte darauf aufmerksam, daß darin die Frage Katyn nicht berührt wurde.
Vgl. Akten zur deutschen auswärtigen Politik, Serie E, Bd. V, S. 721/722.

78 Zit. in: Sprawa polska w czasie drugiej wojny światowej na arenie międzynarodowej, S. 360/361.
Zit. in: Dokumenty i materiały do historii stosunków polsko-radzieckich, S. 404–406.

79 Jan Ciechanowski: Defeat in Victory, London 1948, S. 171/172.

80 Sprawa polska w czasie drugiej wojny światowej na arenie międzynarodowej, S. 362/363. Dokumenty i materiały do historii stosunków polsko-
radzieckich, S. 406/407.

81 Rückblickend schätzt Paul Stauffer die Haltung des Internationalen Roten Kreuzes folgendermaßen ein: »Wie wir heute wissen, hatte sich die
Genfer Institution bei diesem Entscheid nicht ausschließlich von huma-
nitär-völkerrechtlicher Prinzipientreue, sondern auch von einem poli-
tisch-taktischen Motiv – den Wunsch nach Verbesserung ihres Verhält-
nisses zur Sowjetunion leiten lassen.« Zit. in: Paul Stauffer: Die
Schweiz, S. 914.

82 Sprawa polska w czasie drugiej wojny światowej na arenie międzynarodowej, S. 364/365. Dokumenty i materiały do historii stosunków polsko-radzieckich, S. 407/408. Vgl. auch: Sprawozdanie z działalności
władz niemieckich w związku z odkryciem grobów katyńskich oraz
oględzin tych grobów. Telegramm der im Untergrund wirkenden Delegatur der polnischen Regierung an die Zentrale in London, 29. April
1943. CA KC PZPR, S. 202/I-32, K. 375.

83 »Diese Regierung werden wir nicht anerkennen. Wir werden unsere
Beziehungen mit Sikorski weiterführen. Er ist entschieden der nützlich-
ste Mann, den sie oder wir für unser gemeinsames Ziel finden können.«
Zit. nach: Janusz K. Zawodny: Death in the Forest, S. 42.

84 Zit. in: Sprawa polska w czasie drugiej wojny światowej na arenie
międzynarodowej, S. 371.
Zit. in: Zbrodnia katyńska, S. 94.

85 Sprawa polska w czasie drugiej wojny światowej na arenie międzynarodowej, S. 370.

86 »… the British and American Governments, faced with a choice, tood
side with the Soviet Government against the Polish Government in
Exile.«
Zit. in: The realignment of Europe, hrsg. von Arnold und Veronica
M. Toynbeé, London 1955, S. 147. Den Abschnitt über Polen schrieb
S. Lowery, S. 126–244.

87 Józef Garliński: Polska w Drugiej Wojnie Światowej, London, 1982,
S. 272.

88 Sprawa polska w czasie drugiej wojny światowej na arenie międzynarodowej, S. 368.

89 National Archives, T-120, Rolle 404, S. 352037.

90 Dr. Wodziński drängte erfolglos darauf, Prof. Jan Olbrycht in die Kommission aufzunehmen. Olbrycht, einer der besten polnischen Gerichtsmediziner, war im Konzentrationslager Auschwitz eingesperrt. Die
deutschen Behörden lehnten seine Freilassung ab.

91 Nach der Auffassung Paul Stauffers war das für Berlin eine Entschädi-

gung für die Absage des Besuches durch das Internationale Rote Kreuz in Katyn.

92 Das Protokoll der internationalen Ärztekommission schickte das deutsche Ministerium für Auswärtige Angelegenheiten mit dem Auftrag einer breiten Auswertung an die Gesandtschaft in Bern, evtl. auch an andere Vertretungen. Darin wird festgestellt, daß die Verbrechen im Frühjahr 1940 begangen wurden.
Akten zur deutschen auswärtigen Politik, Serie E, Bd. V, S. 297, Fußnote 3.

93 Vincenzo M. Palmieri: Rezultaty dochodzenia w lesie katyńskim z la Vita Italiana. In: Zeszyty Historyczne, Paris, Nr. 84, 1988.

94 Zbrodnia katyńska, S. 160/161. Wodziński hatte höchstwahrscheinlich Kontakte zur Landesarmee. Sein Bericht in: Ebenda, S. 157–184. Sein Gutachten in: Ebenda, S. 185–188.

95 In seinem Bericht schreibt Dr. Wodziński, daß er mit der Ankunft einer internationalen Kommission des Internationalen Roten Kreuzes rechnete. Als er nach Katyn fuhr, glaubte er nicht, daß er als Experte der Gerichtsmedizin Untersuchungen in diesem Umfang durchführen muß. Während dieser Untersuchungen brachten die Deutschen den ehemaligen Premier der Republik Polen, Prof. Leon Kozłowski, aus Berlin nach Katyn. Ihm wurden die Arbeiten zur Identifizierung der Leichen polnischer Offiziere vorgeführt. Eine Fotographie darüber enthält: Amtliches Material zum Massenmord von Katyn, S. 286. Gracjan Jaworowski berichtet über den Besuch des ehemaligen Premiers in Katyn folgendermaßen: »Er war schon damals ein völliger Alkoholiker. Er sprach anschließend im deutschen Rundfunk. Nicht eindeutig äußerte er sich darüber, daß die Täter des Verbrechens die Bolschewisten waren.« Zit. in: Zeszyty Historyczne, 1978, Nr. 45.

96 In der Anlage zum Bericht von Sir O'Malley (Telegramm vom 15. Mai 1943) wird festgestellt, daß bei allen Leichen im zweiten Grab (14 × 16 m) die Hände mit einer Schnur gefesselt waren. Einige von ihnen waren mit Taschentüchern oder Lappen geknebelt. Andere hatten ihren Kopf mit den Mantelschößen zugedeckt. Der Text wurde in der Arbeit von Louis FitzGibbon: Unpitied and Unknown, S. 53–55 veröffentlicht.

97 Das Mitglied der Gruppe des Polnischen Roten Kreuzes Jerzy Wodzinowski nennt die Zahl von 4 243 Opfern. Möglicherweise wurden bei dieser Zahl die Abschlußergebnisse der Exhumierung nach der Abreise Dr. Wodzińskis berücksichtigt. Sie erfaßten die Leichen der Gräber Nr. 5 und Nr. 8.

98 Das Füllen eines so großen Massengrabes muß zwei bis drei Wochen gedauert haben.

99 General Bór-Komorowski schreibt in seinen Erinnerungen, daß im Mai 1943 15 Tagebücher von Ermordeten für den Untergrund von Katyn-Be-

suchern kopiert wurden. Durch den Kurier Oberst Rutkowski gelangten sie im Juli 1944 nach London. Besonders aufschlußreich war das Tagebuch von Major Adam Solski.

100 Zit. in: Zbrodnia katyńska, S. 187. Das Gutachten der internationalen Ärztekommission war aussagekräftiger formuliert. Die Taschenkalender und Aufzeichnungen der Opfer wurden bis März 1940 geführt. In einem Fall reichen sie sogar bis in die erste Dekade des April hinein. Der Taschenkalender von Leutnant Jan Bartys aus Krakau enthält bis zum 15. März Eintragungen. Die weiteren Kalenderseiten wurden nicht herausgerissen. Sie wiesen auch keine Spuren auf, die auf eine Entfernung oder Verwischung der Aufzeichnungen hindeuten können. Das Tagebuch von Major Adam Solski enthält u. a. eine Eintragung vom 7. April 1940, als er zusammen mit 92 Personen in einem Gefangenentransport weggebracht wurde. Zwei Tage später, am 9. April, enden – dem Bericht von Oberstleutnant Mossor nach – die Aufzeichnungen mit folgendem Vermerk: »Man brachte uns irgendwo in ein Wäldchen, einer Art Sommerfrische. Hier eine gründliche Visitation. Mir wurde die Uhr weggenommen. Sie zeigte 6.30 Uhr (8.30) an. Ich wurde nach meinem Ehering gefragt. Es werden Rubel, Koppel und Taschenmesser eingesammelt.«
In der Version von Dr. Wodziński hingegen lautet dieses Fragment folgendermaßen: »Man brachte uns in ein Wäldchen, 8.30 Uhr, sie nehmen uns Uhren, Koppel, Taschenmesser und Rubel ab.«
Es hat den Anschein, als ob diese Version eine Verkürzung der anderen ist.
Kleine Unterschiede treten auch im Bericht von Kazimierz Skarzyński auf, als er dieses Tagebuch zitiert. Unter Berücksichtigung der Transportfolge befand sich Major Solski in der Gruppe zwischen den Gefangenen 644 und 739, die aus Koselsk weggebracht wurden. Er wurde in dem großen Grab mit 2500 Opfern gefunden, die zuerst exhumiert wurden. Bis Ende April 1943 wurden rund 1000 Leichen geborgen. Das Tagebuch von Solski wurde auf seinen sachlichen Inhalt hin von Oberst Jerzy Grobicki, einem Freund, der von Koselsk nach Grjasowez gelangte, überprüft. Er erklärte es für authentisch.

101 Wodziński berichtet: »Während der Diskussion drängte ich darauf, uns nicht aufzuhalten. Oberleutnant Slowenczyk (ein deutscher Offizier – C. M.) verlangte von mir, daß ich in meinem Abschlußbericht der Zahl von 12 000 als mutmaßliche Opfer von Katyn zustimme. Ich opponierte dagegen und fragte ihn, auf welcher Grundlage ich diese unglaubwürdige Zahl geben soll. Oberleutnant Slowenczyk bemerkte, wenn die deutsche Führung diese Zahl angibt, so ist es niemandem erlaubt, sie in Frage zu stellen. Im entgegengesetzten Fall kann das den Kopf kosten.«
Zit. in: Zbrodnia katyńska, S. 180.

102 Ebenda, S. 164.

103 Sie wurden von 1922 bis 1931 hergestellt und nach Polen, in die Baltischen Staaten und in die UdSSR exportiert.

104 Unmittelbar nach der Bergung der Leichen wurde an den Kleidern der Opfer auf der Brust eine Blechmarke mit laufender Nummer angebracht. Bei bereits verwesten Leichen wurden sie an Knochenteilen befestigt. Briefumschläge mit den gefundenen Dokumenten erhielten die gleiche Nummer.

105 Gracjan Jaworowski: Nieznana relacja o grobach katyńskich. In: Zeszyty Historyczne, 1978, Nr. 45. Den Bericht schrieb Jaworowski im Jahre 1970. Er wollte Katyn auch deshalb besuchen, weil zwei Schwager von ihm in Koselsk interniert waren.

106 T. Pieńkowski: Doły śmierci i cmentarze polskich oficerów w lesie katyńskim. In: Wojskowy Przegląd Historyczny, Nr. 49/1989.

107 Nowy Kurier Warszawski, Nr. 128, 31. Mai 1943.
Władysław Kawecki veröffentlichte darin das angebliche Interview mit Dr. Wodziński, in dem er einen Teil seiner Ermittlungen bekannt gibt. Die Agentur Telepress hatte ihn nach Katyn geschickt. Dort sollte er eine neue Liste der identifizierten Opfer der letzten Zeit vorbereiten. Die Daten schickte er telegraphisch. Er verwahrte sich dagegen, daß in den angegebenen Personalien Verstümmelungen oder Ungenauigkeiten aufgetreten seien. Kawecki gab eine Broschüre über Katyn heraus und hielt einen Vortrag zu diesem Thema in Wien.

108 Die Hauptabteilung Propaganda in der sog. Regierung des Generalgouvernements informierte ihr Ministerium darüber, daß am 18. April 1943 der Beamte Fenske und der Journalist Kawecki in ihrem Auftrag dienstlich nach Berlin reisten. Bundesarchiv Koblenz R 55, Sign. 964, S. 63.

109 Es handelt sich dabei höchstwahrscheinlich um Hauptmann Stanley S. B. Gilder, einem britischen Militärarzt.

110 Zit. in: Zbrodnia katyńska, S. 174.

111 Bereits am 17. Januar 1940 informierte die deutsche Botschaft in Moskau Berlin, daß Gläser als Deutscher nach Deutschland zurückkehren will. Vor dem Krieg hatte er in Poznań ein Antiquariat geführt. Pol. Arch. Rechtsabt. Bd. 3. Die Propaganda betitelte ihn als Major und Arzt. Sie wollte damit sicherlich seinem Rundfunkbericht aus Katyn Glaubwürdigkeit verleihen.
Bundesarchiv Koblenz R 55, Sign. 964, S. 59–61.

112 Józef Mackiewicz beschrieb in einem Interview vom 3. Juni 1943, daß er dem »Goniec Codzienny« in Wilno/Vilnius gab, was er alles aus Katyn mitbrachte: »Noch ein Papier und noch ein Papier. Danach sehen wir ein kleines hölzernes Etui mit drei gut erhaltenen Zigaretten, daneben Knöpfe mit Adler, eine sowjetische Zeitung vom Dezember 1939, Papiergeld im Wert von zwei Złoty, eine Kugel, die aus einem Schädel

entfernt wurde, Schulterstücke eines Majors mit der Zahl drei und Schulterstücke eines Hauptmanns.«
Zit. nach: Katyń. Wybór publicystiki 1943–1988 i Lista katyńska, London 1988, S. 56.

113 Es ist nicht ausgeschlossen, daß sich in dieser Gruppe ein Pole befand, der bei einer Razzia in Warschau 1942 gefangengenommen und nach Smolensk zu Bauarbeiten an militärischen Objekten herangezogen wurde. Im August 1943 gelangte er nach Schweden. Dort sagte er aus, daß er bei der Exhumierung der Leichen polnischer Offiziere, darunter befand sich auch General Bohatyrewicz, dabei gewesen sei. Russen aus der Umgebung hätten ihm erzählt, daß die Exekution von einer Abteilung mit 70 NKWD-Leuten vorgenommen wurde, die später selbst erschossen wurden.
Public Record Office – London PRO FO 37/34 553 C.R. 6611/49/55. Bericht des Agenten M. Waskiewicz. Diese Mitteilung wurde durch die Forschung nicht bestätigt. Es wurden auch die Personalien des Betreffenden nicht festgestellt.

114 Nur wenige Exemplare existieren vom »Verzeichnis ehemaliger Angehöriger der Polnischen Armee, die von den Bolschewisten ermordet und bis zum 1. Juni 1943 identifiziert wurden« (Wykaz członków b. armii polskiej zamordowanych przez bolszewików w Katyniu, zidentyfikowanych do dnia 1 czerwca 1943 r.). Die Broschüre erschien ohne Angabe des Herausgebers, des Autors und des Ortes. Sie ist weniger genau als »Amtliches Material zum Massenmord von Katyn«. Sie endet bei der Position 2919. Einige Forscher sind der Meinung, daß dieses Verzeichnis von der Kommission des Polnischen Roten Kreuzes verbreitet wurde, die in Katyn arbeitete. Nicht ausgeschlossen ist, daß der bereits mehrmals erwähnte Władysław Kawecki dieses Verzeichnis zusammengestellt hat.

115 Das waren Gespräche über die mögliche Aufstellung einer polnischen Armee in der UdSSR.

116 Georgi S. Shukow, General des NKWD.

117 Zbrodnia katyńska, S. 81/82. Aber auch: Janusz K. Zawodny: Death in the Forest, S. 149/150.

118 Ebenda.

119 Wojskowy Instytut Historyczny, Zygmunt Berling: Pamiętniki IX 1939–IX 1942, Bd. 1, Teil 1, S. 145.

120 Armia Krajowa w dokumentach 1939–1945, Bd. III April 1943–Juli 1944, London 1976. Dokumente Nr. 441 und 445.

121 Der Aufstand im Warschauer Ghetto dauerte an.

122 1934 wurde die GPU in NKWD umbenannt.

123 Der Leiter war der bereits erwähnte Oberst Kuprianow (Kuprjanow). Von denen ihm untergebenen Personen verdienen besonders Oberleutnant Lejbkind und Unteroffizier Stankowitsch Beachtung.

124 Namen wie Oberst Lew Rybak, Chaim Findberg (Finberg oder Finsberg) oder Pawel Borodzinski sollten die These von der Ermordung polnischer Offiziere durch Juden stützen.

125 Zbrodnia katyńska, S. 62 sowie Nowy Kurier Warszawski, Nr. 139, 9. Juni 1943.

126 Wahrscheinlich Kozsja Gora (Ziegenberg).

127 Vgl. Lista katyńska, London 1949, S. 71.

128 Nowy Kurier Warszawski, Nr. 137, 10. Juni 1943.

129 Aus einer Gesprächsnotiz Himmlers: »Der Führer lehnte jede Aufstellung von polnischen Formationen, wie sie im Anschluß an die Katyn-Propaganda von mancher deutschen Seite angelegt und gefördert wurde, kategorisch ab. »Die Aufstellung galizischer Einheiten von Angehörigen des weißruthenisch-galizischen Volkes, das 150 Jahre zu Österreich gehört hatte, sei eine völlig andere Sache.« Zit. in: National Archives T-175, Rolle 81, S. 260629–630, Vortrag beim Führer am 19. IV. 1943 auf dem Obersalzberg.

130 Archiv des Instituts Marx-Engels-Lenin Moskau, Sign. 6 652, c.

131 Frank: »... gibt der Meinung Ausdruck, daß die Propaganda im Fall Katyn keine durchschlagende Wirkung gezeigt habe.«
Zit. in: Das Diensttagebuch des deutschen Generalgouverneurs in Polen 1939–1945, S. 759.

132 Im November 1943 aber wurde mit der Vorführung des Katyn-Films begonnen.

133 Władysław Pobóg-Malinowski: Najnowsza historia polityczna Polski 1864–1945, Bd. III, London 1956, S. 269.

134 S. M. Terry: Poland's Place in Europe, S. 338.

135 Edward Raczyński: W sprzymierzonym Londynie. Dziennik ambasadora Edwarda Raczyńskiego 1939–1945, London 1960, S. 164/165.

136 Herbert Feis: Churchill, Roosevelt, Stalin, Princeton 1957, S. 193.

137 Stanisław Strumph-Wojtkiewicz: Siła złego, Warschau 1971, S. 135/136.

138 S. M. Terry: Poland's Place in Europe, S. 339. Leon Mitkiewicz erwähnt, daß Raczyński von der Rückkehr des Premiers ein Signal zur verstärkten Aktivität der polnischen Außenpolitik erwartete. Seine Kontakte mit Beneš dienten unterdessen der Erneuerung des Abschlusses über ein langfristiges Bündnis zwischen der Tschechei und Moskau. Dieses Bündnis wurde vorbereitet ohne dabei auf die Situation der polnischen Regierung in London und die Gefahr der weiteren Verschlechterung der polnisch-tschechoslowakischen Beziehungen einzugehen.
Leon Mitkiewicz: Z Generałem Sikorskim na obczyźnie, Paris 1968, S. 359/360.

139 S. M. Terry: Poland's Place in Europe, S. 340. Sie beruft sich auf Quellen, die diese Meinung bestätigen. Ausdruck für die Ansichten amerikanischer Kreise war das Buch von Quentin Reynolds: The Curtain Rises,

New York 1944. Es wurde in den USA ein Bestseller. Der Autor schreibt, daß er darüber schockiert war, wie die Polen in London »so stupidly walked into the Goebbels trap«. Und weiter: »Poland isn't big enough to get out of step. When you get out of step you march alone. No one is big enough to march alone in this year of our Lord 1943«. Zit. nach: Richard C. Lukas: The Strange Allies, Knoxville 1978, S. 101/102.

Dabei ist auch zu berücksichtigen, daß bereits am 22. April das State Department das Informationsbüro der Armee informierte, daß der zu Katyn eingenommene Standpunkt nicht ratsam wäre.

140 Eduard Winter: Die Sowjetunion und der Vatikan, Teil 3, Trilogie Rußland und das Papsttum, Berlin 1972.
141 Zofia Waszkowska: Postawa Piusa XII w latach wojny i okupacji. In: Chrześcijanin w świecie, Nr. 188, 1989, S. 32.

IV. Noch ein Akt des Dramas

Am 25. September 1943 nahmen sowjetische Truppen Smolensk ein. Mit ihrer Arbeit begann am Tag darauf die Sonderkommission für die Ermittlung und Untersuchung der Umstände, unter denen die gefangenen polnischen Offiziere im Wald von Katyn von den deutschen Aggressoren erschossen wurden[1]. Das dem mehrfach erwähnten Artikel von Natalja Lebedewa in der Moskauer Zeitung »Nowosti« beigefügte Foto zeigt, wie intensiv vom NKWD die Erdarbeiten in Katyn im September unmittelbar nach dem Rückzug der Wehrmacht durchgeführt wurden.

In Berlin erschien später eine von der deutschen Propaganda als Weißbuch betrachtete Publikation mit dem Titel *Amtliches Material zum Massenmord von Katyn.* Herausgegeben hatte es das Deutsche Informationsbüro im Auftrag des deutschen Ministeriums für Auswärtige Angelegenheiten, gedruckt der zentrale NSDAP-Verlag. Die Liste sollte glaubwürdig erscheinen. Jedoch wurde bereits 1943 bekannt, daß einige Namen Personen gehörten, die von den Deutschen ermordet worden waren oder wie beispielsweise Prof. Remigiusz Bierzanek (Nr. 1 105 auf der Liste) noch lebten.

Während des Krieges erschien außer dem Verzeichnis der Opfer im *Amtlichen Material...* die *Lista alfabetyczna zwłok odkopanych w masowych grobach w Katyniu* (Alphabetische Liste der exhumierten Leichen in den Massengräbern von Katyn) (Genf 1944), die von der Delegatur des Polnischen Roten Kreuzes in der Schweiz unterzeichnet war. Ihr lag jedoch das deutsche Namensverzeichnis zugrunde, da die Verfasser der Liste die Arbeitsergebnisse des Polnischen Roten Kreuzes nicht kannten. Außerdem glaubten sie, daß bei den im Krieg herrschenden Verhältnissen die Arbeiten nicht abgeschlossen sein könnten.

Nach noch nicht überprüften Informationen sollten die britischen Behörden das polnische Weißbuch über das Massaker von Katyn vor seiner Auslieferung und Verbreitung einziehen. Nicht ausgeschlossen ist, daß es 1946 mit dem Titel *Report on the Massacre of Polish Officers in Katyn Wood. Facts and Documents (for private circulation only)*, London oder mit dem Titel *Facts and Documents Concerning polish Prisoners of War captured by the USSR during the 1939 Campaign* (strictly confidential), London, Redaktion Wiktor Sukiennicki, zu einer Veröffentlichung kam. Der genannten sowjetischen Kommission gehörten sehr angesehene Persönlichkeiten an. Der Leiter war N. Burdenko, Mitglied der Außerordentlichen Staatlichen Kommission (NKP) und Mitglied der Akademie der Wissenschaften. In der Kommission waren Alexej Tolstoi, Mitglied der Einrichtungen, denen auch Burdenko angehörte, der Metropolit Nikolai, ebenfalls Mitglied der NKP, General A. S. Gundorow, Vorsitzender des Panslawischen Komitees, S. Kolesnikow, Vorsitzender des Exekutivkomitees des Verbands der Gesellschaften des Roten Kreuzes und des Roten Halbmonds, W. Potemkin, Volkskommissar für Bildung in der RFSSR, General E. Smirnow, Leiter des Sanitätsdienstes der Roten Armee, und R. Melnikow, Vorsitzender des Exekutivkomitees des Gebietes Smolensk. Der Kommission war eine Gruppe von Sachverständigen zugeordnet, der Gerichtsmediziner wie V. Prosorowski, W. Smoljaninow, D. Wyropajew, P. Semenowski und M. Schwaikowa angehörten. Dieser Gruppe wurde es zwischen dem 16. und 23. Januar 1944 ermöglicht, 925 Leichen zu obduzieren, die vom NKWD, man weiß nicht recht woher, exhumiert worden waren.[2] Vier Leichen identifizierte die Gruppe nach den bei ihnen gefundenen Dokumenten, die zuvor von denjenigen, die die Leichen zusammengetragen hatten, entsprechend präpariert worden waren.[3]

Im offiziellen Bericht vom 24. Januar 1944 sind die sechs Gemeinschaftsgräber und die beiden Gräber der Generäle überhaupt nicht erwähnt. Vermerkt wird, daß in Katyn von den deutschen Besatzern erschossene kriegsgefangene Polen verscharrt worden sind.[4] Die Zahl der Leichname wurde insgesamt mit 11 000 beziffert. Viele Erschossene trugen polnische Soldaten- und Offiziersuniformen. Teile dieses Berichts befassen sich mit den im Herbst 1941 veranstalteten deutschen Treibjagden auf die gefangenen Polen, mit der Aufklärung der »deutschen Provokation«, mit der »Bearbeitung der Gräber von Katyn«, mit den »Fahrten« zu den Gräbern von Katyn und mit den Bemühungen der Deutschen, die Spuren ihrer Verbrechen zu tilgen. Der Bericht endet mit einer gerichtsmedizinischen

Expertise, einem Gutachten und allgemeinen Schlußfolgerungen, in denen festgestellt wird, daß:

— die polnischen Gefangenen westlich von Smolensk bis zum September 1941 beschäftigt waren,

— im Herbst 1941 die deutschen Besatzungsbehörden ihre Erschießungen vorgenommen haben und das Ausführungsorgan der »Stab des 537. Arbeitsbataillons« unter der Führung von Oberst Arnes[5] war,

— man 1943 das Verbrechen von Katyn der sowjetischen Seite zugeschrieben hat, um Zwietracht zwischen Russen und Polen zu säen,

— man falsche Zeugen fand, die Leichen der Erschossenen von woanders herbrachte und man dafür sowjetische Gefangene einsetzte, die später erschossen wurden,

— die Exekution der polnischen Gefangenen im Herbst 1941 stattfand und die Erschießungsmethode für deutsche Massenerschießungen in dieser Gegend typisch war,

— die Schuld der Deutschen durch Sachbeweise und Dokumente belegt ist,

— die Erschießung der polnischen Gefangenen Teil der gegen die slawischen Völker gerichteten Ausrottungsaktion war.

Vergleicht man das im *Amtlichen Material...* und im *Kommuniqué der Sonderkommission* enthaltene Material, bekommt man den Eindruck, daß sich die Verfasser des Berichts nicht besonders Mühe mit einer überzeugenden und beweiskräftigen Darstellung gegeben haben, als wären sie davon ausgegangen, daß in der damaligen internationalen Situation niemand die dargelegten Gründe in Zweifel stellen werde.[6] Da die Kommission weder Fachleute aus Polen, noch aus den verbündeten Ländern zur Arbeit hinzugezogen hatte, muß die Glaubwürdigkeit der Expertise in Frage gestellt werden.[7]

Im Geist des Berichts der Sonderkommission ist das Schicksal der gefangenen polnischen Offiziere in der Broschüre *Prawda o Katyniu* (Die Wahrheit über Katyn) beschrieben, die vom Verband der Polnischen Patrioten in der UdSSR 1944 in Moskau herausgegeben wurde.

Die polnische Expertise über das *Kommuniqué der Sonderkommission zur Ermittlung und Erforschung der Umstände, die zur Erschießung von Kriegsgefangenen – polnischen Offizieren – durch deutsche faschistische Invasoren im Wald von Katyn führten*, dessen erste Fassung von mir stammte, wurde nach der Überarbeitung am 11. Mai 1988 den sowjetischen Wissenschaftlern übergeben und am 19. Juli 1989 in der polnischen Zeitschrift »Polityka« veröffentlicht. Zur Hälfte befaßt sich diese Arbeit mit den Zweifeln, Unklarheiten und Widersprüchen im Bericht der Burdenko-Kommission. Die Expertise endet mit der Feststellung, daß die Ermittlungen der Kommission dazu berechtigen, die Glaubwürdigkeit des Berichts in Frage zu stellen.

Mitte Januar 1944 hatte die Presseabteilung des Ministeriums für Auswärtige Angelegenheiten der UdSSR gemeldet, daß man eine Fahrt in den Wald von Katyn vorbereite. Diese Nachricht bewegte die ausländischen Journalisten in Moskau. In einer kleinen Gruppe reisten sie mit dem Flugzeug und mit Jeeps zum Verbrechensort. Die britischen Journalisten waren in der Mehrzahl.[8] Auch die Tochter des amerikanischen Botschafters in Moskau, Kathleen Harriman, und der Botschaftssekretär John Melby waren dabei. Als polnischer Journalist war Hauptmann Jerzy Borejsza, Redakteur der Zeitung »Wolna Polska« (Freies Polen) zugegen. Über ihn schreibt Janusz K. Zawodny, daß er während der Pressekonferenz geschlafen hat, weil es für ihn klar war, daß die Deutschen dieses Verbrechen verübt hatten.

Als die Gruppe an Ort und Stelle war, zeigte man ihnen ein offenes Grab und einige hundert Leichen polnischer Militärangehöriger, meist einfache Soldaten, in Winteruniformen und Stiefeln. Die Bekleidung wies keine größere Verschleißspuren auf. Borejsza notierte, er habe 7 große Gruben gesehen. Die eingeladenen britischen Journalisten Jerome Davies und Stevens machten ähnliche Beobachtungen. Dennoch heißt es im Bericht: »Die Leichen der polnischen Kriegsgefangenen waren In einem Gemeinschaftsgrab mit den Abmessungen von etwa 60 × 60 × 3 m und außerdem in einem gesondert angelegten Grab mit den Abmessungen von etwa 7 × 6 × 3,5 m bestattet.« In Anwesenheit der angereisten Journalisten wurde die Autopsie vorgenommen. Holmer Smith, ein amerikanischer Journalist, begegnete Burdenko, den er schon vor dem Krieg kannte. Auf die Fragen, die Smith ihm stellte, reagierte der Professor mit der nichtssagenden Antwort, man werde nach Abschluß der Untersuchungen einen offiziellen Bericht veröffentlichen. In den Erklärungen für die Journalisten wurde auf die deutschen Patronenhülsen[9] und auf den bis zum Sommer 1941 aufrecht erhaltenen spärlichen Briefwechsel hingewiesen. Nicht alle hatte die Besichtigung des Verbrechensorts von der deutschen Schuld überzeugt. Nur die fünfundzwanzigjährige Kathleen Harriman schrieb einen in Washington berühmt gewordenen Bericht über ihre Beobachtungen und Schlußfolgerungen. Für die Ermordung der polnischen Offiziere machte sie die Deutschen verantwortlich.

Was wurde dagegen aus heutiger Sicht den Journalisten als Ergebnis der Exhumierung vom Januar gezeigt? Die Untersuchungen der polnischen Historiker lassen erkennen, daß man im Zeitraum September 1943 bis Januar 1944 den von der Kommission des Polnischen Roten Kreuzes angelegten Friedhof (Friedhof I), das heißt die sechs Gemeinschaftsgräber, beseitigt hat, um auf diese Weise den Ort des Massakers und die Spuren des Begräbnisses zu verschleiern.[10] Man nahm eine große Leichenumbettung vor und präparierte die Beweise für die deutsche Schuld. Auf den im Herbst 1943 aufgenommenen deutschen Luftbildern sind daher viele Flächen mit Erdarbeiten in Nähe des Friedhofs I zu sehen und zwar neben den ehemaligen Todesgruben der polnischen Offiziere und nahe der russischen Todesgruben. Sorgfältig verwischte man die Spuren der abermals verbrecherischen Tätigkeit des NKWD und der Machenschaften mit den Körpern von Opfern des Stalinismus. Nicht minder wesentlich ist, daß das ganze Identifizierungssystem vernichtet wurde.

Die Mitglieder der Gerichtsexpertenkommission mit V. Prosorowski an der Spitze genossen in internationalen Juristenkreisen einiges Ansehen. Nicht ausgeschlossen ist, daß sie bei der Rollenverteilung unbewußt in das Szenarium mit einbezogen wurden, das vom NKWD für die Vorbereitung einer neuen Version der Ereignisse in Katyn ausgearbeitet worden war. Der NKWD bearbeitete die Gräber von Katyn dafür entsprechend, beseitigte die sechs Gemeinschaftsgräber und legte zwei neue mit einer unbekannten Zahl von Opfern an. Aus diesen beiden neuen Gräbern wurden 925 Leichen exhumiert. Vier konnten nach den bei ihnen gefundenen Dokumenten identifiziert werden. Die Gerichtsmediziner aber nahmen die Exhumierung zwischen dem 16. und 23. Januar 1944 vor. Ihre Kommission hat vielleicht die Exhumierung und Obduktion der vorgelegten Leichen gewissenhaft vorgenommen, ohne sich Klarheit zu verschaffen, wann und auf welche Weise die Todesgruben entstanden und wie die Geständnisse erzwungen oder präpariert wurden, als man die Zeugen über die Umstände des Massakers von Katyn in der Zeit von Ende September 1943 bis Mitte Januar 1944 verhörte. Immerhin ist nicht ausgeschlossen, daß die Mitglieder der Expertenkommission einen Verdacht auf Manipulation hatten oder sich diese dachten.

Als die auf tragische Weise ermordeten polnischen Offiziere von der Polnischen Volksarmee unter Teilnahme von General Berling, einem geretteten Gefangenen aus dem Lager Starobelsk, am 30. Januar 1944 feierlich geehrt wurden, fand die Gedenkstunde am neuen, einzigen Gemeinschaftsgrab statt, das, wie T. Pieńkowski bestätigte, nahe am Friedhof I lag. Es war der alte Platz. Dennoch weiß man nicht, wer dort zur ewigen Ruhe gebettet worden ist.

Besonders nach der Publikation von T. Pieńkowski über die Todesgruben und die Friedhöfe der polnischen Offiziere im Wald von Katyn wurde klar, daß die Historiker in Zukunft noch einen dritten Akt des Dramas von Katyn berücksichtigen müssen. Sein Inhalt ist die Mißachtung der sterblichen Überreste der ermordeten polnischen Offiziere und der Kampf um das Eingeständnis der Wahrheit, der vor kurzem mit dem allgemeinen Schuldbekenntnis zu Ende gegangen ist. Als Verfasser dieser Arbeit beschränke ich mich allerdings nur auf die Begegnung mit der Wahrheit während des Nürnberger Prozesses.

Die polnische Regierung in London hielt sich an die Weisungen, die die britischen Behörden der Presse gegeben hatten und reagierte nicht auf den Bericht der sowjetischen Sonderkommission. In Polen schrieb die Zeitschrift »Walka« (Der Kampf), das Organ der Nationalpartei, am 27. Januar 1944, der sowjetische Bericht sei ein schwerer Schlag. »Auf dem Weg zur Bereinigung der moralischen Differenzen liegt Katyn. Die Regierung Sowjetrußlands aber hat wieder daran erinnert. Nicht wir haben die Ruhe gestört, die über den Gräbern am Ziegenberg lag.«

Die deutsche Presse bezeichnete die Untersuchungsergebnisse dieser Kommission als Falschmeldungen.[11] In diesem Sinn äußerte sich auch Prof. Leon Kozłowski. Seine Ausführungen druckte die »Hetzpresse« im Generalgouvernement[12] ab.

Dem Fall Katyn wandte sich Molotow im September 1944 zu im Zusammenhang mit dem Warschauer Aufstand. Damals erklärte er, der Aufstand sei eine Wiederholung dessen, was 1943 in Katyn stattgefunden hatte, als die Exilregierung unbehindert von Großbritannien gegenüber der UdSSR eine feindselige Stellungnahme abgab.

Molotow bekundete nochmals seine feindliche Gesinnung dem polnischen Volk gegenüber.

Der dritte Akt des Dramas Katyn endete in Nürnberg.[13] Die Anklageschrift vom 18. Oktober 1945 erwähnt das Verbrechen von Katyn (11 000 Opfer). Untersucht wurde es im Februar 1946. Aussagen machten drei Zeugen der Verteidigung (Oberst Friedrich Ahrens, Oberleutnant Reinhard von Eichborn und General Eugen Oberhäuser, Leiter des Nachrichtenwesens in der Heeresgruppe Mitte) und drei Zeugen der Anklage (der Astronomieprofessor Boris Basilewski[14], während der Besetzung stellvertretender Bürgermeister von Smolensk, Prof. Viktor I. Prosorowski und Prof. Marko Antonow Markow aus Sofia). Im Ergebnis des Zeugenverhörs durch den sowjetischen Staatsanwalt stellte sich heraus, daß die deutsche Formation, die als erste im Sommer 1941 Katyn erreichte, das Nachrichtenregiment unter der Führung von Oberst Albert Bedenk und nicht das Pionierregiment mit derselben Nummer war und Oberst F. Ahrens dessen Führung erst im November 1941 übernommen hatte. Den deutschen Zeugen wurde keine Beteiligung am Mord nachgewiesen. Dasselbe galt auch für die von ihnen geführten Formationen.

Von den sowjetischen Zeugen wiederholte Boris Basilewski seine vor der sowjetischen Sonderkommission gemachten Aussagen, während Prof. Prosorowski die Ergebnisse der ärztlichen Obduktion und die sich daraus ergebenden, im Bericht der sowjetischen Sonderkommission enthaltenen Schlußfolgerungen darlegte. Als Mitglied der Internationalen Ärztekommission sagte Prof. Markow aus, daß das gemeinsame Protokoll dieser Kommission nicht seine Ansicht widerspiegle und er es unterzeichnet habe, weil ihn die Umstände dazu zwangen.[15] Die Schuld am Verbrechen von Katyn gäbe er jetzt den Deutschen.

Das Beweisverfahren war kurz. 1952 erklärte das amerikanische Mitglied des Internationalen Militärgerichtshofs Robert H. Jackson, daß er von seinen Behörden Auftrag bekommen habe, das Verfahren im Fall Katyn auf ein Mindestmaß abzukürzen. Im Urteil, das heißt im betreffenden Abschnitt über die Mordtaten und die schlechte Behandlung der Kriegsgefangenen wurde das Verbrechen von Katyn nicht erwähnt. Folglich wurden die abgeurteilten Kriegsverbrecher nicht für schuldig befunden, dieses Verbrechen begangen zu haben, und man stellte damit auch die Ermittlungen im Bericht der sowjetischen Sonderkommission in Frage. Das sowjetische Mitglied des Nürnberger Internationalen Militärgerichtshofs J. Nikitschenko machte in diesem Punkt keine Einwände geltend.

Ganz richtig meint Janusz K. Zawodny, daß im Fall Katyn die Deutschen angeklagt waren und ihre Schuld bewiesen werden sollte. Nachdem sich dies als unmöglich erwiesen hatte, war die Aufgabe der Rechtssprechung erledigt.[16] Winston Churchill fügt in seinen Memoiren dieser Angelegenheit einen Kommentar hinzu und schreibt: »Die daran interessierten Siegermächte beschlossen, daß diese Sache nicht behandelt werden muß und das Verbrechen von Katyn nicht eingehend untersucht wird«.[17]

Die sowjetische Seite war auf den Prozeß als ein normales Gerichtsverfahren nicht vorbereitet. Vieles läßt erkennen, daß man in Moskau erwartet hatte, die Naziverbrecher würden aufgrund einer allgemeinen Beschuldigung verurteilt und das Urteil würde, ohne auf Einzelheiten einzugehen, in der Atmosphäre allgemeiner Verdammung gefällt. Als sich das Gegenteil herausstellte, bildete man eiligst in Moskau eine Kommission, die die sowjetischen Vertreter im Prozeß anleiten sollte (Komissija po rukowodstwu Njurnbergskim prozessom – Kommission zur Leitung des Nürnberger Prozesses –, woanders auch Prawitelstwennaja komissija po organisazii suda nad glawnymi nemezkimi wojennymi prestupnikami – Regierungskommission zur Bildung eines Gerichts zur Aburteilung der deutschen Hauptkriegsverbrecher – genannt).

Formal war ihr Vorsitzender Wjatscheslaw Molotow, tatsächlich aber Andrej Wyschinski. Die Kommission wurde laufend über den Nürnberger Prozeß in Kenntnis gesetzt und gab unter anderem den sowjetischen Juristen in Nürnberg Anweisungen, wenn die Verteidiger der Angeklagten heikle und Polen betreffende Angelegenheiten aus dem Bereich der internationalen Beziehungen zur Sprache brachten, so beispielsweise die Frage des Ribbentrop-Molotow-Pakts vom August 1939 und des Massakers in Katyn. In Nürnberg befaßten sich Reichmann neben Aron Naumowitsch und L. R. Schainin mit dem Fall Katyn und der Lieferung von Beweismaterial.[18]

Der dritte Akt des Dramas von Katyn war vor allem die Manipulation mit den Gräbern, die vom NKWD unter der Schirmherrschaft (gleichgültig oder bewußt) der sowjetischen Sonderkommission vorgenommen wurde. Ihre Angaben über 11 000 polnische Opfer wie auch die deutschen Angaben über 10 000 bis 12 000 in Katyn gefundene Leichen wurden nicht rechtsgültig nachgewiesen und entbehren jeder Grundlage. Die Leichen der im Frühjahr 1943 exhu-

Feierliche Entnahme von Erde
aus den Gräbern bei Katyn
durch Offiziere der polnischen Armee am 5. April 1989

mierten polnischen Offiziere wurden mit numerierten Metallmarken versehen, denen die veröffentlichten Personalien entsprachen. Wenn bei den von der sowjetischen Sonderkommission exhumierten 925 Leichen diese Marken nicht gefunden wurden, stellt sich die Frage, ob es diese Gräber waren oder wessen Gräber es waren.

Bevor die Sowjetunion am 13. April 1990 in einer Erklärung von TASS die Verantwortung für die Verbrechen an den polnischen Offizieren auf sich nahm, sprachen bereits dafür sowohl die Aussagen im Nürnberger Prozeß als auch der Ausschluß des Falls Katyn aus dem Urteil, die Berichte der Technischen Kommission des Polnischen Roten Kreuzes sowie die der polnischen Armeeführung in der UdSSR erstatteten Berichte über die Gespräche mit Berija und Merkulow. Nicht bewiesen wurde die Schuld des 537. Regiments am Massenmord in Katyn. Die Erklärungen jedoch, die über den Aufenthalt der Offiziere in den NKWD-Lagern bis Mitte August 1941, über die Unmöglichkeit ihrer Evakuierung sowie über ihr späteres Schicksal abgegeben wurden, sind nicht überzeugend, nicht dokumentarisch belegt und verdienen daher nicht, als glaubwürdig betrachtet zu werden.

Anmerkungen

1 Das Archiv dieser Kommission befindet sich im Zentralen Staatsarchiv der Oktoberrevolution, Bestand 7021.

2 Eine Sektion der Leichen wurde jedoch nicht vorgenommen.

3 Der Aussage von Viktor Prosorowski in Nürnberg zufolge, befanden sich die Dokumente im Archiv der Außerordentlichen Staatskommission. Unter den neun Beweisstücken gab es keine persönlichen Dokumente, außer einem Heiligenbild. Die weiteren Beweisstücke waren: Fünf Lagermitteilungen, zwei Postkarten (die eine Postkarte erhielt ein Offizier, die andere wurde wahrscheinlich am 20. Juni 1941 von Rittmeister Stanisław Kuczyński geschrieben und nicht abgeschickt. Die Spur von Kuczyński verlor sich Ende 1939) sowie ein Brief aus Warschau, der an eine sowjetische Institution gerichtet war.

4 Kommuniqué der Sonderkommission zur Ermittlung und Erforschung der Umstände, die zur Erschießung von Kriegsgefangenen – polnischen Offizieren – durch deutsche faschistische Invasoren im Wald von Katyn führten. Auch: Zbrodnia katyńska, S. 114–143.

5 Die richtige Schreibweise des Namens ist Ahrens.

6 1950 erschien in der Westpresse eine Erklärung in Form eines Briefes, die die Ermittlungen der sowjetischen Kommission zu Katyn in Frage stellte.

7 Die Arbeit von Louis FitzGibbon enthält eine kritische, aber oberflächliche Analyse des Kommuniques. Louis FitzGibbon: Katyn, London 1971, Vgl. S. 165–178.

8 Unter ihnen war Holmer Smith. Seine Erinnerungen wurden am 28. November 1976 in London in der Zeitschrift »Wiadomości« veröffentlicht. Er schreibt u. a., daß Burdenko, sein Bekannter aus Moskau, sich stocktaub stellte. Er wollte auf keine Fragen antworten. Er verwies auf den offiziellen Bericht, der nach Abschluß der Arbeiten erscheinen würde. Über die Haltung des Foreign Office geben Dokumente im Anhang Auskunft.

9 Das Auffinden der deutschen Munition Kaliber 7,65 und 6,35, die bei der Exekution in Katyn verwendet wurde, beunruhigte Goebbels. Sie war in den 30er Jahren von Polen, der UdSSR und den baltischen Staaten importiert worden. Sicherlich gab es davon noch Vorräte in der UdSSR oder die Munition gelangte nach der Annexion der polnischen Ostgebiete in sowjetische Hände.

10 Das ist die Hypothese von T. Pieńkowski. Er stützt sich auf den Vergleich von polnischen und deutschen topographischen Skizzen, die von Personen angefertigt wurden, die in Katyn waren sowie auf Berichte, Luftbilder und Literatur. T. Pieńkowski: Doły śmierci i cmentarze polskich oficerów w Lesie Katyńskim. In: Wojskowy Przegląd Historyczny, Nr. 4, 1989.

11 Nowy Kurier Warszawski, 2. Februar 1944. Aber auch: Völkischer Beobachter, 4. Februar 1944.

12 Nowy Kurier Warszawski, 4. Februar 1944.

13 Janusz K. Zawodny: Death in the Forest, S. 69. Louis FitzGibbon: Unpitied and Unknown, S. 80–205.

14 Bürgermeister war der Rechtsanwalt B. Menschagin, der in den Jahren des stalinistischen Terrors erfolgreich Angeklagte verteidigt hatte. Nach dem Rückzug der deutschen Okkupanten wurde er verhaftet. Im Nürnberger Prozeß hätte er deshalb als Zeuge nur unter Bewachung aussagen können. Darum wurde auf seine Person verzichtet.

Prof. Basilewski hingegen, der in Nürnberg aussagte, wurde für seine Kollaboration nicht bestraft. Er mußte aber nach Nowosibirsk übersiedeln.

15 Die Glaubwürdigkeit der Meinungsänderung von M. A. Markow wird durch die Tatsache herabgesetzt, daß er sich 1944 im Konflikt mit der bulgarischen Volksmacht befand. Er wurde verhaftet und sollte »für die Teilnahme an der Katyner Provokation« vor Gericht gestellt werden. Aber nachdem seine Unterschrift unter dem Protokoll der internationalen Ärztekommission in Frage gestellt wurde, ließ man ihn frei.

16 Janusz Z. Zawodny: Death in the Forest, S. 65

17 Zit. nach: Ebenda, S. 67.

18 W. Abarimow verwies auf die Archivalien (GAOR, Sign. 7445.18). Darüber schreibt W. Abarimow in der Literaturnaja Gaseta, Nr. 36, 6. September 1989.

Schlußbemerkung

In der Sowjetunion sind 1940 über 15000 gefangene Polen in den Lagern von Koselsk, Starobelsk und Ostaschkow umgekommen. Sie waren nicht die militärische Elite aus dem Septemberfeldzug, die befand sich in deutscher Gefangenschaft. Es handelte sich um die geistige Elite, die ihre Uniformen als Reserveoffiziere dann anlegte, als das Vaterland in tödlicher Gefahr war. Ihr Verlust war um so schmerzlicher, da zur gleichen Zeit die polnische Intelligenz im westlichen und zentralen Polen von den deutschen Besatzungsorganen verfolgt wurde.

Die Polen haben 1943 den deutschen Köder nicht angerührt, haben nicht mit den Okkupanten zusammengearbeitet, sondern wollten wissen, wer das Massaker in Katyn angerichtet hat. Einige Jahre später wollte Ferdynand Goetel, ein im Exil lebender, bekannter polnischer Schriftsteller, sich dieses Verbrechens ganz anders bedienen. In der in London erscheinenden Zeitung »Wiadomości« (Nachrichten) schrieb er am 8. August 1951: »Manchmal kommt mir zu Ohren, daß die Erörterung der Sache von Katyn in einem dritten Weltkrieg münden wird. Und es wird wohl auch nicht anders werden. Katyn hat eine besondere Bedeutung unter den vielen moralischen Problemen, die heute zu Verstimmungen zwischen Rußland und dem Westen führen. Katyn allein reicht aus, um einen Krieg auszulösen und zu rechtfertigen.« Das Verbrechen von Katyn war schrecklich und abscheulich. Hatte jedoch damals vor fast vierzig Jahren dieser polnische Schriftsteller das Recht, einen eventuellen dritten Weltkrieg mit diesem Verbrechen zu rechtfertigen? Er wäre ein Atomkrieg mit kaum vorhersehbaren Folgen. Die Geschichtsschreibung stellt als historische Tatsache das Verbrechen von Katyn, sein Ausmaß, seine Umstände und sein Wesen fest. Der Moralist hingegen beurteilt den Wunsch nach Vergeltung dieser Art nach seinem Gewissen.

Am Totensonntag auf dem Heldenfriedholf Powązki in Warschau haben die Menschen der Gräber in Katyn gedacht und immer die Wahrheit über Katyn gefordert. Diese Arbeit soll eine der Antworten, die wissenschaftliche Antwort, auf diese gesellschaftliche Forderung sein. Wenn sie nicht alles erklärt, so ist dies nicht mehr die Schuld des Historikers, dem die umfassenden Quellengrundlagen fehlen.

Warschau, Mai 1990

Anhang

Im Dokumentenanhang werden Dokumente und Quellenmateralien, die erst kürzlich in Polen veröffentlicht bzw. bisher noch nicht publiziert wurden, dem Leser zugänglich gemacht. Eine Ausnahme bilden die schon vor geraumer Zeit veröffentlichten gerichtsmedizinischen Gutachten, das Protokoll der internationalen Ärztekommission sowie die Gutachten der sowjetischen Sonderkommission und von Dr. Wodziński. Die Begründung dafür liegt im Fehlen von Dokumenten, die über den Verlauf der Ermordung der polnischen Offiziere Auskunft geben. Eine Rekonstruktion ist deshalb nur auf der Grundlage von gerichtsmedizinischen Expertisen möglich.

Die in diesem Band veröffentlichten deutschen Dokumente stammen aus dem Bundesarchiv Koblenz (Persönlicher Stab des Reichsführers SS) und dem Politischen Archiv Bonn (Rechtsabteilung: Völkerrecht, Kriegsrecht, Band 1–26 Rußland; Politische Abteilung V 501–503 Gefangenenfrage Rußland; Kultur-Politische Abteilung, Geheim, Rußland, Richtlinien für Ostpropaganda sowie Deutsche Gesandtschaft in Bern). Die hier publizierten englischen Dokumente werden im Public Record Office aufbewahrt.

Die polnischen Dokumente stammen aus dem Londoner Władysław-Sikorski-Institut bzw. aus Archiven Polens. Meine Schüler Magdalena Hułas und Dr. Piotr Łyssakowski haben mir bei der Zusammenstellung der Londoner Dokumentation geholfen. Sowohl ihnen als auch der Leitung des Politischen Archivs, besonders Dr. Keipert, gilt mein Dank für die erwiesene Unterstützung.

I. Dokumente[1]
A. Deutsche Dokumente:

---

[1] Es konnten nur die Dokumente als Faksimile wiedergegeben werden, die den Qualitätsansprüchen entsprachen, alle anderen Dokumente sind Abschriften. (die *Red.*)

1
Januar 1940, Rom. Ferdinand du Chastel
an den deutschen Botschaftsrat Johann von Plessen.
Betrifft: Freilassung von Józef Czapski
aus sowjetischer Kriegsgefangenschaft.

AMBASSADE DE BELGIQUE *Rom, den 30 Januar 1940.*

Lieber Freund !

Der Pole, von welchem ich mit Ihnen telefonisch
gesprochen habe, ist ein "Graf Josef Czapski". Er befindet
sich, auf russischer Seite, in dem Gefangenenlager
Starobiesk bei Karkow. Sein Wunsch wäre möglichst schnell
befreit zu werden und aus Polen abreisen zu dürfen um zu
Freunden ins Ausland zu gehn.

Es soll ein sehr braver und würdiger Mensch sein,
und sein Los in dem Gefangenenlager äusserst peinlich !
Ihrerseits wäre es ein gutes Werk, seiner Befreiung beizutragen.

Könnten sie mir, wenn eben möglich, über den
Erfolg Ihrer Bemühungen Auskunft geben. Vielen Dank im
voraus und meine besten Grüsse.

Ferdinand du Chastel

Herrn Bostaftsrat Baron Johann von Plessen,

R O M.

Pol. Archiv, Rechtsabt. Bd. 4.

151

2

Vor dem 7. Februar 1940, Berlin. Vorschrift einer Antwort auf das Schreiben in der Angelegenheit Józef Czapskis, gerichtet an Fürst Bismarck.

Der in der Anlage des nebenbezeichneten Briefes erwähnte Graf Josef Czapski war, wie aus einer Eingabe einer Gräfin Palacka in der gleichen Angelegenheit festgestellt werden konnte, Rittmeister beim 8. polnischen Ulanenregiment. Dieser Umstand läßt ein deutsches Eintreten für den Grafen Czapski aussichtslos erscheinen, da die Sowjetbehörden, die die Auskunftserteilung über in ihren Händen befindliche Personen polnischen Volkstums grundsätzlich ablehnen, erfahrungsgemäß in Kriegsgefangenenangelegenheiten besondere Zurückhaltung zeigen.

Es wird jedoch bemerkt, daß man deutscherseits bereit ist, auch kriegsgefangene Polen, soweit diese im deutschen Interessengebiet beheimatet sind, im Zuge eines deutsch-sowjetischen Gefangenenaustausches zu übernehmen, wobei die Ausgetauschten weiter als Kriegsgefangene behandelt werden. Demnach könnte dem Grafen du Chastel anheimgestellt werden, von belgischer Seite in Moskau erwirken zu lassen, daß Graf Czapski – sofern er aus dem deutschen Interessengebiet stammt – von den Sowjetbehörden zu dem erwähnten Gefangenenaustausch gestellt werde.

gez. Schliep

Pol. Archiv, Rechtsabt. Bd. 4.

3

22. Februar 1940, Berlin. Dr. Sethe vom Auswärtigen Amt an die deutsche Botschaft in Rom. Betrifft: Die Intervention in Moskau zugunsten polnischer Bürger, die sich infolge des Krieges in der UdSSR befinden.

Ref: VLR Dr. Sethe.

Berlin, den 22. Februar 1940   zu R 3581 40

An
   die Deutsche Botschaft

          in R o m

Auf das Schreiben des Herrn Bot-
schaftsrats Baron von Plessen an Herrn
Gesandten Fürst Bismarck vom 2.d.M.

Betrifft: Entlassung des ehemaligen
          polnischen Heeresangehörigen
          Graf Josef Czapski.

          Es ist deutscherseits nicht mög-

          lich, sich für in Sowjet-Russland befind-

          liche ehemalige polnische Staatsangehörige

          polnischen Volkstums zu verwenden, zumal

          es auch an einer Legitimation hier fehlt.

                    I.A.

                    gez. Ref.

Vor Abgang:

z.g.Mts.

Pol. Archiv, Rechtsabt. Bd. 5.

14. März 1940, Genf. Schreiben des Internationalen Roten Kreuzes an das OKW.
Betrifft: Auskunft über das Gefangenenlager Koselsk.

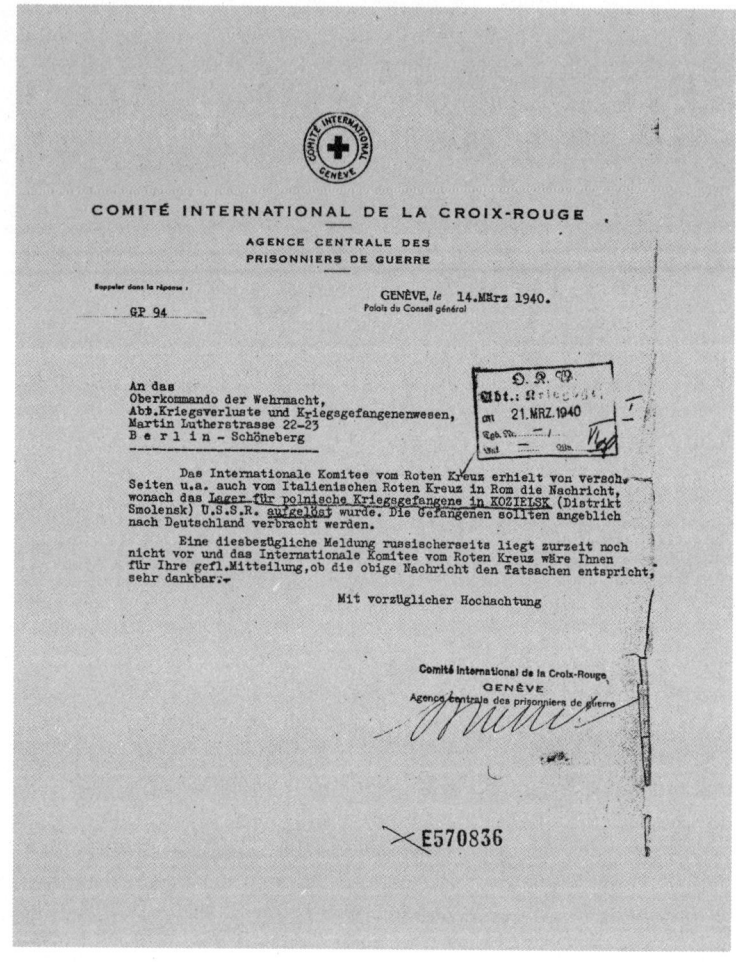

COMITÉ INTERNATIONAL DE LA CROIX-ROUGE

AGENCE CENTRALE DES
PRISONNIERS DE GUERRE

Rappeler dans la réponse :

GP 94

GENÈVE, le 14.März 1940.
Palais du Conseil général

An das
Oberkommando der Wehrmacht,
Abt.Kriegsverluste und Kriegsgefangenenwesen,
Martin Lutherstrasse 22-23
B e r l i n - Schöneberg

O.R.W.
Abt.: Kriegsgef.
am 21.MRZ.1940
Tgb.Nr.
Anl.

Das Internationale Komitee vom Roten Kreuz erhielt von verschiedenen
Seiten u.a. auch vom Italienischen Roten Kreuz in Rom die Nachricht,
wonach das Lager für polnische Kriegsgefangene in KOZIELSK (Distrikt
Smolensk) U.S.S.R. aufgelöst wurde. Die Gefangenen sollten angeblich
nach Deutschland verbracht werden.

Eine diesbezügliche Meldung russischerseits liegt zurzeit noch
nicht vor und das Internationale Komitee vom Roten Kreuz wäre Ihnen
für Ihre gefl.Mitteilung,ob die obige Nachricht den Tatsachen entspricht,
sehr dankbar.

Mit vorzüglicher Hochachtung

Comité international de la Croix-Rouge
GENÈVE
Agence centrale des prisonniers de guerre

E570836

5

1. April 1940, Berlin. Schreiben des OKW an das Auswärtige Amt über den Austausch polnischer Kriegsgefangener.

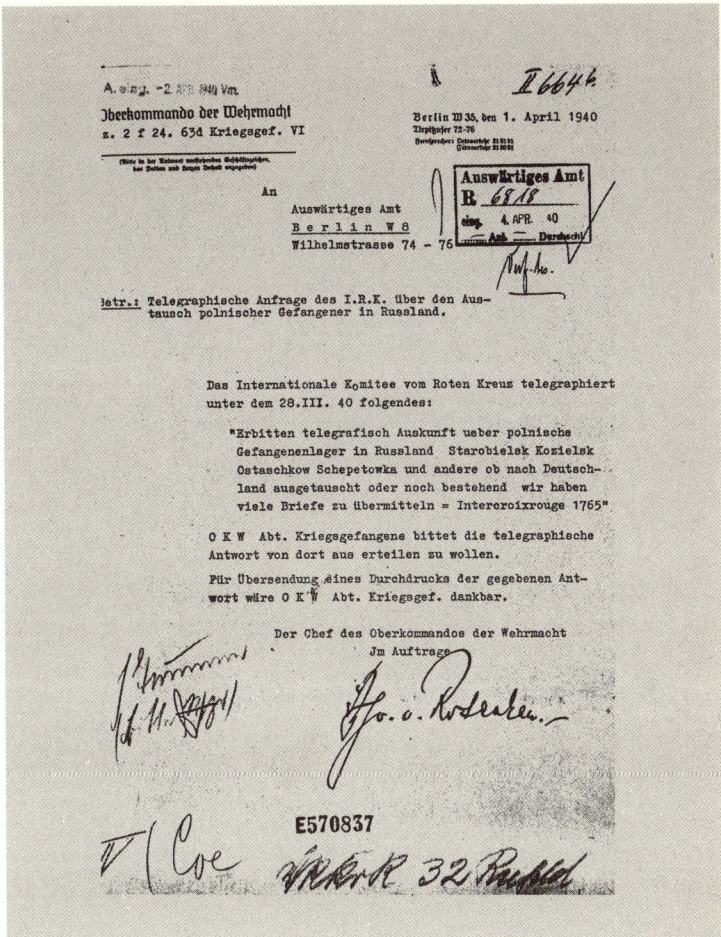

6. April 1940, Berlin. Weisung des Auswärtigen Amtes bezüglich der Antwort des OKW an das Internationale Rote Kreuz über die polnischen Kriegsgefangenenlager in der UdSSR.

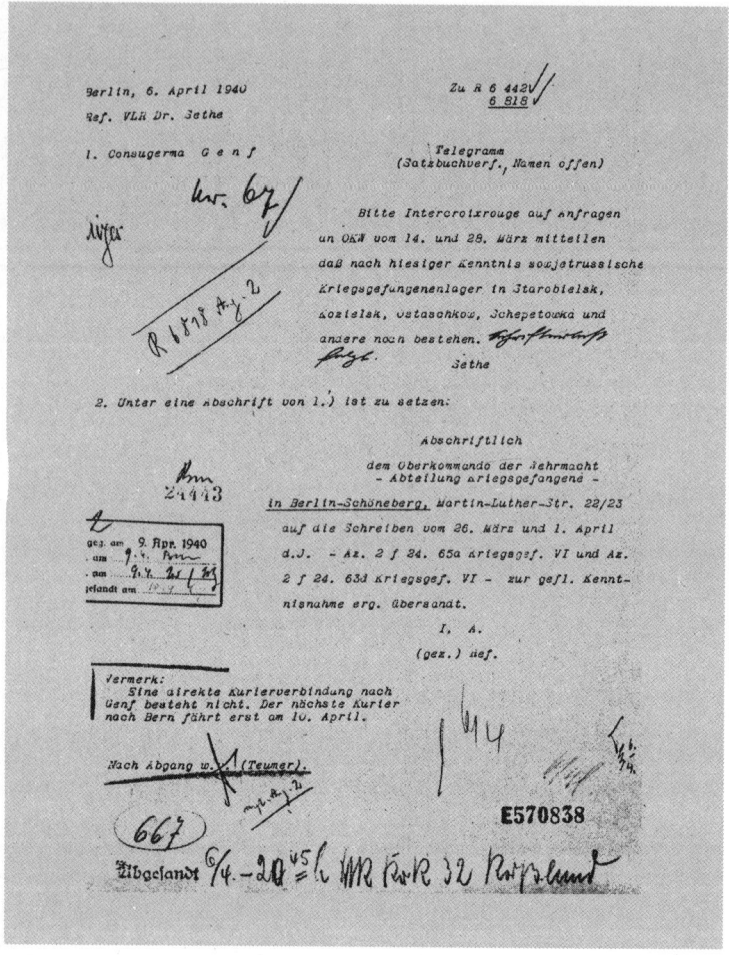

Berlin, 6. April 1940
Ref. VLR Dr. Sethe

Zu R 6 442
6 818

1. Consugerma G e n f

Telegramm
(Satzbuchverf., Namen offen)

Bitte Intercroixrouge auf Anfragen
an OKW vom 14. und 28. März mitteilen
daß nach hiesiger Kenntnis sowjetrussische
Kriegsgefangenenlager in Starobielsk,
Kozielsk, Ostaschkow, Schepetowka und
andere noch bestehen.
Sethe

2. Unter eine Abschrift von 1.) ist zu setzen:

Abschriftlich

dem Oberkommando der Wehrmacht
- Abteilung Kriegsgefangene -
in Berlin-Schöneberg, Martin-Luther-Str. 22/23
auf die Schreiben vom 26. März und 1. April
d.J. - Az. 2 f 24. 65a Kriegsgef. VI und Az.
2 f 24. 63d Kriegsgef. VI - zur gefl. Kenntnisnahme erg. übersandt.

I. A.
(gez.) Hef.

Vermerk:
Eine direkte Kurierverbindung nach
Genf besteht nicht. Der nächste Kurier
nach Bern fährt erst am 10. April.

Nach Abgang w. (Teumer).

E570838

7

**18. April 1940, Berlin. Schreiben des Auswärtigen Amtes
an das Deutsche Konsulat in Genf
mit der Weisung, das Internationale Rote Kreuz
über die Möglichkeit eines erneuten Austausches
von Kriegsgefangenen zwischen Deutschland und der UdSSR
zu informieren.**

Es wird erg. gebeten, das Internationale Komitee vom Roten Kreuz noch vertraulich davon zu unterrichten, daß zwischen dem Deutschen Reich und der Sowjetunion erneut ein Austausch von Kriegsgefangenen und Zivilflüchtlingen in größerem Ausmaße erwogen wird. Dabei sollen einerseits die noch in der Sowjetunion befindlichen früheren polnischen Staatsangehörigen deutscher Volkszugehörigkeit, andererseits etwa 50 000 in deutscher Gefangenschaft befindliche ehemalige polnische Heeresangehörige, die im sowjetrussischen Gebiet beheimatet sind, erfaßt werden.

Weiter wird gebeten, dem Internationalen Komitee mitzuteilen, daß nach Beobachtung des AA und des Deutschen Roten Kreuzes der unmittelbare Postverkehr zwischen den in der Sowjetunion befindlichen Kriegsgefangenen und Zivilinternierten und ihren im Reichsgebiet bzw. im Generalgouvernement lebenden Angehörigen nunmehr möglich ist.

(Unterschrift fehlt)

Eine Abschrift erhält das OKW, Abteilung Kriegsgefangene zur Kenntnisnahme.

Pol. Archiv, Rechtsabt. Bd. 7.

8

28. Mai 1940, Berlin. Schreiben des Auswärtigen Amtes
an das OKW über Möglichkeiten,
sich für die Freilassung polnischer Gefangener,
die sich in sowjetischer Gefangenschaft befinden, einzusetzen.

Auswärtiges Amt   Berlin W 8
R 10 328   Wilhelmstraße 74–76
Auf das Schreiben vom 16. d. M.
– Ref. VIII 809/40 –.

Betr.: Ehemalige polnische Heeresangehörige

In der Anlage wird die Eingabe der Ostdeutsch Chemische
Werke G.m.b.H., Hauptverwaltung Berlin, vom 18. April d. J. erge-
bendst zurückgesandt mit der Bitte, zunächst von dort aus festzustellen, ob sich der Leutnant d. R. der früheren polnischen Armee
Stefan Krasuski unter den in letzter Zeit aus Litauen übernommenen
ehemaligen polnischen Staatsangehörigen befindet. Verneinenden-
falls wird um entsprechende Mitteilung gebeten.

Eine Möglichkeit, sich für die Freilassung des in sowjetrussischer
Gefangenschaft befindlichen Leutnants d. R. Tadeusz Badzyński einzusetzen, hat das Auswärtige Amt nicht, da B. offensichtlich dem
polnischen Volkstum angehört. Es wird gebeten, den Einsender entsprechend zu bescheiden und ihm anheimzustellen, B. unter Hinweis darauf, daß die sowjetischen Behörden wiederholt im deutschen Interessengebiet beheimatete polnische Kriegsgefangene
den deutschen Behörden übergeben hätten, aufzufordern, sich mit
einem diesbezüglichen Antrag unmittelbar an die Leitung des Gefangenenlagers zu wenden.

Im Auftrag
(Unterschrift)

Pol. Archiv, Rechtsabt. Bd. 9.

158

9

**8. August 1940, Krakau. Schreiben des Amtes
des Generalgouverneurs für die besetzten polnischen Gebiete
an das Auswärtige Amt
über die polnischen Gefangenenlager in der Sowjetunion.**

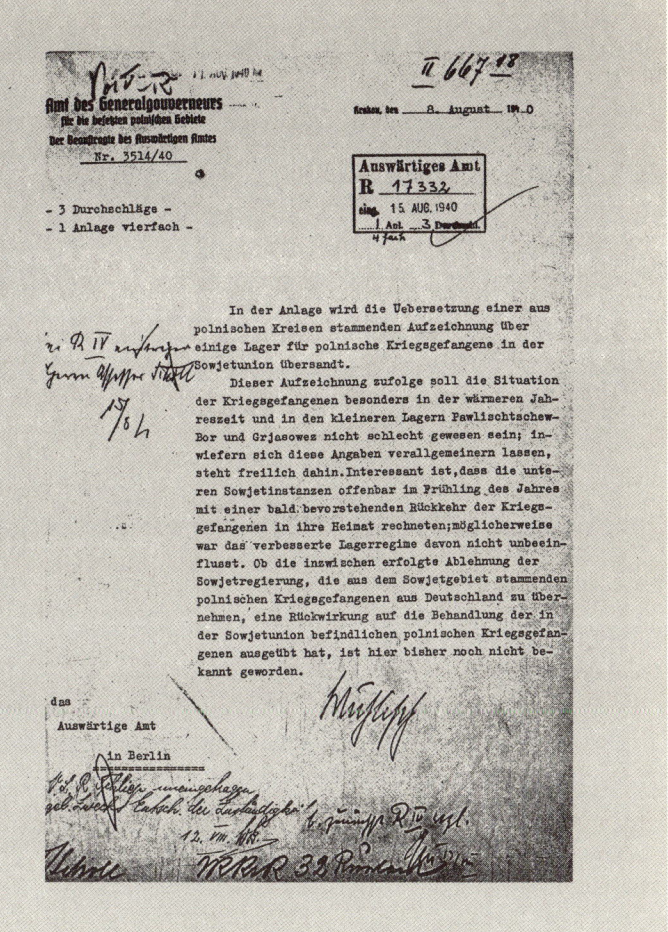

Pol. Archiv, Rechtsabt. Bd. 12.

Übersetzung aus dem Polnischen.

Information über einige Lager für polnische Kriegsgefangene in der Sowjetunion.

1. Kosjelsk

Unser Informator befand sich in Kosjelsk vom 11. November 1939 bis zum 1. Mai 1940. Seine Informationen decken sich im großen und ganzen mit bereits früher eingetroffenen Nachrichten.

Die Zahl der Gefangenen belief sich auf 5000. Lagerältester war Major Malinowski, der alle Besprechungen mit den Sowjetbehörden leitete. An der Spitze jeder Baracke stand ein zum Barackenältesten gewählter Offizier. Die medizinische Betreuung durch die eigenen Ärzte war ausgezeichnet. Sie oblag im besonderen den Doktoren Szarecki, Srokowski und Mucha sowie einigen andern, die abwechselnd dejourierten. Selbst komplizierte Operationen wurden mit gutem Erfolg durchgeführt, Typhusimpfungen wurden vorgenommen usw. Dr. Hoffmann leitete das zahnärztliche Kabinett. Die Kälte während des Winters in dem ehemaligen Klostergebäude war schwer zu ertragen. Epidemien waren jedoch nicht zu verzeichnen, dagegen traten Hautreizungen infolge der vitaminarmen Nahrung auf; mit Beginn des Frühjahrs verschwanden sie.

Briefe konnten einmal im Monat geschrieben werden. Es trafen auch Briefe aus der Heimat ein, etwa mehrere tausend im Monat. Ein Teil der Briefe ist zurückgehalten und nicht bestellt worden; offenbar wurden sie als Material für die Akten über die einzelnen Gefangenen verwandt.

An Rundfunksendungen konnten nur die Station Moskau II gehört werden. Von Mund zu Mund wurden aber die verschiedensten Nachrichten aus der Heimat verbreitet, so wurde u. a. erzählt, daß das Polnische Rote Kreuz bereits an den Grenzpunkten die Rückkehrer erwarte und Damen mit Liebespaketen in Terespol eingetroffen seien. Kurz vor Weihnachten wurden die Geistlichen aus dem Lager entfernt; nur ein einziger konnte bleiben und hielt zum Fest eine heilige Messe ab.

Es wurde im Lager insgeheim eine polnische handgeschriebene Zeitung hergestellt und verbreitet, bis sie eines Tages entdeckt wurde. Die Gefangenen vertrieben sich die Zeit, indem sie sich ge-

160

genseitig Sprachunterricht erteilten. Die Ärzte tauschten fachliche Erfahrungen aus.

Es kamen gelegentlich Überführungen nach Ostaschkow vor, u. a. kamen Hauptmann Roman Tarnogórski und Major Kiwiani, georgischer Herkunft, dorthin.

Ende März verbreitete sich die Nachricht, daß es möglich sein würde, in das deutsche besetzte Gebiet zu gelangen. Es wurde die Erlaubnis erteilt, sich brieflich um die Rückkehr zu bemühen und deswegen an Verwandte und Freunde zu schreiben. Am leichtesten erhielten diejenigen die Ausreisegenehmigung, die durch Verwandte aus Jugoslawien, Bulgarien und der Türkei reklamiert wurden. Es ist deshalb empfehlenswert, sich auf solche Verbindungen zu berufen. Ferner wird empfohlen, die Bemühungen wegen der Rückkehr durch das entsprechende Konsulat in Moskau zu betreiben und bezüglich des Gefangenen Namen, Dienstrang, Geburtsort und Geburtsdatum sowie das Kriegsgefangenenlager in der UdSSR anzugeben.

Man hatte auch vom Besuch einer Delegation des Internationalen Roten Kreuzes gesprochen, aber dieser fand nicht statt. Im April begannen Maßnahmen zur Liquidierung des Lagers. Die Gefangenen wurden in kleinere Gruppen zu je 200 zusammengestellt, wobei keinerlei bestimmte Regel für die Auswahl der Betreffenden zu beobachten war. Als Grund wurde angegeben, daß das Lager in Kosjelsk reparaturbedürftig sei und daß es auch leichter sein würde, die Verpflegung in kleineren Gruppen auszuführen. Der Informator verließ Kosjelsk mit einer der letzten Gruppen und kam nach Pawlischtschew-Bor zusammen mit etwa 190 andern Personen. Wohin die andern Gruppen gelangt sind, wußte er nicht zu berichten.

2. Pawlischtschew-Bor

Pawlischtschew-Bor liegt etwa 200 km von Moskau, unweit einer Bahnstation. In diesem Lager war es unvergleichlich viel besser als in Kosjelsk. Die Gefangenen erhielten Bettwäsche, Bettdecken und Heusäcke. Der Tag im Gefangenenlager begann um 7 Uhr früh. Zum Frühstück um 9 Uhr gab es eine Suppe, 500 Gramm Schwarzbrot und 300 Gramm Weißbrot. Nach dem Frühstück Arbeit im Lager und obligatorisches Sonnenbad. Mittags um 2 Uhr eine Suppe, eingekochtes Fleisch und Grütze. Zum Abendessen um 8 Uhr

Suppe, manchmal auch Fisch und wiederum Grütze. Ferner wurde etwas Tee, einfacher Tabak (Machorka) sowie Zigarettenpapier verteilt; als vitaminhaltiges Gemüse wurden frische Zwiebeln gegeben. Für 10 Tage gab es 350 Gramm Zucker. Monatlich 300 Gramm Seife. Wäsche wurde für die Gefangenen gewaschen. Alle begannen sich wieder zu rasieren und befreiten sich von den Läusen. An Wasser war kein Mangel. Näharbeiten machten die Gefangenen selber. U. a. nähten sie ihre Nummern auf die Wäsche, bevor sie zum Waschen abgegeben wurde. Es wurden den Gefangenen auch Beete angewiesen, auf denen sie Gemüse anpflanzen konnten.

3. Grjasowez

Am 1. Juni d. Js. wurde die Gruppe aus Pawlischtschew-Bor nach Grjasowez überführt. Dieser Ort liegt zwischen Moskau und Wologda. Das Lager war neu angelegt. Die Bedingungen waren ähnlich wie in Pawlischtschew. Durch das Lager floß ein Flüßchen; die Gefangenen konnten sich dort baden und bauten sich ein Sprunggestell.

Die Sowjetbehörden erklärten den Gefangenen, daß sie jedenfalls nicht mehr über den Winter in der Sowjetunion bleiben würden; der größte Teil von ihnen würde in das deutsche Gebiet kommen.

Unser Informator sah gesund aus und berichtete auch von seinen Mitgefangenen, daß sie sich in guter körperlicher Verfassung befinden; im besonderen sei der Aufenthalt in Grjasowez in der guten Luft und infolge des Badens im eisenhaltigen Wasser allen sehr gut bekommen.

Ferner hatte unser Informator noch gehört, daß auch die Lager in Ostaschkow und in Starobjelsk aufgelöst und in kleinere Gruppen verteilt worden seien. Die aus dem deutschen Gebiet und dem Generalgouvernement stammenden Gefangenen seien zur Arbeit nicht gezwungen worden. Von Fällen, in denen solche Gefangene die Sowjetstaatsangehörigkeit übernommen haben, sei nichts bekannt. Die zeitweilig infolge der Reorganisation der Gefangenenlager unterbrochene Korrespondenz mit der Heimat werde voraussichtlich in Kürze wieder zugelassen werden.

10
8. August 1940, Berlin. Schreiben des OKW
an das Auswärtige Amt. Betrifft: Übergabe von Listen
mit Namen polnischer Offiziere,
die sich im Herbst 1939 in sowjetischen Lagern befanden.
(Ohne Namen)

A. A. eing. —   II 664[6]
9. AUG. 1940 Nm.   Berlin, W 35, den 8. Aug. 1940
Oberkommando   Tirpitzufer 72—76
der Wehrmacht
Az. 2 f 24.
63d Kriegsgef. VI

        An
        das Auswärtige Amt
        <u>Berlin W 8</u>
        Wilhelmstraße 74—76

Anlage

Anliegend werden Listen von polnischen Offizieren, die sich in sowjetrussischer Gefangenschaft befinden sollen, übersandt.

Das Deutsche Rote Kreuz hat bereits ein Exemplar dieser Listen erhalten.

Es wird anheimgegeben zu prüfen, ob es sich empfiehlt, die Listen an das Internationale Komitee v. Roten Kreuz, wie es von dem Lagerältesten erbeten wird, weiterzugeben.

        Der Chef des Oberkommandos der Wehrmacht
                Im Auftrage
              (Unterschrift)

A. O. Kr. gef.   Murnau, 23. 7. 1940

An den Herrn Kommandanten des Oflag VII A
Herrn Generalmajor Schemmel

Betr.: Listen in sowjetrussischer Kr.gefangenschaft befindlicher
polnischer Offiziere

Die anbei weitergeleitete Liste von in sowjetrussischer Kriegsgefangenschaft befindlichen polnischen Offizieren richtete der Lagerälteste Oberst Korycki in je einer Ausfertigung an das Polnische Rote
Kreuz, an das Internationale Rote Kreuz und an das Deutsche Rote
Kreuz. Von diesen 3 Stellen besteht die erstgenannte offiziell nicht
mehr, und es ist daher der Schriftwechsel mit ihr nicht mehr zuläs-
sig. Es wird daher gebeten, diese Ausfertigung zurückzuhalten. Gegen die Absendung einer Liste an das Internationale Rote Kreuz er-
hebt dagegen der A. O. Bedenken insoferne, als die Sammlung
dieser Namen immerhin in unberufene Hände kommen und dann
die Organisierung der aufgeführten Offiziere ermöglichen könnte.
Da diese Liste nebst Anschreiben für die Abwehrstelle München
von Interesse sein könnte, wird sie unmittelbar nach dort einge-
sandt. Dagegen ist die Weiterreichung der dritten, für das Deutsche
Rote Kreuz, zu befürworten, weil sie demselben seine Nachforschungen erleichtern könnte.

                                                 Oleschko
Nachrichtlich an: Lt. und A. O.
Abwehrstelle VII

Korycki, Józef
Oberst u. Lagerältester
Oflag VII A
Den VII. 1940

An das Internationale Rote Kreuz
Genf

Beiliegend sende ich die Zusammenstellungen mancher Namen polnischer Offiziere, die sich in der sowjetrussischen Kriegsgefangenschaft befinden.

Diese Zusammenstellungen geben den Stand vom Ende des Monats Oktober 1939 an und sind auf Grund der Meldungen derjenigen polnischen Offiziere aufgestellt, die aus sowjetrussischer in die deutsche Kriegsgefangenschaft überliefert wurden.

Die angeführten Kriegsgefangenen haben wahrscheinlich schon briefliche Verbindungen mit ihren Angehörigen angeknüpft. Nichtsdestoweniger — meiner Ansicht nach — wäre es zweckmäßig, die gebliebenen Angehörigen amtlich über den Aufenthaltsort der Angeführten zu benachrichtigen, besonders die Angehörigen derjenigen Offiziere, die — wie es in der Rubrik »Adresse der Angehörigen« bzw. »Bemerkung« angemerkt ist — um Überweisung mancher Nachrichten bitten / die bisher noch nicht ihren Angehörigen bekanntgegeben wurden /. Um Einleitung dieser Handlung bitte ich das Internationale Rote Kreuz.

Ich sende die beiliegenden Angaben in der Hoffnung, daß sie zweifellos dem Erkundungsbüro des Roten Kreuzes als eine gewisse Hilfe im Erteilen der Auskünfte den Angehörigen über das Schicksal der Kriegsgefangenen dienen werden.

Beilagen: 11

Das Internationale Rote Kreuz
Das Deutsche Rote Kreuz

(Unterschrift)
Korycki, Józef
Płk. Oberst

Pol. Archiv, Rechtsabt. Bd. 12.

27. August 1940, Krakau. Schreiben des Amtes des Generalgouverneurs an das Auswärtige Amt über den Abbruch der Postverbindungen zu polnischen Kriegsgefangenen in der UdSSR.

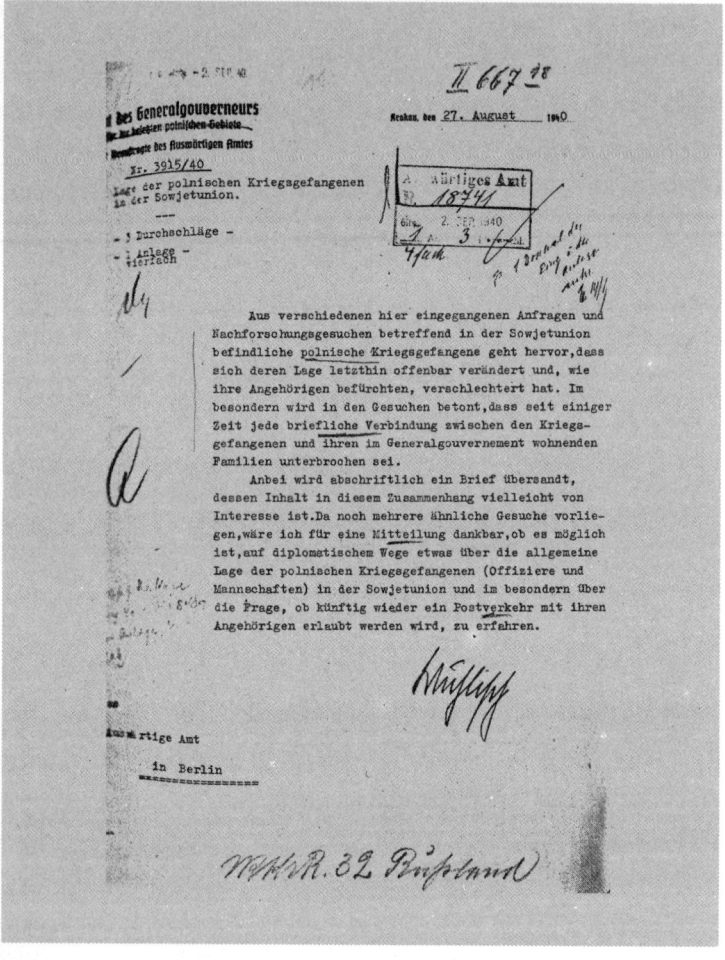

Pol. Archiv, Rechtsabt. Bd. 13.

12

17. September 1940, Möltern. Schreiben von Olga Schreer
an das Auswärtige Amt mit der Bitte, weitere Nachforschungen
über den Aufenthalt ihres Mannes anzustellen,
eines Volksdeutschen,
der sich in sowjetischer Gefangenschaft befindet.

Möltern, am 17.September 1940

Herrn Botschaftsrat
                Geheimrat Dr.Sethe   B e r l i n
                                                      Auswärtiges Amt

Betr: Volksdeutsche Kriegsgefangene in der U.d.S.S.R.

        Wie ich durch Zufall erfuhr,soll das Lager
Kosielsk (Kreis Smolensk) aufgelöst worden sein, und die
Gefangenen nach Samara und Wologda zur Arbeit eingesetzt.
Die Volksdeutschen sollen sich zum grössten Teil in Samara
befinden.

        Da die Angehörigen der Volksdeutschen aus
Litzmannstadt seit mehr als einem halben Jahr keinerlei
Lebenszeichen erhielten,erscheint diese Nachricht um so
glaubwürdiger.

        Ich bitte Sie daher,Ihre Nachroschungen auch
in dieser Richtung fortzusetzen.

        Mit deutschem Gruss

Pol. Archiv, Rechtsabt. Bd. 14.

10. Oktober 1940, Krakau. Informationen des Beauftragten des Auswärtigen Amtes beim Amt des Generalgouverneurs an sein Ministerium über Richtlinien zur Rückholung von Personen aus der Sowjetunion.

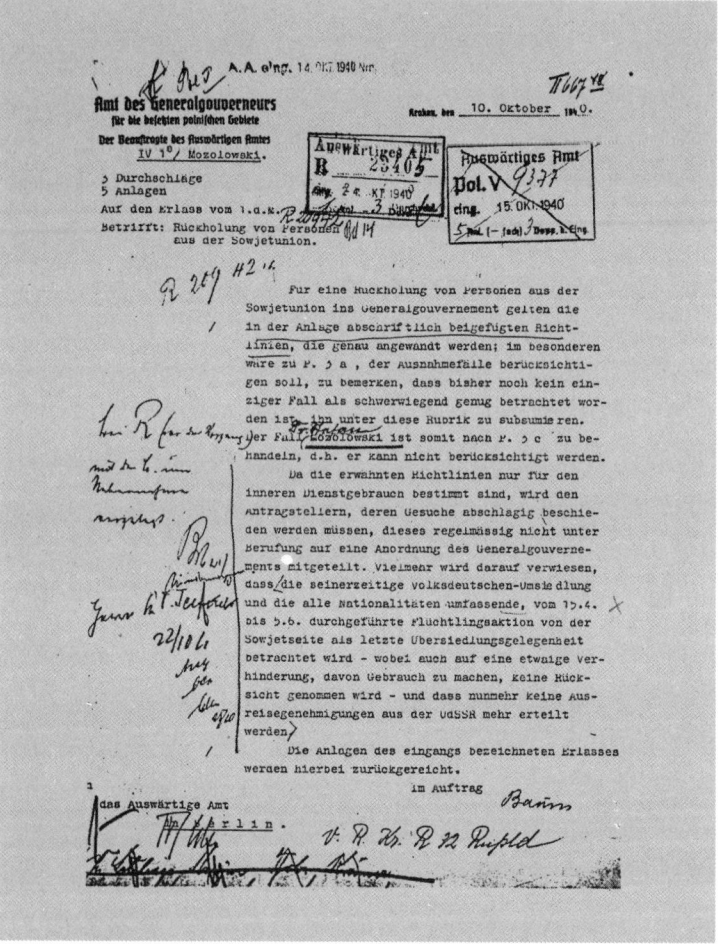

Abschrift.

Richtlinien
für die Behandlung der Anträge betreffend
Rückholung von Personen aus der Sowjetunion.

A. Volksdeutsche.
1. Für Volksdeutsche – handelt es sich nun um Restumsiedler, um nach Innerrußland ausgesiedelte Personen oder um Häftlinge –, wird in jedem Fall die Freilassung und Ausreisegenehmigung verlangt.
2. Damit sich für die Personen unzweifelhafter deutscher Volkszugehörigkeit mit besserem Erfolge eintreten läßt, muß eine Abgrenzung gegenüber den zweifelhaften Fällen vorgenommen werden. Grundsätzlich ist zu fordern, daß für diejenigen Personen, deren Rückkehr unter Berufung auf ihre deutsche Volkszugehörigkeit beantragt wird, seitens einer deutschen amtlichen Stelle – aus eigener Kenntnis, auf Grund eines Gutachtens einer volksdeutschen Organisation oder auf Grund der Aussagen zuverlässiger, als volksdeutsch bereits anerkannter Einzelpersonen – die deutsche Volkszugehörigkeit bestätigt wird.

B. Personen anderer als deutscher Volkszugehörigkeit.
3. Hinsichtlich der Gesuche für Personen anderer als deutscher Volkszugehörigkeit (Ukrainer, Polen etc.) werden drei Kategorien unterschieden:
    a) Personen, deren Rückkehr durch ein besonderes deutsches Interesse gefordert wird;
    b) allernächste Familienangehörige von in der Verwaltung des Generalgouvernements oder des Reichs tätigen Beamten und Angestellten. (Als allernächste Familienangehörige gelten nur die Ehefrau und die Kinder der erwähnten Arbeitskräfte.);
    c) alle sonstigen Personen nichtdeutscher Volkszugehörigkeit. Kategorie a und b sollen nach Möglichkeit Berücksichtigung finden, Kategorie c muß zur Zeit unberücksichtigt bleiben.

C. Verfahren.
4. Sämtliche Anträge werden über das Auswärtige Amt bzw. dessen Beauftragten beim Amt des Generalgouverneurs geleitet.

5. Bei Anträgen gemäß umseitig 3 a) ist eine Bestätigung des Generalgouvernements erforderlich, daß die Voraussetzung eines »besonderen deutschen Interesses« erfüllt ist.

6. Die Anträge sollen Angaben über Volkszugehörigkeit, Geburtsort, Geburtsdatum, Beruf, Heimatzuständigkeit und gegenwärtige Adresse des Rückzuholenden sowie Name und Adresse des Antragstellers enthalten.

7. Es erscheint zweckmäßig, alle Antragsteller — auch die volksdeutschen — bei Entgegennahme der Anträge darauf hinzuweisen, daß die Einwirkungsmöglichkeit der deutschen Seite in allen Fällen leider nur eine beschränkte ist, so daß also feste Zusicherungen eines positiven Ergebnisses nicht gemacht werden können.

8. Es ist in Betracht zu ziehen, daß die Häufung von Anträgen die Erfolgsaussichten für die wichtigsten Fälle, nämlich die volksdeutschen, beeinträchtigt: Es kann sich also bei Anträgen anderer Art nur um eine ganz beschränkte Zahl handeln.

18. Oktober 1940, Berlin. Verbalnote der Apostolischen Nuntiatur an das Auswärtige Amt mit der Bitte, Erkundigungen über das Schicksal des Reserveoffiziers Stanisław Grossek einzuholen.

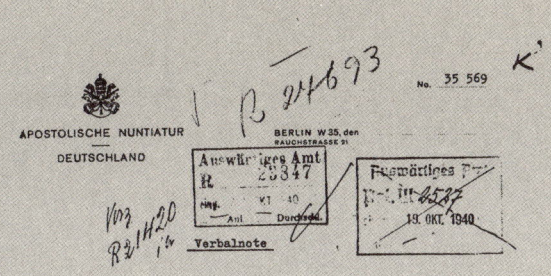

Die Apostolische Nuntiatur gestattet sich, das Auswärtige Amt ergebenst zu bitten, sich nach Möglichkeit über das Schicksal des Herrn Stanislaw Grossek zu erkundigen. Derselbe ist geboren am 2o.April 1907 zu Bralin, Kreis Gr.Wartenberg O/S. Von Beruf ist er Gymnasiallehrer und war Reserve-Offizier im polnischen Heere. Während des letzten Krieges geriet er in russische Gefangenschaft. Wenn seine Eltern richtig unterrichtet sind, befindet er sich im Gefangenlager Staro Bielsk bei Kiew. Im vergangenen März hat er auch auf einen Brief, den ihm die Familie unter dieser Adresse geschickt hatte, geantwortet. Ein weiterer Brief, der ihm durch die Vermittlung des Roten Kreuzes geschickt wurde, kam mit dem Vermerk zurück:"Verreist".

Die Apostolische Nuntiatur gestattet sich, das Auswärtige Amt um Nachrichten über Herrn Stanislaw Grossek zu bitten, und gibt zu erwägen, daß, da Herr Grossek in Oberschlesien geboren ist, das zum Deutschen Reich gehört, er bereits zu der Kategorie jener polnischen Soldaten gehört, die bei dem Gefangenenaustausch, der zwischen dem Reich und der U.R.S.S. stattgefunden hat, nach Deutschland gekommen sind, und sich vielleicht in einem Lager kriegsgefangener polnischer Soldaten befindet.

Berlin, den 18. Oktober 1940.

An das Auswärtige Amt
Berlin W8
Wilhelmstr. 74

Pol. Archiv, Rechtsabt. Bd. 14.

**12. Oktober 1940, Moskau. Telegramm der deutschen Botschaft
in Moskau an das Auswärtige Amt über die Rückkehr
von Volksdeutschen aus sowjetischer Kriegsgefangenschaft.**

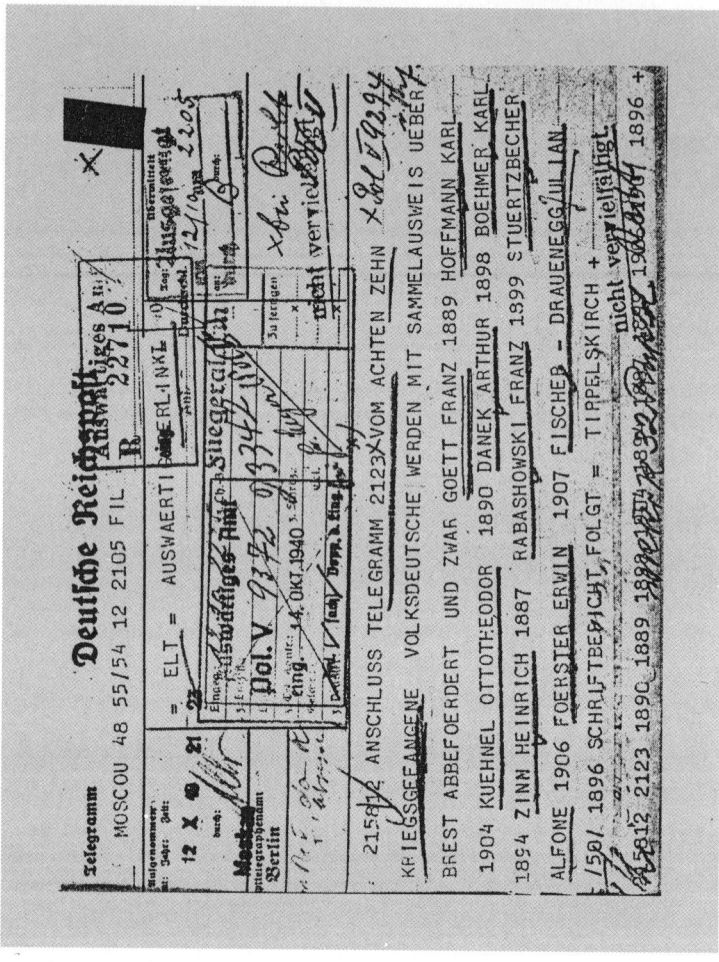

Pol. Archiv, Rechtsabt. Bd. 15.

16

**26. Oktober 1940, Berlin. Schreiben der Volksdeutschen
Mittelstelle an das Auswärtige Amt. In der Anlage
bittet Carl Karutz, Stadtoberverwaltungsrat von Pabianice,
um Unterstützung bei der Suche von volksdeutschen Offizieren
aus Litzmannstadt, die sich in sowjetischer Gefangenschaft
befinden.**

Pol. Archiv, Rechtsabt. Bd. 15.

Lieber Gruppenführer Pg. Panke!

Im Interesse und auf Bitten vieler volksdeutscher Familien möchte ich Ihnen folgendes hiermit vortragen: Es gibt in Litzmannstadt eine Anzahl von volksdeutschen Familien, deren Söhne als Reserveoffiziere dem früheren polnischen Heer angehörten. Ein Teil dieser volksdeutschen polnischen Reserveoffiziere wollte bei Ausbruch des Krieges nicht gegen die deutsche Wehrmacht kämpfen und zog es deshalb vor, in Richtung Osten zu fliehen. Hierbei geriet ein Teil von ihnen in russische Gefangenschaft und wurde zunächst in ein Gefangenenlager in Kosielsk interniert. Es muß hierbei bemerkt werden, daß diese Menschen sich ohne Arg von den Russen freiwillig gefangen nehmen ließen, in der durchaus begründeten Hoffnung, hier auf eine Macht zu stoßen, die den Deutschen und dem Deutschen Reich freundschaftlich gesinnt sei. Bis auf ganz wenige, vereinzelte Nachrichten sind den Angehörigen seit Beginn der Gefangenschaft keinerlei Lebenszeichen mehr zugegangen. Jedoch weiß man von entlassenen polnischen Soldaten ohne Dienstgrad, daß diese volksdeutschen polnischen Reserveoffiziere tatsächlich in Kosielsk gefangen gehalten worden sind. Seit einiger Zeit ist nun dieses Lager aufgelöst worden und sind die Insassen weiter in das Innere der Sowjet-Union verschickt worden. Man vermutet mit ziemlicher Gewißheit, daß sie in dem Baumwolldistrikt um Taschkent angesetzt worden sind.

Sie werden sich sicherlich vorstellen können, in welcher Sorge sich die Angehörigen hier befinden. Alle Schritte die bislang beim Auswärtigen Amt und beim Roten Kreuz unternommen worden sind, haben zu keinem Resultat geführt. Ich selbst habe seinerzeit in Berlin in dieser Angelegenheit mit dem Botschaftsrat im Auswärtigen Amt, Herrn Geheimrat Dr. Sethe verhandelt, der mir zwar versprach, Schritte bei der russischen Regierung zu unternehmen und von dem Resultat die Angehörigen oder mich zu benachrichtigen, dieses aber bislang nicht getan hat. Es kommt den hiesigen volksdeutschen Kreisen jetzt vor allen Dingen darauf an, positiv festzustellen, wohin die Insassen des früheren Lagers Kosielsk gebracht worden sind. Wäre nicht die Möglichkeit gegeben, mit Hilfe der Dienststellen des Obergruppenführer Pg. Lorenz näheres in Erfahrung zu bringen? Ich bitte Sie dringenst diese Frage doch einmal mit dem Obergruppenführer Lorenz zu besprechen, unter der Berücksichtigung, daß sie vielleicht vielen für das deutsche Volkstum wertvolle Familien durch Ihre Mithilfe große Freude und Hoffnung geben würden.

Ich glaube und hoffe gern, daß Sie sehr geehrter Pg. Gruppenführer Panke, schon im Rückblick auf die schönen Stunden, die wir in Hamburg gemeinsam verleben konnten, dieser Bitte Ihre wohlwollende Unterstützung leihen werden. Indem ich Sie bitte, mich Ihrer Frau Gemahlin bestens zu empfehlen, verbleibe ich mit bestem Gruß und

Heil Hitler

Ihr sehr ergebener
C. Karutz

17

29. Oktober 1940, Berlin. Antwort des Auswärtigen Amtes
auf die Bemühungen Prof. O. Vogts um Freilassung
von Dr. Mozołowski aus sowjetischer Gefangenschaft.

Durchdruck
Auswärtiges Amt

Berlin, den 29.Oktober 1940

R 23 405

    Die Rückführung des Herrn Dr.Mozolowski kann leider nicht
erfolgen, da die seinerzeitige Volksdeutschen-Umsiedlung und
die alle Nationalitäten umfassende, vom 15.April bis 5.Juni
durchgeführte Flüchtlingsaktion von der Sowjetseite als letzte
Übersiedlungsgelegenheit betrachtet wird – wobei auch auf eine
etwaige Verhinderung, davon Gebrauch zu machen, keine Rücksicht
genommen wird – und daß nunmehr keine Ausreisegenehmigungen
aus der UdSSR mehr erteilt werden.

               Der Reichsminister des Auswärtigen

An
   den Direktor des Neustädter   Im Auftrag
   Instituts der Deutschen Hirn-
     forschgesellschaft m.b.H.   gez. Lautz
 Herrn Professor O. V o g t
      Neustadt/Schwarswald

18

7. November 1940, Berlin. Schreiben des Auswärtigen Amtes an das Deutsche Rote Kreuz über den Austausch von Kriegsgefangenen mit der UdSSR.

Berlin, 7. November 1940   Zu R 23 535

An das Deutsche Rote Kreuz
Präsidium
In Berlin SW 61, Blücherplatz 2.
Auf die Schreiben vom 26. Sept. –
VIII/Ch-Ha./Pa. – und 22. Okt. d. J.
VII/Ch-Ha./MK –.
Betr. den polnischen Kriegsgefangenen
        Stanislaus Kasprzyk.
Ref. I.V. GK Lautz

Es wird erg. gebeten, der Karpathischen Elektrizitäts-A.G. in Borys-
law anheimzustellen, den Antrag auf Freilassung des in deutscher
Gefangenschaft befindlichen Stanislaus Kasprzyk über die Sowjetregierung zu stellen.

Die deutschen Behörden werden, falls die Sowjetregierung ein
Interesse für die Freilassung des K. zeigen sollte, dieser erklären,
daß die Entlassung nur erfolgen könne, wenn gleichzeitig ein in sowjetrussischer Gefangenschaft befindlicher volksdeutscher früherer polnischer Wehrmachtsangehöriger den deutschen Behörden
übergeben werde.

Es darf zur dortigen vertraulichen Unterrichtung bemerkt werden, daß die seit Anfang d. J. mit der Sowjetregierung geführten
Verhandlungen wegen des generellen Austauschs der in deutscher
Gefangenschaft befindlichen früheren polnischen Wehrmachtsan-
gehörigen, die in dem jetzt sowjetischen Gebiet des früheren Polen
beheimatet sind (Weißrussen und Ukrainer), gegen die in der Sowjetunion befindlichen ehemaligen polnischen Wehrmachtsange-
hörigen, die nach den zum Reiche gehörenden Gebieten zuständig
sind, ohne Erfolg geblieben sind, da die Sowjetbehörden die Übernahme der ihnen von deutscher Seite angebotenen Gefangenen abgelehnt haben.

I. A.
(gez.) Ref.

Pol. Archiv, Rechtsabt. Bd. 16.

19

**22. November 1940, Moskau. Verbalnote der Deutschen Botschaft
an das Volkskommissariat für Auswärtige Angelegenheiten.
Betrifft: Freilassung von Konrad Jung
aus dem Gefangenenlager Koselsk.**

Deutsche Botschaft (Durchdruck)
Nr. Kult 6b(SO) Jung, Konrad
1 Durchdruck
1 Übersetzung
Verbalnote.

Mit Verbalnoten vom 3. April und 13. September d. J. hatte die
Deutsche Botschaft das Volkskommissariat für Auswärtige Angelegenheiten gebeten, die Freilassung des am 18. November 1914 ge-
borenen Volksdeutschen Konrad Jung zu veranlassen, der im Verlaufe des Feldzuges in Polen in sowjetische Gefangenschaft geraten
und seinerzeit in das Gefangenenlager in Kozielsk Kr. Smolensk –
Anschrift: Postfach Nr. 12 – eingeliefert worden war. Auf diese Verbalnote hat das Volkskommissariat für Auswärtige Angelegenheiten
der Botschaft mit Verbalnote vom 5. November d. J. mitgeteilt, daß
den zuständigen Behörden der Aufenthaltsort des Konrad Jung
nicht bekannt sei. Die Botschaft beehrt sich, dem Volkskommissariat für Auswärtige Angelegenheiten hierauf folgendes zu erwi-
dern:

Wie die Botschaft bereits in ihrer Verbalnote vom 3. April d. J.
zum Ausdruck gebracht hat, hat sich Konrad Jung jedenfalls eine
Zeitlang in dem sowjetischen Gefangenenlager Kozielsk, Kr. Smolensk, befunden und dort die Anschrift Postfach 12 gehabt. Von
dort hat Konrad Jung seiner in Piastow wohnenden Mutter Nachricht gegeben, und zwar war die Nachricht vom November 1939
datiert und traf gegen Neujahr bei seiner Mutter ein. Es steht hiernach unzweifelhaft fest, daß sich Konrad Jung in Kozielsk in Gefangenschaft befunden hat. Falls er sich jetzt nicht mehr dort befindet,
muß durch Nachfrage bei der Leitung des Gefangenenlagers ermittelt werden können, wohin er seinerzeit gebracht worden ist, so
daß es auf diese Weise möglich sein muß, seinen jetzigen Aufenthaltsort festzustellen. Jedenfalls können sich die in Deutschland lebenden Angehörigen des Konrad Jung nicht mit der der Botschaft
erteilten Auskunft zufrieden geben, daß den örtlichen sowjetischen
Behörden sein Aufenthaltsort nicht bekannt sei. Die Botschaft bittet

daher das Volkskommissariat für Auswärtige Angelegenheiten bei den zuständigen Stellen, erneut Ermittlungen nach dem Verbleib des Volksdeutschen Konrad Jung in die Wege zu leiten und dafür einzutreten, daß er, sobald er aufgefunden ist, aus der Gefangenschaft freigelassen wird. Ferner wäre die Botschaft dankbar, wenn ihr demnächst eine Mitteilung über den Stand der Angelegenheit zugehen könnte.

Moskau, den 22. November 1940

Stempel

Pol. Archiv, Rechtsabt. Bd. 16.

3. Dezember 1940, Loslau O/S. Schreiben Maria Zemans an die Deutsche Botschaft in Moskau mit der Bitte um Hilfe bei der Ermittlung des Aufenthaltsortes ihres Mannes.

Loslau O/S, den 3.Dezember 1940

An die

Deutsche Botschaft

M o s k a u.

Frage höfl.an,ob irgend eine Nachricht über den Verbleib meines Mannes,des Kriegsgefangenen Rudolf Zeman,welcher in Kozielsk Gouvernement Smolensk,Rußland,in Gefangenschaft ist,eingetroffen ist. Habe seit 10 Monaten keine Nachricht von ihm.Vor 4 Wochen erhielt ich Briefe,welche ich meinem Mann sandte,aus Kozielsk ohne jeglichen Vermerk zurück.Bitte die Deutsche Botschaft um Hilfe bei der Ermittlung des Aufenthaltes meines Mannes.
Mit vielem Dank für die Bemühungen zeichne ich

Heil Hitler !

Maria Zeman
geb. Lippok
Loslau O/S b. Rybnik
Lindenwenkstr. 2.

R. 27943/40

Pol. Archiv, Rechtsabt. Bd. 16.

12. Februar 1941, Moskau. Botschafter von der Schulenburg über die Ergebnisse der Bemühungen um Rückführung von volksdeutschen Kriegsgefangenen aus der UdSSR.

Deutsche Botschaft   Moskau, den 12. Februar 1941
Tgb. Nr.   Kult 6 b (So)/In der Sowjet-Union
           befindliche Kriegsgefangene. –
3 Durchdrucke
Mit Beziehung auf die Erlasse des
Auswärtigen Amts, Abt. R-, betr. die
volksdeutschen Kriegsgefangenen,
sowie im Anschluß an den Bericht vom 29. 8. 40
Tgb. Nr.   Kult 6 b (So). –
Inhalt: Rückführung der in der UdSSR befind-
           lichen volksdeutschen Kriegsgefangenen. –

    Die ständigen Bemühungen der Botschaft, die Rückführung der noch auf dem Gebiet der UdSSR befindlichen volksdeutschen Kriegsgefangenen zu erreichen, haben bislang nur im geringen Umfange zu einem Erfolg geführt. In der weitaus überwiegenden Mehrzahl der anhängig gemachten Fälle haben die sowjetischen Stellen die deutscherseits gestellte Bitte um Freilassung und Heimschaffung der Kriegsgefangenen abgelehnt und zur Begründung angeführt, daß die betreffenden Personen keine Volksdeutschen seien oder aber daß ihr Aufenthaltsort nicht habe ermittelt werden können. Im einzelnen ergeben sich insoweit vorläufig folgende Zahlen:

    Bis zum jetzigen Zeitpunkt hat die Botschaft
    in Verbalnoten oder mittels übergebender
    Sammellisten die Rückführung von insgesamt rund   1.200
    ehemaligen polnischen Heeresangehörigen
    beantragt.
    Von diesen sind bisher lediglich   90
    zur Ausweisung angemeldet worden und nach   ‾‾‾‾
    Deutschland oder dem Generalgouvernement
    zurückgekehrt. Was die übrigen 1.110
    anbelangt, so hat sich angeblich bei   280
    der derzeitige Aufenthaltsort nicht
    feststellen lassen. Weitere 290   570
    werden nicht als Volksdeutsche aner-
    kannt. Bezügliche der restlichen   540

endlich liegt eine Stellungnahme des Volkskommissariats für Auswärtige Angelegenheiten noch nicht vor. Mit den vorstehend mitgeteilten Zahlen sind noch nicht alle volksdeutschen Kriegsgefangenen erfaßt. Mehrere Listen mit den Namen solcher Kriegsgefangener werden bei der Botschaft zur Zeit noch zusammengestellt. Daneben werden laufend weitere volksdeutsche Kriegsgefangene bekannt, die gleichfalls nach entsprechender Prüfung listenmäßig erfaßt und den Sowjetbehörden namhaft gemacht werden. Insgesamt dürften hierbei noch mehrere Hundert Kriegsgefangene in Betracht kommen.

Wie ich bereits in dem Bericht vom 29. August 1940 dargelegt habe, hat die Botschaft im Laufe des vergangenen Jahres in der Frage der Rückführung der noch auf dem Gebiet der UdSSR befindlichen Volksdeutschen, insbesondere der Kriegsgefangenen verschiedentlich sowohl persönlich wie schriftlich Schritte bei dem Volkskommissariat für Auswärtige Angelegenheiten unternommen und dabei stets auf die besondere Bedeutung hingewiesen, die wir diesem Fragenkomplex beimessen. Auf Grund des Erlasses des Auswärtigen Amts vom 23. Februar 1940 — R 2757 — war dem Volkskommissariat für Auswärtige Angelegenheiten bereits mit Memorandum vom 8. März 1940 mitgeteilt worden, daß es deutscherseits dringend erwünscht sei, wenn den volksdeutschen Kriegsgefangenen und Zivilflüchtlingen, deren Namen und Anschriften noch bekannt gegeben werden sollten, die Heimkehr ermöglicht würde. In den darauffolgenden Monaten wurden laufend Listen mit den Namen und Anschriften der Kriegsgefangenen übergeben und darüber hinaus zahlreiche Fälle auch in besonderen Verbalnoten anhängig gemacht. Da diese Bemühungen zu keinem Ergebnis führten, habe ich am 23. August v. J. dem damaligen Stellvertretenden Volkskommissar für Auswärtige Angelegenheiten Herrn Dekanosow das mit Bericht vom 29. August 1940 — Tgb. Nr. Kult 6b (So) — abschriftlich vorgelegte Memorandum betreffend die Freilassung und Rückführung der in sowjetischer Kriegsgefangenschaft befindlichen Volksdeutschen übergeben. Dieses Memorandum wurde vom Volkskommissariat für Auswärtige Angelegenheiten mit einem Memorandum vom 18. Oktober 1940 beantwortet (zu vgl. Bericht vom 24. Oktober 1940 — Kult 6b (So) — (Rückführung deutscher Reichsangehöriger und Volksdeutscher), in dem mitgeteilt wurde, daß von 1 044 namhaft gemachten Kriegsgefangenen bis zu dem damaligen Zeitpunkt nur 67 ehemals polnische Heeresangehörige ermittelt worden seien, von denen sich wiederum nur 14 als volksdeutsch erwiesen hätten. In der Folgezeit wurden sodann der Botschaft mehrere Verzeichnisse mit den Namen von uns benannter Kriegsgefangener übermittelt, welche die oben mitgeteilten Zahlen der zur Ausweisung zugelassenen und der übrigen, angeblich nicht ermittelten oder nicht als volksdeutsch anerkannten Kriegsgefangenen ergeben.

Die Gründe, die das Volkskommissariat für Auswärtige Angelegenheiten für seine Haltung in der Frage der Kriegsgefangenenheimschaffung angeführt hat, können m. D. die Zurückhaltung der weitaus überwiegenden Mehrzahl der von uns benannten Kriegsgefangenen nicht rechtfertigen. Diese gilt zunächst von der Erklärung, daß eine große Anzahl der Kriegsgefangenen nicht habe aufgefunden werden können. In die Listen der Botschaft sind stets nur solche ehemals polnische Heeresangehörige aufgenommen worden, von denen feststand, daß sie im Verlaufe des Feldzuges in Polen in sowjetische Gefangenschaft geraten waren. Die meisten von ihnen haben aus der Gefangenschaft geschrieben. Die Schreiben liegen zum Teil hier vor; wo das noch nicht der Fall ist, werden sie von den Angehörigen nachgefordert. Kriegsgefangene, die nicht selbst aus der Gefangenschaft geschrieben haben, sind dem Volkskommissariat für Auswärtige Angelegenheiten nur dann namhaft gemacht worden, wenn sich aus anderen Umständen, insbesondere aus Aussagen zurückgekehrter Gefangener, ergab, daß sie seinerzeit in sowjetische Gefangenschaft geraten waren. Die den deutschen Stellen bekanntgewordenen Anschriften der Gefangenen sind dem Volkskommissariat für Auswärtige Angelegenheiten in allen Fällen mitgeteilt worden. Die Tatsache, daß jetzt eine so große Anzahl von Kriegsgefangenen angeblich nicht aufgefunden werden kann, ist vielleicht bis zu einem gewissen Grade darauf zurückzuführen, daß, wie sich gezeigt hat, die Kriegsgefangenen recht häufig ihre Lager gewechselt haben. Die sich hieraus ergebenden Schwierigkeiten bei der späteren Aufenthaltsermittlung fallen jedoch ausschließlich den Sowjetbehörden zur Last, die den häufigen Wechsel der Unterbringung veranlaßt haben. Man wird daher deutscherseits die Auskunft, daß über den Verbleib dieser Kriegsgefangenen trotz angestellter gründlicher Nachforschungen nichts bekannt sei, m. E. nicht als abschließende Erledigung dieser Fälle ansehen können. Es dürfte vielmehr – zumindest in all den Fällen, in denen sich die Tatsache der Gefangennahme durch Schreiben der Gefangenen aus der Gefangenschaft urkundlich belegen läßt, zu erwarten sein, daß die Sowjetbehörden weitere, nötigenfalls umfangreichere Nachforschungen nach den Kriegsgefangenen, die in so großer Anzahl nicht spurlos verschwunden sein können, anstellen.

Was die Fälle anbelangt, in denen die Heimschaffung von Kriegsgefangenen mit dem Hinweis auf deren angeblich mangelnde deutsche Volkszugehörigkeit abgelehnt wird, so hält auch hier die sowjetische Argumentation m. E. einer Nachprüfung nicht stand. Zunächst ist bei der Mehrzahl der hier in Rede stehenden Kriegsgefangenen die Zugehörigkeit zum deutschen Volkstum von den deutschen Stellen nach vorheriger Prüfung einwandfrei festgestellt und bescheinigt worden. Viele von ihnen sind als deutsche Reichsangehörige geboren und haben im Weltkrieg im deutschen oder österreichischen Heer gekämpft. Einige haben ferner Angehörige, die jetzt in der deutschen Wehrmacht dienen. Wieder andere sind im ehemaligen Polen Mitglieder deutscher Vereinigungen und Verbände gewesen. Die deutscherseits getroffene Feststellung, daß es sich hier um Volksdeutsche handelt, erscheint in all diesen Fällen begründet. Daß sich volksdeutsche Kriegsgefangene in der Gefangenschaft häufig nicht als volksdeutsch bekannt haben, erklärt sich, wie bereits in dem Erlaß des Auswärtigen Amts vom 14. Dezember 1940 – Pol V 10652 – hervorgehoben wurde, daraus, daß diese Gefangenen andernfalls Terrorakte ihrer Mitgefangenen hätten befürchten müssen. Einer Inanspruchnahme solcher Kriegsgefangener als Volksdeutsche kann daher ihr damaliges Verhalten nicht entgegenstehen. Muß nach alledem die sowjetische Stellungnahme, die zahlreichen von uns als volksdeutsch angegebenen Kriegsgefangenen diese Eigenschaft abspricht, schon sachlich als nicht zutreffend bezeichnet werden, so dürfte darüber hinaus der Hinweis auf das angebliche Fehlen der Zugehörigkeit zum deutschen Volkstum – von den gleich erörternden wenigen Ausnahmefällen abgesehen – den Sowjetbehörden auch rechtlich keine Handhabe bieten, die Rückführung dieser Gefangenen abzulehnen. Die in den deutschen Kriegsgefangenenlisten verzeichneten Personen sind nämlich in überwiegender Mehrzahl in den neu eingegliederten deutschen Ostgebieten oder im Generalgouvernement beheimatet. Bei dieser Sachlage wird, wenn auch eine endgültige Regelung der Rechtsstellung des Generalgouvernements und seiner Bewohner noch nicht erfolgt ist, dem Deutschen Reich nicht die Berechtigung abgesprochen werden können, sich auch für solche aus jenen Gebieten stammende Kriegsgefangene einzusetzen, die, ebenso wie zahlreiche andere dort lebende Bewohner, nicht deutscher Herkunft sind. Es kann daher den Sowjetbehörden gegenüber bezüglich der in Deutschland oder im Generalgouvernement heimatzuständigen Personen auf die Frage ihrer Volkszugehörigkeit gar nicht ankommen. Da das ehemalige Polen nicht mehr besteht und das Generalgouvernement ausschließlich der deutschen Oberhoheit untersteht, muß das Deutsche Reich als befugt angesehen werden, die Belange des Generalgouvernements und seiner ständigen Bewohner in gleicher Weise zu vertreten, wie sie vordem der polnische Staat vertreten konnte. Hierfür dürfte im vorliegenden Fall besonders noch der im Artikel 20 der Haager Landkriegsordnung enthaltene Grundsatz sprechen, daß Kriegsgefangene »nach Friedensschluß binnen kürzester Frist in ihre Heimat entlassen werden sollen.« Diese Bestimmung, deren Inhalt heute unbedenklich als allgemein anerkannter Satz des Völkerrechts anzusehen sein dürfte, läßt — bei sinngemäßer Zugrundelegung des in ihr enthaltenen Grundgedankens — die Sowjetregierung gleichfalls als verpflichtet erscheinen, den Kriegsgefangenen nunmehr, nach definitiver Beendigung des Krieges in Polen, die Heimkehr ohne Rücksicht auf ihre Volkszugehörigkeit zu gestatten.

Dies bedeutet zunächst, daß die Sowjetbehörden die Freilassung und Rückführung der von uns als volksdeutsch bezeichneten Kriegsgefangenen, die in Deutschland oder im Generalgouvernement beheimatet sind, nicht mit der Erklärung ablehnen können, daß diese Kriegsgefangenen in Wahrheit keine Volksdeutschen seien. Ferner muß die Sowjetregierung aber auch als gehalten angesehen werden, diejenigen Kriegsgefangenen nichtdeutschen Volkstums freizugeben, die von deutscher Seite aus besonderen Gründen, z. B. als Angehörige von Beamten oder Angestellten des Generalgouvernements, in Anspruch genommen werden.

Wie ich bereits eingangs dargelegt habe, haben die Bemühungen der Botschaft in der Frage der Kriegsgefangenenheimschaffung bisher nur in ganz geringem Umfange zu einem positiven Ergebnis geführt. Die gemachten Erfahrungen lassen erkennen, daß die Sowjetregierung offenbar nicht geneigt ist, in dieser Angelegenheit den deutschen Wünschen entgegenzukommen. Die von ihr angeführten Gründe für die Zurückhaltung der Kriegsgefangenen müssen m. D. im wesentlichen als Vorwände angesehen werden. Hinzukommt, daß von deutscher Seite aus bereits in dem Memorandum vom 8. März 1940 (zu vergl. Bericht vom gleichen Tage – Tgb. Nr. A 1085/40) die Bereitwilligkeit zum Ausdruck gebracht wurde, die auf jetzt sowjetischem Gebiet beheimateten polnischen Kriegsgefangenen in Deutschland – insgesamt über 50 000 Ukrainer und Weißrussen den Sowjetbehörden zu übergeben. Ebenso wurde dem Volkskommissariat für Auswärtige Angelegenheiten mit Notiz vom 8. November 1940 mitgeteilt, daß die in Deutschland befindlichen polnischen Kriegsgefangenen litauischer Heimatzuständigkeit in die Litauische SSR zurückkehren könnten (zu vgl. Erlaß vom 26. 9. 1940 – R 19659 Ang. 2). Wenn auch der erstgenannte Vorschlag durch die Sowjetregierung seinerzeit nicht angenommen wurde (zu vgl. Bericht vom 8. Juli 1940 – Tgb. Nr. A/3106/40) – eine Stellungnahme zu dem zweiten liegt noch nicht vor –, so bleibt doch die Tatsache der deutscherseits erklärten Bereitwilligkeit zur Heimschaffung der fraglichen Kriegsgefangenen bestehen.

Unter den gegebenen Verhältnissen dürfte nur wenig Aussicht bestehen, daß eine nochmalige, den bisherigen Rahmen einhaltende Erörterung der Angelegenheit durch die Botschaft eine Änderung der ablehnenden Stellungnahme der Sowjetregierung herbeiführen wird, nachdem das Memorandum vom 27. August 1940 ebenso wie mehrere mündliche Unterredungen mit zuständigen Stellen im Volkskommissariat für Auswärtige Angelegenheiten ohne nennenswerten Erfolg geblieben sind. Vielmehr wird es gegebenenfalls darauf ankommen, die Sowjetregierung in anderer Weise zu interessieren, um sie zu einer entgegenkommenderen Haltung in dieser Frage zu bewegen.

Unter diesem Gesichtspunkt darf ich dem dortigen Ermessen anheimstellen, die Angelegenheit auch mit dem Botschafter der UdSSR in Berlin, Dekanosow, zu besprechen, dem ich im vergangenen Jahr das Memorandum vom 27. August übergeben habe und der, soweit hier bekannt, in seiner Eigenschaft als stellvertretender Volkskommissar für Auswärtige Angelegenheiten an der Sachbearbeitung maßgeblich beteiligt gewesen ist.

Die Hilferufe, die unaufhörlich von den Angehörigen der widerrechtlich und grundlos zurückgehaltenen Kriegsgefangenen sowie vereinzelt auch von diesen aus ihren Lagern und Gefängnissen an die Botschaft gelangen, lassen eine baldmögliche Lösung des ganzen Problems besonders dringlich erscheinen. Das Gleiche gilt für die Frage der Heimschaffung der verschleppten und verhafteten Volksdeutschen, über die die Botschaft zuletzt am 5. und 6. d. M.

berichtet hat (Kult 6b (So)/Gen., Kult 6b (So)/Gen/Rückführung von Volksdeutschen. (Unterschrift)

Pol. Archiv, Rechtsabt. Bd. 19.

22

27. Januar 1941, Danzig. Schreiben des aus sowjetischer Gefangenschaft freigelassenen Dr. Karl Böhmer an das Deutsche Rote Kreuz.

Abschrift.

z. Zt. Danzig, den 27. 1. 1941

An das
Deutsche Rote Kreuz   Berlin

Ihr Schreiben vom 16. 1. d. J. erhielt ich erst gestern, da ich jetzt gerade einige Zeit in Danzig weile (als Röntgenologe hospitiere ich am Zentralröntgeninstitut der Mediz. Akademie). Meine Antwort kommt daher etwas verspätet. Ich will versuchen, kurz auf die mir gestellten Fragen zu antworten.

Es sind mir während meines Aufenthaltes in der UdSSR einige zwanzig Deutsche begegnet, und wir hielten uns möglichst zusammen. Es fiel uns auch auf, daß man uns bei den sonst üblichen und plötzlichen Abreisen aus den Lagern zusammenließ. Am 12. August kam ich mit noch 9 Deutschen, alles Angehörige der früh. polnischen Armee, aus dem Lager in Griasociez? bei Wologda nach dem Gefängnis in Moskau. Von dort wurden wir am 31. Oktober nach Brest-Litowsk gebracht und auf der Bugbrücke den deutschen Militärbehörden übergeben. Die Namen der noch in der UdSSR verbliebenen mir bekannten Deutschen lauten: Stegemann, Stiller, Gläser, Holz Speichert, Triebe, Keepe, Ullrichs, Goleschny, Schreer, Albrecht, Zimmer, Tonn, Bauer. Es ist aber möglich, daß ich noch 2–3 Namen vergessen habe. Außer Albrecht, Ullrichs u. Goleschny befanden sich alle anderen in Griasociez. Der Aufenthalt der Letzteren ist mir nicht bekannt. Es mag aber noch Deutsche gegeben haben, die aus Angst oder von Polen terrorisiert sich fürchteten, als Deutsche zu gelten. Die Rückkehr meiner Gruppe ist auf Bemühungen der Deutschen Botschaft in Moskau zurückzuführen (über das Auswärtige Amt in Berlin). Briefe bekamen wir ab Ende April 1940 keine mehr ausgehändigt, wir durften zwar noch einmal schreiben, aber nach unserer Überzeugung kamen die Briefe aus dem Lager nicht heraus. So weit mir bekannt, hat auch niemand von den Angehörigen einen solchen erhalten. Der Gesundheitszustand der Gefangenen war eher gut zu nennen, es herrschten glücklicherweise keine Epidemien. Die Unterkünfte waren sehr primitiv, immer in früheren Klostern, Waschgelegenheiten fehlten. Dagegen wurde alle 10 Tage gebadet und die Kleidung kam in Heißluftofen. Die Verpflegung war kalorisch berechnet wohl gerade ausreichend, es fehlten aber vollständig Gemüse (außer Kohl). Ärztlich u. auch zahnärztlich wurden wir betreut. Es gab zu lesen und zwar die gesamte Weltliteratur. Bares Geld gab es keins. Die Behandlung mußte laut Vorschrift der Sowjetbehörden gut sein, und sie war es auch. Unangenehm waren die langen Eisenbahntransporte in den Gefängniswagen. Die Bewachung war außerordentlich streng. Ich glaube, daß auch die anderen Deutschen nach der Heimat zurückkehren werden, nur dauert die Erledigung ähnlicher Sachen in der Regel recht lange. Ich werde mich sehr freuen, wenn diese paar … dem D.R.K. von Nutzen sein könnten. Die außerordentliche Arbeit der Deutschen Behörden, die sich für uns unbekannte Männer eingesetzt haben, wird uns allen, die wir das Glück hatten, nach dem deutschen Heimatlande zurückzukehren, für alle Zeit unvergeßlich bleiben.

Heil Hitler!
gez. Dr. Karl Böhmer.
Litzmannstadt, Rudolf Heßstr. 21

Pol. Archiv, Rechtsabt. Bd. 19.

23

13. Februar 1941, Berlin. Schreiben des Auswärtigen Amtes an Himmler. Betrifft: Nachforschungen über den Aufenthalt des volksdeutschen Kriegsgefangenen R. A. Bethge.[1]

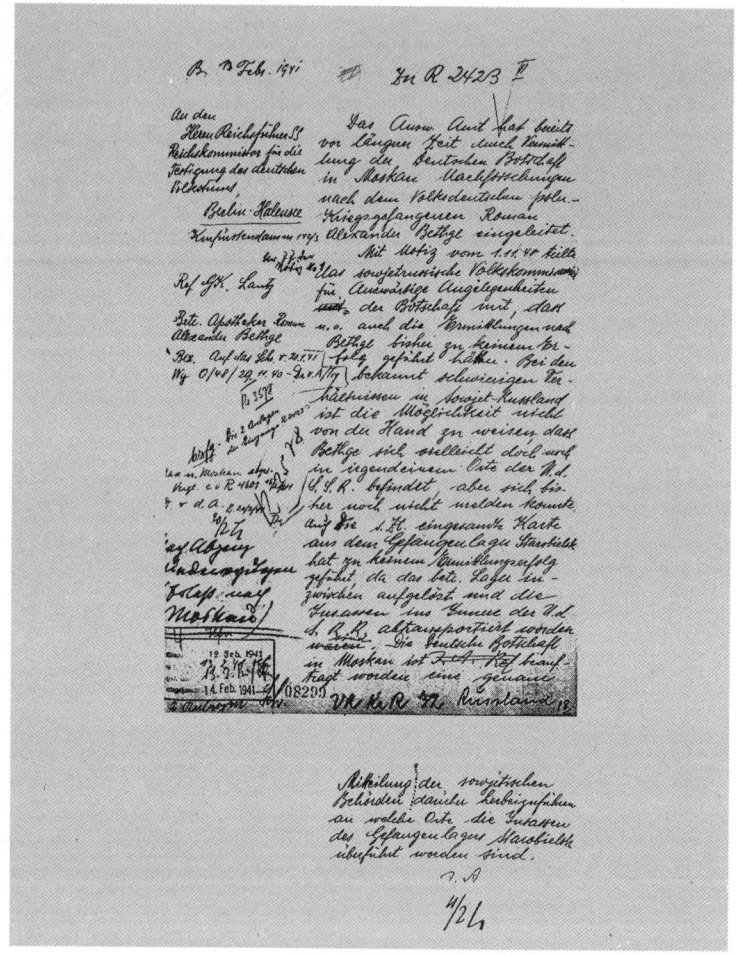

1 Bethge steht auf der Liste der vermißten polnischen Offiziere von Starobelsk.

Pol. Archiv, Rechtsabt. Bd. 19.

24

1941, Posen. Abschrift des Berichts von Richard Stiller nach seiner Rückkehr aus sowjetischer Gefangenschaft.

Abschrift.

Bericht
des Rußland-Rückkehrers Richard S t i l l e r über seine Erlebnisse in der russischen Gefangenschaft.

Nachdem ich in der Nacht vom 12. zum 13. September 1939 zusammen mit zwei anderen Offizieren des Garnisonkommandos Kraschnik kurz vor dem Einmarsch der deutschen Truppen in Kraschnik die Kaserne des ehemaligen polnischen 24. Ulanenregiments verlassen hatte, gelangten wir 3 Offiziere auf der Suche nach dem neuen Standort des Reserve-Kavallerieregiments der Posener Kavallerie-Brigade ... am 16. September 1939 nachmittags von den einmarschierenden russischen Truppen gefangen genommen wurden. Bis zum 25. September saßen wir mit 17 anderen Offizieren in einer 20 qm großen Zelle des dortigen Gerichtsgefängnisses. Die Bewachungsmannschaften waren in der ersten Zeit noch recht wild, die Verpflegung war seitens des Gefängnisses recht mangelhaft, doch litten wir keinen Hunger, da noch eigene Vorräte vorhanden waren, wenn zwar ich persönlich bei der Gefangennahme mein gesamtes Hab und Gut los geworden bin und so die ganze Gefangenschaft über an Kleidungsstücken lediglich die Drillichuniform, die ich auf dem Leibe hatte, zur Verfügung hatte. Am 25. September marschierten wir zu Fuß nach Sowjetrußland hinein, wurden in der ersten Nacht in dem Gefängnis in Slawuty untergebracht, wo wir die ganze Nacht über von russischen Politkommissaren hinsichtlich der paradisischen Zustände in Rußland beschwatzt wurden. Von Slawuty aus fuhren wir per Bahn nach dem Auffanglager Schopiotuwka, wo sowohl Unterbringungen wie Verpflegung unter aller Kritik waren. Dort fand auch die erste Registrierung statt, auf welcher ich natürlich genau so wie im Gefängnis meine deutsche Volkszugehörigkeit unterstrich. Von Sch. aus wurden die polnischen Soldaten in die Heimat abbefördert, während die Offiziere gesammelt und nach Innerrußland abgeschoben wurden. So wurden wir ca. 1 500 Offiziere am 29. September 39 verladen und nach einer ca. 2 300 km betragenden Eisenbahnfahrt, die uns über Kiejew, Homel, Briansk, Moskau, Jelec, Zubiansk in die Nähe von Suny im Kursker Gouvernement führte. Wir waren 32 Mann in einem 16½ Tonnen-Waggon. Warmes Essen erhielten wir nur in Kiejew Homel und Briansk. Sonst gab es nur Schwarzbrot mit etwas Fischkonserven, einigen Stückchen Zucker und ein einziges Mal auch ungefähr 50 gr. Butter, das letzte Mal, daß ich bis zu meiner Einlieferung ins Moskauer Gefängnis, wo wir uns etwas Margarine kaufen konnten, Fett in Form von Butter bekam. Unsere Reise war reichlich unorganisiert, da wir scheinbar in verschiedenen Lagern infolge von Überfüllung abgewiesen wurden. Am 8. Oktober wurden wir in einem Kloster in der Nähe von der Zuckerfabrik Tjotkin bei Sumy im Kursker Gouvernement untergebracht, wo wir bis zum 31. Oktober blieben. Wir lagen zu 16 Mann in einem ganz kleinen Zimmer auf dem Fußboden, die Verpflegung war reichlich einseitig, fast dauernd gab es Linsen, doch wurden Anstrengungen gemacht, uns den Aufenthalt im Lager einigermaßen zu gestalten. Vor allen Dingen hatten wir Gelegenheit in der Badeanstalt des nächsten Dorfes zu baden. Polizei- und Gendarmerieoffiziere wurden von uns getrennt, so daß wir am 1. November in Stärke von ca. 1 000 Mann die Reise in das bekannte Offiziersgefangenenlager Kozielsk bei Smolensk antraten. Kozielsk wurde nun unser Winterlager in Stärke von 4 000 Offizieren, 100 Zivilisten und 500 Fähnrichen und Soldaten. Die Unterbringung erfolgte in den Gebäuden des früheren Klosters, wir waren auf einige 20 Gebäude verteilt. Für Heizung war gesorgt worden, so daß wir den sehr kalten Winter /maximal minus 48° Celsius/ gut überstanden haben. Die Verpflegung war anfangs recht gut, mit Auffüllung des Lagers verschlechterte sie sich allerdings, war während des finnischen Feldzuges völlig unzureichend und wurde im Frühjahr wieder besser. Badegelegenheit war an Ort und Stelle, jedoch herrschte den ganzen Winter über erheblicher Wassermangel, so daß Verlausung und Verwanzung nicht zu vermeiden waren. Sanitär wurde für uns gesorgt, das Lazarett wurde ausschließlich von jüdischen polnischen Ärzten unter Sowjetleitung versehen. Jedoch war die gesamte Art der Unterbringung, Bewachung, Verpflegung usw. himmelweit von der Art der Gefangenschaft der polnischen Offiziere in Deutschland verschieden. Radio und auch Zeitungen wurden uns zur Verfügung gestellt, so daß man über die laufenden Ereignisse im Bilde war. Die öffentliche Meinung und der gesamte Nachrichtendienst befand sich in jüdisch-polnischen Händen, so daß der Hetzpropaganda natürlich

Tür und Tor geöffnet waren, die wir Deutsche nach Eintreffen der ersten Briefe aus der Heimat zu fühlen bekamen. Ich selbst traf den ersten Deutschen, den Oberleutnant Glaeser aus Kattowitz am 9. November 1939 und reichte auf sein Anraten hin am gleichen Tage ein Gesuch an die Deutsche Botschaft in Moskau mit der Bitte um die Absendung in die Heimat zu Händen der russischen Lagerbehörde ein. Dieses Gesuch wurde natürlich sofort den Polen zugeleitet, so daß man in Zukunft als »Hochverräter« hingestellt wurde /Aufnahme der Verbindung mit dem Feinde während des Krieges/. Jedoch lernte ich durch Bekanntwerden meines Gesuches einen zweiten Deutschen, Leutnant Karl Hoffmann aus Pudziajuw in Ostgalizien kennen, so daß wir also eine kleine deutsche Lagergemeinschaft hatten. Am 21. November fand die erste offizielle Registrierung der polnischen Offiziere und Soldaten deutscher Volkszugehörigkeit statt, so daß ich den ersten Brief in die Heimat, den wir am 24. November schreiben durften, voller Hoffnung auf eine baldige Rückkehr schrieb. Am 4. Dezember reichten wir drei Deutsche ein nochmaliges Gesuch ein, welches das gleiche Schicksal wie das erste erlitt, und zudem auch nicht weitergegeben wurde. Am 9. Februar 1940 fand die zweite Registrierung der Deutschen statt, derzufolge wir auf einige 20 Köpfe angewachsen waren, wozu dann noch einige Polen kamen, die inzwischen auch ihr deutsches Herz entdeckt hatten, zumal wir immer mehr auf eine bevorzugte Behandlung der Volksdeutschen in der Heimkehrfrage rechnen konnten. In den Monaten Januar/April wurde uns nochmals Gelegenheit gegeben, je einen Brief zur Absendung zu bringen, jedoch sind nur noch die Januarbriefe befördert worden. Die übrigen wurden sicherlich zu Auskunftszwecken zurückbehalten, wie auch besonders bemerkenswert der Vorschlag der russischen Lagerbehörde war, sich doch mit dem neutralen Ausland zwecks Abschickung in Verbindung zu setzen. Die NKWD wollte dadurch natürlich nur Material über die Verbindungen der einzelnen Offiziere in die Hände bekommen. Gearbeitet wurde in dem Lager verhältnismäßig wenig, so daß die Zeit oft recht lang wurde. Erregt wurden die Gemüter natürlich seit Beginn des Norwegenfeldzuges und je mehr Deutschland siegte, umso mehr wurden wir mit Haß verfolgt, der seinen Ausdruck in Fehmegerichten, Rollkommandos gegen uns Deutsche, »gesellschaftlicher Boykottierung« usw. fand. Vom 3. April ab bis zum 12. Mai wurde das Lager durch Abtransport kleinerer Trupps aufgelöst, von deren Verbleib natürlich nichts in Erfahrung zu bringen war. Wir Deutsche wurden als letzter Transport mit den anderen Minderheiten in das ca. 80 km entfernte Lager Pawlischt-schew Bor gebracht, eine frühere große Begüterung, wo wir in den umgebauten Wirtschaftsgebäuden untergebracht wurden. Wohnung und Verpflegung war erheblich besser als in Kosielsk. Durch ganztätige Arbeit (Instandsetzung des Lagers) und Gartenarbeiten wurde der allgemeine Aufenthalt angenehmer. Zudem wurden wir dort mit Deutschen aus anderen Lagern zusammengebracht, so daß wir ca. 10 % der 380 Mann starken Lagerbelegschaft ausmachten. Die Zeit verging uns wie im Fluge, da wir frohen Herzens die Siegesmeldungen aus dem Westen vernehmen konnten, so daß wir selbst erheblich beruhigter in die Zukunft schauen konnten, als es noch in Kosielsk der Fall war. Natürlich wurde die Einstellung der Polen eine immer gereiztere, die sich natürlich in knapperer Essenszuteilung bemerkbar machte. Kurz nachdem wir zu je 10 Mann Einzelzimmer in einem größeren Wohnblock bezogen hatten, wurden wir jedoch am 13. Juni plötzlich nach dem Lager Grjazowiec, ca. 400 km nördlich von Moskau im Gouvernement Wologda verladen, wo wir am 18. Juni eintrafen. Die Fahrt ging in den sogenannten Stolipinskis, nach dem früheren Justiz- oder Innenminister Stolopin (Stolypin – *der Hrsg.*) benannt, vonstatten. Am 16. Juni vernahmen wir auf einem Moskauer Verschiebebahnhof die Freudenbotschaft von der Einnahme von Paris. Der Aufenthalt in Grjazowiec war an und für sich angenehm zu nennen, die klimatischen Bedingungen waren sehr günstige, das Lager selbst in alten Klostergebäuden in einer Wiesenschlenke an einem Flüßchen untergebracht, so daß viel Gelegenheit zum Freiluftleben gegeben war. Unterkunft und Verpflegung waren gut zu nennen. Verpflegung sogar recht gut für diejenigen, die sich freiwillig laufend zu Wegebauarbeiten verpflichteten, was bei uns Deutschen ausnahmslos der Fall war. In Grjazowiec erfolgte meine erste ausführliche Vernehmung, die sich jedoch ausschließlich mit meinem Lebenslauf befaßte, wobei man mir jedoch – auch hier wieder – das größte Augenmerk auf die Auslandsverbindungen legte. Der Zusammenbruch Frankreichs schaffte im Zusammenleben mit den Polen unerträgliche Verhältnisse, so daß es in G. zu den verschiedensten Reibereien mit Polen kam. Am 9. August erfolgte der Abtransport von erstmalig 10 Volksdeutschen, über deren Reiseziel wir damals nichts wußten, heute jedoch wissen, daß sie am 6. November nach einem 3 monatigen Gefängnisaufenthalt aus der Sowjetunion abgeschoben wurden. So wußte ich am 26. September, als auch ich zusammen mit einem polnischen Polizeibeamten aus dem Lager abtransportiert wurde, nicht, wie sich mein Geschick gestalten würde, hoffte, daß es in die Heimat geht, ahnte aber auch, daß es zu irgendeiner Vernehmung ins Gefängnis gehen sollte. Ich täuschte mich auch keineswegs darin, denn ich fand mich in der weltberühmten Lubjanka in Moskau wieder. Dort weilte ich 3 Tage und wurde im Morgengrauen des 1. Oktober in die Butyrin (Butyrka — *der Hrsg.*) überführt, wo ich in Zelle 97 die oben erwähnten 10 Volksdeutschen wiedersah, die am 30. Oktober die Zelle verließen. Meine Hoffnung, deren Geschick zu teilen, erfüllte sich nicht. Ich mußte noch bis zum 27. Dezember ausharren, an welchem Tage mir abends um 10 Uhr seitens eines Politkommissars eröffnet wurde, daß der außerordentliche Gerichtshof der Sowjetunion mich zur Abschiebung nach Deutschland verurteilt hätte. Der Gefängnisaufenthalt vor der Abschiebung ist scheinbar eine durch die russischen Gesetze bedingte Notwendigkeit. Am 28. Dezember 1940 wurde ich noch mit 2 volksdeutschen Zivilgefangenen nach Brestlitowsk abgeschoben, von wo wir am 31. Dezember das erste Mal zur Grenze gebracht wurden, auch bereits den Zoll passiert hatten, jedoch infolge irgendwelcher Unstimmigkeiten wieder ins Gefängnis zurücktransportiert wurden. Am 3. Januar 1941 nachmittags 3 Uhr schlug auch für mich die Stunde der Befreiung, als wir 13 Volksdeutsche 6 Kriegsgefangene, 1 Wohlhynienflüchtling, 1 Kriegsgefangener 1914/18, 2 Politemigranten, zwei Frauen und zwei Kinder die Bugbrücke bei Brestlitowsk überschritten und von den deutschen Zoll- und Sicherheitsbehörden in Empfang genommen wurden. Nun war das Wahrheit geworden, woran man in den Monaten der Gefangenschaft im Gefängnis schon so manchmal zu zweifeln begann, wo man abgeschlossen von aller Welt mit den Schicksalsgenossen alle Möglichkeiten erwog, mit denen uns die Russen überraschen könnten. Wir Rußland-Heimkehrer sind erfüllt von heißestem Danke gegenüber unserem Großdeutschen Vaterlande, dem wir allein die Rückkehr von dort verdanken und bilden bestimmt ein Element, welches in der Aufbaufront zu den freudigsten Mitkämpfern gerechnet werden kann.

Pol. Archiv, Pol. V 611/1–8.

25

**26. März 1941, Moskau. Schreiben der Deutschen Botschaft
in Moskau an das Auswärtige Amt über Nachforschungen
nach dem jetzigen Aufenthaltsort von Kriegsgefangenen
aus Koselsk und Starobelsk.**

Deutsche Botschaft   Moskau, den 26. März 1941

Tgb. Nr. Kult 6 b (So)/gen. –

1 Durchdruck

Auf die Erlasse vom 10. und 16. 2. 41

R 3777, R 4601 I 461 –

Inhalt: In der Sowjet-Union befind-
        liche Kriegsgefangene. –

Die Botschaft hatte sich bereits auf Grund des Erlasses vom
13. September 1940 – R 19040 – an das Volkskommissariat für Auswärtige Angelegenheiten gewandt und darauf hingewiesen, daß
seit einiger Zeit in zahlreichen Fällen jede briefliche Verbindung
zwischen den in sowjetischer Gefangenschaft befindlichen Kriegsgefangenen und ihren im Generalgouvernement bzw. im Deutschen Reich wohnenden Familien unterbrochen sei. Die Botschaft
hatte deshalb gebeten, dafür Sorge zu tragen, daß den Kriegsge-
gangenen und ihren in Deutschland bzw. im Generalgouvernement lebenden Angehörigen wieder die Möglichkeit zu einem uneinge-
schränkten Briefverkehr gewährt werde. In Verfolg des Drahterlas-
ses vom 18. November 1940 Nr. 2095 hatte die Botschaft dann das
Volkskommissariat für Auswärtige Angelegenheiten unter Überrei-
chung einer Notiz gebeten, Feststellungen zu treffen, wohin die Insassen der aufgelösten Gefangenenlager Koselsk und Starobelsk
gebracht worden seien, und die Botschaft von dem Ergebnis in
Kenntnis zu setzen. Während die erste Verbalnote unbeantwortet
geblieben ist, hat das Volkskommissariat für Auswärtige Angelegenheiten der Botschaft in Beantwortung der letztgenannten Notiz mitgeteilt, daß diese Notiz als Unterlage für weitere Schritte des Volkskommissariats für Auswärtige Angelegenheiten nicht benutzt
werden könne. Falls die Botschaft die Rückführung bestimmter Personen erbäte, müßten diese Personen namentlich mit ihrem jetzigen Aufenthaltsort aufgeführt werden. Angesichts dieser Stellungnahme des Volkskommissariats für Auswärtige Angelegenheiten
dürften weitere Schritte zur Ermittlung des Aufenthalts der in den

Kriegsgefangenenlagern Koselsk und Starobelsk untergebracht gewesenen volksdeutschen Kriegsgefangenen nach Auffassung der Botschaft als aussichtslos anzusehen sein. Die Botschaft hat deshalb davon abgesehen, in der Angelegenheit nochmals an das Volkskommissariat für Auswärtige Angelegenheiten heranzutreten.

Im Auftrag
(Unterschrift)

Pol. Archiv, Rechtsabt. Bd. 20.

26

**13. April 1943, Berlin. Schreiben des Leiters
der Kulturpolitischen Abteilung des Auswärtigen Amtes F. A. Six
an das Büro des Reichsaußenministeriums
über die Entdeckung der Massengräber in Katyn.**

Eilt

Sofort vorlegen

Am 13. April 22.30 rief stellvertretender Leiter Abteilung Ausland des Reichspropagandaministeriums Ministerialrat Gregory und kurz darauf Ministerialdirektor Berndt die Kulturpolitische Abteilung Prof. Six an und gab im Auftrag von Reichsminister Dr. Goebbels folgendes zur Kenntnis: In der Gegend von Smolensk wurde eine GPU-Richtstätte aufgedeckt. In einer Reihe von Massengräbern wurden 12 000 polnische Offiziere gefunden. Es handelt sich dabei um sämtliche polnische Offiziere, die den Sowjets bei der Besetzung Ostpolens in die Hände gefallen sind. Es waren an Militär insgesamt 12 000 Offiziere und 300 000 Mann. Von diesen 300 000 Mann sind 10 000 Mann in Iran eingetroffen, jedoch keine Offiziere.[1] Diese in Iran angekommenen Soldaten wissen auch nichts von dem Verbleib ihrer Offiziere. Diese Offiziere waren zuerst untergebracht in dem Gefangenenlager Posbelsk.[2] Die polnischen offiziellen Stellen haben mit ihnen Verbindung gehabt bis April 1940, dann ist die Verbindung abgerissen. Über ihren weiteren Verbleib liegen jetzt Vernehmungen der damit beschäftigten Eisenbahner und Ortseinwohner vor, die die Ankunft der Offiziere beobachtet haben. Die Offiziere wurden nach ihren Aussagen täglich in größeren Gruppen angebracht und dann erschossen. Die Ausgrabungen haben gezeigt, daß alle Offiziere im Besitz ihres Koppelzeuges, ihrer Erkennungsmarke, ihrer Orden und Papiere geblieben sind, so daß sie einzeln zu identifizieren sind. Zu den Ausgrabungen wurden das Polnische Rote Kreuz und Abordnungen polnischer Wissenschaftler, Ärzte, Künstler und Industrieller beigezogen. Der Führer habe nun Befehl gegeben, die Angelegenheit in der gesamten Welt mit allen zur Verfügung stehenden Mitteln auszuwerten. Durch Reichsminister Dr. Goebbels sind für 14. April Presse und Film informiert worden. Reichsminister Goebbels bittet

1 Fehlinformation. In der polnischen Armee, die aus der UdSSR in den Iran evakuiert wurde, waren auch Offiziere.
2 muß heißen: Koselsk

nun darum, daß seitens des Auswärtigen Amts das Internationale Rote Kreuz zur Exhumierung der Leichen der letzten großen Massengräber durch Entsendung einer Kommission beigezogen wird. Da die Ausgrabungsarbeiten sehr weit fortgeschritten seien und mit Rücksicht auf die fortgeschrittene Jahreszeit mit einem Zerfall der Leichen zu rechnen sei, wäre eine beschleunigte Einleitung der Einladungen des Internationalen Roten Kreuzes erforderlich.

Ich bitte um Weisung.

Six

Akten zur deutschen auswärtigen Politik, Serie E, Bd. 5, S. 579/580.

**14. April 1943, Berlin. Schreiben des Leiters
der Auslandsorganisation der NSDAP Bohle an Himmler
über die mögliche Einladung General Sikorskis
als Privatperson nach Katyn.**

GAULEITER BOHLE   Berlin, den 14. April 1943
Leiter   EWB/Ha.
der Auslands-Organisation   Streng vertraulich!
der NSDAP

Sehr verehrter Reichsführer!

Betr.: Ermordung polnischer Offiziere bei Smolensk.

Ein auslandsdeutscher Parteigenosse hat im Zusammenhang mit
der propagandistischen Auswertung des Massenmordes an polnischen Offizieren eine Anregung an mich gelangen lassen, die ich
wie folgt formulieren möchte:

Die Reichsregierung oder der Reichspropagandaminister machen öffentlich das Angebot an die Regierungen der Feindmächte,
sich durch die Entsendung von sachverständigen Ärzten bzw. Gerichtsmedizinern von dieser beispiellosen Greueltat der Bolschewisten zu überzeugen; selbstverständlich mit der Zusicherung freien
Geleits. Darüber hinaus wäre zu erwägen, Herrn Sikorski als Pri-
vatmann ebenfalls unter freiem Geleit die Gelegenheit zu geben,
an der Identifizierung der ermordeten polnischen Offiziere teilzunehmen.

Es ist klar, daß die Regierungen der Feindmächte das Angebot
nicht akzeptieren und auch Herrn Sikorski, der es wahrscheinlich
annehmen möchte, nicht ausreisen lassen werden. Ich glaube
aber, daß die propagandistische Wirkung eines solchen Angebotes
in der Weltöffentlichkeit ungeheuer groß wäre, zumal Herr Sikorski im Kreml mit allen seinen Nachfragen nach dem Verbleib
der gefangengenommenen Offiziere abgeblitzt ist. Außerdem wäre
es sicher eine gute Propaganda, durch die Identifizierung der Ermordeten den Angehörigen, die zweifellos in großer Zahl ins Ausland geflüchtet sind, Gewißheit über das Schicksal ihrer Männer
zu geben.

Ich habe jedenfalls nicht versäumen wollen, diese Anregung an
Sie weiterzuleiten.

Heil Hitler!
Ihr
(Unterschrift)
SS-Gruppenführer

National Archives T-175, Rolle 277.

22. April 1943, Feld-Kommandostelle. Schreiben Himmlers an Ribbentrop. Betrifft: Einladung General Sikorskis nach Katyn.

Tgb. Nr.

RF/Bn

22. April 1943.

Feld-Kommandostelle

Lieber Ribbentrop!

Zur Angelegenheit im Walde von Katyn kommt mir der Gedanke, ob wir nicht die Polen in eine scheußliche Lage versetzen würden, wenn wir Herrn Sikorski unter Zusicherung freien Geleites über Spanien einladen würden, mit einer von ihm zu wählenden Begleitung nach Katyn zu fliegen, um sich von den Tatsachen selbst zu überzeugen.

Es ist nur ein Gedanke von mir, der vielleicht nicht durchführbar ist. Ich wollte ihn Dir aber doch mitteilen.

Heil Hitler!
Dein
(Unterschrift)

National Archives T-175, Rolle 277.

29
24. April 1943, Feld-Kommandostelle.
Schreiben Himmlers an Bohle.
Betrifft: Vorschlag General Sikorski nach Katyn einzuladen.

Der Reichsführer-SS   24. April 1943.
Tgb. Nr.   Feld-Kommandostelle
RF/Bn
<u>Betr.</u>: Ermordung polnischer Offiziere bei Smolensk.

<u>Einschreiben!</u>

Gauleiter Bohle
<u>Berlin-Wilmersdorf</u>, Westfälische Str. 1
Lieber Parteigenosse B o h l e !
   Besten Dank für Ihren Brief vom 14. 4. 1943. Ihre Anregung betr.
die Ermordung polnischer Offiziere hat mich insofern interessiert,
als ich dieselbe Anregung von mir aus schon an den Herrn Reichsaußenminister gegeben habe. Ob sie durchführbar ist, weiß ich
allerdings nicht.

Heil Hitler!
Ihr
(Unterschrift)

National Archives T-175, Rolle 277.

30

**26. April 1943, Fuschl. Antwort Ribbentrops an Himmler.
Betrifft: Einladung General Sikorskis nach Katyn.**

DER REICHSMINISTER DES AUSWÄRTIGEN

Fuschl, den 26. April 1943

Lieber Himmler!

Besten Dank für Deine Zeilen vom 22. April, in denen Du den Gedanken äußerst, ob wir nicht Herrn Sikorski zu einem Flug nach Katyn einladen sollten. Ich gebe zu, daß dieser Gedanke unter propagandistischen Gesichtspunkten zunächst etwas verlockendes hat, jedoch sind die grundsätzlichen Gesichtspunkte für die Behandlung der polnischen Frage, die jedweden Kontakt mit dem Chef der polnischen Emigrantenregierung für uns zur Unmöglichkeit machen, doch so wichtig, daß sie nicht zugunsten einer im Augenblick vielleicht ganz verlockenden Propagandaaktion außer acht gelassen werden dürfen.

Mit herzlichem Gruß und
Heil Hitler!
stets Dein
Ribbentrop

An den
Reichsführer SS Heinrich Himmler
Berlin

National Archives T-175, Roll 277.

31

28. April 1943, Bern. Aufzeichnung des deutschen Gesandten in der Schweiz an das Auswärtige Amt über die Haltung Prof. Burckhardts vom Internationalen Roten Kreuz zu Katyn.

Aufzeichnung

Professor Karl Burckhardt, mit dem ich kürzlich nach Stuttgart geflogen bin, kam u.a. auch auf die von uns erbetene Mitwirkung des Internationalen Komitees bei der Aufklärung der Vorfälle von Katyn zu sprechen. Er hielt es für wahrscheinlich – das Komitee hat sich inzwischen bekanntlich auch in diesem Sinne ausgesprochen –, dass das Komitee von seinem Grundsatz nicht werde abgehen können, Untersuchungen nur dann vorzunehmen, wenn sämtliche interessierte Parteien damit einverstanden sind. Prof. Burckhardt bemerkte, dass die ganze Angelegenheit dem Komitee ziemlich "unangenehm" sei, da es ihm mit viel Mühe gelungen sei, mit der Russischen Regierung in der Frage der Auskunft über Kriegsgefangene in Kontakt zu kommen und zu diesem Zweck einen Beauftragten nach Teheran zwecks Fühlungnahme mit den russischen Behörden entsandt habe. Die Bemühungen des Komitees, von denen sich Prof. Burckhardt einen gewissen Erfolg zu versprechen schien, würden natürlich restlos scheitern, falls zwischen dem Komitee und der Russischen Regierung aus der Angelegenheit Katyn eine Misstimmung entstehen sollte.

Prof. Burckhardt bat, seine Mitteilung über die Fühlungnahme des Komitees mit den russischen Behörden in der Kriegsgefangenenfrage einstweilen noch vertraulich zu behandeln.

Bern, den 28. April 1943.

E424367

Hiermit
über Herrn Botschaftsrat Kordt
Herrn Minister
vorzulegen

Pol. Archiv, Bern 793/7.

205

**3. Mai 1943, Berlin. Schreiben Dr. L. Contis an Ribbentrop
über die Ermittlungen der internationalen Ärztekommission
in Katyn.**

Abschrift.

Der Reichsgesundheitsführer   Berlin W 35, den 3. Mai 1943
                                      Tiergartenstr. 15

An den
Herrn Reichsaußenminister
Berlin

Sehr verehrter Herr Minister!
Mit Ihrem Einverständnis haben auf meine Einladung führende Ge-
richtsmediziner der europäischen Staaten die Massengräber von
Katyn einer sachkundigen Besichtigung und Prüfung unterzogen.

Das einmütig unterschriebene Protokoll dieser sehr angesehenen
ausländischen Fachärzte bestätigt in vollem Umfange die deutschen
Feststellungen.

Ich darf es Ihnen, dem ausdrücklichen Wunsche dieser ausländischen Wissenschaftler entsprechend, überreichen und mitteilen,
daß die Unterzeichneten damit einverstanden sind, daß dieses Protokoll zur Aufdeckung und Bekanntgabe der Wahrheit von maßgeb-
licher Stelle des deutschen Reiches verwendet wird.

Heil Hitler!
Ihr
gez. Dr. L. Conti

National Archives T-175, Rolle 277.

33
4. Mai 1943, Berlin. Dr. L. Conti übermittelt Himmler
das Protokoll der internationalen Ärztekommission
vom 30. April 1943.

Der
Reichsgesundheitsführer

Verbindungsstelle
Berlin W 35, den 4. Mai 1943
Tiergartenstr. 15
Fernruf: 21 90 01
Tgb. Nr. 960/43 Dr. C/Wo.

An den
Reichsführer-SS Heinrich Himmler
Berlin SW 11
Prinz-Albrecht-Str. 8.

Reichsführer!

Beiliegend darf ich Ihnen mit der Bitte um Kenntnisnahme das Protokoll über Katyn und Abschrift meines Begleitbriefes übersenden, mit dem ich das von den einzelnen Mitgliedern der ausländischen Ärztekommission unterschriebene Protokoll dem Herrn Reichsaußenminister zugeleitet habe.

Ich darf bei dieser Gelegenheit erwähnen, daß die Möglichkeit, in kürzester Frist ein einheitliches Gutachten führender ausländischer Gerichtsmediziner zu erhalten, um es politisch auswerten zu können, meiner langjährigen gesundheitspolitischen Arbeit in den europäischen Staaten zuzuschreiben ist. Ich verfüge heute über Stützpunkte und Ärzte von erheblichem Einfluß und erheblicher Bedeutung zur Gewinnung eines Bildes über die Lage in fast allen europäischen Ländern.

Heil Hitler!
gez. Dr. L. Conti
SS-Gruppenführer

National Archives T-175, Rolle 277. Protokoll der internationalen Ärztekommission. In: Amtliches Material zum Massenmord in Katyn.

Protokoll der Internationalen Ärztekommission

z. Z. Smolensk, den 30. April 1943

Protokoll,

aufgenommen anläßlich der Untersuchung von Massengräbern polnischer Offiziere im Walde von Katyn bei Smolensk, die durch eine Kommission führender Vertreter der Gerichtlichen Medizin und Kriminalistik europäischer Hochschulen und anderer namhafter medizinischer Hochschullehrer durchgeführt wurde.

In der Zeit vom 28. bis 30. 4. 1943 hat eine Kommission führender Vertreter der Gerichtlichen Medizin und Kriminalistik europäischer Hochschulen und anderer namhafter medizinischer Hochschullehrer die Massengräber polnischer Offiziere im Walde von Katyn bei Smolensk einer eingehenden wissenschaftlichen Untersuchung unterzogen.

Die Kommission bestand aus folgenden Herren:

1. Belgien: Dr. Speleers, ord. Professor der Augenheilkunde an der Universität Gent
2. Bulgarien: Dr. Markov, ord. Dozent für gerichtliche Medizin und Kriminalistik an der Universität Sofia
3. Dänemark: Dr. Tramsen, Prosektor am Institut für gerichtliche Medizin in Kopenhagen
4. Finnland: Dr. Saxén, ordentlicher Professor der pathologischen Anatomie an der Universität in Helsinki
5. Italien: Dr. Palmieri, ord. Professor der gerichtlichen Medizin und Kriminalistik an der Universität Neapel
6. Kroatien: Dr. Miloslavich, ord. Professor der gerichtlichen Medizin und Kriminalistik an der Universität Agram
7. Niederlande: Dr. de Burlet, ord. Professor der Anatomie an der Universität in Groningen
8. Protektorat Böhmen und Mähren: Dr. Hájek, ord. Professor der gerichtlichen Medizin und Kriminalistik in Prag
9. Rumänien: Dr. Birkle, Gerichtsarzt des rumänischen Justizministeriums und erster Assistent am Institut für gerichtliche Medizin und Kriminalistik in Bukarest
10. Schweiz: Dr. Naville, ord. Professor der gerichtlichen Medizin an der Universität Genf

11. Slowakei: Dr. Šubik, ord. Professor der pathologischen
                  Anatomie an der Universität in Preßburg, Chef
                  des staatlichen Gesundheitswesens der Slowakei
12. Ungarn: Dr. Orsós, ord. Professor der gerichtlichen Medi-
                  zin und Kriminalistik an der Universität Budapest
Bei den Arbeiten und Beratungen der Delegation waren ferner
anwesend:

1. der vom Oberkommando der Deutschen Wehrmacht mit der Leitung der Ausgrabungen in Katyn beauftragte ord. Professor der
   gerichtlichen Medizin und Kriminalistik an der Universität Breslau, Dr. Buhtz,
2. Médicin-inspekteur Dr. Costedoat, der vom Chef der französischen Regierung beauftragt worden war, den Arbeiten der Kommission beizuwohnen.

Die vor kurzem zur Kenntnis der deutschen Behörden gekom-
mene Entdeckung von Massengräbern polnischer Offiziere im
Walde von Katyn bei Smolensk hat den Reichsgesundheitsführer
Dr. Conti dazu veranlaßt, die oben genannten Fachgelehrten aus
verschiedenen europäischen Ländern zur Besichtigung der Fund-
stelle von Katyn einzuladen, um zur Klärung dieses einzigartigen
Falles beizutragen.

Die Kommission vernahm persönlich einige russische einheimische Zeugen, die u. a. bestätigten, daß in den Monaten März und
April 1940 fast täglich größere Eisenbahntransporte mit polnischen
Offizieren auf dem nahe bei Katyn gelegenen Bahnhof Gniesdowa
ausgeladen, in Gefangenenautos nach dem Wald von Katyn transportiert, später nie wieder gesehen wurden; sie nahm ferner Kenntnis von den bisherigen Befunden und Feststellungen und besich-
tigte die aufgefundenen Beweisstücke. Hiernach sind bis zum
30. 4. 1943 982 Leichen ausgegraben worden. Davon wurden etwa
70 Prozent sofort identifiziert, während die Papiere der übrigen erst
nach sorgfältiger Vorbehandlung zur Identifizierung verwertet werden können. Die vor dem Eintreffen der Kommission ausgegrabenen Leichen sind sämtlich besichtigt, in größerer Zahl auch obduziert worden, und zwar durch Professor Buhtz und seine
Mitarbeiter. Bis zum heutigen Tage wurden 7 Massengräber geöffnet, deren größtes schätzungsweise 2500 Offiziersleichen enthält.

Von den Mitgliedern der Kommission wurden persönlich 9 Leichen obduziert und zahlreiche besonders ausgewählte Fälle einer
Leichenschau unterzogen.

Gerichtlich-medizinische Ergebnisse
der durchgeführten Besichtigungen
und Untersuchungen

Als Todesursache der sämtlich bisher ausgegrabenen Leichen wurde ausnahmslos Kopfschuß festgestellt. Es handelt sich durchweg um Genickschüsse, und zwar überwiegend um einfache Genickschüsse, in seltenen Fällen um doppelte Genickschüsse, in einem einzigen Fall um einen dreifachen Genickschuß. Der Einschuß sitzt durchweg tief im Genick und führt in den Knochen des Hinterhauptbeins nahe am Hinterhauptloch hinein, während der Ausschuß in der Regel in der Gegend der Stirn-Haargrenze, in ganz seltenen Fällen tiefer liegt. Es handelt sich durchweg um Pistolenschüsse von einem Kaliber von unter 8 mm.

Aus der Sprengung des Schädels und dem Befund von Pulverschmauch am Hinterhauptsknochen in der Nähe des Einschusses sowie aus der gleichartigen Lokalisierung der Einschüsse, ist auf Schuß mit aufgesetzter Mündung oder aus unmittelbarster Nähe zu schließen, zumal auch die Richtung des Schußkanals mit wenigen geringen Abweichungen durchweg gleichartig ist. Die auffallende Gleichartigkeit der Verletzungen und der Lokalisation des Einschusses in einem ganz beschränkten Bereich der Hinterhauptgegend lassen auf eine geübte Hand schließen. Bei zahlreichen Leichen konnten gleichartige Fesselungen der Hände und in einigen Fällen auch vielstrahlige Bajonettstiche an Kleidung und Haut festgestellt werden. Die Ausführung der Fesselung entspricht den an Leichen russischer Zivilisten festgestellten Fesselungen, die ebenfalls im Walde von Katyn ausgegraben und schon viel früher begraben wurden. Es wurde ferner festgestellt, daß auch die Genickschüsse bei den Leichen von Zivilrussen ähnlich zielsicher abgegeben wurden.

Aus der Feststellung eines Querschlägers im Kopf eines durch Genickschuß getöteten polnischen Offiziers, der nur die äußere Knochentafel eingedrückt hatte, ist zu schließen, daß durch dieses Geschoß erst ein anderer Offizier getötet worden ist, und daß es nach Austritt aus dessen Körper in die Leiche eines bereits erschossen in der Grube Liegenden eingedrungen ist. Diese Tatsache läßt vermuten, daß Erschießungen offenbar auch in den Gruben stattfanden, um einen Transport zur Grabstätte zu vermeiden.

Die Massengräber befinden sich in Waldlichtungen. Sie sind vollkommen geebnet und mit jungen Kiefernbäumchen bepflanzt. Nach dem eigenen Augenschein der Kommissionsmitglieder und der Aussage des als Sachverständigen zugezogenen Forstmeisters von Herff handelt es sich um wenigstens fünfjährige, im Schatten großer Bäume schlecht entwickelte Kiefernpflanzen, die vor drei Jahren an diese Stelle gepflanzt wurden.

Die Massengräber sind stufenförmig in das hügelige Gelände, das aus reinem Sand besteht, vorgetrieben. Sie reichen zum Teil bis ins Grundwasser.

Die Leichen liegen fast ausschließlich in Bauchlage dicht neben- und übereinander, an den Seiten deutlich geschichtet, in der Mitte mehr unregelmäßig. Die Beine sind fast immer gestreckt. Es handelt sich offensichtlich um eine systematische Lagerung. Die Uniformen der ausgegrabenen Leichen haben nach übereinstimmender Wahrnehmung der Kommission sämtlich im ganzen und einzelnen, insbesondere in bezug auf Knöpfe, Dienstrangabzeichen, Auszeichnungen, Stiefelformen, Wäschestempel usw. die eindeutigen Kennzeichen polnischer Uniformen. Es handelt sich um Winterbekleidung; häufig finden sich Pelze, Lederjacken, Strickwesten, Offiziersstiefel, typische polnische Offiziersmützen. Nur bei ganz wenigen Leichen handelt es sich nicht um Offiziere, in einem Fall um einen Geistlichen. Die Maße der Kleidung entsprechen den Maßen der einzelnen Körper. Die Unterkleidung ist ordnungsmäßig zugeknöpft, Hosenträger, Gürtel ordnungsmäßig angebracht. Daraus ergibt sich, daß die Leichen in den von ihnen bis zum Tode getragenen Uniformen verscharrt wurden.

Bei den Leichen befinden sich keine Uhren und Ringe, obwohl Uhren nach den mit genauen Zeitangaben versehenen Aufzeichnungen verschiedener Tagebücher bis in die letzten Tage und Stunden hinein vorhanden gewesen sein müssen. Edelmetallgegenstände wurden nur in verborgener Lage bei ganz wenigen Leichen entdeckt. Dagegen fanden sich bei vielen Leichen noch Goldzähne im Gebiß. Polnische Banknoten wurden in größeren Mengen vorgefunden, in nicht seltenen Fällen auch Wechselgeld. Ferner fanden sich polnische Zigaretten- und Streichholzschachteln bei den Toten, in einigen Fällen auch Tabakdosen und Zigarettenspitzen mit der Gravierung »Kocielsk« (Namen des letzten sowjetischen Gefangenenlagers der meisten Ermordeten). Die bei den Leichen vorgefundenen Dokumente (Tagebücher, Briefschaften, Zeitungen) stammen aus der Zeit von Herbst 1939 bis März und April 1940. Das letzte bisher festgestellte Datum ist das einer russischen Zeitung vom 22. 4. 1940.

Es finden sich verschiedene Grade und Formen der Verwesung, die durch die Lagerung der Leichen innerhalb der Grube und zueinander bedingt sind. Neben Mumifizierung an der Oberfläche und an den Rändern der Leichenmasse findet sich feuchte Mazeration in den mittleren Teilen der Leichenmasse. Die Verklebung und Verlötung der benachbarten Leichen durch eingedickte Leichensäfte, insbesondere die durch die Pressung bedingten korrespondierenden Deformationen weisen entschieden auf primäre Lagerung hin.

Es fehlen gänzlich an den Leichen Insekten und Insektenreste, die aus der Zeit der Einscharrung stammen könnten. Hieraus ergibt sich, daß die Erschießungen und die Einscharrungen in einer kalten, insektenfreien Jahreszeit geschehen sein müssen.

Eine größere Reihe von Schädeln wurden auf eine Veränderung untersucht, die nach Erfahrungen von Professor Orsós zur Bestimmung der Zeit des Todes von großer Wichtigkeit ist. Es handelt sich hierbei um eine kalktuffartige mehrschichtige Inkrustation an der Oberfläche des schon lehmartig homogenisierten Gehirnbreies. Solche Erscheinungen sind bei Leichen, die weniger als drei Jahre im Grabe gelegen haben, nicht zu beobachten. Ein derartiger Zustand fand sich u. a. in einer sehr ausgeprägten Form im Schädel der Leiche Nr. 526, die an der Oberfläche eines großen Massengrabes geborgen wurde.

Zusammenfassende Gutachten:

Im Walde von Katyn wurden von der Kommission Massengräber von polnischen Offizieren untersucht, von denen bisher sieben geöffnet sind. Aus diesen wurden bisher 982 Leichen geborgen, untersucht, zum Teil obduziert und zu 70 Prozent identifiziert.

Die Leichen wiesen als Todesursache ausschließlich Genickschüsse aus. Aus den Zeugenaussagen, den bei den Leichen aufgefundenen Briefschaften, Tagebüchern, Zeitungen usw. ergibt sich, daß die Erschießungen in den Monaten März und April 1940 stattgefunden haben. Hiermit stehen in völliger Übereinstimmung die im Protokoll geschilderten Befunde an den Massengräbern und den einzelnen Leichen der polnischen Offiziere.

(Dr. Speleers)   (Dr. Markov)   (Dr. Tramsen)

(Dr. Saxén)   (Dr. Palmieri)   (Dr. Miloslavich)

(Dr. de Burlet)   (Dr. Hajek)   (Dr. Birkle)

(Dr. Naville)   (Dr. Šubik)   (Dr. Orsós)

18. Obduktionsbefunde der Professoren:
Orsós, Tramsen, Palmieri, Markov, Hájek, Miloslavich, Birkle

34

**10. Mai 1943, Feld-Kommandostelle. Schreiben Himmlers
an Dr. Conti, in dem er den Eingang des Protokolls
der internationalen Ärztekommission bestätigt.**

An den
Reichsgesundheitsführer   10. Mai 1943
Herrn Dr. Conti
Berlin W 35
Tiergartenstr. 15   Feld-Kommandostelle

Lieber Parteigenosse Dr. Conti!

Ich danke Ihnen für Ihren Brief vom 4. Mai 1943, mit dem Sie mir das Protokoll über Katyn und die Abschrift Ihres Begleitbriefes überschickt haben. Das Protokoll hat mich sehr interessiert.

Heil Hitler!
Ihr
(Unterschrift)

National Archives T-175, Rolle 277.

214

12. Mai 1943, Feld-Kommandostelle. Himmler übermittelt Kaltenbrunner die Abschriften der Schreiben an Dr. Conti sowie eine Kopie des Protokolls über Katyn.

Der Reichsführer-SS   Feld-Kommandostelle,
Persönlicher Stab   den 12. 5. 1943.
Tgb. Nr. 5/8/43 g Me/Go

1) An den
   Reichsgesundheitsführer
   Herrn Dr. Conti
   Berlin W 35
   Tiergartenstr. 15

Lieber Parteigenosse Dr. Conti!
   Ich danke Ihnen für Ihren Brief vom 4. Mai 1943, mit dem Sie mir das Protokoll über Katyn und die Abschrift Ihres Begleitbriefes überschickt haben. Das Protokoll hat mich sehr interessiert.
Heil Hitler!
Ihr
gez. H. Himmler.

2) An den
   Chef der Sicherheitspolizei und des SD
   – SS – Gruppenführer Dr. Kaltenbrunner – in Berlin
   abschriftlich mit 2 Abschriften der Schreiben des Reichsgesundheitsführers und 1 Fotokopie des Protokolls über Katyn mit der Bitte um Kenntnisnahme übersandt.
   I. A.
   (Unterschrift)
   SS-Hauptsturmführer.

3 Anlagen

National Archives T-175, Rolle 277.

16. Mai 1943, Berlin. Telegramm Steengrachts
vom Auswärtigen Amt an den Gesandten in Bern
über die Lage der polnischen Exilregierung in London

Deutsche ~~~~~~~~~~
Eingegangen ~~~~~~~~
17. MAI 1943
A. Nr. 2440
Aktenzeichen:

T e l e g r a m m

Abgang aus Berlin, den 16.Mai 19 43 18Uhr 40 min. DSZ
Ankunft in Bern, den 16.Mai 19 43 18Uhr 00 min. MEZ

enziffert: ---   Chiffre Verfahren: Sonder-
                                                         G.Schr.

~~~~~~~~~~~~~ Diplogerma B e r n

Nr. Multex 459 vom: 15.5. - Sonder-G.Schr. -   G e h e i m

Zur Information und Sprachregelung . -
                                          E424331

Entdeckung Massengräber polnischer Offizierre bei
Smolensk erregte in Weltöffentlichkeit und insbesondere bei
polnischer Emigration aussergewöhnliches Aufsehen. Nachdem
sich sowohl Deutsches Rotes Kreuz als auch polnische Emigranten-Regierung in London an Internationales Rotes Kreuz mit
Bitte um Aufklärung durch Entsendung Delegation gewandt hatten,
benutzte Sowjetregierung, die bereits seit längerer Zeit
hauptsächlich wegen Frage polnischer Ostgrenze in sehr gespann-
ten Beziehungen zur polnischen Emigranten-Regierung stand,
Gelegenheit, eigener Auffassung von Zugehörigkeit Ostpolens
zur Sowjetunion Geltung zu verschaffen, und sich unbequemer
Sikorski-Regierung zu entledigen, indem sie am 25.4.1943
diplomatische Beziehungen zur polnischen Emigranten-Regierung
abbrach. Durchschlagendem deutschen Propagandaerfolg hatten
Sowjets nichts anderes als Märchen von " archäologischen
Gräberfunden " und durch amtliche Protokolle, ausländische
Journalisten und neutrale Gerichtsmediziner widerlegte Lüge
entgegenzusetzen, dass polnische Offiziere von Deutschen ermordet worden seien. In Erkenntnis unerwünschter Konsequenzen,
die Abbruch Beziehungen zwischen Sowjetunion und polnischen
Emigrantenregierung nicht nur auf polnisch-sowjetisches,
sondern auch auf eigenes Verhältnis zur Sowjetunion haben
musste sowie wegen ungünstiger Wirkung auf andere kleinere
Staaten in Anbetracht Atlantik-Charta setzten britische und
nordamerikanische Regierung sofort mit lebhaften Bemühungen
zur Beilegung Konfliktes ein. Als Ergebnis abgab polnische
Emigrantenregierung Erklärung, die in Form gemässigt, dem
Inhalt nach jedoch intransigent war. Sie umging Frage(Be-
                                                       - 2 -

Pol. Archiv, Bern 793/7.

Befassung Internationalen Roten Kreuzes, unterstrich aber
Integrität und völlige Souveränität polnischer Republik, verwies auf polnisch-sowjetische Abmachungen vom 30.7.1941 und
wiederholte frühere Forderungen, die in Sowjetunion befindlichen Polen frei zu lassen sowie Hilfsaktion für sie fortzusetzen. -

Weitere Vermittlungstätigkeit wurde dadurch erspart
dass einmal polnische Regierung in eigentlicher Streitfrage,
nämlich der Ostgrenze Polens ohne sich selbst aufzugeben,
nicht entgegen kommen konnte, dass ferner englische Regierung
die ostpolnischen Gebiete den Sowjets bereits zugestanden
hatte und schliesslich Sowjetregierung keinerlei Anlass sah,
auf ihre Ansprüche zu verzichten. Bemühungen bewirkten lediglich
zweideutige Auslassung Stalins in Schreiben an Times-Korrespon-
denten und Erklärung Sikorskis dazu. die an grundsätzlicher
Stellungnahme der beiden Parteien nichts änderten. Aggressive
Erklärung Wyschinskis vor Vertretern britischer und nordameri-
kanischer Presse mit Beschuldigungen gegen polnische Regierung
wegen Evakuierung polnischer Armee aus Sowjetunion und Spionage
polnischer Beamter sowie Genehmigung Gesuchs polnischer Kom-
munistengruppe zur Aufstellung einer " Polnischen Division "
in Sowjetunion komplizierten sogar Lage und riefen in England
und Nordamerika peinliche Enttäuschung hervor. -

Polnisch-sowjetischer Konflikt ist eklatantes Beispiel
für zwischen alliierten Mächten bestehende Differenzen. Vorgehen
Sowjetregierung beweist, dass sie ihr Ziel der Bolschewisierung
Polens und darüber hinaus Europas sowie ihren unmittelbaren
Führungsanspruch in Ost- und Südosteuropa unentwegt weiter ver-
folgt und dass Hoffnungen polnischer und übriger Londoner
Emigrantenregierungen auf wirksame Unterstützung durch England
und Vereinigten Staaten völlig illusorisch sind. -
Empfangsbestätigung. =

                                        Steengracht +

                    E424332

**16. Juni 1943, Berlin. Artikel des »Völkischen Beobachters«
über die Behandlung polnischer Gefangener
im Lager Juchnow (Pawlistschew Bor).**

**Ein Sonderbericht für den »VB«
Das sowjetische Spitzelsystem
gegen die polnischen Kriegsgefangenen**

Smolensk, 11. Juni

Die Überprüfung der Smolensker GPU.-Akten erbringt immer neue
interessante Einzelheiten über die von jüdisch-bolschewistischen
Kommissaren an den polnischen Kriegsgefangenen verübten Er-
pressungen. Die von den Bolschewisten angewandten Methoden
sind bezeichnend für die Art und Weise, in der sich die GPU. ihre
Aussagen zu beschaffen pflegt.

Im Frühjahr 1940 wurde das Lager Juchnow mit mehreren tausend polnischen Offizieren, Polizeibeamten, Priestern, Ingenieuren
und Technikern, Ärzten und anderen Personen belegt, die in Ostpolen von den Sowjets festgenommen worden waren. Das Lager Juchnow wurde zu der Zeit geleitet von dem Major Radyshew. Leiter
der »Besonderen Abteilung« des Lagers war der Oberleutnant der
Staatssicherheit Elman. Er wurde unterstützt von dem Leutnant der
Staatssicherheit Asarch. Alle sind offensichtlich Juden. Die Hauptverwaltung für Staatssicherheit in Smolensk gab nach Eintreffen
dieses neuen Personenkreises sofort Anweisungen, daß die Verhafteten durch Spitzeln ausgeforscht werden müßten und daß unbedingt belastendes Material zu beschaffen sei.

So verfügt am 21. Mai 1940 der Stellvertretende Volkskommissar
des Innern, Kommissar der Staatssicherheit 3. Ranges, Merkulow,
an den Leiter der Hauptverwaltung für Staatssicherheit in Smolensk, Hauptmann Kuprijanow, und an den Leiter der »Besonderen
Abteilung« im Lager Juchnow, Oberleutnant der Staatssicherheit Elman:

Für die sorgfältige Untersuchung der in das Kriegsgefangenenlager Juchnow eingelieferten Kriegsgefangenen und zur Einrichtung
eines Spitzel- und Untersuchungsdienstes ordne ich an:

1. Unverzüglich die Verbindung mit den im Verbande der eingelieferten Kriegsgefangenen sich befindenden Spitzeln und Vertrau-
ensmännern aufzunehmen.

2. Die Aufmerksamkeit des gesamten Spitzel- und Informationsnetzes auf die Ermittlung von Männern des Nachrichtendienstes, der Gegenspionage, Provokateuren, Polizisten, Offizieren, Angehörigen antisowjetischer politischer Parteien und Organisationen zu richten, die von ihnen (den Kriegsgefangenen) verschwiegen werden.

3. Alle Kriegsgefangenen, die zu den genannten Gruppen gehören, in »aktive Agentenbearbeitung« zu nehmen.

4. Zur allgemeinen Klärung der Stimmung unter den Kriegsgefangenen und ferner für die Ermittlung gegenrevolutionärer Elemente ist es notwendig eine Werbung neuer Agenten für bestimmte Aufgaben durchzuführen, indem alle Schichten der Kriegsgefangenen (nach Art ihres früheren Berufes, ihrer Dienstgrade, ihrer Unterbringung in den Baracken) erfaßt (registriert) werden.

5. Alle Registratur- und Untersuchungsprozeßakten durchzusehen, aus ihnen die erforderlichen Rückfragen bei den entsprechenden Abteilungen des NKWD (Volkskommissariat des Innern) in den Wohn- und Geburtsorten der Kriegsgefangenen zu machen, soweit sie Bewohner der Westgebiete von Weißrußland und der Ukrainischen Sowjetrepublik sind.

6. Diejenigen Kriegsgefangenen, welche erklären, daß sie »zufällig« in Gefangenschaft geraten sind, zu überprüfen (auf dem Bespitzelungs-Untersuchungswege), um entsprechend den Ergebnissen der Überprüfung die Frage ihres ferneren Unterhaltes zu entscheiden.

7. Bezüglich derjenigen Personen, die von Organen des NKWD (Volkskommissariat des Innern) oder der Volksmiliz verhaftet worden sind, es zuwege zu bringen, in kürzester Frist alles Material zu erlangen, das als Grundlage für ihre Verhaftung gedient hat. Diese Unterlagen sind auf dem Wege der Untersuchung und durch Spitzel an ihrem Ursprungsort und im Lager zu überprüfen.

8. Bei der Aufdeckung einer Verbindung mit dem Spionagenetz ist strengste Geheimhaltung zu beobachten, um sie vor anderen nicht aufzudecken. Der Leiter der BO. (Besondere Abteilung) hat persönlich die Verhältnisse der Verbindung zu überprüfen und die systematisch zu überwachen. Personen, die im beigefügten Verzeichnis genannt werden, sind nicht anzuwerben. Jede Anwerbung hat der Leiter der BO. zu bestätigen.

9. Die gesandte Arbeit hinsichtlich der personellen Überprüfung

der im Juchnowschen Lager befindlichen Kriegsgefangenen muß am 25. Juni 1940 beendet sein.

Über den Verlauf der Arbeit berichten Sie.
Stellv. Volkskommissar des Inneren USSR.
Kommissar der Staatssicherheit 3. Ranges
Merkulow.

Alle durch den Spitzeldienst belasteten Personen wurden, wie es im Sprachgebrauch der GPU. heißt »etappiert«, dh. sie wurden in ein Gefängnis gebracht. Ihr weiteres Schicksal ist dann klar. In anderen Fällen heißt es, daß nach Feststellung belastender Einzelheiten »die Frage des weiteren Unterhaltes« der Gefangenen entschieden würde. Das ist eine der von der GPU. sehr gern gebrauchten Umschreibungen für die Liquidierung. Sogenannte Etappierungen fanden am laufenden Bande statt. Fast in jeder Woche melden die Lager mit Listen eine Anzahl von belasteten Personen und teilen mit, daß diese in Einzelhaft nach Smolensk übergeführt würden.

Wenn erst ein Verhafteter verdächtig war, dann wurden sofort auch seine Angehörigen überprüft und gegebenenfalls festgenommen. So wendet sich der Oberleutnant der Staatssicherheit bei der GPU. Smolensk, Filippowitsch, an den Leiter der 3. Abteilung der Verwaltung für Staatssicherheit in Leningrad und teilt mit, daß der polnische Hauptmann Kasimir Krassawski, geboren 1891, unter dem Verdacht gegenrevolutionärer Tätigkeit »bearbeitet« wird. Es wird deshalb darum gebeten, zu prüfen, ob nicht gegen seine in Leningrad lebende Schwester bloßstellende Nachrichten vorhanden seien.

Am 5. November 1940 glaubt die Besondere Abteilung des Lagers Kozielsk einen besonders guten Fang gemacht zu haben. Es werden mit belastenden Akten folgende Offiziere zur Aburteilung nach Smolensk gebracht.

1. Hauptmann Bruner, Leiter eines polnischen Nachrichtenabschnittkommandos;

2. Hauptmann Piljarski, Leiter eines polnischen Nachrichtenabschnittkommandos;

3. Oberleutnant Renkawicz, Stellvertretender Leiter eines Nachrichtenabschnittkommandos;

4. Oberleutnant Prokopowicz, Stellvertretender Leiter eines Nachrichtenabschnittkommandos;

5. Referent Mjanowski und Topograph Kownazki, beide von einem Nachrichtenabschnittkommando.

Die Genannten sind anschließend offenbar in das Hauptgefängnis der GPU. in Moskau gebracht worden, das durch seine Blutkeller berüchtigte Lubianka-Gefängnis.

Unter »Serie K« schreibt am 25. 9. 1940 der Leiter der Hauptverwaltung für Staatssicherheit in Smolensk, Hauptmann Kuprijanow, an den Leutnant Asarch im Lager Juchnow;

»Ihre Sonderberichte müssen zur Darlegung des Interessantesten (von tchekistischem Gesichtspunkt) neu erhaltenen Spitzelmaterials über gegenrevolutionäre Umtriebe über die Internierten im Lager führen und eine kurze Aufstellung neu aufgedeckter wegen ihrer Vergangenheit interessanter Personen enthalten. Die Frage über Verhaftungen Internierter wird von uns entschieden beim Vorhandensein genügenden Materials.«

Die Mahnung hat Erfolg. Die Anzeigen häufen sich. Am 31. Dezember 1940 ersucht der Volkskommissar des Innern, Verwaltung für Kriegsgefangene, Hauptmann der Staatssicherheit, Soprunenko, den Generalmajor Scharapow, Leiter der Konvoi-Truppen des Volkskommissariats des Innern, zwei besonders wertvolle polnische Kriegsgefangene gesondert und unter Anwendung besonderer Sicherungsmaßnahmen in das innere Gefängnis der Hauptverwaltung für Staatssicherheit zu überführen. Es handelt sich um die Brüder Wladislaw und Boleslaw Gorinski aus dem Lager Juchnow. Von diesem Zeitpunkt ab sind die Brüder Gorinski verschollen.

Völkischer Beobachter, 16. Juni 1943.

**27. Oktober 1943, Feld-Kommandostelle. Himmler dankt
Prof. Buhtz für die Zusendung des Buches
»Amtliches Material zum Massenmord von Katyn.«**

Tgb.-Nr. 4/19/43 g

27. Okt. 43
Feld-Kommandostelle

Herrn Prof. Dr. Gerhard B u h t z
<u>Breslau 16</u>
Auenstr. 4

Lieber Parteigenosse B u h t z

Ich danke Ihnen für Ihren Brief vom 15. 10. 1943 und für die Zusendung eines Exemplares des Weißbuches über Katyn, an dessen Zusammenstellung Sie wesentlich durch den von Ihnen verfassten gerichtsärztlichen Bericht beteiligt sind.

H e i l H i t l e r !
(Unterschrift)

National Archives T-175, Rolle 277.

B. Polnische Dokumente

39

**9. Januar 1942, Busuluk. Antwort des Oberkommandos
der Polnischen Streitkräfte in der UdSSR
auf die Anfrage von Stefania Czeremska
nach dem derzeitigen Aufenthaltsort ihres Mannes,
Gefangener in Koselsk.**

L. dz. 11 o/o.v. 1942
betrifft: Nachforschung

Frau
Stefania Czeremska
Jushno-Kasachstanskaja oblast
Tschernak-Frunsewski rajon
Kolchos »Budjonny«

In Antwort auf Ihr Schreiben vom 26. 12. 1941 teilte ich Ihnen mit,
daß Ihr Mann Hauptmann Czeremski, Stanislaw in den Offizierslisten der Polnischen Armee nicht geführt wird. Ich möchte jedoch
erwähnen, daß unseren Informationen zufolge, sich die Offiziere
der Lager Koselsk und Starobelsk im hohen Norden befinden. Ihre
Ankunft wird nicht vor Mitte des Jahres erwartet.

Chef der Abteilung im V. Stab
Malinowski, Karol
Major

Instytut gen. Sikorskiego, Sammlung von J. Czapski,
12/34/D Kartennummer 77 und 80.

223

**15. April 1943, London. Auszüge aus dem Bericht des Ministers
für Auswärtige Angelegenheiten, Edward Raczyński,
über ein Gespräch, das General Władysław Sikorski
und er mit Premier Winston Churchill
und Unterstaatssekretär Alexander Cadogan führten.**

... Das Gespräch kam sofort auf die polnisch-sowjetischen Beziehungen und die Notwendigkeit einer britischen Intervention, nach
Möglichkeit einer britisch-amerikanischen durch Unterstützung der
Bemühungen Botschafter Romers. Ziel dieser Intervention sollte die
Rettung polnischer Bürger in der UdSSR und polnischer Hilfsorga-
nisationen sein. Eingangs wurde die deutsche Sensation über die
Entdeckung der Massengräber polnischer kriegsgefangener Offiziere bei Smolensk, ermordet durch den NKWD, zur Sprache gebracht. Minister Raczyński überreichte Herrn Churchill ein Memorandum in dieser Sache. Darin wird festgestellt, daß in Rußland
7000 bis 9000 polnische Offiziere und rund 8000 Polizeibeamte,
Gendarmen, Staatsanwälte, Richter, Ärzte etc. vermißt werden. Das
längere Gespräch über die deutsche Sensation und die polnisch-sowjetischen Beziehungen faßte Herr Churchill ungefähr so zusammen: »Leider kann die deutsche Sensation wahr sein. Ich weiß
wozu die Bolschewisten fähig sind und wie grausam sie sein können. Alles das weiß ich, und eure zahlreichen Schwierigkeiten
kenne ich. Oft, sogar sehr oft teile ich euren Standpunkt. Eine andere Politik ist jedoch nicht möglich. Denn unsere Pflicht ist, es so
vorzugehen, daß wir die von uns gestellten Ziele retten und ihnen
prinzipiell und so erfolgreich wie möglich dienlich sind.«
In Antwort auf die Frage General Sikorskis gab Herr Churchill
deutlich zu verstehen, daß die Entscheidung der britischen Regierung bezüglich einer Intervention in Moskau aufgrund der polnischen Bedenken bereits gefaßt sei. Gegenwärtig finden im Foreign
Office Diskussionen über die Art und Weise des Vorgehens statt.
Der nächste Schritt wird eine genaue Abstimmung mit der amerikanischen Regierung über die Möglichkeiten einer gemeinsamen Aktion sein. Herr Churchill erklärte, daß er die Korrespondenz mit Stalin aufrechterhalte und sie Telegramme zu größeren Kriegsereignis-
sen, z. B. die Bombardierung Berlins etc., austauschen ...
General Sikorski erklärte, daß er entschieden das Thema (Grenz-
thema – C. M.) als Chef der Exilregierung und als Chef einer Regie-

rung eines verbündeten Landes, deren Vorgehen in bezug auf die Verbündeten makellos und ungebrochen ist, energisch ablehne. Churchill kehrte zu diesem Thema nicht zurück. Er legte dagegen Wert darauf, darüber nachzudenken, was zu tun sei, um die jetzt anstehende schwierige und gefährliche Verhandlung zu gewinnen, von der letztlich alles abhängt. »Es gibt Dinge, obwohl sie wahr sind, die sich ohne Rücksicht auf den Zeitpunkt nicht für die Öffentlichkeit eignen. Sie aufzuwerfen wäre ein grober Fehler.«

Zu diesem Thema kehrte Churchill mehrmals mit größtem Nachdruck zurück. General Sikorski vertrat die Auffassung, daß die Polnische Regierung gezwungen sei, bezüglich der deutschen Sensation ihre Stimme zu erheben und einen klaren und eindeutigen Standpunkt einzunehmen. Dieser wird für die Sowjets nicht vorteilhaft sein. Trotzdem wäre der Ausschluß der Öffentlichkeit in diesem Falle ein großer Fehler. In der polnischen Presse werden jedenfalls entsprechende Erklärungen publiziert. Er zähle darauf, daß die Zensur sie in der englischen Presse nicht unterdrückt. Premier Churchill nahm diese Erklärung zur Kenntnis ...

E. Raczyński

Instytut Gen. Sikorskiego, Amtstagebuch des Oberbefehlshabers, Kol. 1.

41
17. April 1943, London.
Sitzungsprotokoll des polnischen Ministerrates.

Anwesend: Der Vorsitzende des Ministerrates
General Władysław Sikorski.
Die Minister:
Mikołajczyk, General Haller, Strasburger,
Popiel, Seyda, Kot, Kwapiński, Raczyński
und General Kukiel.

Protokoll: Direktor Romer
Beginn der Beratung: 16.00 Uhr.

Der Vorsitzende des Ministerrates begründet die Einberufung einer
außerordentlichen Sitzung des Ministerrates mit der Notwendigkeit, eine Grundsatzentscheidung durch die Regierung in bezug auf
die Entdeckung der Gräber vermißter polnischer Offiziere bei Smolensk sowie den Kommuniques, die in dieser Sache unsererseits (Erklärung des Ministers für Nationale Verteidigung — im Einvernehmen mit dem Vorsitzenden des Ministerrates und dem Minister für
Information und Dokumentation) als auch von sowjetischer und
deutscher Seite erschienen sind, zu treffen.

Bei dieser Gelegenheit erstattete der Vorsitzende des Ministerrates Bericht über den Verlauf des Empfangs, der zu seinen Ehren
vom Unterhaus gegeben wurde, sowie über ein Gespräch mit Premierminister Churchill: Botschafter Raczyński hatte Vorlagen zu
diesen beiden wichtigen Ereignissen erarbeitet. Die Erklärung
Herrn Churchills gibt uns völlige Genugtuung.

Am Ende der Sitzung bittet der Vorsitzende des Ministerrates den
Ministerrat um Beschlußfassung:
a) Über den grundsätzlichen Inhalt des Kommuniqués über die Ermordung polnischer Offiziere,
b) über das Auftreten in dieser Angelegenheit mit einer entsprechenden Note an die Regierung der UdSSR, deren Inhalt allen
verbündeten Regierungen zur Kenntnis gegeben wird,
c) über das Herantreten in dieser Angelegenheit an den Papst, mit
der Bitte, zur Aufklärung einen Sonderbeauftragten zu schicken,
d) über eine Empfehlung an den Minister für Innere Angelegenheiten zur Ausarbeitung von Vorschlägen, auf deren Grundlage der

Vorsitzende des Ministerrates Weisungen an den Delegierten der Regierung für das Inland geben kann, mit dem Ziel, ein genaues Vorgehen zwischen Regierung und Inland zu sichern.

Minister Raczyński berichtete über ein Gespräch mit Minister Eden, der bereits von Churchill Weisungen erhalten hatte, die der Vorsitzende des Ministerrates erwähnte. Er bestätigte die Entscheidung der Regierung Großbritanniens, unbedingt daran festzuhalten, daß ein Vertreter Präsident Roosevelts bei Stalin bezüglich der polnischen Forderungen vorstellig wird. Er rechnet mit keinem großen Erfolg. Er hat jedoch eher Hoffnung auf weitere mögliche Evakuierungen.

Minister Mikołajczyk gibt dem Ministerrat den Inhalt eines Telegramms des Verbandes Bewaffneter Kämpfer (Z. W. Z.) bekannt, worin die Notwendigkeit, sich der deutschen Propaganda entschieden entgegenzustellen – durch Erinnerung an deutsche Verbrechen – betont wird. Der Minister unterstreicht die Notwendigkeit, daß sich die auf die Bermudas einberufene britisch-amerikanische Konferenz zu Flüchtlingsfragen auch mit Fragen polnischer Flüchtlinge aus Rußland beschäftigen muß.

Minister Komarnicki, einer der wenigen überlebenden ehemaligen Gefangenen von Koselsk, erstattet über alle ihm bekannten Hintergründe Bericht. Die später ermordeten Offiziere wurden unter dem Vorwand des Austausches mit Deutschen weggebracht. Kommandant von Koselsk war der Brigadekommandeur Zarubin.[1]

Minister General Kukiel unterstreicht die Notwendigkeit der Teilnahme eines sachkundigen Waffenexperten in der Delegation des Internationalen Roten Kreuzes sowie der Ausrichtung eines Gottesdienstes.

Zum Fall der ermordeten Offiziere:

Der Ministerrat faßte einen Beschluß zur Grundposition der Polnischen Regierung zum Verbrechen von Katyn.

a) Veröffentlichung des Kommuniqués, das dem Protokoll angefügt wurde (abgestimmt mit den Ministern Mikołajczyk, Raczyński, Kot und General Kukiel).

b) Empfehlung an den Minister für Auswärtige Angelegenheiten, mit einer entsprechenden Note an die Regierung der UdSSR heranzutreten, die nachfolgend allen verbündeten Regierungen zur Kenntnis gegeben wird.

---

1 Zarubin war Leiter der Untersuchungsgruppe in Koselsk.

c) Empfehlung an den Minister für Auswärtige Angelegenheiten, mit einer Note an den Vatikan heranzutreten, mit der Bitte um Unterstützung bei der Aufklärung der Verantwortlichkeit des Verbrechens.

d) Empfehlung an den Minister für Innere Angelegenheiten, ein Instruktionsmaterial der Regierung der Republik Polen vorzubereiten, das der Vorsitzende des Ministerrates dem Delegierten der Regierung für das Inland übergeben kann.

Darüber hinaus beschloß der Ministerrat

e) alle Landsleute aufzufordern, sich während der Dauer des Krieges im Gebet für die ermordeten Brüder zusammenzufinden, gleich wo auch immer und wessen Verbrechen sie zum Opfer fielen.

f) dem Minister für Information und Dokumentation zu empfehlen, in entsprechender Form die persönlichen Erinnerungen von Minister Komarnicki auszuwerten, die ein außerordentlich charakteristisches Licht auf den Hintergrund und die Zeit des Verbrechens werfen.

Zum Schluß nahm der Ministerrat die Zurücknahme der Vorbehalte der Britischen Regierung bezüglich des Namens »Lwów« für das neue Schiff der Republik Polen zur Kenntnis. Gleichzeitig hatte sie sich für die Namensgebung »Gdańsk« ausgesprochen.

Ende der Beratung: 17.10 Uhr.

Anlage: Pressekommuniqué beschlossen vom Ministerrat am 17. IV. 1943.

Instytut Gen. Sikorskiego PRM-K. 102/576.

42

**24. April 1943, London. Bericht über ein Gespräch
General Władysław Sikorskis mit dem britischen Außenminister
Anthony Eden.**

»Minister Eden, der mich im Beisein des Rechtsberaters des Foreign Office, Sir William Malku, empfing, äußerte Bedauern, daß er
mich bitten mußte, sofort zu kommen, doch eine sehr dringende
Angelegenheit mit weitreichenden Konsequenzen mache es erforderlich. Er handle auf den ausdrücklichen Wunsch und in Vertretung des Premiers, der in sein dreimal weiter als Chequers gelege-
nes Haus fahren mußte. Vorgestern sei die Antwort der
amerikanischen Regierung eingetroffen, die sich mit der energi-
schen und gemeinsamen Intervention beider Regierungen in Moskau im Geist unserer Forderungen einverstanden erklärt habe. Die
Intervention sollte in diesen Tagen erfolgen. Wie es Minister Eden
schien, verspreche sie fast unumschränkt Erfolg. In jedem Fall
könne man damit rechnen, daß die Soldatenfamilien, Waisen und
Rekruten (»Kombattanten«) zurückkommen. Indessen habe der sowjetische Botschafter Maiski gestern Abend Premier Churchill
einen Besuch abgestattet und ihm eine lange, viele Seiten umfassende persönliche Botschaft Stalins übergeben.

Hier zeigte mir Minister Eden die Depesche Stalins im Original
und ins Englische übersetzt.

Die Botschaft Stalins war eine einzige große Anklage gegen die
polnische Regierung. Sie habe die Einheit der Alliierten zerschlagen
sowie sich die Hintlerpropaganda und den Hitlerfaschismus zu-
nutze gemacht, während in Polen die Gestapo das polnische Volk
ausrottet und die Leichenberge noch immer anwachsen. Insbesondere habe die polnische Regierung in London, die sich immer
merklicher von den Ansichten ihres Landes entferne, in ihrer und
der ausländischen Presse einen Sturm entfacht, als sie völlig grundlos Rußland der Ermordung polnischer Offiziere bezichtigte. Sie
hatte nicht einmal zuvor bei der sowjetischen Regierung angefragt,
ob die sogenannten deutschen Berichte der Wahrheit entsprächen.
Vor allem sei die polnische Regierung der Goebbelsschen Propaganda auf den Leim gegangen und habe sich auf ihr Verlangen hin
an das Internationale Rote Kreuz gewandt und dieses ersucht, eine
Sonderdelegation nach Smolensk zu entsenden. Dabei ist das Rote
Kreuz für seine deutschfreundliche Haltung bekannt. Auch würde

die von ihm zusammengestellte Delegation auf den vom Feind besetzten Gebieten unter Zwang arbeiten. Die Regierung Polens habe sich auf diese Weise aus den Reihen der Alliierten gestrichen und das Lager der Vereinten Nationen verlassen.

An dieser Stelle erlaubte ich mir, Minister Eden zu unterbrechen, um zwei kurze Berichtigungen einzufügen:

1. Wir und nicht die Deutschen haben zuerst das Stichwort gegeben, sich an das Internationale Rote Kreuz zu wenden. Es war in der Erklärung des Ministers für Nationale Verteidigung vom 16. 4. 1943 enthalten, die am 17. 4. 12.15 Uhr im Rundfunk verlesen wurde. Fünfzig Minuten später haben die Deutschen diese Forderung aufgegriffen und gebilligt. Den Beschluß in dieser Angelegenheit hat der Ministerrat am 17. 4. zur Kenntnis genommen. Am 16. 4. erhielt unser Gesandter in Bern den Auftrag, sich an den Vorstand des Internationalen Roten Kreuzes zu wenden, was er auch sofort tat. Wann die Deutschen ihr Gesuch einreichten, weiß ich nicht. Ganz entschieden lehnte ich jedoch den Vorwurf ab, daß wir in dieser Angelegenheit dem Rat von Goebbels gefolgt sind. In Wirklichkeit war es umgekehrt.

2. Wegen unserer in Koselsk, Starobelsk und Ostaschkow internierten Offiziere, von denen jegliche Spur fehlte, haben wir ständig und mehrfach gemahnt. Kürzlich haben wir uns trotz hartnäckigen Schweigens in Moskau mit einer Note an Bogomolow gewandt, deren Abschrift Minister Raczyński gestern Minister Cadogan übergeben sollte. Die Entsendung dieser Note wurde ebenfalls auf derselben Sitzung des Ministerrats, das heißt am 17. 4. 1943, beschlossen. Wenn sich die Angelegenheit ein bißchen in die Länge gezogen hat, dann war hierfür die Ausarbeitung und Übersetzung der Note der Grund. Sie ist jedoch seit einiger Zeit in Bogomolows Hand und auch dem Foreign Office übergeben worden, bevor man mich zu dem heutigen Gespräch geladen hatte. Auch dieser Fakt ist demnach nicht wahr.

Zu Stalins zynischen Beschuldigungen, die polnische Regierung würde Hitler unterstützen, und Stalins Behauptung, das Heimatland stünde nicht hinter uns, wollte ich mich später äußern, sobald Minister Eden zu Ende gesprochen habe.

Minister Eden sagte sehr betroffen und ernst, daß er es überaus bedauere, die Dinge so darlegen zu müssen. Großbritannien befinde sich jedoch in einer ausweglosen Lage. Zwei seiner Verbündeten tragen öffentlich einen schweren Streit aus, der die gemeinsame Front schwächt und die Alliierten teilt. Dem möchte die britische Regierung um jeden Preis ein Ende bereiten und beide Alliierten aussöhnen. Dies gelte um so mehr, als sich die britisch-russischen Beziehungen langsam besser gestalteten.

Noch einmal auf die Botschaft Stalins zurückkommend, sagte er, daß Stalin darin ganz offiziell den Abbruch der Beziehungen mit Polen ankündigte, falls ich, General Sikorski:

a) den Appell der polnischen Regierung an das Internationale Rote Kreuz nicht öffentlich zurückziehe,

b) nicht öffentlich eine Erklärung abgebe, in der festgestellt wird, daß der Fall Katyn eine Erfindung der deutschen Propaganda sei.

Ich fragte, welchen Standpunkt der Premier und Minister Eden gegenüber diesen Forderungen einnähmen. Eden antwortete mir, daß die britische Regierung erstens den Deutschen nicht glaube und zweitens es sich mit einem so mächtigen Verbündeten wie Rußland nicht verderben dürfe. Mich würden sie bitten, beiden Forderungen Stalins nachzukommen, da dies das Wohl der gemeinsamen Sache verlange. Dies erfordere auch das Wohl unserer in Rußland lebenden Bürger. Erst dann werden sich Großbritannien und Amerika mit Erfolg für sie einsetzen können, meinte er. Das Wohlergehen der Lebenden vor Augen, möge ich doch nicht zögern, Stalin beide Erklärungen abzugeben. Er bedaure sehr das Schicksal der polnischen Offiziere. Aber selbst wenn sie nicht mehr lebten, würde die Aktion der polnischen Regierung die Toten nicht wieder ins Leben zurückrufen. Jedoch würde sie die Gefahr heraufbeschwören, daß die Sache mit Rußland völlig verspielt wird und auch die Beziehungen zu Großbritannien scheitern.

Ausführlich legte ich dar, daß leider die deutschen Meldungen der Wahrheit entsprechen.

Minister E(den): »Weshalb haben die Deutschen erst heute diesen Fall ausgegraben, wenn sie doch schon seit zwei Jahren die Gebiete in der Hand haben, wo jetzt die polnischen Leichen exhumiert werden sollen?«

General S(ikorski): »Smolensk ist seit kurzem ein überaus wichtiger Verteidigungsknoten für die Deutschen. Es liegt auf Napoleons Marschroute nach Moskau. Erst jetzt, mit dem Übergang über die Beresina, konnten die Deutschen dieses Gebiet befestigen, in dem Katyn liegt (sic!). Daher sind sie erst vor kurzem auf diese entsetzlichen Funde gestoßen. Daß sie so großes Geschrei um diese für uns außerordentlich tragische Angelegenheit machen, ist verständlich.

Haben sie doch jetzt erst erfahren, welch gefährlicher Gegner die Bolschewisten sind. Nun verteidigen sie sich in der europäischen Festung und versuchen, den Krieg in die Länge zu ziehen. Dabei tun sie alles, um die besetzten Länder zu überzeugen, daß der wirkliche Feind der Menschheit der Bolschewismus ist und wollen auch Polen gegen ihn moralisch mobilisieren. Die uns täglich aus der Heimat erreichenden Nachrichten besagen, daß im Wald von Katyn tatsächlich die dort getöteten polnischen Offiziere identifiziert worden sind.«

Minister E(den): »Haben nicht die Deutschen selbst die polnischen Offiziere ermordet, nachdem sie sich ihrer, wie die Russen behaupten, 1941 gewaltsam bemächtigt hatten?«

General S(ikorski): »Nein, wir haben die deutsche Darstellung bestätigende Aussagen von denjenigen, die sich in Sicherheit bringen konnten. Einer von ihnen ist der jetzige Justizminister, Oberleutnant der Reserve Komarnicki. Diese Aussagen lassen keine Zweifel daran, daß die Bolschewisten die Offiziere im April, Mai und Anfang Juni 1940 ermordet haben. Vielleicht sind im Wald von Katyn nicht alle begraben, von denen in dem kurzen, von mir und Minister Raczyński dem Premier am 15. 4. 1943 überreichten Aide memoire die Rede war. Deshalb haben wir auch in der letzten Nacht an Bogomolow übergebenen Note nur alle unsere Bemühungen um die vermißten Offiziere und andere aufgezählt und lediglich verlangt, daß uns zu den deutschen Enthüllungen die bisher abgelehnten eindeutigen Erklärungen nun gegeben werden.«

Minister E(den): »Aber warum sollten denn die Russen auf so entsetzliche Weise die polnischen Offiziere ermordet haben?«

General S(ikorski): »Die Bolschewisten sind grausam. 1940 waren sie mit den Deutschen verbündet, die damals schon unbarmherzig das polnische Volk ausrotteten. Warum sollten sie sich denn ihnen nicht anschließen und ein paar tausend ihrer ideologischen Feinde umbringen? Wenn sie Ende des Krieges Herr der Lage sind, werden sie mit allen so verfahren, die Engländer nicht ausgenommen. Außerdem kann es wohl nicht schwer sein, meine ich, herauszufinden, mit welchen Waffen sie die polnischen Offiziere erschossen haben. Man kann doch die in den Knochen der Exhumierten gefundenen Kugeln untersuchen.«

Minister E(den): »Rußland wird sich niemals auf derartige Experimente mit dem Feind einlassen. Wir verstehen die Pflichten, die wir sowohl gegenüber Rußland als auch Polen haben und möchten

Ihnen wirklich die Endphase des Krieges erleichtern. Sie wird für Polen äußerst gefährlich sein, weil dort die Rote Armee stehen und den Polen die Bedingungen diktieren kann.«

General S(ikorski): »Das sich Rußland nicht auf Gespräche dieser Art einläßt, haben wir ohnehin angenommen. Dies ist für uns auch eine Antwort. Daher sind wir bereit, auf Rußland nicht allzu sehr Druck auszuüben, vorausgesetzt, Großbritannien und Amerika intervenieren wie vorgesehen und erzielen positive Ergebnisse. Aus der Antwort des Roten Kreuzes kann man entnehmen, daß es den Auftrag annimmt, wenn es von Moskau darum ersucht wird. Dazu wird es aber wohl nicht kommen, glaube ich. Ich kann nur versprechen, daß wir das Rote Kreuz nicht bedrängen werden, vorausgesetzt, die Intervention erfolgt schnell und hat positive Ergebnisse. Über die Schwierigkeiten, die wir haben und die uns drohen, bin ich mir völlig im klaren. Zugleich kenne ich die Russen. Jede Schwäche, die man ihnen jetzt zeigt, macht sie nur dreist und die Schwierigkeiten zum Schluß größer. Standhaftigkeit bringt die umgekehrten Resultate.

Die polnische Regierung hat übrigens hinter sich eine Meinung, mit der man rechnet, und hat eine Armee, die den Ausführungen Churchills zufolge in der Endphase des Krieges eine entscheidende Rolle spielen wird. Man muß die Armee daher bis zu dieser Endphase in möglichst guter Form halten. Die Nachrichten über den Katyner Wald haben alle Polen aufgebracht. Nicht etwa, weil wir uns Illusionen über das Schicksal unserer Kameraden gemacht haben, sondern weil nach jahrelangem Schweigen eine Tatsache wie das Ausgraben einiger tausend polnischer Leichen den polnischen Vorstellungen einen Schlag versetzen muß. Ich bin der Oberbefehlshaber der polnischen Streitkräfte. Meine Pflicht ist es, mich um das Schicksal der polnischen Offiziere zu kümmern. In Moskau habe ich gesagt, daß das Blut dieser Offiziere, das vielleicht die Bolschewisten auf dem Gewissen haben, verhängnisvoll die gegenseitigen polnisch-russischen Beziehungen belastet. Auf eine von uns allen unerwünschte Weise lastet es heute schwer. Alles was ich tun kann, ist, zugunsten der Lebenden, die Geißeln in Stalins Hand sind, dieses Blut zu nutzen und die gegen Rußland gerichtete Propagandaoffensive abzuschwächen.

Minister E(den): »Aber Sie und die Polen schätzen doch weiterhin die deutschen Absichten richtig ein und ändern nicht Ihre Meinung gegenüber den Okkupanten, deren Verbrechen an Polen alle menschliche Vorstellungskraft übersteigt.«

General S(ikorski): »Der unveränderte Standpunkt der polnischen Regierung in diesen Angelegenheiten wird bewiesen durch:

a) die Erklärung der polnischen Regierung vom 17. 4. 1943,

b) die Rede des polnischen Informationsministers und die Reaktion des Leiters des deutschen Pressebüros, Dr. Braun von Stumme, darauf,

c) die polnische Antwort auf die in von Stummes Rede enthaltenen deutschen Drohungen gegenüber dem polnischen Volk. Diese Antwort ist heute veröffentlicht worden. Ich wäre froh, wenn sie das Foreign Office zur Kenntnis nehmen würde. Sie läßt keinen Zweifel an unserem klar deutschfeindlichen Standpunkt.

Die von der Regierung getroffenen Maßnahmen finden im Einvernehmen mit dem Heimatland statt, von dem wir, wie Stalin uns grundlos vorwirft, angeblich gespalten sein sollen. Ihnen als britischen Außenminister kann ich versichern, daß auch die polnische Widerstandsbewegung, voll und ganz mit uns übereinstimmend, in ihrem Widerstand von London gelenkt wird und planmäßig ist.«

Minister E(den): »Als Sie sich an das Rote Kreuz gewandt haben, wurde eine Sache in Gang gebracht, bei der entweder die Deutschen oder die Russen, niemals aber die Polen gewinnen können. Warum wollen denn nicht wenigstens Sie, Herr General, diese Demarche öffentlich zurücknehmen? Mit Deutschland zusammenzugehen ist außerdem für Polen sehr gefährlich. Dies bestätigen die zahlreichen Depeschen, die ich von verschiedenen Ländern, selbst neutralen, zu dieser Angelegenheit erhalte.«

General S(ikorski): »Auch wir erhalten von diesen Ländern Depeschen in dieser Angelegenheit. Unsere Politk ist ehrlich den Alliierten gegenüber. Auf der Seite Rußlands ist die Stärke, auf unserer die Gerechtigkeit. Aus diesem Grund lehne ich es entschieden ab, die polnische Demarche an das Internationale Rote Kreuz öffentlich zu widerrufen.«

Minister E(den): »Ich befürchte, die polnische Regierung ist zu weit gegangen und befindet sich in einer Sackgasse. Schwierig wäre es für uns, zusammen mit Ihnen dort zu stehen.«

General S(ikorski): »In einer Sackgasse ist Rußland. Dies beweisen der ausfällige Ton in den russischen Artikeln und Erklärungen, der vom ruhigen Ton der polnischen Regierung absticht. Ich bedaure, daß die besagte Depesche von Stalin unterzeichnet wurde, der damit Churchill unmittelbar mit einbezog. Aber dennoch glaube ich, daß es einen Ausweg gibt aus dieser für uns so bedauerlichen Lage.«

Minister E(den): »Welchen denn, wenn Sie Herr General, so entschlossen die Forderungen des Premiers ablehnen? Die Russen machen doch Polen verantwortlich für den Abbruch der Beziehungen. Glauben Sie doch denjenigen nicht, die Sie hier und in den Vereinigten Staaten gegen Rußland aufhetzen, mit dem Sie in Ihrem eigenen Interesse zu einer Übereinstimmung kommen müssen.«

General S(ikorski): »Natürlich, auch wir wollen Einigkeit mit Rußland, niemals jedoch mit der Komintern. Aber auch die Einigkeit mit Rußland kann nicht durch Zugeständnisse mit allerwichtigstem Inhalt unsererseits erkauft werden.«

Minister E(den): »Gut, aber Ihr Verhalten und die Artikel in der polnischen Presse der letzten Tage bringen die sowjetische Regierung in eine ausweglose Situation. Sie sieht sich zu nur auf Stärke beruhenden brutalen Handlungen gezwungen, wie Stalin deutlich ankündigt. Tatsächlich zieht einzig Deutschland Nutzen aus den polnisch-russischen Dissonanzen. Welchen Ausweg aus dieser Lage gibt es für die gegen Deutschland kämpfenden Alliierten? Die geplante britisch-amerikanische Intervention in Moskau ist doch unter diesen Umständen unmöglich. Stalin ist entschlossen, wie er Churchill mitteilte, die Beziehungen zu Polen abzubrechen, ungeachtet des Eindrucks, den dieser Schritt auf der Welt hervorruft.«

General S(ikorski): »Die sowjetische Regierung hat im Grunde diese Beziehungen schon längst abgebrochen. Das Schweigen Großbritanniens und der Vereinigten Staaten hat ihm diese perfide Politik erleichtert. Heute in Rußland einen von der polnischen Botschaft bestimmten Posten zu bekleiden, grenzt an Heldentum. Indem ich die von mir verlangte öffentliche Erklärung ablehne, gebe ich gleichzeitig zu erkennen, daß die polnische Seite:

a) ihrer Propaganda einen Dämpfer aufsetzen wird,

b) das Internationale Rote Kreuz nicht bedrängen

und ihrem Gesandten in Bern die entsprechenden Anweisungen geben wird, vorausgesetzt, daß unverzüglich von britischer und amerikanischer Seite in Moskau interveniert wird, damit aus Rußland ausreisen dürfen:

1. polnische Kinder und Waisen, die die Amerikaner polnischer Herkunft nach und nach aufnehmen könnten und die vorerst von Großbritannien übernommen werden müßten,

2. sogenannte unzweifelhaft polnische Bürger, die von den Russen gegenwärtig einseitig zugeordnet werden,

3. die sich hier und im Mittleren Osten befindenden Familienmitglieder von Soldaten,

4. polnische Rekruten einschließlich der Überläufer, von denen sich viele auf dem Gebiet der UdSSR aufhalten.

Die Zahlen zu 1, 2 und 3 kann Botschafter Romer geben. Sie gehen weit über 100 000, weil allein über 70 000 Kinder dort sind.

Außerdem bitten wir, es uns zu ermöglichen, die weiter in Rußland verbleibenden polnischen Bürger zu betreuen.«

Minister E(den): »Die ersten vier Forderungen waren in die geplante Intervention aufgenommen worden. Die letzte Forderung ist am schwersten zu verwirklichen wegen der Unterschiede, die man dadurch in Rußland machen wird – zwischen den Hunger leidenden Russen und den gut ernährten Polen.«

General S(ikorski): »Wie die Polen in Rußland verpflegt werden, beweisen die menschlichen Skelette, die nach Persien ausgereist sind. Dies beweist auch die Sterblichkeitsziffer der polnischen Armee im Mittleren Osten, die an die 12 % beträgt. Falls sie keine Fürsorge bekommen und Fremden ausgeliefert sind, sterben sie alle vor Hunger.«

Minister E(den): »Ihre Forderungen unterscheiden sich völlig von dem, was mir der Premier empfohlen hat. Gestatten Sie, daß wir sie auflisten und uns telefonisch mit dem Premier verständigen.«

Eden und sein Rechtsberater machten sich Notizen und gingen nach oben, wo sie über 15 Minuten mit dem Premier sprachen.

Wieder zurück erklärte Minister Eden:

»Der Premier läßt Ihnen mitteilen, daß er Ihren Standpunkt und seine Tragik verstehe. Er sei einverstanden, daß Sie die von ihm gewünschten Erklärungen nicht abgeben, behalte sich jedoch freie Hand vor in bezug auf das, was er selbst in dieser Angelegenheit wird sagen müssen. Von der polnischen Presse erwarte er, daß sie im Fall der deutschen Enthüllungen ihren Ton ändert. Er rechne damit, daß die polnische Regierung den polnischen Minister in Bern instruiert und ihm Anweisungen gibt, nicht auf das Rote Kreuz Druck auszuüben und verspreche, in Moskau zu intervenieren. Dort wird er versuchen, Stalin zu beruhigen, und verlangen, daß die von Ihnen, Herr General, genannten Kategorien Polen aus Rußland ausreisen dürfen. Zugleich bedaure er, daß Sie nicht auf die vorgeschlagenen taktischen Schritte eingegangen sind, die der Intervention durchgreifend Erfolg garantiert hätten. Unter den gegenwärtigen Bedingungen seien positive Ergebnisse sehr zweifelhaft. Dennoch werde er die Intervention vornehmen. Selbstverständlich könne er dies nur im eigenen Namen erklären, denn die amerikanische Regierung habe der Intervention unter ganz anderen Bedingungen als den heutigen zugestimmt. Der Premier äußerte außerdem, er sei bereit, das Erscheinen oppositioneller polnischer Schriften in Großbritannien zu verbieten und den gegen die Regierung arbeitenden Leuten einen Dämpfer zu versetzen, falls Sie, Herr General, einverstanden sind.«

Für diese Erklärung bedankte ich mich und wies darauf hin, daß sich der Pessimismus des Premiers nicht bewahrheiten werde, wenn die Intervention energisch erfolgt, daß ich darum bitte, dabei die Betreuung der in Rußland gebliebenen Menschen nicht zu vergessen, daß ich aber keineswegs um Repressalien gegenüber der polnischen Opposition in London bitte, sondern ganz im Gegenteil darum, gegen niemanden vorzugehen, da sich die polnische Regierung selbst zu helfen weiß.

Minister Eden ging zum Schluß auf meine Reise in den Mittleren Osten ein und bemerkte, ich solle mir überlegen, sie zu verschieben. Ich versprach, mir die Sache durch den Kopf gehen zu lassen.

Instytut Gen. Sikorskiego. Amtstagebuch des Oberbefehlshabers, Anlage Nr. 1 zum 24. 4. 1943. Dieser Text wurde von A. Chmielarz bearbeitet, in der Zeitschrift »Przegląd Tygodniowy« Nr. 1/1990 veröffentlicht. Chmielarz meint, daß der Bericht wahrscheinlich von General Władysław Sikorski selbst verfaßt wurde.

43

1.–3. Mai 1943, London. Telegramm des Premiers der polnischen Exilregierung, General Władysław Sikorski, in dem der Delegierte der polnischen Regierung für das Inland über das Ergebnis der Verhandlungen mit der britischen Regierung im Fall Katyn unterrichtet wird.

Zentrale 2085 vom 1.-3-5-1943
Streng vertraulich teile ich mit, daß wir in den Gesprächen mit Churchill und Eden den Text der Regierungserklärung vom 27. 4. abgestimmt haben. Sie festigt unsere Position für weitere Maßnahmen, deren Ausgangspunkt die in dieser Erklärung vorgetragenen grundsätzlichen positiven Forderungen sind. Dennoch muß damit gerechnet werden, daß die durch den gegenwärtigen Vorfall ausgelösten Presseattacken unsere Stellung im Lager der Alliierten vorübergehend schwächen. Wir dürfen jedoch keine grundsätzlichen Konzessionen machen und dem britischen Druck nachgeben. Dies würde den Sowjets ihr heimtückisches Spiel erleichtern. Unsere Forderung, die Familien und Kinder der polnischen Soldaten zu evakuieren, bezieht sich nicht nur auf die in Großbritannien und im Mittleren Osten weilenden Soldaten, sondern auch auf die in deutscher Gefangenschaft befindlichen und die auf dem Territorium unseres Landes tätigen. Wenn wir auch auf die weitere Unterstützung Großbritanniens und der Vereinigten Staaten rechnen können, erwarten uns doch sehr ernste Schwierigkeiten. Wir sind daher alle zu äußerster gesamtnationaler Disziplin, absoluter Ruhe und Einheit verpflichtet. Dies braucht Polen heute mehr denn je.

Sikorski

CA KC PZPR 203/I-7. Verschlüsseltes Telegramm Nr. 2085

44

**4. Mai 1943, Warschau. Telegramm des Befehlshabers
der Landesarmee, General Stefan Grot-Rowecki,
bezüglich der Informationen, die er über die Massengräber
polnischer Offiziere in Katyn erhielt.**

Ein verantwortlicher und vertrauenswürdiger Teilnehmer an den
vom Polnischen Roten Kreuz vorgenommenen Untersuchungen der
Gräber bei Smolensk, Oberst und vereidigter Arzt[1], hat mir folgendes berichtet:

1) Am Fuße einer Anhöhe liegt ein Massengrab in Form des
Buchstaben L. Das Grab wurde völlig freigelegt. Es ist 16 m breit,
26 m lang und 6 m tief. Die Leichen der Ermordeten sind sorgfältig
in neun bis zwölf Schichten übereinander gelegt, jede Schicht mit
den Köpfen in entgegengesetzter Richtung. Die Uniformen, Notizbücher in den Taschen, Ausweise und Orden sind gut erhalten. Bei
den Leichen sind Haut, Haare und Sehnen gut erhalten, so daß man
bei der Trepanation Haut und Sehnen durchschneiden mußte. Die
Gesichter sind jedoch nicht zu erkennen.

2) Rechtwinklig zum ersten Grab liegt ein zweites Massengrab,
das zur Zeit nur teilweise offen ist. Seine Abmessungen sind 10 m
zu 26 m. Alle Leichen in diesem Grab haben die Hände hinten mit
geflochtener Schnur gebunden, manche haben den Mund mit Taschentüchern oder Lappen geknebelt, andere den Kopf mit Mantelschößen umwickelt.

3) Bisher wurden aus den Gräbern 906 Leichen geholt, von denen 76 % aufgrund der bei ihnen gefundenen Ausweise, Briefe usw.
identifiziert werden konnten.

4) Den Abmessungen zufolge liegen vermutlich in beiden Massengräbern 3500 bis 4000 Leichen, überwiegend Offiziere, einige
wenige in den Zivilanzügen der Reserveoffiziere.

5) Im Auftrag des Polnischen Roten Kreuzes sind 12 Personen
beim Freilegen der Gräber, Identifizieren und Einsammeln der gefundenen Dokumente beschäftigt (ein Arzt und 3 Sanitätsunteroffi-
ziere).

6) Ein charakteristisches Merkmal ist, daß man den Ermordeten
außer Uhren nichts weggenommen hat. In den Taschen und Geld-

---

1 Wahrscheinlich der im Text erwähnte Dr. Szebesta.

239

börsen befinden sich Geld und Dokumente, mitunter auch Ringe an den Fingern.

7) Alle Leichen weisen einen Schuß in den Hinterkopf auf. Die Teilnehmer der Exhumierung des Polnischen Roten Kreuzes legen Wert darauf, die aus den Köpfen der Ermordeten geholten Kugeln, die Hülsen der im Massengrab liegenden Revolvermunition und die Schnüre einzusammeln, mit denen die Hände der Ermordeten gebunden waren. Das gesamte gefundene Material wird bei Gelegenheit nach Warschau zum Polnischen Roten Kreuz zu Händen von Dr. Gorczycki geschickt. Alle Kugeln haben das Kaliber 7,65. Die Hülsen tragen die Aufschrift »Ceco«. Geflochtene Schnur.

8) In Anwesenheit des Berichtenden wurde aus dem Anzug von Major Solski ein bis zum 21. April geführtes Tagebuch genommen. Er gibt an, daß sie in Gefangenenwaggons aus Koselsk abtransportiert worden sind. Die für 5 Personen vorgesehenen Zellen waren mit 12 Personen besetzt. Sie wurden nach Smolensk gebracht, wo man nach dem Übernachten am 21.4. 4 Uhr morgens ein Wecken veranstaltete und sie in Gefangenenautos verlud. Auf einer Lichtung im Wald wurden sie von den Autos entladen und 6.30 Uhr in die dort befindlichen Gebäude geführt, wo man ihnen befahl, Schmuck und Uhren abzugeben. Damit endet das Tagebuch.

9) Die Delegation des Polnischen Roten Kreuzes nimmt unter der Aufsicht deutscher Organe die Exhumierung und Obduktion der Leichen sowie das Einsammeln der Dokumente vor. Außerdem knüpft sie privat Verbindungen zur ansässigen Bevölkerung an, um von den Einwohnern wirklich objektive Informationen zu erhalten. Alle identifizierten Leichen bekommen eine mit Stahldraht am Knochen befestigte Marke mit einer Nummer des Polnischen Roten Kreuzes. Danach werden die Leichen in ein frisch ausgehobenes Gemeinschaftsgrab gelegt. Von den bisher identifizierten Opfern sind alle mit einer Ausnahme aus dem Lager in Koselsk. Einer ist aus Starobelsk.

10) Die Waldlichtung bei Katyn ist eine etliche Quadratkilometer große Fläche, auf der Erholungsheime des NKWD standen. Die ansässige Zivilbevölkerung berichtet, daß im April und März 1943 täglich ein Transport mit 200 bis 300 polnischen Offizieren angekommen ist.

Kalina

CA KC PZPR 203/I-7. Telegramm Nr. 692.

45

Zentrale Nr. 2404, 19./20. V. 43

Seit der Aufdeckung des Blutbades von Katyn beherrscht der polnisch-sowjetische Kampf um Integrität und Souveränität der Republik, um ihre Bürgerrechte und den Platz Polens unter den verbündeten Nationen die politische Lage. Unsere Regierung kann angesichts des grauenerregenden Verbrechens nicht schweigen. Kein diplomatischer Schritt ist zwecklos. Es geht darum, an das Gewissen der zivilisierten Welt zu appellieren. Die Form der offenen Anfrage an das Internationale Rote Kreuz war das einzig richtige. Durch diese Anfrage blieb unsere Angelegenheit nicht nur eine Episode im deutsch-sowjetischen Propagandakrieg, sondern nahm internationalen Charakter an. Die Sowjets antworteten mit einem Angriff auf Polen, mit dem Bestreben, Polen zu isolieren und aus der Koalition der verbündeten Nationen auszuschließen. Sie entfesselten eine antipolnische Rundfunk- und Pressekampagne, deren Einfluß auch Teile der englischen und amerikanischen Presse erlagen. Als Großbritannien und die USA Vermittlungsversuche machten, schufen die Sowjets mit dem Abbruch der diplomatischen Beziehungen vollendete Tatsachen. Auf die massive Intervention Roosevelts und Churchills antworteten sie mit einer nichtssagenden Erklärung Stalins und gleich danach mit einem Anklageakt Wyschinskis gegen unsere Regierung, Diplomatie und Armee, um auf diese Weise Polen zu kompromittieren. Es sind weitere Schritte in diese Richtung zu erwarten. Von unserer Seite ging es um die Bewahrung und Stärkung unserer moralischen Position sowie um die Erhaltung des Bündnisses und der Zusammenarbeit mit Großbritannien und den USA. Beides wurde unter großen Gefahren und auf Kosten gewaltiger Anstrengungen erreicht. Die Gefahr der Isolierung konnte abgewendet werden. Eine große Rolle spielte dabei die persönliche Beziehung Churchills und Roosevelts zum Oberbefehlshaber. Die britische und amerikanische Meinung, uns anfänglich in diesem Streit feindselig eingestellt, änderte sich langsam zu unseren Gunsten. Die sowjetische Verleumdung überzeugte nicht. Die Wahrheit drang langsam in die Köpfe der Menschen des Westens ein, die anfangs nicht fähig waren, der sowjetischen Seite solche Verbrechen wie in Katyn zuzutrauen. Zugleich richteten sie allmählich ihre Blicke auf die sowjetische Wirklichkeit. Trotzdem ist die Lage ungemein schwer. Wir haben es mit einem gewaltigen Gegner zu tun, der einen enormen Einfluß auf den Verlauf des Krieges und die angelsächsische Meinung hat sowie über einen riesigen Propagandaapparat und unbegrenzte Mittel verfügt. Unter diesen Bedingungen war die diesjährige Teilnahme der angelsächsischen Regierungen und Völker an den Feierlichkeiten zum 3. Mai ein großer Erfolg. Die britisch-amerikanische Vermittlung in Moskau über die Wiederherstellung der diplomatischen Beziehungen und über die schrittweise Evakuierung von Polen sowie die Wiedereinführung der Obhut blieb bisher ohne Erfolg. Weitere Schritte sind im Gange. Die Sowjets stellen eine rote polnische Division unter der Führung Berlings zusammen.

Noch halten sie sich mit der Bildung einer eigenen Regierung für Polen zurück. Aber unentwegt fordern sie Änderungen in der bestehenden Regierung.

Die Deutschen suggerieren uns den Bruch mit den Verbündeten. Sie verbreiten Gerüchte über angebliche Aufruhr, Auflehnung, Unruhen und Konflikte mit den Briten. Für den Westen besteht die absolute Notwendigkeit der Vereinigung der Kräfte, Solidarität und Disziplin. Es muß weiterhin festgestellt werden, daß sich Polen in einem andauernden unversöhnlichen Kampf mit Deutschland befindet, daß trotz allem kein Pole mit den Deutschen — selbst nicht gegen Rußland — zusammenarbeiten würde.

Hervorzuheben ist das unverbrüchliche Bündnis mit den Angelsachsen und die Kampfbereitschaft unserer Streitkräfte. Was das Verhältnis zu Rußland betrifft, so soll sich genau an die Erklärungen der Regierung und des Premiers gehalten werden.

Minister der Nationalen
Verteidung

CA KC PZPR. 203/I-7, Telegramm 2404.

46

Juni 1943, Warschau. Rapport aus Katyn.
Vertraulicher Bericht des Polnischen Roten Kreuzes (PRK).
Ausschnitt. Erarbeitet vom Generalsekretär des PRK,
Kazimierz Skarżyński.

C. Bericht der Technischen Kommission des
Polnischen Roten Kreuzes
über den Verlauf der Arbeiten in Katyn

Am 17. April 1943 begann die provisorisch aus drei Personen gebildete Kommission mit der Arbeit. Die Aufgaben wurden wie folgt verteilt:

1) Herr Rojkiewicz, Ludwik – Dokumente im Sekretariat der Geheimpolizei untersuchen,

2) Herr Kołodziejski, Stefan und Herr Wodzinowski, Jerzy – Dokumente bei den Leichen im Katyner Wald suchen und sicherstellen.

An diesem Tag wurde jedoch die Arbeit abgebrochen, da eine polnische Delegation von gefangenen Offizieren aus Offizierslagern in Deutschland anreiste. Der Delegation gehörten an:

1) Oberstleutnant Mossor, Stefan, Kavallerie – Offizierslager II E/K Nr. 1449,

2) Hauptmann Cylkowski, Stanisław – Offizierslager II E/K Nr. 1272,

3) Leutnant Gostkowski, Stanisław – Offizierslager II D Nr. 776/II/B,

4) Hauptmann Kleban, Eugeniusz – Offizierslager II D Nr.

5) Leutnant Rowiński, Zbigniew, Luftwaffe, Offizierslager II D Nr. 1205/II/B,

6) Hauptmann Adamski, Konstanty, Panzerwaffe – Offizierslager II C Nr. 902/XI/A.

Die Mitglieder der Technischen Kommission hatten die Möglichkeit, die Gruben wie auch die Dokumente gemeinsam zu besichtigen.

Die polnischen Offiziere verhielten sich den Deutschen gegenüber sehr zurückhaltend und würdig. In einem kurzen Gespräch etwas abseits nahmen sie mit sichtlicher Befriedigung zur Kenntnis, daß sich das Polnische Rote Kreuz nur mit der technischen Seite der Exhumierungsarbeiten befaßt hatte, ohne auf die politische Seite einzugehen.

Am 19. April wollten die Kommissionsmitglieder mit Oberleutnant Slovenzik (Führer der Aktivpropagandakompanie, Anm. d. Red.) Verbindung aufnehmen, um die Arbeit im einzelnen festzulegen. Da es jedoch keine Beförderungsmittel gab, waren die Bemühungen an diesem Tag erfolglos. Nachdem man am 20. April vergeblich bis 14.00 Uhr gewartet hatte, sah Herr Ludwik Rojkiewicz keinen anderen Weg, als zu Fuß in das 10 km entfernte Sekretariat der Geheimpolizei zu gehen, wenn er Oberleutnant Slovenzik sprechen wollte. Er kehrte jedoch um, da ihm unterwegs ein Auto entgegenkam, in dem weitere Mitglieder der PRK-Kommission saßen. Dies waren 1) Herr Hugon Kassur, 2) Herr Gracjan Jaworowski, 3) Herr Adam Godzik.

Diese Kommissionsmitglieder waren am 19. April 12.15 Uhr in Warschau mit einer ausländischen Pressedelegation abgefahren. Ihr gehörten an ein Schwede, ein Finne, ein Spanier, ein Belgier, ein Flame, ein Italiener und ein Tscheche, außerdem ein russischer Emigrant aus Berlin sowie der in Berlin weilende Prof. Leon Kozłowski, ehemals Premier der Regierung der Republik Polen und drei Beamte von der Propagandaabteilung in Berlin.

Die Leitung der Technischen Kommission übernahm Herr Hugon Kassur. In den Gesprächen mit Oberleutnant Slovenzik wurden folgende Fragen erörtert:

1) Unterbringung der Mitglieder der Technischen Kommission,
2) Arbeitsplatz,
3) Beförderungsmittel für die Mitglieder der Technischen Kommission,
4) Organisierung der Arbeit der Technischen Kommission,
5) Aufbewahrung der Dokumente,
6) Auswahl des Platzes für Gemeinschaftsgräber.

Der Entfernung Katyns von Smolensk (14 km) wie auch der fehlenden Beförderungsmittel wegen, wurden die Mitglieder der Technischen Kommission im Dorf Katyn in einer einzeln stehenden Baracke auf dem Gut Borek untergebracht, das vor dem Krieg 1914–1918 Herrn Lednicki gehört hatte und 3,5 km von den Ziegenbergen, wo die polnischen Offiziere ermordet wurden, entfernt war. Derzeit befand sich dort ein Feldkrankenhaus der Organisation Todt. In diesem Gut wohnten die Mitglieder der Technischen Kommission vom 15. April bis zum 20. Mai 1943. Vom 20. Mai bis zum

7. Juni 1943 wurden sie in der Dorfschule am Bahnhof Katyn untergebracht. Die Angelegenheit wurde mit Oberleutnant Slovenzik dahingehend gelöst, daß man aus dem Offizierskasino der Organisation Todt die Verpflegung für den ganzen Tag an Ort und Stelle
erhielt, wobei die Rationen den für die Frontabteilungen vorgesehenen entsprachen. An dieser Stelle sei jedoch erwähnt, daß die Kommissionsmitglieder ausreichend verpflegt wurden.

Da es im Wald keine geeigneten Unterkünfte gab, mußte man
das Herausnehmen und Untersuchen der Dokumente getrennt vornehmen. Daher wurden die Dokumente herausgenommen und die
Leichen anschließend wieder an Ort und Stelle, das heißt im Katyner Wald, begraben. Im Sekretariat der Geheimpolizei, das 6 km
vom Katyner Wald in Richtung Smolensk entfernt seinen Sitz hatte,
wurden die Dokumente erstmalig untersucht.

Oberleutnant Slovenzik war der Ansicht, das Polnische Rote
Kreuz müsse seine eigenen Fahrzeuge nach Katyn schicken. Da
man ihm aber erklärte, daß alle PRK-Fahrzeuge beschlagnahmt worden waren, wurde die Frage der Beförderungsmittel folgendermaßen gelöst:

a) Um in den Katyner Wald zu kommen, der 3,5 km vom Quartier
entfernt war, durften Militärfahrzeuge auf der Landstraße angehal-
ten werden. Dasselbe galt für die Rückfahrt.

b) Wenn man ins 10 km entfernte Büro des Sekretariats der Geheimpolizei wollte, wurde ein Motorrad geschickt.

Die Arbeit wurde folgendermaßen aufgeteilt:

a) 1 Mitglied zur Exhumierung der Leichen,

b) 2 Mitglieder zum Absuchen der Leichen und Herausnehmen
der Dokumente,

c) 1 Mitglied zum Kontrollieren der laufenden Nummern der Leichen, die danach in die Gemeinschaftsgräber gebracht wurden,

d) 1 Mitglied zum erneuten Bestatten der Leichen,

e) 2 bis 3 Mitglieder zum Entziffern der Dokumente,

f) ab 28. April, das heißt ab der Ankunft der Herren Marian Wodziński, Stefan Cupryjak, Jan Mikołajczyk, Franciszek Król, Władysław Buczak und Ferdynand Płonka als weitere Kommissionsmitglieder, übernahm der Gerichtsmediziner Dr. Marian Wodziński,
unterstützt von einem Laboranten des Krakauer Prosektoriums, die
gründliche Untersuchung der Leichen, die man nicht nach den Dokumenten identifizieren konnte.

Die Arbeiten verliefen folgermaßen:

a) Leichen ausgraben und herausholen,
b) Dokumente entnehmen,
c) Untersuchung der nicht identifizierten Leichen durch den Arzt,
d) Leichen begraben.

Arbeitszeit war täglich von 8.00 Uhr bis 18.00 Uhr mit einer Mittagspause von anderthalb Stunden.

Die Kommission stellte fest, daß es sehr schwierig war, die Leichen herauszuholen. Sie lagen stark zusammengepreßt und waren chaotisch in die Gruben geworfen worden. Ein Teil hatte die Hände hinten zusammengebunden oder die Mäntel über dem Kopf zusammengebunden. Um den Hals waren die Mäntel mit Bindfaden zusammengeschnürt, daran waren ebenfalls mit einem Bindfaden die auf dem Rücken gefesselten Hände gebunden. Die derart gefesselten Leichen lagen vor allem in einer mit Grundwasser gefüllten Grube, aus der 46 Opfer von den Mitgliedern der Technischen Kommission allein herausgeholt wurden. Die deutschen Militärorgane hatten in Anbetracht der sehr schwierigen Bedingungen beim Ausgraben diese Grube zuschütten wollen. In der einen Grube wurden an die 600 Leichen gefunden, die schichtenweise mit dem Gesicht zur Erde lagen.

Die sehr komplizierten Arbeiten führten dazu, daß die Gummihandschuhe nicht reichten. Zur Bergung der Leichen hatten die deutschen Organe Einwohner aus der Umgebung herangeholt.

Die Leichen wurden auf Tragbahren aus den Gruben gehoben und nebeneinander hingelegt. Die Dokumente wurden auf folgende Weise gesucht. Jede Leiche wurde einzeln im Beisein eines Mitglieds der Technischen Kommission von zwei Arbeitern durchsucht. Die Arbeiter schnitten alle Taschen auf, nahmen den Inhalt heraus und übergaben alle gefundenen Sachen dem Mitglied der Technischen Kommission. Sowohl die Dokumente als auch die eventuell gefundenen Gegenstände legte man in numerierte Umschläge, wobei die gleiche Nummer auf die am Leichnam befestigte Blechmarke geprägt wurde. Um wirklich genau und sorgfältig nach Dokumenten suchen zu können, wurden sogar Leibwäsche und Schuhe aufgeschnitten. Falls man weder Dokumente noch Andenken fand, wurden Monogramme – falls vorhanden – aus der Bekleidung oder auch aus der Leibwäsche herausgeschnitten.

Die mit dem Suchen nach Dokumenten beauftragten Kommissionsmitglieder waren nicht berechtigt, sie durchzusehen und zu sortieren. Ihre Aufgabe war es nur, folgende Gegenstände in die Umschläge zu packen:

a) Brieftaschen mit vollständigem Inhalt,
b) alle lose gefundenen Papiere,
c) Auszeichnungen und Andenken,
d) Medaillons, Kreuzchen usw.,
e) ein Schulterstück,
f) Geldbörsen,
g) alle wertvollen Gegenstände.

Wegwerfen durften sie lose Geldscheine, Zeitungen, Hartgeld, Tabaksbeutel, Zigarettenpapier, Zigarettenetuis aus Holz beziehungsweise aus Blech. Diese Anweisung gaben die deutschen Organe, damit die Umschläge nicht zu voll wurden.

Die gefüllten Umschläge wurden mit Draht oder Bindfaden verschnürt und in der Reihenfolge ihrer Nummern auf einen eigens für diesen Zweck bestimmten fahrbaren Tisch gelegt. Von dort nahmen sie die deutschen Organe weg und brachten sie zweimal täglich, das heißt mittags und abends, mit dem Motorrad ins Büro des Sekretariats der Geheimpolizei. Wenn die Dokumente nicht in einem Umschlag Platz hatten, wurden sie in einen mit demselben Zeichen versehenen zweiten Umschlag gelegt.

Im Büro des Sekretariats der Geheimpolizei wurden die von einem Armeekradfahrer gebrachten Dokumente den deutschen Organen ausgehändigt. Die Voruntersuchung der Dokumente und Ermittlung der Namen fand unter Mitwirkung von drei Deutschen und den Vertretern der Technischen Kommission statt. Die Umschläge wurden im Beisein von Polen und Deutschen geöffnet. Die Dokumente kamen in dem Zustand, in dem man sie bei den Leichen gefunden hatte und wurden mit Holzstäbchen sorgfältig von Schmutz, Fett und Moder gereinigt. In erster Linie wurde nach Dokumenten gesucht, mit denen man einwandfrei Namen und Vornamen des Ermordeten feststellen konnte. Diese Angaben wurden den Erkennungsmarken oder Personalausweisen, den Dienstausweisen, Einberufungskarten des MOB[1] und eventuellen Impfausweisen aus Koselsk entnommen. Wenn Dokumente dieser Art nicht gefunden wurden, untersuchte man andere, beispielsweise Briefe, Visitenkarten, Notizbücher, Notizzettel usw. Die Brieftaschen und Geldbörsen, die Banknoten der Polnischen Bank beziehungsweise Hartgeld

---

1 Abkürzung konnte nicht entschlüsselt werden – *D. Übers.*

enthielten, wurden verbrannt. Banknoten in ausländischer Währung außer russischer sowie alle goldenen Münzen und Gegenstände wurden in einen Umschlag gelegt. Die ermittelten Namen wie auch der Inhalt des Umschlags wurden von einem Deutschen auf ein gesondertes Blatt in deutsch unter derselben Nummer eingetragen. Die Kommission erläutert, weshalb die ersten Listen nur in deutsch angefertigt worden sind. Die deutschen Organe hatten nämlich erklärt, daß die Namenslisten sowie die Dokumente nach ihrer Auswertung sofort dem Polnischen Roten Kreuz zugestellt werden. Daher sah die Kommission keinen Grund, eine zweite Liste anzufertigen, um so mehr als in der ersten Arbeitsphase die Technische Kommission wenig Personal hatte. Wenn Schwierigkeiten beim Entziffern der persönlichen Daten entstanden, schrieb man unter der laufenden Nummer »nicht identifiziert«, zählte jedoch die gefundenen Dokumente auf. Diese Dokumente wurden von den deutschen Organen zur genaueren Untersuchung in ein spezielles Chemielabor geschickt. Wenn die Untersuchung ein positives Ergebnis brachte, wurde unter derselben Nummer, aber auf einer zusätzlichen Liste der Name des Ermordeten aufgeschrieben. Allerdings waren unter den Ermordeten auch Leichen ohne irgendwelche Dokumente oder Andenken. Sie wurden jedoch gleichfalls mit einer laufenden Nummer versehen und erhielten auf der Liste den Vermerk »nicht identifiziert«.

Nachdem man den Inhalt des Umschlags auf dem gesonderten Blatt eingetragen hatte, wurden die Dokumente oder Gegenstände in einen neuen, mit derselben Nummer versehenen Umschlag gelegt, auf dem der Inhalt vermerkt war. Diese Tätigkeit verrichteten die Deutschen. Die auf diese Weise durchgesehenen, sortierten und numerierten Umschläge wurden der Reihe nach in einen Schrank gelegt. Sie standen ausschließlich den deutschen Organen zur Verfügung. Die mit Schreibmaschine in deutsch von den Deutschen angefertigten Listen konnte die Kommission nicht mit den handschriftlichen Listen vergleichen, da sie nicht Einsicht nehmen durfte. Nach diesem System wurde von Nr. 0421–0794 im Beisein von Herrn Ludwik Rojkiewicz gearbeitet. Als man die Identität von Nr. 0795–03900 ermittelte, waren als Kommissionsmitglieder Herr Stefan Cupryjak, Herr Gracjan Jaworowski und Herr Jan Mikołajczyk zugegen. Die Arbeiten wurden von ihnen fast auf die gleiche Weise ausgeführt, allerdings mit einer Änderung. Sie fertigten bereits Listen in Polnisch an, die nach Möglichkeit dem Hauptvorstand des Polnischen Roten Kreuzes zugestellt wurden. Von Nr. 03900 bis 04243 war Herr Jerzy Wodzinowski dabei, der in gleicher Form arbeitete. Die Leichen von Nr. 1–112 und von Nr. 01–0420 wurden vor Ankunft der Technischen Kommission des Polnischen Roten Kreuzes ausschließlich von den Deutschen identifiziert. Zugleich hob die Kommission hervor, daß beim Untersuchen der Dokumente die Tagebücher, Armeebefehle, einige Briefe usw. von den deutschen Organen zur Übersetzung ins Deutsche mitgenommen wurden. Ob alle zurückgebracht und wieder in die entsprechenden Umschläge gelegt wurden, konnte die Technische Kommission nicht feststellen.

Während der Arbeiten der Technischen Kommission im Katyner Wald wurden vom 15. April bis 7. Juni 1943 insgesamt 4243 Leichen exhumiert, von denen man 4233 aus sieben Gruben holte, die in geringen Abständen nebeneinander lagen und im März 1943 von deutschen Militärorganen freigelegt worden waren. Aus diesen sieben Gruben wurden alle Leichen exhumiert.

Die achte Grube wurde etwa 200 m südlich von der ersten Grubengruppe am 20. Juli 1943 gefunden. Man holte daraus nur zehn Leichen heraus. Sie wurden in dem damals noch offenen sechsten Gemeinschaftsgrab bestattet. Im Hinblick auf die sommerliche Jahreszeit hatten die deutschen Organe eine Unterbrechung der Exhumierungsarbeiten bis September 1943 angeordnet. Daher wurde die achte Grube zugeschüttet, nachdem man zehn Leichen exhumiert hatte.

Sehr sorgfältig hatten die Deutschen das ganze Gelände abgesucht. Ihnen lag etwas daran, daß die von der Propaganda gemeldete Ziffer von 12 000 Leichen nicht zu weit von der Wirklichkeit abwich. Deshalb ist anzunehmen, daß nicht mehr Gruben vorhanden sind. Wie die Abmessungen des achten Grabes zeigen, dürften darin nicht mehr als einige hundert Leichen gelegen haben. Beim Absuchen des Geländes wurden einige Massengräber von Russen entdeckt, in denen der Zerfallszustand der Leichen unterschiedlich bis hin zu Skeletten war.

Die exhumierten Leichen wurden in einer mit 4241 bezifferten Gesamtzahl in sechs neuen Gemeinschaftsgräbern bestattet, die man in der Nähe der Mordgruben ausgehoben hatte. Die Leichname von zwei Generälen wurden in gesonderten Einzelgräbern bestattet. Die Gräber liegen auf einem erhöhten, trockenen und sandigen Gelände. Auf zwei Seiten der Gemeinschaftsgräber ist das

Gelände tief und feucht. Infolge der Geländebedingungen und der während der Arbeit entstandenen technischen Schwierigkeiten sind die einzelnen Gräber nicht einheitlich groß und tief. Der Boden ist in allen Gräbern vollkommen trocken. Abhängig von Größe und Tiefe liegen in jedem Grab mehrere Reihen Leichen und jede Reihe in einigen Schichten. Die obersten Schichten wurden mindest 1 m unterhalb des Geländes gelegt, so daß beim Aufschütten der Grabhügel 1 m über das Gelände die obersten Schichten Leichen mit einer 2 m hohen Erdschicht bedeckt waren. Alle Grabhügel sind eben gestaltet, einheitlich hoch und an den Seiten mit Rasen bedeckt.

Auf alle Gemeinschaftsgräber wurden 2,5 m hohe, gehobelte Holzkreuze gestellt und darunter Waldblumen gepflanzt. Auf jeden Grabhügel wurde aus Rasen ein großes Kreuz gelegt. Die Gräber sind nach der Reihenfolge ihres Entstehens numeriert, um die Kontrollnummern der bestatteten Leichen in ihrer Reihenfolge zu belassen. Die Leichen wurden nach den laufenden Nummern, eine neben der anderen gelegt, den Kopf etwas höher in Richtung Osten und die Hände auf der Brust gefaltet. Jede Schicht Leichen wurde 20 bis 30 cm hoch mit Erde zugeschüttet. In den Gräbern 1, 2, 3 und 4 wurden die Leichen mit der rechten Seite beginnend hingelegt, da man sie von links in die Gräber brachte. Die Nummern der bestatteten Leichen wurden in der gelegten Reihenfolge aufgeschrieben. Das Nummernverzeichnis der in jedem Grab bestatteten Leichen wurde dem vorliegenden Bericht beigelegt. (Das Verzeichnis wurde nicht gefunden, Anm. d. Verf.) Ebenso wurde der Lageplan des Friedhofs, der einen Raum von 60 × 36, das heißt 2 160 m² einnimmt, beigefügt.

Als die letzten Mitglieder der Technischen Kommission aus Katyn am 9. Juni 1943 abreisten, hängten sie an das Kreuz des größten Grabs Nr. 4 einen Metallkranz, den ein Kommissionsmitglied aus Blech und Draht angefertigt hatte. Dieser zwar von Hand und unter Feldbedingungen hergestellte Kranz sieht ästhetisch aus. Er ist schwarz bemalt und hat in der Mitte eine Dornenkrone aus Stacheldraht. In der Mitte der Krone ist an das Holzkreuz ein dicker polnischer Metalladler von einer Offiziersmütze eingeschlagen. Nach der Kranzniederlegung ehrten die Kommissionsmitglieder das Andenken an die Ermordeten durch eine Schweigeminute und ein Gebet. Dann nahmen sie im Namen des Vaterlands, ihrer Familien und in ihrem eigenen Abschied. Beim Verlassen des Friedhofs dankte die Kommission Oberleutnant Slovenzik, Leutant Voss, den deutschen Unteroffizieren und Soldaten sowie den russischen Arbeitern für ihre sehr schwere Arbeit zwei Monate lang bei der Exhumierung der Leichen.

Zusammenfassend stellt die Kommission fest, daß:

1) die aus den Gruben geborgenen Leichen sich im Zersetzungsstadium befanden, so daß eine Erkennung unmöglich war. Die Uniformen aber waren recht gut erhalten, vor allem alle Metallteile wie Rangabzeichen, Orden, Adler, Knöpfe u. a.,

2) die Todesursache ein Schuß in den Bereich der Schädelbasis war,

3) sich aus den bei den Leichen gefundenen Dokumenten ergibt, daß die Mordtat in der Zeit von Ende März bis Anfang Mai 1940 begangen wurde,

4) die Arbeit in Katyn unter der ständigen Kontrolle der deutschen Organe vor sich ging, die bei jeder Gruppe Kommissionsmitglieder einen Posten aufstellten,

5) die ganze Arbeit von den Mitgliedern der Technischen Kommission des Polnischen Roten Kreuzes, den deutschen Organen und den Bewohnern aus den umliegenden Dörfern ausgeführt wurde, deren Anzahl sich durchschnittlich auf 20 bis 30 Personen belief. Auch kamen täglich 50 gefangene Bolschewisten, die man ausschließlich dafür einsetzte, die Gräber auszuheben, zuzuschütten und das Gelände einzuebnen,

6) die allgemeinen Arbeitsbedingungen sehr schwer und nervlich aufreibend waren. Nicht nur, daß die Tatsache selbst schmerzlich war, auch die zersetzten Körper und die dadurch verpestete Luft schufen eine schwere und nervenzerrüttende Arbeitsatmosphäre,

7) die häufigen Besuche verschiedener Delegationen, die tägliche Besichtigung des Geländes durch viele Militärs, die Sezierung der Leichen von deutschen Militärärzten und Mitgliedern der anwesenden Delegationen die ohnehin schon schwere Arbeit belasteten.

Da der Vorsitzende der Technischen Kommission, Herr Hugon Kassur nach seiner Abreise am 12. 5. 1943 nicht nach Katyn zurückkehren konnte, übernahm die Funktion des Vorsitzenden der Technischen Kommission nach Abschluß der Arbeiten Herr Jerzy Wodzinowski.

Erläuterungen zum vorstehenden Bericht:

Die deutsche Propaganda stellte Forderungen, die die Arbeit der

Technischen Kommission sehr erschwerten. Bereits zwei Tage bevor irgendeine wichtigere Delegation kam, wurden die Arbeiten abgebrochen, weil nur 7 bis 10 Arbeiter erschienen waren. Es hieß, die Einwohner aus den umliegenden Dörfern seien befehlswidrig nicht erschienen.

Als Medizinprofessoren aus Deutschland und den mit der »Achse« zusammenarbeitenden Ländern anreisten, reservierte man für sie zur Beschau und Sezierung die Körper der ranghöchsten Offiziere oder solche, die außer dem Todesschuß auch Bajonettstiche aufwiesen oder gefesselt waren. Obwohl der Leiter der Kommission häufig dagegen energisch Einspruch erhob, ging man nicht auf ihn ein und rechnete wohl auch nicht damit, daß die Kommission sorgfältig arbeitete. Als die Leichen im zweiten Gemeinschaftsgrab bestattet wurden, kam daher die fortlaufende Numerierung durcheinander. Die ausländischen Professoren nahmen die Sezierungen vor, ohne sich zuvor mit der Kommission zu verständigen, so daß die Identifizierung mehrmals erschwert war. Die Kommission verhinderte größere Komplikationen bei der Arbeit, da sie die den Deutschen zur Verfügung gestellten Leichen oft eigenmächtig holte und begrub.

Die den mittleren Frontabschnitt haltenden deutschen Truppen bekamen den Befehl, Katyn zu besuchen. Täglich besichtigten Hunderte den Ort des Verbrechens. Die Kommission erreichte durch eine Eingabe, daß die Besichtigung auf bestimmte Stunden beschränkt wurde und Polizisten für Ordnung sorgten.

Die deutsche Kontrolle beim Suchen und Entziffern der Dokumente erwähnte ich bereits. In einem Fall verlangte man vom Kommissionsmitglied Herrn Cupryjak, Einblick in die Aufzeichnungen zu bekommen, die er beim Entziffern der Dokumente in seinem Notizbuch gemacht hatte.

Ebenfalls darf der Vorfall nicht vergessen werden, der sich zwischen Herrn Kassur und Oberleutnant Slovenzik ereignete. Letztgenannter erschien eines Tages bei Beginn der Exhumierungsarbeiten und erklärte, die deutschen Organe hätten erfahren, daß einige polnische Offiziere deutscher Nationalität, sogenannte Volksdeutsche gewesen seien. Für sie forderte er ein gesondertes Grab oder mindestens einen vorrangigen Platz in den Gemeinschaftsgräbern. Als Antwort wurde ihm gesagt, daß alle Ermordeten Offiziere der polnischen Truppen waren, eine Bestimmung ihrer Nationalität unmöglich sei und Herr Kassur nur ausnahmslos gemeinsamen Gräbern zustimmen könne. Oberleutnant Slovenzik gab sich mit diesen Argumenten zufrieden.

Nach den aus den Leichnamen der Offiziere entfernten Kugeln und den im Sand gefundenen Hülsen ist anzunehmen, daß die Schlüsse aus einer kurzen Waffe mit Kaliber 7,65 mm abgegeben wurden. Sie scheinen deutscher Herkunft zu sein. Aus Angst, daß die Bolschewisten diesen Umstand ausnutzen, haben die deutschen Organe genau aufgepaßt, daß die Mitglieder der Technischen Kommission keine Kugel oder Hülse aufheben. Diese Anweisung war naiv und konnte nicht überwacht werden. Außerdem konnten die Sicherheitsleute des NKWD für ihre Mordtaten in Katyn Kurzfeuerwaffen jeglicher Herkunft verwendet haben.

Der Hauptvorstand des Polnischen Roten Kreuzes bekam indessen nicht das Ergebnis der von Dr. Wodziński in Katyn vorgenommenen Leichenuntersuchung in die Hand. Aus seinem Bericht nach der Ausgrabung der ersten 1700 Leichen folgert, daß es trotz der in den oberen Leichenschichten eingetretenen Fäulniszersetzung infolge des sandig tonigen Geländes zu einer teilweisen Mumifizierung und in den tieferen Schichten zur sogenannten Fett-Wachs-Umwandlung gekommen war und man bei 98 % der Fälle einen Schuß in den Schädel mit Eintritt in den Hinterkopf und Austritt an der Stirn, im Schädeldach oder Gesicht, bei 0,4 % einen doppelten Schädelschuß von hinten und bei 1,5 % einen Halsschuß feststellen mußte.

Aller Wahrscheinlichkeit nach werden die Zahlen der endgültigen Ergebnisse nicht viel von den eben genannten abweichen. Wichtig werden die Angaben über die Anzahl Leichen mit Schnur um Hals und Hände und mit Bajonettstichen sein.

Der Bericht der Technischen Kommission möchte nur nebenbei erwähnen, daß die Kommissionsmitglieder eigenhändig 46 Leichen aus einer mit Wasser vollgelaufenen Grube exhumierten. Hier handelte es sich um eine Grube, die ich selbst während meines Aufenthalts in Katyn gesehen habe. Gebildet wurde sie vom unteren Rand eines der sieben großen Gräber, das terassenartig zum tieferen Gelände hin abfiel. Sie war mit Grundwasser vollgelaufen. Aus dem Wasser ragten Leichenteile heraus. Zum Ausgraben wollten die Deutschen Pumpen schicken. Die Grube wurde jedoch bis zum letzten Arbeitstag nicht ausgepumpt. Eines Tages bemerkte Herr Wodzinowski, daß die russischen Arbeiter die Grube zuschütteten. Er ließ die Arbeit sofort einstellen und erfuhr von Oberleutnant Slovenzik, daß wegen der ständigen sowjetischen Luftangriffe ein Brandschutzdienst eingerichtet worden war und die Wehrmacht die Pumpen nicht liefern konnte. Von den Arbeitern hätte man unter diesen Umständen ein Ausgraben nicht verlangen können. Daraufhin stiegen die fünf Mitglieder der Technischen Kommission mit Herrn Wodzinowski an der Spitze selbst in die Grube und holten in 17 Arbeitsstunden 46 Leichen polnischer Offiziere aus dem Wasser.

Da es meine Pflicht ist, die aufopferungsvolle Tat der Mitglieder unserer Technischen Kommission hervorzuheben, möchte ich an den Schluß des Berichts über die Beteiligung des Polnischen Roten Kreuzes an den Ausgrabungsarbeiten in Katyn einen Satz stellen, den der Vorsitzende des Hauptvorstandes des Polnischen Roten Kreuzes in seiner Rede vor Vertretern der polnischen Bevölkerung in Warschau gesagt hat:

»Von Gräbern ist Polens Geschichte gezeichnet ...
ein solches Grab gab es noch nie ...«

(–) Kazimierz Skarżyński
Warszawa im Juni 1943

Odrodzenie, Nr. 7, 1989.

47

**20. August 1943, London. Schreiben des polnischen
Ministeriums für Innere Angelegenheiten
an den Minister für Nationale Verteidigung über die Zusendung
eines Materials aus dem Inland unter dem Titel:
»Katyn und die deutsche Propaganda«**

An Herrn
Minister für Nationale Verteidigung
Divisionsgeneral Dr. M. Kukiel
London

Im Auftrag des Herrn Minister Banaczyk sende ich Ihnen im Anhang ein Material aus dem Inland unter dem Titel: »Katyn und die
deutsche Propaganda« sowie eine Liste mit Namen der bisher
(18. 4.) geborgenen polnischen Leichen in Kosji Gory bei Smolensk
zur Kenntnisnahme.

Im Auftrag des Ministers
Pawel Siudak
Leiter der Sozialabteilung

2 Anlagen

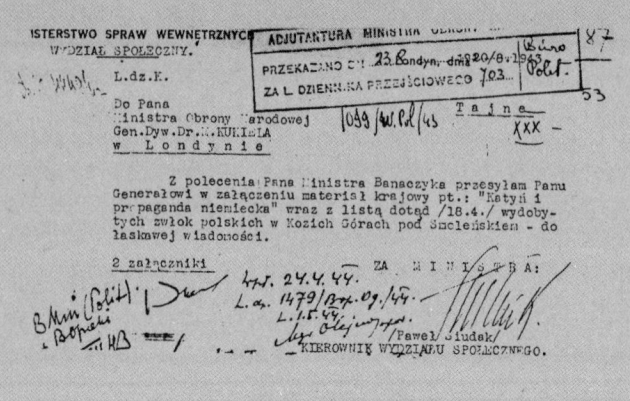

L.dz.K.

Do Pana
Ministra Obrony Narodowej
Gen.Dyw.Dr.M.KUKIEŁA
w L o n d y n i e

Tajne
XXX

Z polecenia Pana Ministra Banaczyka przesyłam Panu
Generałowi w załączeniu materiał krajowy pt.: "Katyń i
propaganda niemiecka" wraz z listą dotąd /18.4./ wydoby-
tych zwłok polskich w Kozich Górach pod Smoleńskiem - do
łaskawej wiadomości.

2 załączniki

ZA MINISTRA:

/Paweł Siudak/
KIEROWNIK WYDZIAŁU SPOŁECZNEGO.

Katyn und die deutsche Propaganda

I. Allgemeine Bemerkungen:

1. Es ist charakteristisch, daß die Sensation von Katyn zeitgleich mit dem Abklingen und Erlöschen der Wucht der sowjetischen Winteroffensive verlief, die nach den Erfolgen von Stalingrad und dem Kaukasus sowie teilweise in Leningrad u. a. in einer Entfernung von 50–70 km von Smolensk zum Stehen kam. Die Entdeckung der geheimnisvollen polnischen Massengräber durch die Deutschen auf den sogenannten Kosji Gory erfolgte in der ersten Aprildekade des Jahres, d. h. im Moment, als der gewaltige, offensive Vorstoß der Roten Armee bereits kraftlos steckenblieb und die deutsche Armee ihre neue Front befestigte, die sie bis heute hält.

2. Der polnischen Meinung nach war die »Katyner Offensive« von der deutschen Propaganda nicht planmäßig vorbereitet. Sie fand ganz im Gegenteil vor dem Hintergrund von Ereignissen statt, die erst kürzlich die polnische Meinung erschütterten. Das waren die barbarischen Aussiedlungen aus dem Gebiet vom Zamość (November – Dezember 1942), die vielen Straßenrazzien, darunter die Razzia vom 20. Januar des Jahres in Warschau (188 Mann) sowie die Schaffung eines neuen Lagers in Majdanek bei Lublin. Weitere Erscheinungen des blutigen Okkupationsterrors waren z. B. die Erschießung von 70 Gefangenen des Pawiaks auf Befehl des Bluthundes Krüger. Auch während der Gespräche von Erzbischof Sapieha und dem Präsidenten des Haupthilfsrates Adam Ronikier mit dem Vertreter des Generalgouvernements Bühler Mitte Dezember 1942 gab es keinerlei Hinweise für die Annahme einer sog. Kursänderung. In diesen Gesprächen stellte der Okkupant entweder in Abrede, der polnischen Bevölkerung Leid zuzufügen (z. B. Ableugnen der Inhaftierung von unschuldigen Personen in Konzentrationslagern) oder er redete sich aus der Verantwortung heraus (z. B. durch die Erklärung, daß die Tragödie von Zamość durch Berlin befohlen wurde). Fakt ist jedoch, daß im Auftreten von Gouverneur Frank oder anderer Gestalten der Okkupationsbehörden im Laufe des Jahres 1942 ein gewisser Verzicht auf Diffamierung des polnischen Volkes zu beobachten

ist. Noch 1940 und 1941 war das für beinahe alle öffentlichen Reden der faschistischen Würdenträger im Generalgouvernement charakteristisch. Außerdem arbeitete das gesamte System nach bekannten und unveränderten Grundsätzen.

3. Die Katyner Sensation fiel bezeichnenderweise mit Versuchen und Bemühungen zusammen, aus dem Generalgouvernement eine beträchtliche Arbeitskräftereserve zu gewinnen. Mit Beginn des diesjährigen Frühjahrs gingen die Arbeitsämter energisch vor, um Arbeitskräfte zu gewinnen, u. a. durch Werbung unter der Schuljugend. Bereits im März gab es Fälle (z. B. im westlichen Kleinpolen), wo Berufsschüler auf dem Schulweg überrumpelt und ins Reich gebracht wurden. In Warschau wurden zur gleichen Zeit Listen von Jugendlichen der Handelsschulen angefertigt, der Einberufungen zur Arbeit folgten. Dies rief unter der Bevölkerung Angst und Schrecken hervor. Am Vorabend der geheimnisvollen Entdeckung in Katyn rief der Warschauer Gouverneur Fischer Vertreter der städtischen Selbstverwaltung, von Wirtschaftsorganisationen und der Geistlichkeit zur Zusammenarbeit bei der Werbung von Arbeitskräften auf. Dieses Anliegen wurde mit der allergrößten Zurückhaltung und Abneigung entgegengenommen. Zur selben Zeit verabschiedete Frank ostentativ auf dem Bahnhof in Krakau den »millionsten« Arbeiter aus dem Generalgouvernement, der zur Arbeit ins Reich fuhr.

II. **Die Sensation von Katyn**

Anfang April lud der Propagandachef des Distrikts Warschau ohne Angabe des Grundes und ohne Möglichkeit der Betreffenden, sich vorher zu verständigen, einige Personen zu einer Konferenz ein. Eingeladen waren Vertreter der Stadt (Bürgermeister Kulski), des Komitees des Haupthilfsrates (Präsident Machnicki), des Gerichtswesens (K. Rudnicki), der Geistlichkeit (Prälat Trzeciak), der Literatur und der Presse (Ferdynand Goetel, Skiwski und Teslar), der polnischen Frauen, des Handwerks usw. Die Auswahl der Personen erfolgte ausschließlich durch die deutsche Seite, die selbst den »Schlüssel« für die Einladungen und die Auswahl erstellte.

Zu den Versammelten sprach ein aus Berlin angereister Vertreter des Propagandaministeriums. Nach der Verherrlichung des Krieges mit den Sowjets – gemäß den offiziellen Thesen der deutschen Politik – und ohne besondere politische Anspielungen in bezug auf das polnische Volk erklärte er, daß bei Smolensk Massengräber polnischer Opfer des bolschewistischen Terrors entdeckt wurden. Er lud alle Anwesenden ein, sich an Ort und Stelle davon zu überzeugen. Der Hauptakzent der Rede lag auf der Schilderung der Bestialität des bolschewistischen Systems sowie des Unglücks der Opfer des kommunistischen Terrors. Einzelheiten aus Katyn wurden jedoch nicht bekanntgegeben (Anzahl und Art der Opfer usw.) Das Ergebnis der Konferenz war die Entscheidung des anwesenden Personenkreises, von der Einladung Gebrauch zu machen. Analoge Konferenzen fanden in Krakau und wahrscheinlich auch in Lublin statt. Im Endeffekt flog am folgenden Tag eine Gruppe von Personen, u. a. die Herren Goetel und Skiwski, im Namen des Haupthilfsrates Seyfried und Dr. Grodzki, Arzt aus Warschau, nach Smolensk. Die Delegation wurde an Ort und Stelle mit ausgesuchter Höflichkeit empfangen und als Vertreter des polnischen öffentlichen Lebens behandelt. In Gesprächen über den Anlaß der Reise gab es keine direkten Versuche von politischer Agitation.

Über Kosji Gory selbst zu berichten, ist nicht notwendig. Bei den dort anwesenden Polen gab es keinerlei Zweifel darüber, daß die düstere Entdeckung der Wahrheit entsprach. Man vermutete lediglich, der spätere Verlauf der Exhumierungsarbeiten bestätigten den Eindruck, daß dort nicht 12 000 Leichen gefunden wurden, wie es die deutsche Propaganda anfänglich mitgeteilt hatte. Im Laufe der Gespräche mit den Deutschen wurde die Frage gestellt, warum erst jetzt den Polen diese Hinrichtungsstätte offenbart wurde, obwohl sie den Deutschen bereits im Winter 1941/42 bekannt war. Die Antwort lautete, daß dies die Schuld der militärischen Führung sei, die offenbar bei den laufenden Frontoperationen den Wert und die Bedeutung dieser erschütternden Fundstätte unterschätzte.

Die Haltung der polnischen Vertreter – sowohl der ersten Gruppe als auch der späteren, die vom Polnischen Roten Kreuz geschickt wurde und sich mit der Exhumierung, der Feststellung der Identität der Toten und der Bestattung befaßte – war den Deutschen gegenüber voller Zurückhaltung und Reserviertheit. Die Okkupanten versuchten (bereits nach der Rückkehr nach Warschau), von den Teilnehmern der Reise schriftliche Berichte und entsprechende Erklärungen zu erhalten, was jedoch mißlang. Das Rote Kreuz stellte an das Internationale Rote Kreuz in Genf den bekannten Antrag, in dem nur sachlich und ruhig die ermittelten Fakten mitgeteilt (ohne Feststellung der Täter) und um Abwägung der Probleme in den Grenzen der Aufgaben und Befugnisse des Statuts des Roten Kreuzes gebeten wurde. Ähnlich zurückhaltend und objektiv verhielten sich auch — soviel bekannt ist — Delegationen aus polnischen Offizierslagern, die von den Deutschen nach Katyn gebracht wurden. Die Deutschen hatten jedoch jede Kontaktaufnahme mit ihnen verboten. Mit den Presseberichten der Teilnehmer (z. B. Nowy Kurier Warszawski) konnten die Deutschen keine bedeutenden Propagandaerfolge erringen. Es erschienen nur Berichte von zweit- oder drittrangigen Personen (Reporter Kawecki, der mit der Hetzpresse zusammenarbeitete, und der Krakauer Arbeiter Prochowiak).

Unabhängig von den polnischen Delegationen machten die Deutschen Katyn auch internationalen Vertretern zugänglich. Das waren u. a. eine gewisse Anzahl von europäischen Journalisten und eine Gruppe von Ärzten aus okkupierten und neutralen Ländern. Der Ärztebericht, zusammengefaßt in einer Art Rechenschaftsbericht, ist aus der deutschen Presse bekannt.

III. Die deutsche Propaganda

Das Hauptinteresse der deutschen Propaganda bestand darin, die Trumpfkarte Katyn so gut wie möglich auszuspielen. Die Vertreter der Propagandaämter machten daraus gegenüber den polnischen Delegationen kein Geheimnis. Sie erklärten, daß das Reich einen schweren Kampf gegen die Bolschewisten zur Verteidigung Europas führe und deshalb muß das Verbrechen von Katyn eine entsprechende Rolle im Arsenal der deutschen Mittel, der deutschen Politik und der deutschen Strategie spielen. Die deutsche Presse war im April und bis Mitte Mai des Jahres direkt überschwemmt mit Artikeln bzw. Reaktionen auf den Fall Katyn. Man hat offensichtlich nicht einmal versucht, das Ergebnis dieser Propaganda zusammenzustellen bzw. auszuwerten. Bildlich gesprochen ist das Ausmaß dieser Presseaktion mit der Pressekampagne von 1939 und teilweise von 1940 zu vergleichen, als es um sogenannte Morde an Volksdeutschen ging. Die Ziele dieser Propagandaaktion waren unterschiedlich. Die Hauptziele lassen sich wie folgt zusammenfassen:

a) Schüren von Angst und Schrecken in der polnischen Bevölkerung vor dem Gespenst des Bolschewismus. Beeinflussung des polnischen Bewußtseins durch Aussagen, daß der Hitlerismus die Polen vor dem Untergang schützt wie es die Absicht der angrenzenden kommunistischen Gewaltherrschaft den westlichen Völkern gegenüber ist.

b) Lähmung kommunistischer Aktionen auf polnischem Gebiet und Aberkennung ihres moralischen Rechts, also Sicherung der rückwärtigen Etappe der Ostfront vor bolschewistischer Diversion, die im Jahre 1942 beunruhigende Ausmaße angenommen hatte.

c) Versuch, auf die Regierung Polens in England moralisch einzuwirken, in dem sie in eine schwierige international-politische Lage hineinmanövriert wird bzw. Entfremdung der Regierung von den Angelsachsen oder aber Unterdrückung der sowjetischen Position im antideutschen Block.

d) Diskreditierung der Polnischen Regierung in der polnischen öffentlichen Meinung durch Schaffung von Bedingungen für die Ansicht, daß die Vertreter des Exils kein moralisches Recht besitzen, die Meinung und die Handlungen im Land zu bestimmen, sondern, daß dies die Vertreter des Landes übernehmen sollten, die mit den Okkupanten zusammenarbeiten.

e) Schaffung von günstigeren politischen Bedingungen für die Werbung von Arbeitskräften aus dem Generalgouvernement für die Bedürfnisse des deutschen Krieges.

f) Begründung für das antijüdische Massaker in den Augen der polnischen Bevölkerung.

Durch die Gelegenheit, die Katyn bot, versuchte die deutsche Propaganda, alle ihre Ziele zu ihrem Vorteil zu nutzen. Der Aufwand, mit dem die Katyn-Kampagne sowohl in der sog. polnischen Presse — bestimmt für polnische Leser — als auch in der deutschen und ausländischen Presse betrieben wurde, weist darauf hin, daß Deutschland lokale Nahziele, verbunden mit den Bedürfnissen der Okkupation auf polnischem Gebiet, aber auch entferntere internationale Ziele im europäischen und außereuropäischen Rahmen (Bindung Europas an den Hitlerismus, Entzweiung der Alliierten) verfolgte.

261

Um diese Ziele zu erreichen, wandte die deutsche Propaganda folgende Methoden an:

1. Verhältnis zur Exilregierung in London — Anfangs wurden die Energie und Entschlossenheit General Sikorskis hervorgehoben (erinnert wird an den Standpunkt über die Unantastbarkeit der Ostgrenze). Man würdigte mit einer gewissen Anerkennung den Appell der Regierung an das Internationale Rote Kreuz, zitierte frühere Reden über vermißte Offiziere und Bürger in der Sowjetunion, wies den Willen des Landes zur Aufklärung und Erlangung völliger Genugtuung in dieser Angelegenheit nach. Man versuchte, also die Regierung zu entschlossenem Auftreten gegen die Sowjets und möglicherweise gegen England aufzupeitschen.

Als später der Bruch der polnisch-sowjetischen Beziehungen erfolgte und Informationen über die Vermittlungsbemühungen Englands auftauchten (Rede Edens) und als besonders die polnische Regierungserklärung Deutschland das moralische Recht absprach, die Trumpfkarte Katyn auszuspielen und an deutsche Verbrechen in Polen erinnerte, änderte sich der nahezu wohlwollende Ton gegenüber General Sikorski grundlegend. Erneut tauchten Begriffe wie »Exilclique« oder »Schattenkabinett« auf. Es mehrten sich die Gerüchte über Personaländerungen in der Regierung (Lange, Wasilewska), die unter dem Druck der Sowjets erfolgen sollten. In »Briefen an die Redaktion« (zweifellos fingiert, in der Redaktion selbst geschrieben) wurden General Sikorski und die Regierung beschimpft. Ihnen wurde das Recht abgesprochen, über das Schicksal des Landes zu entscheiden usw. Fakt ist jedoch, daß im Laufe von nahezu zwei Monaten die Namen General Sikorski, Minister Raczyński, General Kukiel sowie die Begriffe »polnische Offiziere«, »polnische Armee«, »polnische Regierung« usw. aus der Presse nicht verschwanden. Die deutsche Presse veröffentlichte bei dieser Gelegenheit Einzelheiten über den Aufbau der polnischen Armee im Osten, berichtete über ihre zahlenmäßige Stärke, über ihre feindliche Einstellung zu den Bolschewisten in Persien, über die Leiden der Verbannten im bolschewistischen Rußland sowie über die ständigen Beratungen General Sikorskis mit Mitgliedern der britischen Regierung und über das Interesse der Weltöffentlichkeit an der polnischen Frage usw. Das führte dazu, daß die Zeitung »Das Reich« (Nr. 18, 2. Mai 1943) in einer Reportage über Katyn gerührt bekannte, daß die Opfer – diese »eleganten polnischen Offiziere« – doch Menschen unseres Lebensmilieus, unserer sittlichen Umwelt seien und das man die menschliche Nähe dieses Dramas spürt usw. Die deutsche Propaganda wollte nicht eingestehen, daß die Polnische Regierung alle Anstrengungen unternahm, um diese Menschen aus der grauenvollen sowjetischen Hölle herauszuholen, daß sie diese Angelegenheit energisch sowohl den Alliierten gegenüber als auch den Bolschewisten gegenüber vertrat und daß die öffentliche Meinung im Lande (ohne Hilfe der deutschen Presse) gut über den Verlauf der polnischen Aktionen in dieser Sache informiert wurde.

2. Verhältnis zu England und den USA. – In diesem Bereich ging die deutsche Presse nicht über die bereits im Herbst vergangenen Jahres von Goebbels angeordnete Darstellung Englands und der USA als »Hilfsvölker des Bolschewismus« hinaus. Diese deutliche Übertreibung und dieser deutliche Propagandavulgarismus findet im Komplex der polnischen Angelegenheiten vor dem Hintergrund ihrer Entwicklung im Jahre 1943 (polnisch-sowjetischer Grenzkonflikt, Mord in Katyn, Abbruch der diplomatischen Beziehungen, Ablehnung der Bürgerrechte für polnische Flüchtlinge durch die Sowjets usw.), besonders gegenüber einem mühelosen propagandistischen Angriff auf die Politik Englands in diesen Fragen eine ausgezeichnete Rechtfertigung. Es fehlen deutliche Akzente von seiten Englands und den USA über die auf so brutale Weise von den Sowjets angegriffenen polnischen Interessen. Dies erleichterte der deutschen Propaganda die Verbreitung der Behauptungen, daß die »Atlantische Charta in Fetzen gerissen sei«, daß die Angelsachsen vollkommen die Gebietsansprüche und politischen Forderungen der Sowjets gebucht haben und »Polen an Stalin verkauft wurde«, daß England noch einmal in der Geschichte »die kleinen Völker gemein verraten hat«, daß das plutokratische und kommunistische Judentum ein gemeinsames Spiel treibt, daß die englische Regierung General Sikorski terrorisiert, ihn zur Nachgiebigkeit gegenüber dem Bolschewismus zwingt, daß in England Kommunisten polnischen Politikern Gewalt an-

drohen und daß die Polizei nicht in der Lage ist, ihnen Sicherheit zu garantieren, daß England der Polnischen Regierung die Gastfreundschaft direkt aufgekündigt hat, daß sich Beneš unter dem Druck sowjetischer Drohungen von der Arbeit der polnisch-tschechischen Konföderation zurückgezogen hat und daß England bezüglich der polnischen Presse eine strenge Zensur einführt usw. Dieses Trommelfeuer der deutschen Presse und des Rundfunks hatte weittragende Ziele: Goebbels hatte sich ausgezeichnet darüber orientiert, daß die eigentliche Erklärung offiziell niemand geben möchte, daß der eigentliche Kommentar zur bekannten Entwicklung des Falles vorerst verschwiegen werden muß. Deshalb entfachte er eine Propaganda ungeahnten Ausmaßes, die auf den ersten Blick völlig berechtigt schien. Es ging dabei um die Diskreditierung der angelsächsischen Staaten, besonders Englands, um die politische Expansion des Hitlerismus im belagerten Europa zu erleichtern.

3. Das Verhältnis zum polnischen Volk. − Hier muß man folgende Faktoren festhalten: Das Fehlen jeglichen politischen Engagements zugunsten der Polen im Sinne von Verpflichtungen oder politischen Zusicherungen. Die Scheu und auch die gewisse Unsicherheit an die Adresse der Polen irgendwelche Forderungen zu erheben. Die Katyn-Kampagne dauert schon 50 Tage an. Es wurden dabei alle Seiten sehr stark berührt − das humanitäre Empfinden, der Selbsterhaltungstrieb, die Traditionen des Jahres 1920, die Religion, der Nationalstolz, die Würde der Intelligenz, die Trauer der Hinterbliebenen usw. Die deutsche Propaganda jedoch will auch weiterhin nicht dem bolschewistischen Druck ein eindeutiges Programm in der polnischen Angelegenheit entgegenstellen. Die Zeitung »Nowy Kurier Warszawski« berauscht sich ständig am Verfluchen der Barbarei, am »Dunst« des Verbrechens, an den höllischen Instinkten der GPU-Henker, an der jüdischen Verschwörung gegen die polnische Intelligenz, an dem Blutbad an Frauen und Kindern, an der Geringschätzung der Würde der Uniform usw. Scheinbar hat man dies weder inhaltlich zusammengefaßt noch verallgemeinert, sondern sich nur durch Anspielungen und Verschweigen geäußert. Man läßt jedoch durchblicken, daß der Platz der Polen in Europa ist, daß sich über die Gräber von Katyn, die

Menschen aus dem Land mit den Menschen im Exil sich nicht die Hände reichen können, daß das Verhältnis zu den Bolschewisten für die Polen der wichtigste Prüfstein der Politik ist usw. Mit der Zeit wird die Propaganda etwas deutlicher. Am Tag nach dem Aufruf zur Schaffung einer ukrainischen »freiwilligen« SS-Division und in Verbindung mit dem bolschewistischen Luftangriff auf Warschau (200 Tote, 300 Verletzte, 1 300 zerstörte Wohnungen – im wesentlichen minimale Verluste von militärischer Bedeutung) schlug die Zeitung »Nowy Kurier Warszawski« auf die Pauke: »Wir nehmen die Forderung an.« Der folgende Tonfall war jedoch erneut zurückhaltender und nur in den fingierten »Zuschriften« ruft ständig irgendjemand mit der Waffe in der Hand zur Rache für Katyn und zur Fortsetzung des Werkes von 1920 usw. auf. Die Stadt fand im übrigen Antwort auf den Unsinn. An den Wänden wurden mit Kreide oder Farbe geschriebene Losungen sichtbar: »Katyn, Auschwitz, Sklaverei, Hunger«, »Katyn, Auschwitz – ein Feind«. Eine bessere Antwort waren jedoch die Kugeln, die den Statthalter Krüger, die Menschenschinder des Warschauer Arbeitsamtes Hoffmann, Dietz und Geist töteten sowie eine Reihe anderer Anschläge, die wiederholt das Bewußtsein Warschaus aufrüttelten.

IV. Polnisch-deutsche Gespräche

Die Katyn-Propaganda ging übrigens nicht nur über die Presse, den Rundfunk oder Aushänge, die Bretterzäune und Anschlagtafeln verunreinigten. In der allgemeinen Atmosphäre »neuer Stimmung«, die die Deutschen ausreichend erfolgreich arrangiert zu haben glaubten, versuchten die Deutschen, Gespräche mit einigen Persönlichkeiten des polnischen gesellschaftlichen Lebens zu führen. Es fügte sich jedoch so, daß Adam Ronikier (Haupthilfsrat) in dieser Zeit ernstlich erkrankte, also auf der Bühne des Geschehens nicht anwesend war. Die Deutschen – hauptsächlich die zweite »Garnitur« aus der sog. Regierung des Generalgouverneurs in Krakau – zogen zu diesen Gesprächen verschiedene Vertreter des Haupthilfsrates, darunter Direktor Seyfried, Präsident Machnicki und Präsident Prof. Wolter heran. Es fand auch eine Konferenz mit den Vertretern des Polnischen Roten Kreuzes Lachert und Skarzyński statt. Ein ähnlich sensationelles Gespräch soll mit einer Gruppe Falangisten stattgefunden haben, mit einer führenden Persönlichkeit des Hitlerregimes als Gesprächspartner.

Alle diese Gespräche brachten keine Ergebnisse und konnten auch keine bringen. Die Deutschen fragten z. B., was könnte Einfluß auf eine grundlegende Veränderung der Stimmung der polnischen Gesellschaft haben. Sie schnitten Themen der Versorgung und der Sozialfürsorge usw. an. Sie erhielten die Antwort, daß die polnische Gesellschaft am meisten die Straßenrazzien, die blutige Kollektivverantwortung, die Anschläge auf die Schuljugend, das Wissen um die Verhältnisse in Konzentrationslagern usw. durchlebt und fühlt. Die Gesprächsteilnehmer akzentuierten in der Regel, daß sie nur in ihrem eigenen Namen sprächen, ohne gesellschaftlichen Auftrag und ohne politisches Ziel. Übereinstimmend, wenn auch aus indirekten Berichten dieser Gespräche, die im Laufe März—April des Jahres stattfanden, wird festgestellt, daß die deutschen Gesprächspartner sich bewußt waren, daß die Haltung der Polen auf Grund einer fehlerhaften deutschen Politik – die allzu tief sitzt – sich nicht ändern wird. Sie gaben zu verstehen, daß die Methode der Straßenrazzien im wesentlichen zu keinen Resultaten führt, sondern Verstimmung hervorruft und daß die Aussiedlungen aus dem Gebiet von Lublin unnötig und ärgerlich waren. Aber sie hätten auf Befehl Berlins gehandelt und damit sei jetzt Schluß (was sich als Unwahrheit erwies). Die polnischen Arbeiter im Reich sollten bessere Lebensbedingungen erhalten (Wegfall des Buchstabens P, Sicherung der Betreuung durch Priester, bessere Bezahlung usw.). Der Bereich der Selbstverwaltung sollte verbessert werden und die Polen an der Verwaltungsarbeit teilnehmen usw. Es blieb aber nur bei den Worten.

In den Gesprächen fehlte von deutscher Seite ein deutlicher Appell über die politische Zusammenarbeit. Im Sommer letzten Jahres gab es den Fall, daß irgendeiner von den Deutschen aus dem Generalgouvernement in einem Anfall brutaler Offenheit seiner Überzeugung Ausdruck gab, daß es nicht so einfach sei, die Polen über den Zeitraum der europäischen Blockade »durchzuschmuggeln«. Deshalb müssen sie ihren Beitrag im Krieg Europas gegen äußere Kräfte erhöhen. Es endete jedoch mit den Versuchen, zur Arbeit mobil zu machen, die im großen und ganzen keine näheren Ergebnisse brachten. Selbst die im

März diesen Jahres begonnene Mobilisierung der Schuljugend, die ziemlich gefährlich zu werden versprach, wurde abgebrochen und so gut wie aufgehoben. Andere Anzeichen für eine Aktivierung der polnischen Gesellschaft auf der Ebene der polnisch-deutschen Kollaboration stellten sich im allgemeinen nicht heraus. Trotz der verstärkten Versuche, aus den verschiedenen Völkern auf sowjetischem Gebiet eine Reserve für die Ostfront (Landeseigene Truppen) zu schaffen und trotz der Bildung der bereits erwähnten ukrainischen SS-Division, wurde die polnische Gesellschaft — obwohl ein Meer von Druckerschwärze für die Angelegenheit Katyn Verwendung fand — nicht von dieser Seite aus angegriffen. Zweifellos waren sich die Deutschen dessen bewußt, daß dieser Weg für sie hochgradig gefährlich wäre. Gefährlich vor allem deshalb, weil sie dadurch gezwungen wären, die Wiedergeburt der polnischen Angelegenheit in ihrem eigenen Programm für die Kriegsziele anzuerkennen.

Die Deutschen könnten zweifellos aus der sog. Angelegenheit Katyn gewisse Vorteile ziehen, und um diese Vorteile bemühten sie sich sehr stark. Aber die Vorteile liegen eher außerhalb Polens. Die Narkose der bolschewistischen Verbrechen auf den Kosji Gory könnte auf die neutralen Völker wirken. Sie könnte möglicherweise irgendeinen weiteren Versuch deutscher Friedenssondierungen unterstützen. In Polen gelang den Deutschen nichts, rein gar nichts. Polen gab keinen Quisling, keinen Soldaten, keinen Arbeiter, gab bei den Untergrundaktionen nicht nach, gab keine Rohstoffe und Lebensmittel. In Polen verbreitete sich hingegen in der Gesellschaft das Bewußtsein eines eigenen politischen Interesses, daß die schwere Rolle ihrer Regierung wahrnahm und ihr ausgereiftes Urteil unterstützte und Wachsamkeit gegenüber Westen und Osten forderte.

Aus dem politischen Versuch Anfang 1943 ging das polnische Volk, entgegen den Absichten Goebbels, mit folgender Bilanz hervor: Katyn und Auschwitz — ein Feind.

Instytut Gen. W. Sikorskiego. Kol. 12/1/A/7–VII.

48

2. Juli 1945, Falenica. Aus den Aussagen
K. Skarżyńskis über Katyn vor Staatsanwalt Martini
Abschrift

I. kps. 227/45

Protokoll des Zeugenverhörs

Falenica, am 2. Juli 1945

Der Zeuge Kazimierz Skarżyński, der in Fortsetzung der Zeugenaussage vom 29. Juni 1945 verhört wurde, sagte folgendes aus:

Entsprechend meiner Absprache mit Vertretern der deutschen
Armee in Katyn sollte Rojkiewicz, der erste Leiter der Technischen
Kommission des Polnischen Roten Kreuzes, nach zwei, drei Tagen
wieder in Warschau sein und über die technischen Möglichkeiten
für unsere Arbeit Bericht erstatten. Erst dann wollte der Hauptvorstand endgültig über die Mitarbeit des Polnischen Roten Kreuzes an
Ort und Stelle entscheiden. Da Rojkiewicz nicht zurückkam,
schickte der Hauptvorstand des PRK, in Sorge wegen der kommen-
den warmen Jahreszeit, sofort, das heißt 2 bis 2[1] Tage nach meiner
Rückkehr zur Erweiterung der Technischen Kommission Kassur, Jaworowski und Godzik (wie ich bereits sagte) nach Katyn.

Als nächste reisten zur Erweiterung der Kommission Ende April
1943 an: 1) Cypriak, Beamter des PRK, der jetzt beim PRK in Warschau arbeitet und 2) Jan Mikołajczyk, Beamter (wo er jetzt arbeitet,
weiß ich nicht und kenne auch seine Adresse nicht).

Auf Drängen der Deutschen schickte Dr. Szeberta[2] aus Krakau im
Namen des Polnischen Roten Kreuzes Dr. Wodziński, Kriminologe,
unterstellt Dr. Beck, einem Deutschen, Leiter des Gerichtsmedizinischen Instituts in Krakau, mit sogenannten Sezierungshilfskräften
nach Katyn, an deren Namen ich mich nicht mehr erinnere.

Zwei Wochen nach meiner Rückkehr aus Katyn kam Rojkiewicz
nach Warschau zurück. Zusammen mit Kassur hatte er in Katyn die
ganze Arbeit organisiert, das heißt die technische Arbeit beim Ausgraben der Leichen sowie beim Hauptvorstand des PRK den ersten
Bericht über die Arbeiten der Technischen Kommission des PRK in
Katyn und das erste Verzeichnis der Exhumierten abgegeben.
Rojkiewicz stellte in seinem Bericht den Verlauf der Exhumierungs-

---

1 Muß heißen 2 bis 3 Tage.
2 Muß heißen: Szebesta.

arbeiten, Identifizierungs- und Bestattungstätigkeiten der Mitglieder der Technischen Kommission des PRK unter der strengen Aufsicht der Deutschen dar. Rojkiewicz machte keinerlei Angaben, die auf die Täter des Mords in Katyn hingewiesen hätten. Außer über den Inhalt seines Berichts habe ich mit Rojkiewicz nichts besprochen.

Einige Wochen später kam Kassur krank aus Katyn zurück und berichtete uns dasselbe über den weiteren Fortgang der Arbeiten. Kassur ging nicht wieder nach Katyn. Die Kommission wählte an Ort und Stelle aus ihrem eigenen Kreis einen Vorsitzenden und entschied sich für Jerzy Wodzinowski, den ältesten Mitarbeiter des PRK, der die Arbeit der Technischen Kommission in Katyn zu Ende führte, das heißt bis zu den ersten Junitagen 1943, als die Deutschen die Arbeiten abbrachen und dies mit der zunehmenden Hitze erklärten. Ich vermute, daß die Deutschen etwas anderes bezweckten, als sie die Arbeit des PRK in Katyn abbrachen. Besonders heiß war es gar nicht. Wie die deutschen Behörden in Warschau erklärten, sollten die Arbeiten im September 1943 wieder aufgenommen werden. Doch dies trat nicht ein.

Exhumiert wurden, soweit ich mich erinnern kann, 4 233 Leichen aus den ersten sieben von den Deutschen bereits aufgegrabenen Gräbern und 10 Leichen aus einem neuen Grab, das im Beisein der Technischen Kommission des PRK am 2. Juni 1943 aufgegraben wurde und 200 m von den anderen entfernt lag. Nachdem die 10 Leichen aus diesem Grab geholt waren, verboten die Deutschen die weitere Exhumierung und befahlen, das Grab sofort wieder zuzuschaufeln.

Ich muß hervorheben, daß die von den Deutschen am 5. Juni 1943 gegebene Anweisung, die Exhumierung aus diesem neuen Grab einzustellen, mir nach wie vor verdächtig vorkommt und ich die Motive für diese Entscheidung nicht erkennen kann. Wie sich aus den Berichten der Technischen Kommission, das heißt von Rojkiewicz, Kassur und Wodzinowski zeigte, haben die Deutschen die Arbeiten der Kommission folgendermaßen erschwert: a) Wenn eine Besuchergruppe, eine deutsche oder andere Kommission nach Katyn kommen sollte, unterbrachen die Deutschen die Arbeiten unserer Kommission unter dem Vorwand, an diesem Tag seien keine Arbeiter gekommen. b) Bei den von sogenannten internationalen Kommissionen vorgenommenen Sezierungen nahmen, das heißt wählten die Deutschen dafür Leichname nach ihrem Ermessen, ohne sich im mindesten um den Ablauf der Arbeiten unserer Kom-

mission zu kümmern, wodurch diese Arbeit durcheinander kam.
c) Beim Identifizieren durften die Mitglieder der PRK-Kommission
die bei den Leichen gefundenen Dokumente nicht genau untersuchen und auch keine persönlichen Notizen machen. Bei einem Mitglied der PRK-Kommission, bei welchem habe ich aber vergessen,
nahmen die Deutschen eine Leibesvisitation vor, weil sie ihn ver-
dächtigten, private Notizen gemacht zu haben[3].

In den erwähnten Berichten der Technischen Kommission des
PRK wurde nicht davon gesprochen, daß man in den Gräbern von
Katyn hunderte Patronenhülsen von Kurzfeuerwaffen fand, die die
Kommissionsmitglieder nicht aufheben und sammeln durften. Doch
brachte die Technische Kommission weit über zehn solcher Patronenhülsen nach Warschau mit, und ich habe sie selbst gesehen. Ich
bestätige, daß auf diesen Hülsen lateinische und nicht russische
Buchstaben geprägt waren, woraus die Fachleute schlossen, daß
die Hülsen deutscher Herkunft, Kaliber 7,65 mm waren.

Ein Grab in Katyn war, wie ich schon erwähnte, am Rand einer
Anhöhe gelegen und endete in einem mit Grundwasser gefüllten
Loch. Dieses Grab war ebenfalls vor unserer Ankunft in Katyn
schon von den Deutschen geöffnet worden. Aus den Berichten der
PRK-Kommission weiß ich, daß Oberleutnant Slowenzik anfänglich
versprochen hatte, zum Beseitigen des Wassers aus dem Grab Pumpen zu schicken. Als die Kommission die letzte Woche arbeitete,
sah Herr Wodzinowski eines Tages, daß Arbeiter im Auftrag der
Deutschen dieses Grab zuschaufelten, obgleich daraus noch keine
Leichen exhumiert worden waren. Auf Wodzinowskis Frage erklärte Oberleutnant Slowenzik, er könne keine Pumpen liefern und
auch nicht verlangen, daß die Arbeiter die Leichen aus dem Wasser
holten. Da nahm unsere Kommission eigenhändig alle Leichen aus
diesem Grab und exhumierte insgesamt sechsundvierzig. Alle Leichen aus diesem Grab hatten eine Schnur um den Hals, die außerdem die Hände auf dem Rücken fesselte.

Als die Verbindungen des PRK mit Katyn anliefen, bemühten sich
die Deutschen, vielleicht nur dem Anschein nach, dem Hauptvorstand des PRK den Verkehr mit der Technischen Kommission in Katyn auf dem Luftweg zu ermöglichen. Nach ein paar Tagen drück-
ten sie sich aber und gaben uns in den Flugzeugen keine Plätze.
Kennzeichnend war, daß die von Berlin nach Smolensk fliegenden

---

3 Es handelt sich um Cypriak oder Cupryjak.

Flugzeuge in Okęcie bei Warschau landeten, bis die Deutschen das Warschauer Ghetto in Brand steckten. Während der wochenlangen Kämpfe im Ghetto, von denen die Rauchsäulen über der Hauptstadt Zeugnis ablegten, landeten die Flugzeuge nicht mehr in Warschau. Sicher ging es den Deutschen in diesem Fall darum, daß die vielleicht mit diesen Flugzeugen reisenden ausländischen Passagiere nichts von den bestialischen Grausamkeiten wahrnahmen, die sie am jüdischen Volk verübten.

Sehr bald nachdem die sogenannten Katynlisten[4] veröffentlicht waren, verlangte Weirauch, ein Deutscher und Leiter der Abteilung Sozialfürsorge in der sogenannten Regierung des Generalgouvernements, vom Hauptvorstand des PRK, daß das PRK den Witwen und Familien der Opfer von Katyn Sterbeurkunden ausstellte. Darin sollte bestätigt werden, daß der Tod der Opfer im Zeitraum März bis Mai 1940 eingetreten war. In dieser Angelegenheit fanden einige Beratungen des Hauptvorstands mit den deutschen Behörden in Krakau statt, mit dem Ergebnis, daß es der Hauptvorstand des PRK kategorisch ablehnte, ihr (?) Todesdatum zu bestätigen. Das Polnische Rote Kreuz verfüge über keine Daten, aus denen hervorgehe, daß die Opfer von Katyn 1940 ermordet worden waren. Daraufhin erklärten die Deutschen, eine aus Kriminologen gebildete internationale Kommission hätte das Todesdatum unserer Offiziere ermittelt. Die Hauptverwaltung des PRK antwortete den Deutschen in schriftlicher Form, die erwähnte internationale Kommission sei für das PRK nicht maßgeblich, da das PRK ihr nicht angehört hat und sie nicht dem Charakter des Roten Kreuzes entsprach. Außerdem habe sich diese Kommission selbst nicht international, sondern Kriminologenkommission einiger europäischer Hochschulen genannt. Selbstverständlich konnten dieser sogenannten internationalen Kommission nur Professoren angehören, die der deutschen Sache ergeben waren.

Über diese Bescheinigungen dauerte der Briefwechsel zwischen der Hauptverwaltung des PRK und den deutschen Behörden in Krakau und Berlin bis Juli 1944. Letztlich hat das PRK diese Bescheinigungen nicht ausgestellt.

Ich erkläre, daß die Deutschen übereinstimmend mit der Aussage von Oberleutnant Slowenczyk dem PRK nicht die bei den Leichen der Opfer von Katyn gefundenen Dokumente und Gegenstände

4 Listen der Opfer von Katyn.

herausgaben und es dem PRK nicht einmal ermöglichten, sie genau durchzusehen.

Als die Deutschen den Hauptvorstand des PRK aufforderten, nach Katyn einen Kriminologen zu schicken, schlug ihnen Dr. Szebesta aus Krakau im Namen des dortigen PRK und der Ärzteschaft Krakau vor, den weltberühmten polnischen Kriminologen Dr. Wachholz aus Auschwitz zu entlassen, der die größte Autorität für diese Art Ermittlungen sei. Die Deutschen lehnten diesen Vorschlag ab und ließen Dr. Wachholz nicht aus dem Lager Auschwitz frei.

Ich möchte hervorheben, daß das PRK in der ganzen Angelegenheit Katyn eine sehr bescheidene Rolle spielte und sich eigentlich nur mit der Technik der Exhumierung, Identifizierung und Bestattung der Leichen befaßte. Wegen der zuvor beschriebenen Schikanen der Deutschen und der fehlenden Nachrichtenverbindung mit Katyn konnte die Arbeit des PRK nicht methodisch organisiert werden und stand unter dem Zeichen der Improvisation.

Ich bin weder Agronom noch Förster. Die zwischen den Gräbern in Katyn wachsenden jungen Kiefern, die ich dort sah, machten auf mich den Eindruck, als ob sie unterschiedlich alt wären. Die rings um die Gräber von Katyn wachsenden Kiefern übrigens sagen über diese Angelegenheit nichts aus. Auf den Gräbern wachsende Kiefern habe ich nicht gesehen, da die Deutschen schon vor unserer Ankunft in Katyn die Gräber aufgegraben hatten.

Einen Banach und Pokorski kenne ich nicht. Mir hatte Dr. Gorczycki gesagt, daß das ganze PRK-Archiv in der Smolna-Straße 17 während des Aufstands 1944 verbrannt ist.

Als Sekretär des Hauptvorstands des PRK habe ich Ferdynand Goetel nach seiner Rückkehr aus Katyn nur einmal getroffen. Er sagte mir das gleiche, was er in seinem Bericht an das PRK geschrieben hatte, und zwar folgendes:

1) Oberleutnant Slowenzik habe ihm gesagt, daß die polnischen Offiziere in Katyn 1940 von sowjetischen Organen ermordet wurden und polnische Arbeiter erst 1942 diese Gräber gefunden haben.

2) Seiner Ansicht wird die Bevölkerung erwarten, daß sich das PRK mit der Exhumierung befaßt.

Goetel hat in dem Bericht für das PRK und im Gespräch mit mir keine persönlichen Ansichten über den Fall Katyn geäußert. An Einzelheiten des Gesprächs mit Goetel erinnere ich mich nicht.

Persönlich kenne ich niemanden, der auf den sogenannten Katynlisten stand und noch am Leben war. Zwar habe ich vielfach von solchen Fällen gehört, aber an Namen erinnere ich mich nicht.

Oberleutnant Slowenzik hat in seiner Rede in Smolensk, über die ich am 29. Juni dieses Jahres Aussagen gemacht habe, klar geäußert, daß die polnischen Offiziere 1940 in Katyn von sowjetischen politischen Organen erschossen wurden. In meinen Gesprächen mit Slowenzik außerhalb der offiziellen Ansprachen in Smolensk habe ich meine Verwunderung darüber zum Ausdruck gebracht, weshalb die Deutschen erst 1943 die Öffentlichkeit über die Gräber von Katyn informierten, als feststand, daß die polnischen Offiziere von sowjetischen politischen Organen erschossen worden waren, das heißt anderthalb Jahre nachdem Katyn von deutschen Truppen besetzt worden war. Oberleutnant Slowenzik konnte mir darauf keine eindeutige Antwort geben und erklärte, er selbst sei an der Front gewesen und die deutschen Behörden hätten anfangs den über Katyn kreisenden Auffassungen keinen großen Wert beigemessen.

Die von Oberleutnant Slowenzik erwähnten beiden Birkenkreuze, die polnische Arbeiter 1942 auf den Gräbern von Katyn aufgestellt haben sollen, hat niemand vom PRK gesehen.

Da ich keinerlei Anhaltspunkte hatte, daß die Deutschen im Fall von Katyn in Ordnung waren und sie ihrer Verbrechen am polnischen Volk wegen verdächtigte und haßte, lehnte ich die Aufforderung der Deutschen ab, im Rundfunk über Katyn zu sprechen. Dies wurde mir übrigens auch vom Hauptvorstand des PRK empfohlen. So meine Aussagen.

Vorgelesen.
Richter: K. Szwarca   (–) Skarżyński

Für die Richtigkeit:

49
**London 1947. Aus dem Bericht von Dr. M. Wodziński
über das Verbrechen von Katyn**
16. Gutachten

Aufgrund der Exhumierungsarbeiten, die mit Hilfe der Technischen Kommission des Polnischen Roten Kreuzes vom 29. April 1943 bis 3. Juni 1943 am Ort des Verbrechens im Wald von Katyn, 16 km westlich von Smolensk, durchgeführt wurden, komme ich zu nachstehenden Schlußfolgerungen:

1) Die exhumierten 4143 Leichen waren in acht Massengräbern begraben. Sieben Gräber waren nebeneinander gelegen und befanden sich auf einer sandigen Anhöhe etwa 500 m von der Landstraße Orscha—Smolensk entfernt.

Im größten wie der Buchstabe L geformten Grab lagen ungefähr 500 Leichen, in den anderen von 700 (Grab Nr. 2) bis 50 (Grab Nr. 5).

Die exhumierten Leichen hatten schichtweise dicht nebeneinander gelegen, und zwar meistens mit dem Gesicht nach unten, und nur in den oberen Schichten des Grabes Nr. 1 waren sie durcheinander geworfen.

Das etwa 100 m vom Komplex der anderen Gräber gelegene Grab Nr. 8 wurde nur teilweise ausgeräumt. Vergleicht man jedoch seine Abmessungen mit den anderen Gräbern, können 150 bis 200 Leichen darin gewesen sein.

2) In Anbetracht der Tatsache, daß die Leichen überwiegend polnische Offiziersuniformen trugen und Impfbescheinigungen aus dem Lager Koselsk hatten, ist anzunehmen, daß es sich um die Leichen der 1939 internierten polnischen Offiziere aus dem Lager Koselsk handelte.

3) Bei der Leichenbeschau wurde als Todesursache Schädelschuß festgestellt, der lebenswichtige Gehirnzentren (meistens das verlängerte Rückenmark) verletzte und sofort den Tod herbeiführte.

Dieser Schuß drang offenkundig von hinten, etwas unterhalb des Höckers ein, verlief nach vorn hoch und endete meist mit einer Austrittswunde im Bereich des oberen Stirnteils.

Nur in Einzelfällen wurde ein doppelter oder sogar dreifacher Schuß in den Hinterkopf festgestellt.

4) Der stereotype Verlauf der Schußkanäle beweist, wie systematisch und geübt die Henker vorgegangen sind.

5) Alle Schüsse wurden aus einer Kurzfeuerwaffe unter Verwendung von Munition Marke »Ceco 7,65 D« abgegeben.

Die oftmals rußigen Ränder der Einschußwunden und in deren nächster Umgebung das Vorkommen unverbrannter Pulverkörnchen in der Haut beweisen, daß die Schüsse aus unmittelbarer Nähe abgegeben worden sind.

6) Da verhältnismäßig viel Hülsen und Geschosse im Umkreis der Gräber unter den Kiefernnadeln und sogar im Grab lagen, ist hinreichend Grund zu der Annahme gegeben, daß die Exekution in Nähe der Gräber beziehungsweise nach Überführung der Opfer in den zuvor ausgehobenen Gräbern vorgenommen wurde.

7) Da keine Spuren auf einen Kampf vor dem Tod hingewiesen haben, kann man annehmen, daß die Opfer vor der Exekution von anderen Hilfskräften überwältigt und erst danach von den eigentlichen Henkern erschossen wurden. Bei nicht ganz 20 % der Leichen waren die Hände mit doppelt verschlungener Kordonettschnur auf dem Rücken gefesselt. Demnach wollte man die Männer an einer Selbstverteidigung hindern, die durch ihre körperlichen Voraussetzungen in der Lage waren, Widerstand zu leisten.

Auch die den Opfern über den Kopf gezogenen Mäntel (Grab Nr. 5), die in Halshöhe mit Schnur zugebunden waren und die Verbindung dieser Schlinge mit den typisch auf dem Rücken gefesselten Händen beweisen, wie man auf diese raffinierte Art die Opfer unschädlich machen und verhindern wollte, daß sie vor der Hinrichtung schrien.

8) Die Präzision beim Erschießen der einzelnen Opfer, die Tatsache, daß über die Leichenschichten Kalkverbindungen geschüttet wurden (Grab Nr. 1), die Spannweite des Datums der bei den Leichen gefundenen sowjetischen Tageszeitungen und Tagebücher sowie schließlich die sorgfältig gelegten Schichten in den einzelnen Gräbern (ausgenommen die oberen Schichten in Grab Nr. 1) gaben hinreichenden Beweis dafür, daß dieses Verbrechen über einen längeren Zeitraum ausgeführt wurde.

9) Nur aufgrund des Grads der Fäulniszersetzung genau zu bestimmen, wie lange die Leichen in der Erde gelegen haben, war unmöglich. Experimentelle Untersuchungen von Prof. Orsós (Budapest) sollen zwar beweisen, daß die Kalziumsalzinkrustierungen auf der inneren Schädelseite erst auftreten, wenn die Leichen drei Jahre in der Erde gelegen haben, doch ist diese mitunter bei den Leichen von Katyn zu beobachtende Erscheinung noch nicht in die

Rechtsprechung der Gerichtsmedizin aufgenommen worden. Man kann daher nicht auf dieser Grundlage genau festlegen, wie lange diese Leichen in der Erde waren.

Die exhumierten Leichen befanden sich abhängig von der Bodenschicht, ihrer Einwirkung, des Luftzutritts, der Feuchtigkeit und des Drucks, unter dem sie standen, in unterschiedlichen Stadien der Fäulniszersetzung. So waren in den oberen sandigen Schichten die Leichen leicht, brüchig und boten das Bild einer teilweisen Mumifizierung. In den tieferen, tonigen beziehungsweise torfigen Schichten aber (Grab Nr. 1) war das Bild der sogenannten Fett-Wachs-Umwandlung zu sehen, für die die erhalten gebliebenen Körperkonturen kennzeichnend sind.

Die Haut dieser Leichen war mit einem klebrigen, gräulichen Fett bedeckt, das unangenehm scharf roch und auch die Kleidung einzelner Leichen durchtränkt hatte.

Diese Fettschicht hat nicht nur die Leichen, sondern auch die bei den Leichen gefundenen Dokumente vor äußeren Einwirkungen geschützt. Die Kleidung war in den oberen Leichenschichten verschossen und brüchig, in den unteren Schichten jedoch fest und in der Farbe erhalten.

10) Der bereits erwähnte, von den äußeren Faktoren abhängige Grad der Fäulniszersetzung sowie die genau und eng nebeneinander liegenden Leichen legten Beweis ab für die ursprüngliche Lage der Leichen in den Gräbern.

11) Das Vorkommen von Holzsohlen, sogenannten Appelltretern, die bei einer ganzen Reihe von Leichen im Grab Nr. 1 mit Bindfaden oder Riemen an die Stiefelschäfte gebunden waren, und ihr Fehlen in den anderen Gräbern läßt annehmen, daß in das Grab Nr. 1 die Opfer der in der kälteren Jahreszeit vorgenommenen ersten Erschießungen kamen und erst später die anderen Massengräber gefüllt wurden.

Die in den Tagebüchern der exhumierten Leichen gefundenen Datumsangaben ließen den Schluß zu, daß die ersten sieben Massengräber Ende März und im Monat April 1940 entstanden sind.

Das am 1. Juni 1943 entdeckte Grab Nr. 8 wurde als letztes angelegt. Für seine Entstehungszeit halte ich die erste Maihälfte 1940. Die darin liegenden Leichen trugen nämlich Sommeruniformen, und die bei ihnen gefundenen sowjetischen Zeitungen stammen aus den ersten Maitagen 1940.

12) Die Untersuchung der bei den Leichen gefundenen Sachbe-

weise wie die Bescheinigungen für Typhusimpfung aus dem Gefangenenlager Koselsk, Personalausweise, Sparbücher der Polnischen Sparkasse, Tagebücher, in Koselsk erhaltene Briefe oder auch nicht aus Koselsk abgeschickte Briefe, militärische Erkennungsmarken aus Aluminium, Visitenkarten, Skizzen, Fotos usw. ermöglichten es, bei den meisten die Namen, Vornamen, Dienstgrad, Beruf, Alter, Wohnort, Konfession usw. festzustellen.

13) Diese Sachbeweise, vor allem die Tagebücher und Notizbücher, ermöglichten es, die Zeit des Verbrechens genauer zu bestimmen. Alle brechen in der zweiten März- und Aprilhälfte 1940 ab.

Aus ihnen ging auch die Strecke hervor, auf der die polnischen Gefangenen zum Ort des Verbrechens befördert wurden. Sie verlief über Koselsk–Smolensk–Gnesdowo. Weiter ging der Transport dann schon mit Gefangenenautos zum Exekutionsplatz im Wald von Katyn. Beispielsweise endet das Tagebuch von Major Adam Solski, Nr. 0490, am 9. April 1940 mit der Notiz: »Man brachte uns in ein Wäldchen, 8.30 Uhr, sie nehmen uns Uhren, Koppel, Taschenmesser und Rubel ab.«

14) Mit den durch die Untersuchungen am Verbrechensort und die Exhumierung der Leichen gewonnenen Erkenntnissen deckten sich die Aussagen der russischen Zeugen, die gesehen haben wollten, wie im Frühjahr 1940 die polnischen Gefangenen partieweise in Gefangenenwaggons zur Bahnstation Gnesdowo und von dort in Gefangenenautos in Richtung des Katyner Walds gefahren wurden (Sacharow, Kiselew).

Der in der Nähe wohnende Zeuge Kiselew will sogar Schüsse und gellende Schreie im Wald gehört haben.

15) Da im Gelände des Katyner Walds eine ganze Reihe anderer Gräber gefunden wurden, in denen Russen mit den typischen Genickschüssen lagen, war anzunehmen, daß der Katyner Wald bereits seit längerer Zeit als Erschießungsstätte gedient hat.

Aus dem Grad der Fäulniszersetzung, den die Leichen in den einzelnen russischen Gräbern aufwiesen, war zu schließen, daß sie fünf bis fünfzehn Jahre in der Erde gelegen haben.

16) Der Gutachter behält sich vor, nach abgeschlossener Bearbeitung weiterer Materialien das vorliegende gerichtsmedizinische Gutachten zu ergänzen.

Dr. Marian Wodziński

Zbrodnia katyńska w świetle dokumentów, London 1981.

C. Englische Dokumente:

50

**15. April 1943, London. Auszug aus dem Bericht
Winston Churchills, der mit General Władysław Sikorski
ein Gespräch über Katyn führte.**

General Sikorski und Graf Raczyński kamen heute zum Essen zu mir. Sir Alexander Cadogan war ebenfalls zugegen.

Gleich zu Beginn erwähnte General Sikorski, daß er beabsichtige, in vierzehn Tagen in den Mittleren Osten weiterzureisen, und ich bestärkte ihn in diesem Vorhaben. Ich stellte fest, daß es in diesen schweren Zeiten von äußerster Wichtigkeit sei, die Moral der polnischen Truppen zu stärken, und daß General Anders wisse, daß er (General Sikorski) meine volle Unterstützung hat.

General Sikorski kam dann ohne Umschweife auf die Frage der sowjetisch-polnischen Schwierigkeiten sowie auf das Ersuchen zu sprechen, das Graf Raczyński bereits an uns gerichtet hatte, im Namen der polnischen Regierung zu intervenieren. Er sagte, daß die deutsche Propaganda in den letzten Tagen einen großen Rummel um die angebliche Entdeckung eines Massengrabes in der Nähe von Smolensk entfacht habe, in welchem die Leichen einer großen Anzahl polnischer Offiziere und anderer Personen lägen. Er übergab mir das hier als Anlage beigefügte Schriftstück, das bestimmte Einzelheiten in bezug auf polnische Offiziere und Soldaten enthält, die als in Rußland vermißt gelten. Ich bemerkte dazu, daß es sich hier offensichtlich um ein Manöver der Deutschen handele, um Zwietracht zwischen die Alliierten zu säen. (Ich darf jedoch anfügen, daß die Tatsachen sehr grausam sind.)

Ich bekräftigte gegenüber General Sikorski, was der Außenminister ihm bereits mitgeteilt hatte, daß ich bereit sein würde, alles in meinen Kräften stehende zu tun, um die zwischen der sowjetischen Regierung und der polnischen Regierung bestehenden Probleme überwinden zu helfen. Ich sagte, daß ich es zu diesem Zweck für nützlich, wenn nicht sogar für notwendig hielte, mich der Mitwirkung der amerikanischen Regierung zu versichern, und daß ich im Begriff stünde, die Angelegenheit mit ihr zu erörtern. Ich erklärte des weiteren, daß ich mich zur Zeit in einer nicht sehr starken Position befände, um Druck auf die sowjetische Regierung auszuüben. Rußland hatte die Hauptlast des Kampfes zu tragen, und was wir bis zum gegenwärtigen Zeitpunkt zu tun in der Lage gewesen sind, sei – zumindest aus russischer Sicht – nicht mit dem zu vergleichen, was die Russen geleistet haben. Ich hege die Hoffnung, daß wir in Bälde Nachricht aus Afrika erhalten, die diesen Zustand in materieller Hinsicht verändern werde. Es wäre auf jeden Fall wünschenswert, einen geeigneten Augenblick zu wählen, um an die sowjetische Regierung heranzutreten.

General Sikorski sagte, daß die Angelegenheit außerordentlich dringlich sei und daß man eine Fortdauer des gegenwärtigen Zustandes nicht mehr lange zulassen dürfe. Ich versicherte ihm, daß ich ohne jeden unvertretbaren Zeitverzug alles in meinen Kräften stehende unternehmen würde.

Ich sagte, daß ich größte Sympathie für Polen in der schweren Zeit, die es gegenwärtig durchlebt, empfinde, doch ich erlaubte mir auch, General Sikorski nachdrücklich darauf hinzuweisen, daß es höchst wünschenswert wäre, daß Polen seinerseits keine unnötige Veranlassung zur Verärgerung geben möge. Ich nahm dabei auf den Vorschlag Bezug, ihren neuen Kreuzer auf den Namen »Lwow« zu taufen, und ich kam zu dem Schluß, daß diese Frage nunmehr zufriedenstellend in der Weise gelöst werden könne, wie sie Graf Raczyński uns unterbreitet hat, das heißt, indem man den Kreuzer den Namen »Danzig« gibt.

Das gab General Sikorski Gelegenheit, die Frage der Ostgrenze Polens ins Gespräch zu bringen, und er legte die Schwierigkeiten dar, in die er geraten würde, wenn er der Abtrennung polnischen Territoriums auf die fragwürdige ungewisse Zusage hin zustimmen würde, dafür nach dem Krieg deutsches Territorium als Entschädigung zu erhalten. ...

Public Record Office, FO 371/34568, C. 4230/258/G.
Kopie Nr. 8. Streng geheim.

51

24. Mai 1943, London.
Schlußabschnitt des Berichts
des britischen Botschafters
bei der polnischen Exilregierung, Owen O'Malley,
an Minister Eden
zum Thema Katyn.

24. Wenn also moralische Grundsätze Eingang in die internationale Politik gefunden haben, und wenn es so ist, daß eine ausländische Regierung – auch wenn es sich um eine befreundete handelt – ein ungeheuerliches Verbrechen begangen hat und daß wir
uns, aus welchen stichhaltigen Gründen auch immer, so verhalten,
als ob diese Tat nicht von ihr begangen worden sei, kann es dann
nicht sein, daß wir jetzt Gefahr laufen, nicht nur anderen, sondern
uns selbst Sand in die Augen zu streuen und, wie Herr Winant in
Birmingham kürzlich sagte, Sankt Paulus' Fluch auf uns zu laden,
der jenen gilt, die Grausamkeit sehen können »und nicht bren-
nen«? Wenn es sich so verhält, und da keine Abhilfe durch eine
baldige Änderung unserer offiziellen Haltung zur Katyn-Affäre gefunden werden kann, sollten wir uns vielleicht fragen, wie wir – in
Einklang mit den Erfordernissen unserer Beziehungen zur Sowjetregierung – die Stimme unseres politischen Gewissens wachhal-
ten können. Mag sein, daß die Antwort im Augenblick darauf beschränkt bleiben muß, etwas in unserem Innern, im Grunde
unseres Herzens und Sinnes, die unserer Entscheidungsgewalt un-
terliegen, zu tun. Hier zumindest können wir einen kompensatori-
schen Beitrag leisten – eine erneute Bekräftigung unserer Treue
zur Wahrheit und Gerechtigkeit und zum Mitleiden. Wenn wir das
tun, so versetzen wir uns immerhin schon in die Lage, in all jenen
teils politischen, teils moralischen Fragen (wie beispielsweise das
Schicksal der polnischen Deportierten, die sich gegenwärtig in
Rußland befinden) ein gerechtes Urteil zu fällen, in Fragen, mit denen wir sowohl im allgemeinen als auch ganz besonders hinsichtlich der polnisch-russischen Beziehungen im weiteren Verlaufe
des Krieges und bis zu dessen Ende konfrontiert werden; wenn
also die Tatsachen über das Massaker von Katyn sich so verhalten,
wie die meisten von uns zu glauben geneigt sind, dann werden
wir auf diese Weise dem Geist dieser tapferen, unglücklichen

Männer gerecht werden und die Lebenden vor den Toten rechtfertigen.

Ich habe die Ehre,
Sir,
und verbleibe mit vorzüglicher Hochachtung
Ihr gehorsamster und ergebenster Diener,
OWEN O'MALLEY

Der vollständige Text zählt etliche Seiten. Siehe: Louis FitzGibbon: Unpitied and Unknown, S. 37–51. Dieser Auszug enthält die Kerngedanken O'Malleys. Punkt 24 legt so-
zusagen seine Haltung besonders in moralischer Hinsicht offen.

52
Nach dem 24. Mai 1943, London. Kommentar von Sir W. D. Allen zum Bericht O'Malleys.

»Es handelt sich hier um einen glänzenden, unkonventionellen und beunruhigenden Bericht.

In den ersten dreizehn Abschnitten beschränkt sich Herr O'Malley darauf, das Beweismaterial dahingehend zu überprüfen, ob die Deutschen oder die Russen für die Massaker von Katyn verantwortlich sind. Diese Untersuchung ist zweckdienlich, und das Material ist sorgfältig zusammengestellt. Aufgrund des verfügbaren Beweismaterials fällt es einem, wie ich meine, nicht schwer, sich seiner Schlußfolgerung anzuschließen, wonach auf jeden Fall ein starker Verdacht besteht, daß die Russen für die Massaker verantwortlich sind.

In den folgenden fünf Abschnitten befaßt sich Herr O'Malley mit einer, wie er selbst einräumt, ›mitunter partiellen und zweifellos unvollkommenen‹ Rekonstruktion des Geschehens, wie es sich in Katyn abgespielt haben könnte, und kommt schließlich zu der makaberen Vorstellung, daß Stalin die Polen zum Abschlachten verurteilt habe. Dieser Abschnitt scheint offenbar einzig dem Ziel zu dienen, starke antisowjetische Gefühle und Vorurteile beim Leser hervorzurufen.

Herr O'Malley wendet sich dann der Frage zu, wie man leidenschaftliche Gefühle und Vorurteile am besten ausnutzen könne. Mittels einer gewundenen Argumentation über das Eindringen moralischer Grundsätze in die internationale Politik empfiehlt er — bei gleichzeitiger Anerkennung der gegenwärtig bestehenden Notwendigkeit, öffentliche Beschuldigungen unserer russischen Verbündeten zu vermeiden —, zumindest in unserem eigenen Sinn das Gleichgewicht wiederherzustellen und bei allen künftigen Kontakten mit der Sowjetregierung das sowjetische Verbrechen von Katyn nicht aus dem Gedächtnis zu verlieren. Unser künftiger Umgang mit den Russen sollte in der Tat von der moralischen Notwendigkeit geleitet sein, ›dem Geist dieser tapferen, unglücklichen Männer gerecht (zu) werden und die Lebenden vor den Toten (zu) rechtfertigen‹. In Wirklichkeit drängt Herr O'Malley darauf, daß wir dem Beispiel folgen sollten, das uns die Polen selbst in so unglücklicher Weise immer wieder bieten, und in unserer Diplomatie das Gefühl über den Verstand herrschen lassen. Das Protokoll zu Herrn O'Malleys früherem Bericht in U 2011/58/72 deutet darauf hin, daß dies gerade jene Haltung ist, die wir vor allem vermeiden sollten, auf jeden Fall in unseren Beziehungen zu den Russen.«

Ebenda, S. 55/56.

53
Nach dem 24. Mai 1943, London. Kommentar von Sir Frank Kenyon Roberts zum Bericht O'Malleys.

»Ich stimme mit Herrn Allens Unterteilung dieses Berichts in drei sehr unterschiedliche und ungleiche Teile überein. Ich glaube nicht, daß viele Menschen, so sie überhaupt diese Frage genau verfolgen konnten, Herrn O'Malleys Schlußfolgerung widersprechen würden, wonach die sowjetische Regierung ein sehr starker Schuldverdacht trifft. Es ist offenkundig eine sehr peinliche Geschichte, wenn wir für eine moralische Sache kämpfen und die Kriegsverbrecher entsprechend aburteilen wollen und zugleich gegen unsere Alliierten Beschuldigungen dieser und anderer Art im Zusammenhang mit der Deportation Hunderttausender Polen und ihrer nachfolgenden Behandlung in Rußland vorliegen. Wie jedoch Herr O'Malley selbst sagt, hat es keinen Sinn, wenn wir die deutsche Propaganda in diesen Fragen unterstützen, und es gibt keinen Grund, weshalb wir nicht unsere eigenen moralischen Normen und Wertmaßstäbe beibehalten können, während wir gleichzeitig bestrebt bleiben, auf jede nur mögliche Weise unsere Beziehungen mit den Russen zu verbessern und möglicherweise nebenbei eine Verbesserung der sowjetischen Verhaltensweise zu bewirken.

Es ist leider so, daß der polnische Fall kaum Berücksichtigung fand, was auf die Umstände zurückzuführen ist, unter denen die Katyn-Frage zuerst in der Öffentlichkeit bekannt wurde.

Es wäre deshalb von Nutzen, wie ich meine, wenn die von O'Malley in den Abschnitten 1 bis 13 zusammengestellten Fakten auf alle Fälle per Rundschreiben dem Kabinett mitgeteilt würden. Ich kann mich jedoch des Gefühls nicht erwehren, daß seine anschließende phantasievolle Rekonstruktion des Vorgangs in den Abschnitten 14 bis 17, insbesondere im Abschnitt 17, sowie seine moralische Betrachtung in den Abschnitten 19 bis 24 sehr wenig zur Aufhellung dieses Problems beitragen und beim Leser lediglich den Eindruck hervorrufen, daß Herr O'Malley zu maximaler Voreingenommenheit gegenüber der Sowjetunion aufreizt. Die letzten Abschnitte seines Berichts sind daher geeignet, den durch die einleitenden faktenbezogenen Abschnitte hervorgerufenen Eindruck wieder zu beeinträchtigen. Ich weiß, daß Herrn O'Malley sehr daran gelegen ist, daß dieser Bericht in Umlauf gegeben wird. Ich selbst bin der Meinung, daß es empfehlenswert wäre, lediglich die

Abschnitte 1 bis 13 – ohne den letzten Satz des Abschnitts 13 und ohne die Absätze, die ich in den Abschnitten 7 und 10 gekennzeichnet habe – abzudrucken und dem Kriegskabinett in Umlauf zu geben.«

Ebenda, S. 56/57.

54
Nach dem 24. Mai 1943, London.
Meinung von Lord William Strang,
Stellvertretender Unterstaatssekretär im Foreign Office.

»Ich neige dazu, diesen Bericht so zu drucken, wie er abgefaßt wurde (ohne die erste Anlage[1]), und ihn lediglich dem König und dem Kriegskabinett vorzulegen. Es ist ein eindrucksvolles Schriftstück und verdient, gelesen zu werden.«

Ebenda, S. 57.

[1] Es handelt sich um ein zweiseitiges streng geheimes Telegramm aus Polen vom 15. Mai 1943. Der Absender ist unbekannt. Die im Telegramm gegebene Beschreibung der Exhumierungsarbeiten in Katyn entspricht dem tatsächlichen Stand von Ende April 1943.

55
Nach dem 24. Mai 1943, London.
Bemerkung von Sir Orme Sargent,
Stellvertretender Unterstaatssekretär im Foreign Office.

»Ich bin einverstanden.«

Ebenda, S. 57.

56
Nach dem 24. Mai 1943, London.
Kommentar von Sir Alexander Cadogan,
Ständiger Unterstaatssekretär
im Foreign Office.

Das ist sehr beunruhigend. Ich bekenne, daß ich in feiger Manier meinen Blick vom Tatort bei Katyn lieber abgewandt hätte – aus Furcht vor dem was ich dort vorfinden würde.

Es mag noch Beweise geben, von denen wir nichts wissen und die in eine andere Richtung weisen. Doch aufgrund des uns vorliegenden Beweismaterials fällt es schwer, von dem Verdacht auf die Schuld der Russen abzukommen.

Das beschwört natürlich fürchterliche Probleme herauf, doch hat noch keiner darauf hingewiesen, glaube ich, daß diese – auf der rein moralischen Ebene – nicht neu sind. Wieviele Tausende seiner Bürger hat das Sowjetregime bereits hingemordet? Und ich wüßte nicht, daß das Blut eines Polen lauter zum Himmel schreit als das eines Russen. Aber wir haben die Russen notgedrungen als Verbündete willkommen geheißen und uns zur Zusammenarbeit mit ihnen im Krieg und im Frieden entschieden.

Das Verhängnisvolle an diesem Vorgang ist die letztlich einsetzende politische Rückwirkung. Falls sich die Russen als schuldig erweisen, wie können wir dann von den Polen erwarten, daß die künftigen Generationen freundschaftlich Seite an Seite mit den Russen leben? Ich fürchte, auf diese Frage gibt es keine Antwort.

Der andere beunruhigende Gedanke ist, daß wir schließlich – durch eine Übereinkunft und in Zusammenarbeit mit den Russen – darangehen könnten, die ›Kriegsverbrecher‹ der Achsenmächte vor Gericht zu stellen und eventuell hinzurichten, während wir über diese Greueltat hinwegsehen. Ich gebe zu, daß es mir außerordentlich schwerfallen wird, diesen Brocken zu schlucken.

Doch steht eindeutig fest, daß da im Augenblick nichts zu machen ist. Was die Frage betrifft, welchem Personenkreis wir dieses explosive Material zur Kenntnis geben sollten, so fällt es mir schwer, mich zu entscheiden. Natürlich wäre es nur ehrenhaft, es in Umlauf zu geben. Doch da wir wissen (und alle räumen das ein), daß die Kenntnis dieses Beweismaterials weder unsere Handlungsrichtung noch unsere Politik beeinflussen kann – wäre es dann von irgendwelchem Vorteil, noch mehr Personen als notwendig dem geistigen Konflikt auszusetzen, den die Lektüre dieses Dokuments hervorruft?«

Ebenda, S. 57/58.

57

20. Januar 1944, Moskau. Telegramm
des britischen Botschafters in Moskau an das Foreign Office.
Betrifft: Einladung angelsächsischer Journalisten
zur Besichtigung Katyns durch sowjetische Behörden.

WICHTIG
PILOT

1. Die sowjetischen Behörden haben britische und amerikanische Korrespondenten hier eingeladen, die Katyner Wälder zu besuchen. Eine unter offizieller Leitung stehende Besuchergruppe soll in Kürze von Moskau aus abfahren.

2. Ich nehme an, daß die Behörden diese Exkursion zeitlich so anberaumt haben, daß sie mit der Veröffentlichung eines Berichts der außerordentlichen staatlichen Kommission für die Untersuchung deutsch-faschistischer Greueltaten zusammenfällt. Die »Prawda« vom 17. Januar kündigte an, daß die Kommission ihre Arbeit beenden und bald ihren Bericht über die Erschießung polnischer Offiziere in den Wäldern von Katyn veröffentlichen werde.

3. Falls irgendeine Gefahr besteht, daß diese Berichte über die Exekutionen bei Katyn eine weitere Schwierigkeit für die politische Kriegführung hervorrufen, könnten Sie es für wünschenswert erachten, mit Ridsdale die Möglichkeit einer geeigneten Anleitung für die Presse zu erörtern. Vielleicht erscheint es Ihnen auch angebracht, mit dem OWI[1] darüber zu diskutieren, was in den Vereinigten Staaten unternommen werden könnte.

Public Record Office, F.O. 371/39387. C. 908/8/55 S. 53.

---

[1] Office of War Information: Kriegsnachrichtenamt in den USA (1942–1945). – *Die Red.*

58

24. Januar 1944, London. Telegramm des Foreign Office
an die britische Botschaft in Moskau.
Betrifft: Besichtigung Katyns durch Journalisten.

WICHTIG
GEHEIM
Ihr Telegramm Nr. 149
[vom 20. Januar: Katyn].
   Wir haben das mit Sir A. Clark Kerr und P. W. E. diskutiert und erwogen, ob es möglich oder wünschenswert wäre,
   a) die britischen und die amerikanischen Pressekorrespondenten in Moskau zu beeinflussen zu versuchen, daß sie die ganze Angelegenheit herunterspielen, oder
   b) daß Sie versuchen, die Russen davon abzubringen, diese Wunde wieder aufzureißen (insbesondere zum gegenwärtigen Zeitpunkt, da es niemandem außer den Deutschen nützen würde und eine untaugliche politische Kriegführung wäre). Unsere Schlußfolgerung lautet, daß keine der beiden Vorgehensweisen verspricht, irgendwelchen Nutzen zu bringen, sondern vielmehr den Argwohn der sowjetischen Seite verschärfen könnte. Wir können uns daher lediglich bemühen, die britische Presse davon zu überzeugen, die Berichte der Korrespondenten herunterzuspielen und dafür zu sorgen, daß diese in Rundfunksendungen für Europa ohne besondere Hervorhebung erwähnt werden. Das OWI wird gerade gebeten, ein Telegramm nach Washington zu schicken und darin vorzuschlagen, daß die amerikanische Presse ähnlich verfahren möge, wenngleich wir damit rechnen müssen, daß diese möglicherweise weniger zurückhaltend ist als die britische.
   2. Bitte informieren Sie telegraphisch in der Serie über Polen[1] über dieses Thema.

Public Record Office F.O. 371/39387. C. 908/8/55/S. 58.

---

1 Im Originalbrief abgekürzt »Pol. series« – was das genau war, ist schwer zu ermitteln. – D. Übers.
   (Das Wort »Katzn« in der eckigen Klammer des Originalbriefes ist sicher nur ein Tippfehler, hier wurde stillschweigend Katyn eingesetzt. – D. Übers.)

FROM FOREIGN OFFICE TO MOSCOW

No. 198   D. 11.5 p.m. January 24, 1944

January 24, 1944

Repeated to: Washington No. 650

<del>&</del>

IMPORTANT

SECRET

Your telegram No. 149 [of January 20:   Katzn].

We have discussed this with Sir A. Clark Kerr and P.W.E.
and considered whether it would be possible or desirable
(a) to try to influence the British and American press
correspondents in Moscow to play the whole thing down or
(b) for you to try to dissuade the Russians from re-opening
this wound (particularly at the present time when it can
gratify no-one but the Germans and is ineffective political
warfare). Our conclusion is that neither course would be
likely to serve any useful purpose and might, moreover,
exacerbate Soviet suspicions. We can, therefore, only
endeavour to persuade the British Press to play the
correspondents' stories down and to see that in broadcasts to
Europe they are reported without prominence. O.W.I. are
being asked to send a telegram to Washington suggesting
similar treatment by the American press, although we must
expect that they may be less restrained than the British.

    2.   Please telegraph in the Pol. series on this
subject.

[OTP]

59
25. Januar 1944, Moskau. Handschriftliche Notiz von Sir F. K. Roberts über die Konsequenzen, die sich aus der Teilnahme englischer Journalisten an der Besichtigung Katyns für das Verhältnis zur polnischen Führung ergeben.

Das ist sehr dumm und wird zweifellos von den Russen ausgenutzt und von den Polen übelgenommen werden. Aber ? Wiederholung für Washington (erledigt) und sonst x.

gez. F. K. Roberts
25. 1.

(abgez.) O. Sargent, 27. Jan.

Public Record Office F. O. 371/39387/. C. 908/8/55 S. 54.

Ohne nähere Kenntnis des Kontextes ist der letzte Satz schwer zu entschlüsseln. – D. Übers.

This is very stupid & will
certainly be used by the
Russians & resented by the Poles.
But ? Repeat to
washington (done) & otherwise ×

F.K.Roberts
25/1

OSSargent Jan 27

F. K. Roberts / 25. 1.
O. Sargent, Jan. 27. /

60

25. Januar 1944, Moskau. Telegramm der britischen Botschaft an das Foreign Office über die Haltung der angelsächsischen Journalisten nach der Besichtigung Katyns.

SOFORTSACHE
PILOT

Nachstehendes für Bruce Lockhart.
Meine Telegramme Nr. 181 und 149.

Die britischen und die amerikanischen Zeitungskorrespondenten kehrten am 23. Januar vom Katyner Wald zurück und haben jetzt ihre Berichte eingereicht. Keiner ... ist bis jetzt vom Prüfungsbeamten freigegeben worden.[1] Ich habe die bei Reuter vorgelegte Schilderung eingesehen: Es scheint mir ein vernünftiger und ehrlicher Bericht zu sein, auch wenn er offenkundig die sowjetische Argumentation bekräftigt.

2. Ich habe die Exkursion mit mehreren Korrespondenten, die nach Katyn gefahren waren, diskutiert. Obwohl sie keinesfalls abgeneigt sind, die sowjetische Version der Angelegenheit zu akzeptieren, sind sie doch alles in allem nicht zufrieden mit dem, was sie sahen und hörten. Einige der amerikanischen Korrespondenten haben der Presseabteilung des Volkskommissariats für Auswärtige Angelegenheiten mitgeteilt, daß sie nicht sehr beeindruckt seien. Falls eine solche Kritik in den Leitartikeln der britischen oder der amerikanischen Presse ihren Niederschlag finden sollte, müssen wir uns auf explosive Reaktionen in der sowjetischen Presse gefaßt machen.[2]

3. Hauptgründe, weshalb sich die Korrespondenten unschlüssig sind, bestehen in folgendem:

a) Die Glaubwürdigkeit der sowjetischen Version der Angelegenheit hängt nahezu völlig vom medizinischen Beweismaterial ab. Einige Korrespondenten sind der Auffassung, daß die Beweise, die man anführte, um zu belegen, daß die Opfer nach dem Juli 1941 umgebracht wurden, unzureichend sind. Was den Sachverhalt noch komplizierter macht, ist jetzt die Behauptung der sowjetischen

---

1 Anstelle der drei Punkte steht im Original [grp. undec. ? of the copy], ein Einschub, der schwer zu enträtseln ist. – D. Übers.
2 Dieser letzte Satz des zweiten Abschnitts ist im Originalbrief angestrichen und mit folgendem handschriftlichen Vermerk versehen: »Dafür gibt es hier keine Anzeichen. F. K. R.« (Frank Kenyon Roberts) – Die Red.

Behörden, daß die Gräber auch die Überreste von Männern enthielten, die vor diesem Datum getötet worden seien, doch daß es sich dabei um die Leichen von Polen handele, die von den Deutschen in Westpolen umgebracht und nach Katyn übergeführt worden seien, um die sowjetische Regierung zu beschuldigen. Eine sowjetische Amtsperson teilte einem Korrespondenten des Internationalen Gerichtshofes streng vertraulich mit, daß sich in der zweiten polnischen Division ein Pole befände, der bezeugen könne, daß die Opfer im Herbst 1941 noch am Leben gewesen seien. Von dieser Zeugenaussage wird wahrscheinlich erst dann Gebrauch gemacht, wenn die Feststellungen der Kommission in Zweifel gezogen werden.

b) Die von den Behörden beigebrachten Zeugen sind verdächtig. Die Korrespondenten nahmen an einer Anhörung am Sonnabendnachmittag teil und hörten, wie Zeugen bekannten, daß sie auf die eine oder andere Art den Deutschen geholfen beziehungsweise mit ihnen kollaboriert hätten. Die Korrespondenten stellten mit Verärgerung fest, daß die Zeugen keine Aussagen machten, die für die Kommission neu gewesen wären. Es handelte sich eindeutig nicht um eine echte Anhörung. Die Zeugen hatten augenscheinlich ihre Aussagen bereits vor den gleichen Leuten gemacht und wiederholten sie jetzt wie die Papageien.

c) Fragen, die einige der amerikanischen Korrespondenten unerwartet an die Kommission richteten, wurden von dieser mit spürbarer Verärgerung aufgenommen.

d) Keine Presseexkursion in irgendein Gebiet Rußlands ist wohl mit größerem Luxus arrangiert worden als die für die Katyn-Besuchergruppe. Die Korrespondenten reisten mit dem elektrischen Zug in bequemen Schlafwagenabteilen und mit einem geräumigen Salonwagen. Man bewirtete sie mit sehr gutem Essen, und es standen reichliche Bestände an Wodka, Wein und Zigaretten zur Verfügung. Zweifellos hatte man für diese Annehmlichkeiten im Hinblick auf das Wohlbefinden von Miss Harriman (hier jetzt als die Mrs. Roosevelt des armen Mannes beschrieben) gesorgt.

Public Record Office F. O. 371/39387. C. 908/8/55 S. 206.

D. Sowjetische Dokumente

61

**31. Dezember 1939, Moskau. Auszug aus dem Befehl Berijas,
gerichtet an den Leiter der UPWI.
Betrifft: Abfahrt in das Lager Ostaschkow.**

»Ich schlage Ihnen vor, nach Ostaschkow zu fahren und folgendes
zu erledigen:

1. Informieren Sie sich über den Stand der Arbeit der Gruppe
von Untersuchungsführern des NKWD der UdSSR, die die Angelegenheiten der kriegsgefangenen Polizisten des ehemaligen Polen
vorbereiten und bereiten Sie einen Bericht im Sondertribunal des
NKWD der UdSSR vor. (Hervorhebungen durch den Autor – N. L.)

2. Ergreifen Sie die erforderlichen Maßnahmen zur Umgestal-
tung der Arbeit der Untersuchungsgruppe, damit die Erstellung der
Untersuchungsunterlagen für alle kriegsgefangenen Polizisten im
Verlauf des Januar abgeschlossen wird, damit die Personen heraus-
gefunden werden, die von operativem Interesse sind, und damit in
diesen Angelegenheiten eine sorgfältige Untersuchung durchgeführt wird ...«[1]

Zur Durchführung dieser Maßnahmen wurden zehn Untersuchungsführer des NKWD (N. F. Bykow, A. M. Marisow,
N. K. Kleschtschjow, W. I. Senkin, W. A. Maklakow, M. S. Galafeew,
A. A. Kisseljow, P. N. Woltschenkow, A. S. Fedjunin und
W. P. Schischkin) in das Lager geschickt, die Belolipezki unterstellt
wurden. Damit die Agenten- und Aufklärungsarbeit in Gang kam,
begaben sich die Bevöllmächtigten der II. Abteilung der Ökonomi-
schen Hauptverwaltung des NKWD, Cholitschow und Logunkow,
ebenfalls in das Lager.

Natalja Lebedewa: O tragedii w Katyni. In: Meshdunarodnaja shisn, Nr.5, 1990, S.122.

---

1 Zentrales Staatsarchiv der UdSSR.

62
**April-Mai 1940, Moskau. Begleitschreiben zur »Todesliste«
polnischer Offiziere, die für den Abtransport aus Koselsk
in die Gebietsverwaltung des NKWD Smolensk bestimmt waren.**

Streng geheim. Persönlich.
An den Leiter des Kriegsgefangenenlagers Koselsk
Oberleutnant der Staatssicherheit Gen. Korolew
Stadt Koselsk, Oblast Smolensk

Mit dem Erhalt des Schreibens haben Sie sofort die unten genannten Gefangenen, die im Lager Koselsk einbehalten werden, nach
Smolensk zu schicken und sie dem Leiter der Gebietsverwaltung
des NKWD Smolensk zur Verfügung zu stellen (Es folgt die Namensliste. C. M.)

Unterschrift: Leiter der NKWD Verwaltung der UdSSR
für Gefangenenangelegenheiten
Soprunenko
Hauptmann der Staatssicherheit

Jarema Maciszewski: Katyń. Nieznane dokumenty.
In: Polityka, Nr. 17, 1990

63
**28. April 1940, Moskau. Schreiben Gerzowskis,
stellvertretender Leiter der 1. Sonderabteilung des NKWD
an die NKWD Verwaltung für Gefangenenangelegenheiten (UPWI)
über die Herausnahme Stanisławs Swianiewicz'
aus dem Transport nach Katyn.**

Auf Befehl des Volkskommissars für Innere Angelegenheiten der UdSSR, Gen. Berija, bitte ich den Gefangenen des Lagers Koselsk Stanisław Swianiewicz, geb. 1899 (Nr. 4267), nach Moskau in das innere Gefängnis des NKWD der UdSSR zu überführen und der 2. Abteilung der Hauptverwaltung für Staatssicherheit zur Verfügung zu stellen.

Gerzowski

Ebenda.

64
21. Mai 1940, Moskau. Befehl des Kommandeurs
des 136. Begleitbataillons Major Meshow.

»In der Zeit vom 23. März bis 13. Mai haben die 2. Kompanie und der 1. Zug der 1. Kompanie eine der verantwortungsvollen Aufgaben erfüllt, die von der Hauptverwaltung der Begleittruppen und von der Leitung der Brigaden zur Entlastung des Lagers des NKWD in Koselsk gestellt wurden. Ungeachtet der angespannten Arbeit und der Schwierigkeiten sowohl bei der Zusammenstellung der Transporte als auch bei der Bewachung des Lagers selbst, wurde die Aufgabe, das Lager zu entlasten und jeden Fluchtversuch der Kriegsgefangenen zu unterbinden sowie Rechtsverletzungen im Dienst zu vermeiden, erfüllt. Der Vertreter der Hauptverwaltung der Begleittruppen des NKWD der UdSSR, Oberst Stepanow, hat die durchgeführte Arbeit mit Gut bewertet.«[1]

Natalja Lebedewa: O tragedii w Katyni. In: Meshdunarodnaja shisn, Nr. 5, 1990, S. 125.

1 Zentrales Staatliches Archiv der Sowjetarmee, Fond 38106, Inventarliste 1, Dokument Nr. 10, Blatt 145, russ.

**1970. Erinnerungen von Boris Menschagin,
ehemaliger Bürgermeister der okkupierten Stadt Smolensk
über die Entdeckung der Massengräber in Katyn.**

Am 11. April 1943 wurde mir gemeldet, daß in der Nähe von Krasny
Bor in der Gegend von Gnesdowo die Massengräber von erschos-
senen Polen geöffnet worden seien und daß die Deutschen das als
Verbrechen der Sowjetmacht darstellen. Am 17. April kam nach der
Arbeit Sonderführer Schulle zu mir und schlug mir vor, zu diesen
Gräbern hinzufahren, damit ich mich persönlich davon überzeugen
und mir die Erschossenen ansehen könnte. Am nächsten Tag begaben wir uns in die Propagandazentrale und fuhren von dort in Per-
sonenwagen über die Witebsker Landstraße ins Gebiet Gnesdowo.
Außer mir fuhren noch die Mitarbeiter der Stadtverwaltung Diako-
now und Borissenkow, der Chefredakteur der von den Deutschen
herausgegebenen Zeitung »Nasch Putj«, ich glaube Dolgonenkow,
und noch einige Propagandaleute, Russen, mit.

Nach 15 Kilometern bogen wir nach links ab. Uns schlug sofort
starker Verwesungsgeruch entgegen. Wir sind noch etwas gefahren und sahen dann diese Massengräber. In ihnen haben russische
Kriegsgefangene die letzten Sachgegenstände herausgeharkt. An
den Rändern haben die Leichen gelegen. Alle hatten graue polnische Uniformen an und Konföderations-Käppis auf. Sie hatten alle
die Arme auf dem Rücken gefesselt und wiesen Einschußlöcher im
Genick auf. Sie sind mit einem einmaligen Genickschuß erschossen
worden. Das sah nicht so aus, als hätten das Deutsche getan, denn
die schossen gewöhnlich wahllos drauflos. Hier aber war methodisch getötet worden, mit Genickschuß, und dazu noch die gefesselten Arme.

Die Angaben, die mein Stellvertreter Basilewski in Nürnberg gemacht hat, stimmen absolut nicht mit der Wirklichkeit überein. Äußerst merkwürdig, daß ich kein einziges Mal nach Basilewski gefragt worden bin. Schließlich haben alle Untersuchungsführer mich
doch gefragt, was ich über Katyn wußte. Ich habe ihnen dasselbe
gesagt wie jetzt. Auf die Frage, wer geschossen habe, habe ich gesagt, ich wüßte es nicht. Darauf wurde mir gesagt: »Darauf kommen wir später zurück, und dann schreiben wir ihre Angaben auf.«

Neue Zeit, Moskau 1990, Nr. 16, S. 39.

24. Januar 1944, Smolensk. Ausschnitt aus dem Bericht der Burdenko-Kommission

Gerichtsmedizinische Expertise

Im Auftrag der Sonderkommission zur Ermittlung und Erforschung der Umstände, die zum Erschießen von Kriegsgefangenen (polnischen Offizieren) im Wald von Katyn in der Nähe der Stadt Smolensk durch die deutschen faschistischen Eindringlinge führten, hat eine gerichtsmedizinische Sachverständigenkommission, mit den Mitgliedern:

Viktor Prosorowski, Hauptsachverständiger für Gerichtsmedizin des Volkskommissariats für Gesundheit der UdSSR, Direktor des Staatlichen Forschungsinstituts für Gerichtsmedizin des Volkskommissariats für Gesundheit der UdSSR,

W. Smoljaninow, Professor für Gerichtsmedizin im 2. Staatlichen Medizinischen Institut Moskau, Dr. med.,

D. Wyropajew, Professor für pathologische Anatomie, Dr. med.,

P. Semenowski, Dr., Gehobene wissenschaftliche Fachkraft der Abteilung Gerichtschemie des Staatlichen Forschungsinstituts für Gerichtsmedizin des Volkskommissariats für Gesundheit der UdSSR.

M. Schwaikowa, Dozent, Gehobene wissenschaftliche Fachkraft der Abteilung Gerichtschemie des Staatlichen Forschungsinstituts für Gerichtsmedizin des Volkskommissariats für Gesundheit der UdSSR.

im Beisein von:

Major im Sanitätsdienst Nikolski, gerichtsmedizinischer Hauptsachverständiger der Westfront, Hauptmann im Sanitätsdienst Busojedow, gerichtsmedizinischer Sachverständiger der N-Armee,

Major im Sanitätsdienst Subotin, Leiter des Anatomie- und Pathologielabors Nr. 92,

Major im Sanitätsdienst Ogloblin,

Oberleutnant im Sanitätsdienst Sadykow, Facharzt, und Oberleutnant im Sanitätsdienst Puschkarewa

in der Zeit vom 16. bis 23. Januar 1944 die Exhumierung und gerichtsmedizinische Untersuchung der Leichen polnischer Kriegsgefangenen vorgenommen, die in Gräbern auf dem Gelände der Ziegenberge im Wald von Katyn, 15 km von Smolensk entfernt, lagen. Die Leichen der polnischen Kriegsgefangenen waren in Massengräbern mit den Abmessungen von etwa 60 × 60 × 3 m und außerdem in einem abgesondert gelegenen Grab mit den Abmessungen von etwa 7 × 6 × 3,5 m bestattet. Aus den Gräbern wurden 925 Leichen exhumiert und untersucht.

Durch die Exhumierung und gerichtsmedizinische Untersuchung der Leichen sollte ermittelt werden:

a) die Identität der Verstorbenen,
b) die Todesursache,
c) die Zeit der Beerdigung.

Umstände der Angelegenheit: Siehe Materialien der Sonderkommission

Objektive Angaben: Siehe gerichtsmedizinische Protokolle der
Leichenuntersuchung

Gutachten

Die Kommission der gerichtsmedizinischen Sachverständigen ist, gestützt auf die Ergebnisse der gerichtsmedizinischen Untersuchung der Leichen, zu folgenden Erkenntnissen gekommen:

Nachdem die Gräber freigelegt und die Leichen exhumiert waren, wurde festgestellt:

a) In der Masse der Leichen polnischer Kriegsgefangener befinden sich Leichen in Zivilkleidung, ihre Anzahl im Verhältnis zur Zahl der insgesamt untersuchten Leichen ist unbedeutend (nur 2 von 925 exhumierten Leichen), die Leichen tragen Militärschuhwerk.

b) Die bei den Leichen der Kriegsgefangenen gefundene Kleidung beweist, daß die Gefangenen sowohl Offiziere als auch zum Teil einfache Soldaten der polnischen Armee waren.

c) Bei der Beschau wurde ermittelt, daß Taschen und Schuhwerk aufgeschnitten und die Taschen umgewendet und zerrissen waren. Dies beweist, daß die gesamte Kleidung bei allen Leichen (Mantel, Hosen usw.) in der Regel die Spuren einer an den Leichen vorgenommenen Durchsuchung trägt.

d) In einigen Fällen fand man kleine Taschen. Darin wie auch in den aufgeschnittenen und zerissenen Taschen, unter dem Uniformfutter, in den Hosenstreifen sowie in den Fußlappen und Socken wurden Fetzen von Zeitungen, Broschüren, Gebetbüchern, Briefmarken, Postkarten und Briefe, Quittungen, Aufzeichnungen und andere Dokumente wie auch Wertgegenstände (Goldbarren, Golddollars), Tabakspfeifen, Scheren, Zigarettenpapier, Taschentücher usw. gefunden.

e) In einem Teil der Dokumente wurden (sogar ohne besondere Untersuchungen) bei ihrer Durchsicht Datumsangaben gefunden, die in dem Zeitraum vom 12. November 1940 bis 20. Juni 1941 lagen.

f) Die Stoffe der Bekleidung, vor allem der Mäntel, Uniformen, Hosen und Oberhemden waren gut erhalten und ließen sich schwer mit der Hand zerreißen.

g) Bei einer geringen Zahl von Leichen (20 von 925) waren die Hände hinten mit weißer geflochtener Schnur gefesselt.

Die Anordnung der Bekleidung, daß heißt die Tatsache, daß Uniformen, Hemden, Gürtel, Hosen und Unterhosen der Leichen zugeknöpft und die Hemden in die Hosen gesteckt sind, beweist, daß eine äußere Durchsicht der Rümpfe und Extremitäten der Leichen nicht vorgenommen worden ist.

Da die Kopfhaut unversehrt erhalten ist und darauf wie auch auf der Haut von Brust und Bauch (außer in 3 Fällen von 925) keine Schnitte und andere Zeichen von Sachverständigenarbeit auftreten, ist bewiesen, daß die von der gerichtsmedizinischen Sachverständigenkommission exhumierten Leichen nicht gerichtsmedizinisch untersucht worden sind.

Bei der äußeren und inneren Untersuchung der 925 Leichen konnten Schußwunden an Kopf und Hals festgestellt werden, die in vier Fällen mit einer Verletzung der Schädelwölbung durch ein stumpfes, hartes und schweres Instrument einhergingen. Außerdem wurden in wenigen Fällen Bauchverletzungen mit gleichzeitiger Kopfverletzung festgestellt.

Die Einschußlöcher sind in der Regel einzeln, seltener doppelt und liegen in Nähe des großen Hinterhauptlochs oder an dessen Rand. In wenigen Fällen wurden Einschußlöcher hinten am Hals in Höhe des 1., 2. und 3. Halswirbels festgestellt.

Die Austrittslöcher befinden sich meistens in der Stirngegend, seltener in der Scheitel- und Schläfengegend sowie auf Gesicht und Hals. In 27 Fällen waren die Schußwunden blind (ohne Austrittslöcher), und beim Auslauf der Schußkanäle unter den weichen Schädeldecken, Schädelknochen, in der Hirnhaut und in der grauen Gehirnmasse wurden verformte Kugeln, meist Kaliber 7,65 mm, aus automatischen Pistolen stammend, gefunden.

Die Größe der Einschußlöcher auf dem Hinterhauptsknochen läßt erkennen, daß man zum Erschießen Feuerwaffen mit zwei Kalibern verwendet hat und zwar in den meisten Fällen unter 8 mm, das heißt 7,65 mm und seltener über 8 mm, das heißt 9 mm.

Die Art, in der die Schädelknochen geplatzt sind, und in einigen Fällen das Vorkommen von Pulverresten an den Einschußlöchern beweisen, daß die Schüsse gegenüber oder fast gegenüber abgegeben wurden.

Die Anordnung der Eintritts- und Austrittslöcher beweist, daß die Schüsse von hinten in den nach vorn geneigten Kopf abgegeben wurden. Dabei verlief der Schußkanal durch lebenswichtige Gehirnteile oder dicht an ihnen vorbei, und die Todesursache war eine Zerstörung des Gehirngewebes.

Die an den Knochen der Schädelwölbung gefundenen Verletzungen durch ein stumpfes, hartes und schweres Instrument gingen mit Schußwunden am Kopf einher und waren nicht allein die Todesursache.

Die in der Zeit vom 16. bis 23. Januar 1944 stattgefundenen gerichtsmedizinischen Untersuchungen der Leichen haben gezeigt, daß bei keiner Leiche der Zustand der Zersetzung oder des Zerfalls eingetreten war und alle 925 Leichen gut erhalten sind. Die Leichen befinden sich im Anfangsstadium des Feuchtigkeitsverlusts (meistens und ganz deutlich in der Brust- und Bauchgegend und manchmal auch an den Extremitäten auftretend), im Anfangsstadium der Fettwachsbildung, bei den Leichen auf dem Boden der Gräber im akuten Stadium, Leichengewebe im Entwässerungsstadium verbunden mit Fettwachsbildung.

Insbesondere muß auf den Umstand hingewiesen werden, daß die Muskeln der Rümpfe und Extremitäten ihre makroskopische Struktur und ihre gewöhnliche Farbe fast völlig behalten haben. Die inneren Organe der Brust- und Bauchhöhle hatten ihre Konfiguration bewahrt. In mehreren Fällen hatte der Herzmuskel an den Schnitten eine deutlich auftretende Struktur und die für ihn spezifische Farbe. Das Gehirn zeigte die charakteristischen strukturellen Eigenschaften mit einer sich klar abzeichnenden Grenze der grauen und weißen Masse. Außer der mikroskopischen Untersuchung der Leichengewebe und -organe isolierte die gerichtsmedizinische Expertise Material für weitere mikroskopische und chemische Laboruntersuchungen.

Für die vollständige Erhaltung der Leichengewebe und -organe hatten die Bodeneigenschaften an der Stelle, wo die Leichen gefunden wurden, eine bestimmte Bedeutung.

Nach dem Freilegen der Gräber holte man die Leichen heraus und ließ sie im Freien liegen. Somit waren sie der Wärme und

Feuchtigkeit im Frühjahr und Sommer des Jahres 1943 ausgesetzt. Sehr schnell entwickelte sich dadurch der Zersetzungsprozeß.

Der Austrocknungsgrad der Leichen und die Bildung von Fettwachs, besonders aber der gute Zustand der Muskeln, inneren Organe und Bekleidung lassen jedoch darauf schließen, daß die Leichen nicht lange in der Erde gelegen haben.

Vergleicht man den Zustand der Leichen in den Gräbern auf dem Gelände der Ziegenberge mit dem Zustand der Leichen in den anderen Grabstätten von Smolensk und Umgebung, beispielsweise in Gedeonowka, Magalenschtschyn, Readowka, im Lager Nr. 126 in Krasny Bor usw. (siehe gerichtsmedizinische Expertise vom 22. Oktober 1943), muß festgestellt werden, daß die Leichen der polnischen Kriegsgefangenen vor etwa zwei Jahren auf dem Gelände der Ziegenberge in die Erde gebracht wurden. Diese Erkenntnis wird voll und ganz von den in der Kleidung gefundenen Dokumenten bestätigt, die einen früheren Beerdigungstermin ausschließen (siehe Punkte S. 36 und die Abschrift der Dokumente).

Die Kommission der gerichtsmedizinischen Sachverständigen ist auf der Grundlage der Angaben und Untersuchungsergebnisse zu folgenden Schlüssen gekommen:

— sie hält es für bewiesen, daß die gefangenen Offiziere, und teilweise einfachen Soldaten der polnischen Armee durch Erschießen getötet wurden,

— die Erschießung erfolgte vor etwa 2 Jahren, das heißt zwischen September und Dezember 1941,

— sie sieht in der Tatsache, daß die Kommission der gerichtsmedizinischen Sachverständigen in der Bekleidung der Leichen Wertgegenstände und Dokumente mit der Jahreszahl 1941 gefunden hat, den Beweis dafür, daß die deutschen faschistischen Organe im Frühjahr und Sommer 1943 die Leichen oberflächlich durchsucht haben; die gefundenen Dokumente aber beweisen, daß die Erschießungen nach Juni 1941 vorgenommen wurden,

— die Deutschen haben 1943 eine verschwindend geringe Zahl Leichen von erschossenen polnischen Kriegsgefangenen seziert,

— die Erschießung der polnischen Kriegegefangenen und die Erschießung der sowjetischen Zivilbevölkerung und Kriegsgefangenen wurde auf die gleiche Weise vorgenommen, wie sie die deutschen faschistischen Organe auf den vorübergehend besetzten Territorien der UdSSR, unter anderem in den Städten Smolensk, Orjol, Charkow, Krasnodar und Woronesch, angewendet haben.

Hauptsachverständiger für Gerichtsmedizin des Volkskommissariats für Gesundheit der UdSSR, Direktor des Staatlichen Forschungsinstituts für Gerichtsmedizin des Volkskommissariats für Gesundheit der UdSSR

(–) V. Prosorowski

Professor für Gerichtsmedizin im 2. Staatlichen Medizinischen Institut Moskau, Dr. med.

(–) W. Smoljaninow

Professor für pathologische Anatomie, Dr. med.

(–) D. Wyropajew

Gehobene wissenschaftliche Fachkraft in der Abteilung Pathologie des Staatlichen Forschungsinstituts für Gerichtsmedizin des Volkskommissariats für Gesundheit der UdSSR, Dr.

(–) P. Semenowski

Gehobene wissenschaftliche Fachkraft in der Abteilung Gerichtschemie des Staatlichen Forschungsinstituts für Gerichtsmedizin des Volkskommissariats für Gesundheit der UdSSR, Dozent

(–) M. Schwaikowa

Smolensk, den 24. Januar 1944
(...)

Allgemeine Schlußfolgerungen

Aus allen im Besitz der Sonderkommission befindlichen Materialien, das heißt den Aussagen der über hundert von der Kommission verhörten Zeugen, den Ergebnissen der gerichtsmedizinischen Expertise sowie den in den Gräbern im Katyner Wald gefundenen Dokumenten und Sachbeweisen wurden folgende unwiderlegbare Erkenntnisse gewonnen:

1. Die polnischen Kriegsgefangenen, die in drei Lagern westlich von Smolensk untergebracht waren und vor Kriegsbeginn bei Stra-

ßenbauarbeiten eingesetzt waren, befanden sich auch nach Eindringen der deutschen Okkupanten in Smolensk bis einschließlich September 1941 dort.

2. Im Katyner Wald haben deutsche Besatzungsorgane im Herbst 1941 Massenerschießungen an polnischen Kriegsgefangenen aus den oben genannten Lagern vorgenommen.

3. Die Massenerschießungen der polnischen Kriegsgefangenen im Katyner Wald hat das deutsche Militärorgan vorgenommen, das sich unter der konventionellen Bezeichnung »Stab des Arbeitsbataillons Nr. 537« verbarg und an dessen Spitze Oberstleutnant Arnes und seine Mitarbeiter Oberleutnant Rex und Leutnant Hott standen.

4. Im Zusammenhang mit der sich Anfang 1943 für Deutschland verschlechternden allgemeinen militärischen und politischen Lage haben die deutschen Besatzungsorgane zu provokatorischen Zwecken eine Reihe von Maßnahmen getroffen, um ihre eigenen Verbrechen den sowjetischen Staatsorganen unterzuschieben und auf diese Weise Russen und Polen zu entzweien.

5. Zu diesem Zweck haben:

a) die deutschen faschistischen Eindringlinge durch Überreden, Bestechen, Drohungen und barbarische Mißhandlungen versucht, »Zeugen« unter den sowjetischen Bürgern zu finden, die falsche Aussagen machten und behaupteten, daß die polnischen Kriegsgefangenen von Organen der Sowjetmacht im Frühjahr 1940 erschossen wurden,

b) die deutschen Besatzungsorgane im Frühjahr 1943 von anderen Orten die Leichen der von ihnen erschossenen polnischen Kriegsgefangenen geholt und in die ausgehobenen Gräber im Katyner Wald geworfen, um die Spuren ihrer eigenen Verbrechen zu verwischen und die Zahl der »Opfer bolschewistischer Grausamkeiten« im Katyner Wald zu erhöhen,

c) die deutschen Besatzungsorgane in Vorbereitung auf ihre Provokation für das Freilegen der Gräber im Katyner Wald und Herausnehmen der sie kompromittierenden Dokumente und Sachbeweise an die 500 russische Kriegsgefangene eingesetzt und sie nach getaner Arbeit erschossen.

6. Die Ergebnisse der gerichtsmedizinischen Expertise belegen zweifelsfrei, daß:

a) die Exekutionen im Herbst 1941 stattfanden,

b) die deutschen Henker beim Erschießen der polnischen Kriegsgefangenen auf die gleiche Weise vorgingen, das heißt mit der Pistole in den Hinterkopf schossen, wie sie es bei den Massenmorden an sowjetischen Bürgern in anderen Städten, insbesondere in Orjol, Woronesch, Krasnodar und auch in Smolensk, getan haben.

7. Die Schlußfolgerungen, die sich aus den Zeugenaussagen und der gerichtsmedizinischen Expertise ergeben, nämlich daß die polnischen Kriegsgefangenen von den Deutschen im Herbst 1941 erschossen worden sind, finden ihre unbedingte Bestätigung in den aus den Katyner Gräbern geborgenen Sachbeweisen und Dokumenten.

8. Mit der Erschießung der polnischen Kriegsgefangenen im Katyner Wald haben die deutschen faschistischen Eindringlinge konsequent ihre Politik der physischen Vernichtung slawischer Völker verwirklicht.

Der Vorsitzende der Sonderkommission, Mitglied der Außerordentlichen Staatlichen Kommission, Mitglied der Akademie der Wissenschaften

(–) N. Burdenko

Die Mitglieder:
Mitglied der Außerordentlichen Staatlichen Kommission, Mitglied der Akademie der Wissenschaften

(–) Alexej Tolstoi

Mitglied der Außerordentlichen Staatlichen Kommission
(–) Metropolit Nikolai

Vorsitzender des Allslawischen Komitees, Generalleutnant
(–) A. Gundorow

Vorsitzender des Exekutivkomitees des Verbands der Gesellschaften des Roten Kreuzes und des Roten Halbmonds
(–) S. Kolesnikow

Volkskommissar für Bildung der RSFSR, Akademiemitglied
(–) W. Potjomkin

Chef des Sanitätsdienstes der Roten Armee, Generaloberst
(–) E. Smirnow

Vorsitzender des Gebietsexekutivkomitees Smolensk

(–) R. Melnikow

Smolensk, den 24. Januar 1944

Kommuniqué der Sonderkommission zur Ermittlung und Erforschung der Umstände, die zur Erschießung von Kriegsgefangenen (polnischen Offizieren) durch deutsche faschistische Invasoren im Wald von Katyn führten, Moskau 1945.

67
21. März 1946, Moskau. Auszug aus dem Sitzungsprotokoll der Sonderkommission, die unter dem Vorsitz von Wyschinski arbeitete.

Anwesend: Gen. Wyschinski, Gen. Merkulow, Gen. Abakumow, Gen. Gorschenin, Gen. Rytschkow, Gen. Lawrow.

Nach einer Information des Gen. Wyschinski über den Prozeßverlauf beschloß die Kommission, Material zur Katyn-Frage vorzubereiten.

1. Bulgarische Augenzeugen beschaffen. Dazu wird unser Vertreter nach Bulgarien abkommandiert. Ausführung: Gen. Abakumow.

2. Drei bis fünf von unseren Augenzeugen und zwei medizinische Experten (Prosorowski, Semjonowski, Smoljaninow) beschaffen. Ausführung: Gen. Merkulow.

3. Polnische Augenzeugen und ihre Angaben beschaffen. Ausführung: Gen. Gorschenin (über Gen. Safonow und Gen. Sawizki).

4. Originaldokumente, die bei den Leichen gefunden worden sind, sowie Protokolle der Obduktion dieser Leichen beschaffen. Ausführung: Gen. Merkulow.

5. Dokumentarfilm über Katyn vorbereiten. Ausführung: Gen. Wyschinski.

6. Gen. Merkulow beschafft einen deutschen Zeugen, der an der Provokation von Katyn teilgenommen hat.

Protokoll: I. Lawrow

Neue Zeit, Moskau 1990, Nr. 16, S. 38.

II Das Smolensker NKWD-Archiv

Von besonderem Interesse ist zweifellos die NKWD-Verwaltung des Gebietes Smolensk. Unter ihrer Aufsicht standen die Gefangenenlager Koselsk und Pawlistschew Bor (Juchnow) sowie die Hinrichtungsstätte in Katyn. Anfang Juni 1943 verhießen deutsche Zeitungen in polnischer Sprache sowie Presseerzeugnisse der Länder, die unter deutscher Okkupation standen, sensationelle Informationen unter folgenden Titeln: »GPU-Geheimarchiv in Smolensk«, »Was sagen die Smolensker GPU-Akten aus?«, »Smolensker GPU-Akten klärten geheimnisvolles Verbrechen auf«, »Sensationen in Smolensker NKWD-Akten«. Artikel zu diesem Thema erschienen bis Ende Juni. Die »Brüsseler Zeitung« informierte am 5. Juni 1943 die Leser über die Besetzung des GPU-Gebäudes in Smolensk und über dort gefundene Briefe von Gefangenen, darunter von Offizieren, Ärzten und Geistlichen. Ähnliche Nachrichten verbreitete das »Hamburger Fremdenblatt«. Es schrieb, daß erbeutete Dokumente die Lager in Koselsk (hauptsächlich Koselsk II) und Juchnow betreffen. Im Generalgouvernement begannen die ersten Informationen am 6. Juni mit der Erklärung, daß »entsprechende Stellen« mit der Erforschung der GPU-Akten begonnen haben, die aus Smolensk weggebracht wurden, und daß erste Ergebnisse der Auswertung veröffentlicht werden.

Im Juni 1943 schrieb die Zeitung »Nowy Kurier Warszawski« über die innere Struktur der NKWD-Organe sowohl auf zentraler als auch auf lokaler Ebene. Es wurden etliche Namen von NKWD-Funktionären aus Smolensk und der Lagerleitungen genannt.[1]

---

1 Einige Namen sind verstümmelt und müssen auf der Grundlage sowjetischer Quellen überprüft werden.

Abgehandelt wurde auch der Inhalt angeblich gefundener Berichte über die Situation im Lager Koselsk sowie der Korrespondenz des Begleitdienstes der Gefangenen. Die Zeitung informierte auch über Vermerke von NKWD-Leuten, die sie auf Briefen von Familien gefangener polnischer Offiziere machten. Darunter waren Briefe, die aus den USA über die Botschaft des Landes in Moskau zugeschickt wurden. Sie enthielten die Frage, warum im Frühjahr 1940 die Korrespondenz aus dem Lager abriß. Es war nicht festzustellen, wer das erwähnte Material der Goebbels-Propaganda zugeleitet hat. Entsprechend der Kompetenz hätte es aus dem Reichssicherheitshauptamt kommen müssen. Aber in den Archiven dieses Amts fehlt jede Spur der Aufbewahrung dieses Materials.

In welchem Grade sind die Informationen des »Nowy Kurier Warszawski« wahrheitsgemäß. Ich meine, daß sie nur begrenzt glaubwürdig sind. Ich möchte die Aufmerksamkeit auf zwei Fehlinformationen lenken. Der Vermerk auf einem der Briefe aus den USA, in dem Verwandte nach Ingenieur Leutnant Fryderyk Politur fragen, entspricht nicht der Wahrheit. Zweifel an der Richtigkeit treten auch im Falle des Oberleutnants Ryszard Urbański auf. Der deutschen Opferliste nach war Urbański Lehrer aus Staran. Diese Ortschaft ist jedoch im offiziellen Ortsverzeichnis Polens der Zwischenkriegszeit nicht zu finden.

Nach dem Krieg zeigte sich, daß während der Kriegshandlungen ein Großteil der Smolensker Archivalien in deutsche Hände, höchstwahrscheinlich der Abwehr, gefallen war. Diese wurden ins Landesinnere Deutschlands gebracht. Später übernahm sie die amerikanische Armee als Kriegsbeute. In den fünfziger Jahren erhielt der amerikanische Historiker Merle Fainsod die Möglichkeit, in die erwähnten Akten einzusehen. 1958 veröffentlichte er eine Arbeit unter dem Titel »Smolensk under Soviet Rule« (Cambridge 1958). In der Einleitung stellte der Autor jedoch fest, daß die erbeuteten Akten die Jahre 1917 bis 1938 betreffen. Ein Kapitel befaßt sich mit der Tätigkeit sowjetischer Sicherheitsorgane. Die anderen berühren diese Thematik nur sehr allgemein. Das heißt, der Autor konnte sich mit einer Dokumentation vertraut machen, die in gewisser Weise direkt oder indirekt die Tätigkeit des NKWD im Raum Smolensk berührte. Sowohl Merle Fainsod als auch Janusz K. Zawodny, der die »Hetzpresse« als Quelle nutzte, machten sich nicht die Mühe, Erklärungen für das Fehlen der Smolensker Akten der Jahre von 1939 bis 1941 zu finden. Es stellt sich die Frage, ob sie ebenfalls in deutsche Hände fielen oder ob sie später verlorengingen oder vernichtet wurden. Vielleicht wurden sie auch ausgelagert. Oder hat man versucht, gewisse Fakten nur auf der Grundlage irgendeines während der Evakuierung liegengebliebenen Fragments einer Dokumentation zu ermitteln, die den Zusammenhang zwischen der Tätigkeit des NKWD und dem Verbrechen von Katyn betreffen? Oder beruft man sich auf Berichte und Aussagen?

Heute ist es für den Historiker einfacher, auf diese Fragen zu antworten. Etliche Jahre nach der Veröffentlichung der Publikationen von M. Fainsod und J. K. Zawodny erschienen die Erinnerungen eines ehemaligen NKWD-Offiziers, der unter dem Pseudonym A. I. Romanow[2] auftrat. Er versah seinen Dienst in der Hauptverwaltung der Staatssicherheit, bevor er in den Westen flüchtete. Er behauptet, daß viele Partei- und Staatsdokumente aus Smolensk in die Hände der Deutschen gefallen sind. Dem NKWD gelang es jedoch, sein Archiv zu evakuieren, seine Einrichtungen und Anlagen zu zerstören und seine politischen Gefangenen wegzubringen.

Diese Information weist darauf hin, daß das von der Zeitung »Nowy Kurier Warszawski« angeblich »enthüllte Geheimnis« nicht aus dem NKWD-Archiv stammen kann. In deutsche Hände könnten möglicherweise durch Unachtsamkeit liegengebliebene Aktenfragmente, höchstwahrscheinlich aus den Lagern Koselsk und Pawlistschew Bor, gelangt sein. Darin waren gewisse Informationen über das Geschehen im Sommer 1940 enthalten. Auch andere Fakten mahnen zur Vorsicht. Die im Generalgouvernement herausgegebene Flugblatt-Broschüre in polnischer Sprache nennt Namen der Henkersknechte von Katyn. Diese Namen wurden der Personalliste des Minsker NKWD entnommen. Ausgewählt wurden solche, die auf eine jüdische Herkunft hinwiesen. Diese Fälschung wurde im Band »Amtliches Material zum Massenmord von Katyn« nicht wiederholt. Ein anderes Beispiel mahnt ebenfalls zur Vorsicht. Es handelt sich um einen kurzen Bericht, der über den Abschluß der »Liquidierung« der Lager Koselsk, Starobelsk und Ostaschkow informiert. Er trägt die Unterschrift des NKWD-Chefs von Minsk mit dem Datum vom 10. Juni 1940 und ist an die Mosaker Zentrale gerichtet. Angeblich wurde er während des Krieges auf sowjetischem Gebiet durch einen Polen, der in der Organisation Todt tätig war, gefunden. Dieser Bericht sollte endgültig die Frage nach der

---

2 A. I. Romanow: Nights are longest there. Smersh from the Inside, S. 136/137.

Verantwortung des NKWD für den Mord an polnischen Offizieren klären und den Ort des Verbrechens bestimmen.[3] Jedoch nach einer gründlichen Analyse durch Experten erwies sich der Bericht als Fälschung.[4] Anfang des Jahres 1990 findet sich in der Zeitschrift »Moscow News« die Bestätigung dafür, daß das NKWD-Archiv von Smolensk 1941 evakuiert wurde. Es wurde während des Krieges nach Tschkalow ausgelagert.[5] 1956 stand das Archiv dem ehemaligen NKWD-Angehörigen Iwan Nosdrjow, der damals Sekretär der Rehabilitationskommission war, zur Verfügung.[6]

3 7 Tage, Berlin-West, 7. Juli 1957. Die Autoren bezeichnen den Bericht als authentisch. Obwohl die Fälschung nachgewiesen werden konnte, bezeichnen einige Historiker – darunter Jerzy Łojek – ihn weiterhin als echt. Vgl. Dzieje sprawy Katynia.
4 J.Mackiewicz: Tajemnice z Archiwum Minskiego NKWD. In: Wiadomości, London, 31. August 1975.
5 Gennadi Shaworonkow: KGB-Datschen auf den Massengräbern von Katyn. In: Ost-West Kurier. Pilot-Ausgabe Nr. 1 der Wochenschrift »Moscow News«, März 1990. Darin sind Informationen über den Bericht Iwan Nosdrjows enthalten.
6 Ebenda.

Bibliographie

Archivalien:

Public Record Office
Archiwum Ministerstwa Spraw Zagranicznych
Archiwum Akt Nowych
Archiwum Wojskowego Instytutu Historycznego
Archiwum Głównej Komisji Badania Zbrodni Hitlerowskich – Instytut Pamięci Narodowej
Centralne Archiwum KC PZPR
Instytut im. gen. Władysława Sikorskiego
Archiv des Foreign Office
Bundesarchiv Koblenz, Freiburg
Politisches Archiv Bonn
Archiwum miasta Warszawy
Centralne Archiwum Wojskowe i Wojskowego Instytutu Historycznego
Comité International de la Croix-Rouge. Quelleninformationen erhielt ich durch die Vermittlung von Prof. Dr. med. Karbowski.

Literatur

Akten zur deutschen auswärtigen Politik, Serie E, Bd. V, Göttingen.
Amtliches Material zum Massenmord von Katyn, Berlin 1943.
Anders, W. Bez ostatniego rozdziału. Wspomnienia z lat 1939–1946, Newton 1950.
Armia Krajowa w dokumentach 1939–1945, Bd. II Juni 1941–April 1943, London 1973; Bd. III April 1943–Juli 1944, London 1976.
Barker, E.: Churchill and Eden at War, London 1978.
Bór-Komorowski, T.: Armia Podziemna, London 1951.
Cadogan, A.: The Diaries of Sir Alexander Cadogan 1938–1945, London 1971.
Charlton, M.: Czarny orzeł i ptaszki. Kryzys Imperium Sowieckiego – od Jałty do Solidarności. Historia mówiona. Warschau 1989.
Ciechanowski, J.: Defeat in Victory, London 1948.

Ciesielski, A.: Katyń, Krakau 1944.

Czapski, J.: Na nieludzkiej ziemi, Paris 1949.

Czapski, J.: Wspomnienia starobielskie, o. O. 1944.

Das Diensttagebuch des deutschen Generalgouverneurs in Polen 1939–1945, Stuttgart 1975.

Datner, S.: Zbrodnie Wehrmachtu na jeńcach wojennych armii regularnych w II wojnie światowej, Warschau 1961.

Dobroszycki, L.: Die legale Presse im Generalgouvernement 1939–1945, München 1977.

Dokumenty i materiały do historii stosunków polsko-radzieckich, Bd. VII: Januar 1939–Dezember 1943, Warschau 1973.

Działania 2 Korpusu we Włoszech, London 1963.

Fainsod, M.: Smolensk under Soviet Rule, Cambridge, Massachusetts 1958.

Feis, H.: Churchill, Roosevelt, Stalin. The War they waged and the Peace they sought, Princeton 1957.

Fijałkowski, Z.: Kościół katolicki na ziemiach polskich w latach okupacji hitlerowskiej, Warschau 1983.

FitzGibbon, L.: Katyn. A crime without parallel, London 1971.

FitzGibbon, L.: Unpitied and Unknown. Katyn ... Bologoye ... Dergachi, London 1975.

Gabryel, P.: Katyń w pół drogi. Warschau 1989.

Garliński, J.: Polska w Drugiej Wojnie Światowej, London 1982.

Gersdorff, R. Ch. Frhr. von.: Soldat im Untergang, Frankfurt a/M, Berlin, Wien 1977.

Giertych, J.: Wrześniowcy, London 1958.

Goebbels, J.: Tagebücher aus den Jahren 1942–1943, Zürich 1948.

Goetel, F.: Czas wojny, London 1955.

Jagodziński, Z.: Bibliografia katyńska, London 1982.

Kacewicz, G.: Great Britain, the Soviet Union and the Polish Government in Exile (1939–1945), Hague, Boston, London 1979.

Katelbach, T.: Rok złych wróżb, Paris 1959.

Katyn. Dokumente, Indizien, Versionen. In: Neue Zeit, Nr. 16, Moskau 1990.

Katyn. Wybór publicystyki 1943–1988 i Lista katyńska, London 1988. Kommuniqué der Sonderkommission zur Ermittlung und Erforschung der Umstände, die zur Erschießung von Kriegsgefangenen – polnischen Offizieren – durch deutsche faschistische Invasoren im Wald von Katyn führten, Moskau 1944.

Kot, S.: Listy z Rosji do Gen. Sikorskiego, London 1955.

Kot, S.: Rozmowy z Kremlem, London 1959.

Kozłowski, E.: Wojsko Polskie, Warschau 1974.

Kroll, B.: Rada Główna Opiekuńcza, Warschau 1985.

Kukiel, M.: Generał Sikorski. Żołnierz i mąż stanu Polski Walczącej, London 1970.

Kurowski, A.: Lotnictwo polskie w 1939 r., Warschau 1962.

Lagzi, I.: Droga żołnierza polskiego przez węgierską granicę w latach 1939–1944, Poznan 1987.

Lebedewa, N.: O tragedii w Katyni. In: Meshdunarodnaja shisn, Nr.5, 1990.

Leitgeber, W.: W kwarterze prasowej. Dziennik z lat wojny 1939–1945. Od Coëtguidan do Rubensa, London 1972.

Lista alfabetyczna zwłok odkopanych w masowych grobach w Katyniu, Genf 1944, PCK-Delegatura w Szwajcarii.

Lista katyńska, Warschau 1989.

Lukas, R. C.: The Strange Allies. The United States and Poland 1941–1945, Knoxville 1978.

Łojek, J.: Dzieje sprawy Katynia, Warschau 1987.

Łossowski, P.: Litwa a sprawy polskie 1939–1940, Warschau 1982.

Mackiewicz, J.: Katyn – ungesühntes Verbrechen, Zürich 1949.

Mikołajczyk, S.: Le viol de la Pologne, Paris 1949.

Mitkiewicz, L.: Z generałem Sikorskim na obczyźnie, Paris 1968.

Młynarski, B.: W niewoli sowieckiej, London 1974.

Montefort, H. de: Le Massacre de Katyn, Paris 1966.

Moszyński, A.: Lista katyńska. Jeńcy obozów Kozielsk- Ostaszków- Starobielsk zaginieni w Rosji Sowieckiej, London 1949.

Okupacja i ruch oporu w »Dzienniku« Hansa Franka, Bd. I–II, Warschau 1971.

O'Malley, O.: Katyn, Chicago 1973.

Pamiętniki znalezione w Katyniu, Paris 1989.

Pierwsze sprawozdanie z Katynia. Raport Edmunda Seyfrieda. In: Życie Warszawy, Nr. 35, 24. Februar 1989.

Pobóg-Malinowski, W.: Najnowsza historia polityczna Polski 1864–1945, Bd. III, London 1956.

Poland in the British Parliament 1939–1945, Bd. I–III, New York 1946–1962.

Pollack, J.: Jeńcy polscy w hitlerowskiej niewoli, Warschau 1982.

Polskie Siły Zbrojne w Drugiej Wojnie Światowej, Bd. I, Teil 1–3, London 1951–1959.

Porwit, M.: Komentarze do historii polskich działań obronnych 1939 roku, Bd. I–III, Warschau 1969–1978.

Poza krajem- za ojczyznę. Żołnierz polski na frontach zachodnich II wojny światowej 1939–1945, London 1975.

Prawda o Katyniu, Moskau 1944.

Raczyński, E.: W sojuszniczym Londynie. Dziennik ambasadora Edwarda Raczyńskiego 1939–1945, London 1960.

Raport z Katynia. Sprawozdanie poufne Polskiego Czerwonego Krzyża. In: Odrodzenie, Nr. 7, 18. Februar 1989.

Romanov, A. I.: Nights are longest there. Smersh from the Inside, London 1972.

Rożek, E.: Allied Wartime Diplomacy. A. Pattern in Poland, New York 1958.

Siedlecki, J.: Losy Polaków w ZSRR w latach 1939–1986, London 1987.

Sprawa polska w czasie drugiej wojny światowej na arenie międzynarodowej. Zbiór dokumentów, Warschau 1965.

Stosunki polsko-radzieckie w latach 1917–1945. Dokumenty i materiały, pod red. T. Cieślaka, Warschau 1967.

Strumph-Wojtkiewicz, S.: Siła złego, Warschau 1971.

Swianiewicz, S.: W cieniu Katynia, Paris 1976.

Terej, J.: Na rozstajach dróg, Warschau 1980.

Terry, S. M.: Poland's Place in Europe, Princeton 1983.

The Katyn Forest Massacre, Washington 1952. United States. House of Representatives, select Committee on the Katyn Forest Massacre.

The Trial of German Major War Criminals, London 1946–1952.

Umiastowski, J. K.: Przez kraj niewoli. Wspomnienia z Litwy i Rosji z lat 1939–1942, London 1947.

Werth, A.: Russia at War 1941–1945, London 1964.

Wójcicki, B.: Prawda o Katyniu, Warschau 1952.

Woodward, L.: British foreign Policy in the Second World War, Bd. I–III, London 1970–1971.

Wykaz członków b. armii polskiej zamordowanych przez bolszewików w Katyniu, zidentyfikowanych do dnia 1 czerwca 1943 r., o. O. 1943.

Zabiełło, S.: Sprawa polska podczas II wojny światowej w świetle pamiętników, Warschau 1958.

Zaremba, Z.: Wojna i konspiracja, London 1957.

Zawodny, J. K.: Death in the Forest. The Story of the Katyn Forest Massacre, Notre Dame, Indiana 1962.

Zawodny, J. K.: Katyń. Lublin – Paris 1989.

Zayas, A. M. de: Die Wehrmachtuntersuchungsstelle, München 1979.

Zbrodnia katyńska w świetle dokumentów, London 1981.

Z dziejów formacji polskich na Zachodzie 1939–1945, Warschau 1976.

Namensverzeichnis

325

Inhalt